MICHAEL SEDGWICK

DIE SCHÖNSTEN AUTOS DER FÜNFZIGER UND SECHZIGER JAHRE

DIE SCHÖNSTEN AUTOS
DER FÜNFZIGER UND SECHZIGER JAHRE

MICHAEL SEDGWICK

Motor
buch
Verlag

Titel der englischen Originalausgabe:
Cars of the Fifties and Sixties

Übersetzt von Otto Neubauer

3. Auflage 1998

ISBN: 3-613-01892-6

»DIE SCHÖNSTEN AUTOS DER FÜNFZIGER UND SECHZIGER JAHRE« wurde geplant, gestaltet und produziert von der AB Nordbok, Gothenburg in Schweden, in enger Zusammenarbeit mit dem Autor und den Photographen.

Herausgeber: Turlough Johnston.

Herausgeber und Designer: Jon van Leuven.

Assistentin: Anna-Karin Öbom.

Artwork: Syed Mumtaz Ahmad, Gerry Browne, Bob Freeman, Kevin Jones, Lars Jödahl, Steve Leverington, Hans Linder, Lennart Molin, David Penney, Regina Richter, Ed Stuart, Ulf Söderqvist.

Nordbok dankt ganz besonders Björn-Eric Lindh für seine Ratschläge und seine Hilfestellung bei der Ermittlung von Originalmaterialien, von denen die Nordbok Studios neue Illustrationen erstellen konnten.

The Autocar: Seiten 53 oben links, 64, 82, 84 oben links, 93, 96, 97, 224, 225 unten.
Motor: Seiten 20, 25 unten, 28 oben, 32, 34, 35, 41, 57 oben, 68 unten rechts, 73, 76, 77, 120, 124, 174, 208, 209, 212, 225 oben.

Farblithographie: Nils Hermansson.

Farbfotos: *Elly Arnstein/John McGovren:* Seiten 46 oben 47, 50, 55, 59, 87, 111 oben, 179 unten, 199 oben.
Elly Arnstein/Andrew Morland: Seiten 15 unten, 27 oben, 91 oben, 219 oben.
Elly Arnstein/National Motor Museum: Seiten 123, 194 oben.
Neill Bruce: Seite 175 Mitte rechts.
Peter Haventon: Seiten 10, 11, 14, 15 oben, 22, 23 oben, 38, 39 oben und Mitte, 46 unten, 62, 63, 67 unten, 91 unten, 94, 95 unten, 102, 103, 114, 115 oben, 122 oben, 170, 175 Mitte links, 179 oben, 182, 194 unten, 199 unten, 202, 206 oben, 207 unten, 210 oben, 211 Mitte, 214, 215, 218, 219 unten, 222 unten, 223, 226, 227.
Holden: Seite 234.
Halwart Schrader: Seite 39 unten.
Nicky Wright: Seiten 18, 19, 23 unten, 26, 27 unten, 30, 31, 51, 54, 58, 66, 67 oben, 70, 71, 74, 75, 78, 79, 82, 83, 90, 95 oben, 106, 107, 110, 111 unten, 115 unten, 118, 119, 122 unten, 126, 127, 171, 174, 175, oben, 178, 183, 186, 187, 190, 191, 195, 198, 203, 206 Mitte und unten, 207 oben, 210 Mitte und unten, 211 oben und unten, 222 oben, 235.

Nordbok dankt ganz herzlich allen Autobesitzern, die ihre Wagen für die Photographien dieses Buches zur Verfügung stellten:
Bengt Abrahamsson, A-C-D Museum (Auburn, Indiana), Peter Agg, Bill Arnold, Bud Bassett, Ingemar Berndtsson, D. E. Boyd, Keith Boyer, R. H. Brock, Charles W. Coleman, P. Colles, Ed und Joan Dagen, Ludde de Geer, Kevin E. Dooley, W. E. Dowsing, N. Durban, Bob Edson, Harald Eriksson, T. Fleckney, Fredrik Gadler, G. K. Harris, Mike Hayes, Claes Hermansson, Åke Hultberg, L. G. Hunter-Cox, Sture Idner, Hans Josefsson, Robert Kirkpatrick, Lars Lindström, Mr. und Mrs. Lumley, Larry Lunz, G. R. Mason, R. Mellor, Mark Meyer, von Milliner, Tom Olson, Dr. J. E. R. Palmer, T. J. Plummer, Robin Richmond-Jones, Larry K. Riesen, Terry Robinson, J. Schreiber, Peter Shinwell, Britt Sjöberg, Burnis G. Sparkman, Lars Sporrong, John A. Stevens, David Stride, P. J. Stuart, A. Treagus, Sten Wigrell, Bud Wilson, Denis Winebrenner, Ivan Wrandahl, R. L. Zigher, Johan Ålander, Jan Älfvåg, Lars Öhman.

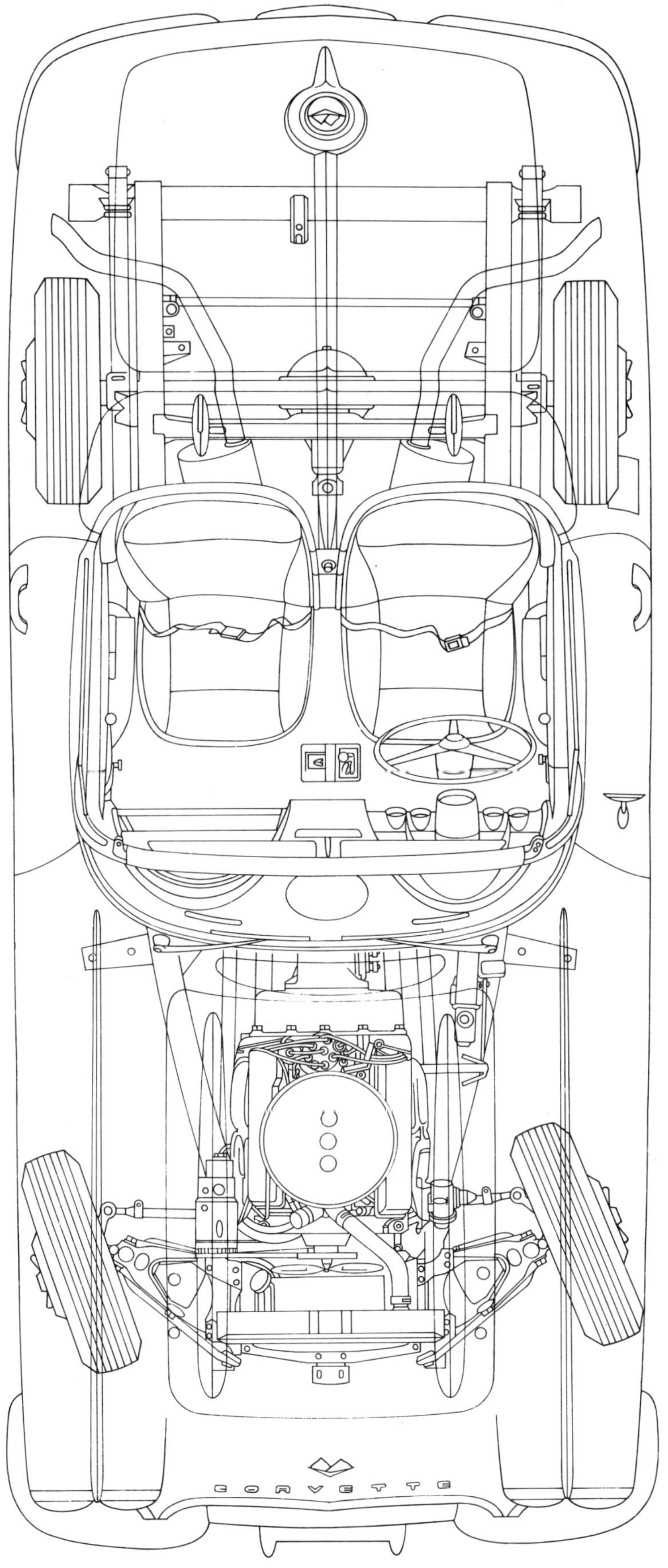

Inhalt

Vorwort

Der hier dargestellte Zeitabschnitt der fünfziger und sechziger Jahre ist nicht so leicht zusammenzufassen, wie es bei den dreißiger Jahren der Fall war. Damals machten sich die Anzeichen der Massenmotorisierung erstmals bemerkbar, und man begann, dem narrensicheren Automobil immer größere Beachtung zu schenken. Dreißig Jahre später war die Situation so, daß in den USA ein Auto auf 2,4 Einwohner entfiel, für Australien galt das gleiche Verhältnis, in der Schweiz war es 1 : 4,8, in der Bundesrepublik Deutschland 1 : 5 und in Japan 1 : 19.

Der Einfluß des Automobils dehnte sich unaufhaltsam aus. Weder der Koreakrieg noch die Suezkrise von 1956 bedeutete mehr als eine nur kurzfristige Unterbrechung des Prozesses der Massenmotorisierung, wenngleich diese Unterbrechung auch das Schmetterlingsdasein der Kleinstwagen um etwa drei Jahre verlängerte. Immer mehr Leute wünschten sich Autos, und sie wünschten sie sich immer schneller, immer bequemer und immer problemloser.

1951 war für die Fortbewegung von fünf Personen mit einer Geschwindigkeit von 160 km/h in Amerika ein Fünf-Liter-Motor erforderlich; Jaguar schaffte es mit 3,4 und Mercedes-Benz mit nur drei Litern. Außerhalb der Vereinigten Staaten waren derartige Geschwindigkeiten erlaubt, wenn es auch nur wenige Straßen gab, auf denen man sie erreichen konnte. Aber nirgends gab es eine Bremsen- und Reifentechnologie, die einem bei derartigen Geschwindigkeiten auch ein Höchstmaß an Sicherheit boten.

1969 stellte diese Geschwindigkeit für Zwei-Liter-Limousinen kein Problem dar – französische Peugeots, britische Vauxhalls oder japanische Toyotas –, und dank verfeinerter Motorentechnik und hochoktaniger Brennstoffe betrug der Verbrauch etwa 11 l/100 km. Der Fahrer, der einen der alten Jaguars oder Mercedes mit 16,5 l/100 km zu fahren verstand, mußte schon von besonders »leichtfüßiger« Natur sein.

Scheibenbremsen und Gürtelreifen waren in der Lage, dieser Geschwindigkeit ihren Schrecken zu nehmen. Aber immer häufiger stellte sich auch heraus, daß selbst im ausgedehntesten Autobahnnetz in den Hauptverkehrszeiten all diese Geschwindigkeiten nur einen theoretischen Wert darstellten. Immer mehr Gesetzgeber gingen auch dazu über, Geschwindigkeitsbeschränkungen auszusprechen, wenn wir auch von den Tagen tiefgreifender Einschränkungen als Folge der Ölkrise 1973 noch entfernt waren.

Als die leistungsstärksten Wagen galten nicht die sportlichen Versionen wie der Mercedes 300 SL (1955), der Jaguar E-Typ (1961) oder der Ferrari »Daytona« (1968), sondern die Teilnehmer des amerikanischen »PS-Rennens«, das sich in den fünfziger Jahren abspielte. Die tatsächlich erreichten Leistungsgewinne waren irrelevant, denn legal konnte man sie ohnehin nur beim Beschleunigen an der Verkehrsampel vorzeigen.

In Europa fand das »PS-Rennen« in dieser Form nicht statt. Aber die amerikanischen Stilelemente färbten ab, wie es später die von Mailand und Turin tun sollten. Schwedens Volvo 120 sah so schrecklich aus wie ein Chrysler von 1955, der Fiat 1100–103 ahmte Ford nach, und dem britischen Hillman »Minx« wuchsen plötzlich Heckflossen. Chromzierat – ursprünglich zum Schutz der durchgehenden Wagenseitenflächen eingeführt – wandelte sich zum Mittel der Modernisierung veralteter Karosserieformen und hatte am Ende unseres Betrachtungszeitraumes nur noch den Zweck, als Unterscheidungsmerkmal verschiedener Modelle zu dienen. Bessere Straßen, Brennstoffe, Bremsen und Federungen boten erhöhte Sicherheit bei hohen Geschwindigkeiten, aber die Fähigkeiten der Fahrer entwickelten sich nicht unbedingt in gleichem Maße weiter.

Je größer die Produktion, desto geringer der Preis je Einheit und desto umfangreicher die Teile zur Erhöhung der Bequemlichkeit. Seit den dreißiger Jahren begann der Austausch von Teilen immer mehr an die Stelle von Reparaturen zu treten. Servobremsen waren seit den zwanziger Jahren in den USA bekannt, nun kamen Lenkunterstützung und in immer größerem Umfange auch Automatikgetriebe hinzu. Hatte man die Elektrizität schon für Heizung, Radio und Scheibenwaschanlage eingesetzt und in einzelnen Fällen auch zur Betätigung des Cabriolet-Verdecks, so wurde sie jetzt auch für die Fensterheber, die Sitzverstellung, die Radioantenne, den Kofferraumdeckel und sogar die Heckklappe bei Kombiwagen herangezogen. Nur eine Errungenschaft der zwanziger Jahre fand keine Beachtung mehr: die Getriebe-Reifenpumpe. Aber moderne, schlauchlose Reifen haben keine Panne – wurde zumindest behauptet.

Die zunehmende Verkehrsdichte setzte kleinere Autos voraus, und auf den Ausstellungen der Jahre 1959/1960 wurden sie sichtbar, wie beispielsweise die amerikanischen »Ponywagen« und der »Mini«. Die sogenannten Ponywagen, wie der Ford »Mustang« und der Chevrolet »Camaro«, waren zwar kompakt, entfernten sich aber total vom Nützlichkeitsprinzip, und es war ihnen ein relativ kurzes, aber glückliches Leben beschieden.

Beim Mini war das etwas anders. Er war nicht der Pionier des in Großserien hergestellten Frontantriebswagens und auch nicht des vorn quer eingebauten Motors – DKW hatte bereits 1931 beide Errungenschaften für sich in Anspruch genommen, mit weltweiten Verkäufen von etwa 200 000 Einheiten. Und er konnte auch nicht als Pionier des kompakten Viersitzers angesehen werden. Dante Giacosas Heckmotorwagen Fiat 600 von 1955 war nur unwesentlich länger und bedeutend schmaler als der Mini. Der unzweifelhafte Verdienst des Mini liegt darin, daß er den Weg zur Zusammenfassung der für den Antrieb wichtigen Aggregate am geeigneten Ende des Wagens wies und somit der Welt den Frontantriebswagen bescherte, der einfach zu fahren war.

Die alte Ordnung war aber durchaus noch am Leben. Ford, General Motors (bei den einfacheren Modellen), Mercedes-Benz und Volvo entschieden, daß der herkömmliche Weg wirtschaftlich sicherer sei. Als Ergebnis war festzustellen, daß Ford/Englands Modell »Cortina« sich besser verkaufte als die Austin-Morris-Typen 1100. Fiat entschied sich überhaupt nicht in eine Richtung, sondern produzierte alle drei rivalisierenden Ausführungen.

In einer größeren Anzahl von Ländern wurden jetzt mehr Wagen als je zuvor hergestellt. Es war verwunderlich, daß dieses mit einem bemerkenswerten Mangel an Wirtschaftlichkeit geschah, und das im Zeitalter des Ford »Fiesta« und der J-Klasse von General Motors. Erst 1968 begann Ford seine europäischen Erzeugnisse zu koordinieren, nachdem Ford/Köln sich mit Frontantrieb und V-Motoren, Ford/Dagenham mit dem herkömmlichen Antriebssystem und Reihenmotoren befaßt hatten. In Australien wurde noch immer das in Detroit ausgelaufene Modell »Falcon« produziert, und in Brasilien ergaben sich durch Interessengemeinschaften mit Willys und Renault einige erstaunliche Mischtypen.

Unter den 1950 bereits bekannten Ländern mit einer Automobilindustrie entwickelten sich Schweden und die UdSSR zu Exportländern. Die spanische Industrie hatte zwar nichts Aufsehenerregendes zu bieten, war aber erfolgreich in dem Bemühen, das Land wieder auf Räder zu stellen, während auf ihren Straßen immer noch die Schau eines »Freilichtmuseums« geboten wurde. Neun Jahre später war eine gewisse Bedarfsdeckung erreicht, und die SEAT-Produktion veralteter Fiat-Modelle konnte noch einige Exporterfolge verbuchen. In Australien gab es außer der General-Motors-Tochter Holden noch Ford, Chrysler und Abwandlungen verschiedener BMC-Typen, worunter sich auch ein sonst nirgends hergestellter Sechszylinder befand. Ausschließlich für den heimischen Bedarf wurden in Israel der Sabra, in der Türkei der Anadol, in Indien der Hindustan auf Morris-Basis und in Korea der YLN mit Ursprung bei Datsun hergestellt. Die Produktion in Argentinien und Brasilien zeigte ein besonderes Entwicklungsbild. In Argentinien wurden im Jahre 1959 etwa 15 000 Wagen hergestellt, in Brasilien gab es keine eigene Automobilindustrie. Für 1969 lauteten die Zahlen: 153 665 und 254 710 hergestellte Kraftfahrzeuge. Es handelte sich ausschließlich um Abwandlungen europäischer oder amerikanischer Wagen, aber der inländische Materialanteil lag in vielen Fällen bei 100 Prozent.

Und dann war da noch Japan. 1950 handelte es sich bei japanischen Autos – es wurden 1 594 Wagen ausgeliefert – um veraltete, in Handarbeit hergestellte Wagen nach Vorbild eines Vorkriegs-Austin, und nur Nissan-Datsun stellte Autos in überhaupt erwähnenswerten Stückzahlen her. Acht Jahre später produzierten zehn Hersteller nach wie vor antiquiert wirkende Autos, die aber europäischen Vorstellungen schon etwas näherkamen. 1969 zeigte das Bild eine Produktionszahl von 3 200 000 mit einem Exportanteil von mehr als einer halben Million. Die Produkte konnten sich mit denen Deutschlands und Englands messen, wurden aber von einer geringeren Anzahl von Herstellern erzeugt. Daihatsu und Hino wurden von Toyota kontrolliert, Prince und Aicho von Nissan übernommen.

Von den späten siebziger Jahren waren wir noch weit entfernt. Auch ohne die Vertreter des Vierradantriebs begann sich eine Vielfalt von Gruppen in unserem Betrachtungszeitraum bemerkbar zu machen: die Bausatz-Autos und die Motor-Caravans und auch bereits die Nostalgiefahrzeuge. Die Preise für klassische Wagen bewegten sich in inflationistischer Höhe.

Als ich über die Wagen der dreißiger Jahre schrieb, mußte ich bekennen, daß nur wenige von ihnen ein wirkliches Fahrvergnügen vermitteln konnten. Wenn man von einigen sportlichen Exoten absieht, kann ich mich in der Tat nur an zwei erinnern, die mir gefielen. Da boten die sechziger Jahre eine größere Vielfalt: der erste Eindruck des auf der Straße klebenden Mini; 7 000 U/min im dritten Gang ohne jegliche Erschütterungen beim NSU-Wankel-Spider; die erste Bekanntschaft mit einem Porsche 356 in San Francisco, wo ich alle Kurven um 15 Prozent schneller nahm als alle anderen; oder der Alfa Romeo »Giulia« mit seiner empfindsamen Steuerung und einem hervorragend ausgelegten Fünfganggetriebe – wie schade, daß er so unter Rost litt; oder das Fiat-850-Coupé, das ich 1969 fuhr. Der Umdrehungszähler mußte in den roten Bereich gebracht werden, um die besten Ergebnisse zu erzielen. Bei einer längeren Fahrt erreichte ich bei einer Durchschnittsgeschwindigkeit von 72 km/h einen Verbrauch von 6,3 l/100 km. Aber keiner dieser Wagen war in der »Plutokraten«-Klasse anzusiedeln.

Es gab auch die unerfreulichen Gegenstücke, wie den Chevrolet »Impala« von 1960 mit einem vor Leistung berstenden V-8-Motor, zweistufiger Powerglide-Automatik und schlecht gekühlten Trommelbremsen, bei denen häufig nur noch Beten half! Aber – und das sollten wir nie vergessen – wir konnten die Wagen genießen, ohne uns anzuschnallen, ohne auf die Auspuffgase achten zu müssen und ohne einen dauernden ängstlichen Blick auf die Benzinanzeige zu werfen mit einer Querverbindung zur Geldbörse.

1. Kapitel

ADE VERKÄUFERHERRLICHKEIT

Als die bedeutenden Neukonstruktionen der Saison 1950 bis 1951 galten die V-8-Chrysler in der USA, der Jaguar Mark VII und die Ford-Modelle »Consul« und »Zephyr« in Großbritannien, der Simca »Aronde« in Frankreich und die ersten Neuentwicklungen seit der Berliner Automobil-Ausstellung 1936 bei Mercedes-Benz in Deutschland. In beiden Jahren zusammengenommen liefen bei Chevrolet 2 648 573, bei Ford 2 087 892 und bei Plymouth 1 193 129 Wagen vom Band. Das waren beeindruckende Zahlen im Vergleich zu den Produktionszahlen der drei größten westeuropäischen Hersteller: 229 000 bei Fiat, 186 851 bei Renault und 175 974 bei VW. Im Gegensatz dazu belief sich die gesamte japanische Personenwagen-Produktion auf 5 205 Einheiten, von denen genau sechs exportiert wurden.

Mit Ausnahme der Vereinigten Staaten gab es Wartelisten für die Käufer neuer Automobile. Wagen der Marke »Jaguar« – oder andere mit sportlichem Appeal, die amerikanische Interessenten ansprachen – standen für den heimischen Markt überhaupt nicht zur Verfügung. Deutschland litt noch an den Auswirkungen des Krieges. Den anspruchslosen Citroën 2 CV sah man nur selten auf französischen Straßen, obwohl er seit 1948 produziert wurde. Die Benzinrationierung gehörte zwar der Vergangenheit an, nicht so aber der stark ausgeprägte Wunsch nach Mobilität. Man schaute nach jedem Auto auf der Straße, ganz gleich welchen Alters. Von den neuen Modellen, die sich auf den Drehscheiben von Earls Court, im Grand Palais oder in den Ausstellungshallen von Genf und Turin drehten, konnte man nur träumen. Noch 1952 kostete eine Familienlimousine der 1,2-Liter-Klasse – für die ein Brite 1939 etwa £ 175 zu zahlen hatte – als Gebrauchtwagen ungefähr das Doppelte dieses Betrages. Allerdings ist dabei zu berücksichtigen, daß das Pfund Sterling nach Beendigung des Krieges zweimal abgewertet wurde.

Die sechziger Jahre brachten den Höhepunkt für das Automobil als individuelles Beförderungsmittel. Im technischen Bereich wie auch quantitativ vollzog sich eine stürmische Entwicklung. Das Auto wurde – besonders in den USA – größer, schneller und leistungsfähiger. Waren die Leistungen von 180 PS eines Chrysler V-8 oder von 160 PS eines Sechszylinder-»Jaguar« im Jahre 1951 die Ausnahme, so stellten sie doch Anfang der siebziger Jahre die allgemeine Norm für praktisch jeden Motor mit einem Zylinderinhalt von mehr als 3 Litern dar. In den frühen Jahren war der »Verbraucheranwalt« Ralph Nader nur ein Rufer in der Wildnis – und die meisten Autoliebhaber hofften, daß er es auch blieb. 1969 konnte man, ohne gegen eine Verordnung zu verstoßen, überall in der Welt ohne Anschnallgurt fahren; Geschwindigkeitsbegrenzungen sowie eine Anti-Auto-Lobby gab es nur in den Vereinigten Staaten. Im Gegensatz dazu wurde in Anzeigen versucht, den befreienden Einfluß des Automobils herauszustellen. Es bildete sich der Teufelskreis, daß die ständig steigende Zahl der Automobile zu immer stärkerer Reduzierung des Eisenbahnnetzes führte, was dann wiederum einen Anstieg des Individualverkehrs zur Folge hatte.

Große Probleme brachte auch die zunehmende Verkehrsdichte mit sich. Es bildeten sich immer wieder gewaltige Staus, und das besonders in Ländern ohne Autobahnnetz, wie zum Beispiel Großbritannien. Ein weiteres Übel wurde erst sehr viel später offenbar, besonders nach der Energiekrise des Jahres 1973: die zunehmende Abhängigkeit vom Automobil. Niemand hatte sich die Verknappung billigen Öls vorstellen können, obwohl erste Warnzeichen bereits 1956 erkennbar waren, als Ägypten den Suezkanal sperrte und die westliche Einmischung durch arabische Proteste beantwortet wurde. Europa kehrte damals zu den Verhältnissen von 1939/40 zurück, und man stellte fest, wie wenig man doch mit einer Zuteilung von 60 Litern im Monat anfangen konnte. Parallel mit der Zunahme der Zahl der Autobesitzer – von beispielsweise 342 000 Wagen in Italien im Jahre 1950 wurde im Jahr der Suezkrise die Millionenmarke überschritten – ging eine zunehmend kritische Einstellung dem Auto gegenüber einher. Dies wurde nicht nur durch die Mangelsituation während der vierziger Jahre hervorgerufen. Ein Deutscher, der im Jahre 1930 einen neuen Opel kaufte, war wohl geneigt, auch 25 Jahre später dem gleichen Fabrikat seine Gunst zu schenken, ohne sich um die mit im Wettbewerb stehenden Borgward, DKW, Ford oder Volkswagen zu kümmern. Die Wahl eines Italieners hatte nach wie vor zwischen einem Fiat oder dem Verzicht zu liegen. In Frankreich hatten »die großen Drei« (Citroën, Peugeot, Renault) und in Großbritannien »die großen Sechs« (Austin, Standard, Ford, Vauxhall und die Erzeugnisse der Gruppen Rootes und Nuffield) nach wie vor ihre ergebene Gefolgschaft. In Amerika wurde ein völlig »unerzogenes« Publikum mit Werbung und dem dazugehörigen Jargon überzogen, und Testberichte in der Presse im europäischen Sinne gab es ohnehin erst ab 1950. Britische und französische Tests waren zwar einfach, aber sie vermittelten den Kunden doch etliche Kenntnisse über den Wagen, der zur Wahl stand, wie beispielsweise Leistungsdaten. Und das Publikum begann, diese Berichte auch zu lesen und zu verstehen. Konfrontiert mit einem großen Angebot – holländische Autos für Deutsche, australische Autos für Briten und japanische Autos überall –, kaufte der Kunde mit Bedacht. Gegen Ende unseres Betrachtungszeitraumes waren Begriffe wie »Übersteuern« und »Untersteuern« auch in Kreisen des schönen Geschlechts nicht mehr unbekannt, zumal diese Wesen ja auch mit so entgegengesetzten Konstruktionsprinzipien wie beispielsweise dem Renault »Dauphine« und dem Zweitakt-Saab aufwuchsen.

Wirtschaftliche Umstände schwächten den Boom etwas ab. 1951 hatte ein Auto außerhalb der USA noch etwas von Luxus an sich. Stahlknappheit hinderte Frankreich und Italien bis 1953 daran, mit voller Kraft ans Werk zu gehen. Deutschland war noch weit von seinen Wirtschaftswunderzeiten entfernt. Immerhin überschritt die Bundesrepublik im Jahr 1951 die bis dahin höchste Produktionsziffer aus den dreißiger Jahren, während die Einmillionmarke erst gegen Ende der fünfziger Jahre erreicht wurde. Großbritanniens

Amerika Ende der vierziger Jahre.
(Oben) Beim Cadillac von 1948 deuteten die gewölbte Windschutzscheibe, das breite Rückfenster und angedeutete Heckflossen auf das hin, was kommen sollte. Die meisten Wagen dieses Jahrgangs verfügten über ein automatisches »Hydramatic«-Getriebe, das Oldsmobile 1940 erstmals einbaute. Die Motoren allerdings stammten noch aus dem Jahre 1936: 8 Zylinder in V-Anordnung mit stehenden Ventilen und einer Leistung von 150 PS bei 5,7 Liter Hubraum, ausreichend, um diese schweren Wagen mit gut 150 km/h zu bewegen. Verglichen mit 1970 war der Wagen mit 2 833 Dollar enorm billig, aber vergessen wir nicht, daß die Löhne damals auch entsprechend niedriger waren.

(Gegenüber) Der Oldsmobile »Rocket 88« mit Fließheck von 1950 gehört stilistisch zur Generation von 1941, als diese Karosserieform Mode wurde, die 1935 zuerst in General Motors' australischem Werk erschien. Oldsmobile gehörte zusammen mit Cadillac zu den ersten, die die modernen kurzhubigen V-8-Motoren einführten. So verfügt dieser Wagen über eine Leistung von 135 PS bei 5 Liter Hubraum und schaffte ohne weiteres 160 km/h. Auch hier war die Mehrzahl mit Automatik ausgestattet.

Industrie befand sich ebenfalls im Aufwärtstrend, war aber nicht in der Lage, neben dem blühenden Exportmarkt auch den einheimischen Markt zu versorgen. Die einschränkende Bestimmung, daß der Käufer eines neuen Wagens diesen innerhalb von zwei Jahren ohne Genehmigung nicht weiterverkaufen durfte, blieb bis 1953 bestehen. Eine gewisse Stagnation war aber allenfalls auf bestimmten Gebieten zu verzeichnen, die aber das Gesamtbild einer ständigen Aufwärtsentwicklung nicht beeinträchtigte. Der Koreakrieg mit erneutem Rohstoffmangel blieb letztlich doch nur ein vorübergehender »Schluckauf« im unaufhaltsamen Vorwärtsdrängen Detroits. Die zehn bedeutendsten Marken hatten 1952, als der Krieg auf dem Höhepunkt stand, einen Ausstoß von nur 3 750 000 Einheiten. Ein Jahr später hatte sich dieser Wert wieder bei beachtlichen 5,5 Millionen eingependelt.

Die frühen fünfziger Jahre stellten so etwas wie einen neuen Beginn in der Automobiltechnik dar. Es gab inzwischen echte Nachkriegsentwicklungen, die sich in einem Konsolidierungsprozeß befanden. Das System »Panhard« – Motor vorn, Getriebe in der Mitte und Hinterradantrieb – dominierte nach wie vor, obwohl gerade diese Gesellschaft es 1946 zugunsten des Frontantriebs aufgegeben hatte. Die anderen Vertreter des Frontantriebs waren Citroën in Frankreich, DKW, Goliath und Lloyd in Deutschland, IFA in der DDR und der neue Saab in Schweden. Bei den Anhängern des Heckmotors waren sowohl der Volkswagen wie der tschechische »Tatra« Entwicklungen aus der Vorkriegszeit, und nur Renault stellte sich als neuer Gefolgsmann dieses Konzepts vor. Alle sonstigen Serienwagen aus Amerika, Großbritannien, Italien und Rußland folgten der herkömmlichen Anordnung.

Innerhalb dieser Ordnung war aber der stetige Wind der Veränderung zu spüren. Der Übergang zur Massenfertigung von Motoren mit durch Stößelstangen betätigten obenliegenden Ventilen war praktisch vollzogen. Der Großteil der europäischen Hersteller favorisierte den Reihenmotor. Die Abweichler waren Lancia mit einem schmalen Motor in V-Anordnung wie auch Jowett und der neue kleine Citroën mit gegenüberliegenden Zylindern. In Amerika erfreuten sich die alten Sechszylinder und Reihenachtzylinder mit stehenden Ventilen nach wie vor großer Beliebtheit wie auch der aus dem Jahre 1932 stammende alte V-8-Motor von Ford. Aber neue Modelle mit seitengesteuerten Motoren waren nicht in Sicht, wenn wir den Ford 100E aus Großbritannien einmal außer acht lassen, der die Zylinderabmessungen und den Aufbau seiner Vorgänger in verbesserter Form beibehielt. Auch im ultrakonservativen Großbritannien starben die seitengesteuerten Motoren nun aus, bei Hillman 1957 und bei Ford 1961. Aggregate wie Fallstromvergaser, mechanische Benzinpumpen und Batteriezündung waren seit langem eine Selbstverständlichkeit. Die neuen hochverdichteten Motoren, die für hochoktaniges Benzin ausgelegt waren, warteten auf die Beendigung der Benzinbewirtschaftung. Es gab in Europa nur den V-8-Zylinder von BMW (1954) als Gegenstück zu den in den USA entstehenden kurzhubigen V-8-Motoren mit obenliegenden Ventilen, die 1949 zuerst von Cadillac und Oldsmobile herausgebracht wurden, denen dann alle anderen Hersteller – mit Ausnahme des schon dahinsiechenden Kaiser-Imperiums – folgten.

Die irritierende Frage nach der günstigsten Anzahl der Zylinder blieb unbeantwortet. In den frühen dreißiger Jahren führte die Forderung nach einer weichen und flexiblen Motorcharakteristik zu den Vielzylindermotoren. Diese Tendenz erzeugte nicht nur die kleinvolumigen Sechszylinder in Großbritannien, sondern auch die 12- und 16-Zylinder, die in den Jahren der Wirtschaftskrise in den USA erschienen. Bessere Geräuschdämpfung, mühelosere Schaltvorgänge und gepflegte Federungen merzten einige der Faktoren aus, die zu diesen Entwicklungen geführt hatten, und zum Ende der dreißiger

Das Frontantriebssystem von 1934 war bei Citroën auch 1955 noch bestimmend. Das berühmte Modell »traction« brachte es auf eine Produktionszeit von über 20 Jahren und auf ein Produktionsvolumen von fast einer dreiviertel Million. Das Bild zeigt, wie das Antriebsaggregat an den »Hörnern« des Wagenkörpers befestigt war. Die Anbringung des Getriebes vor dem Motor führte zu einem großen Wendekreis. Der klassische langhubige Vierzylindermotor mit 2 Liter Hubraum sollte das »Fahrgestell« um ein Jahrzehnt überleben.

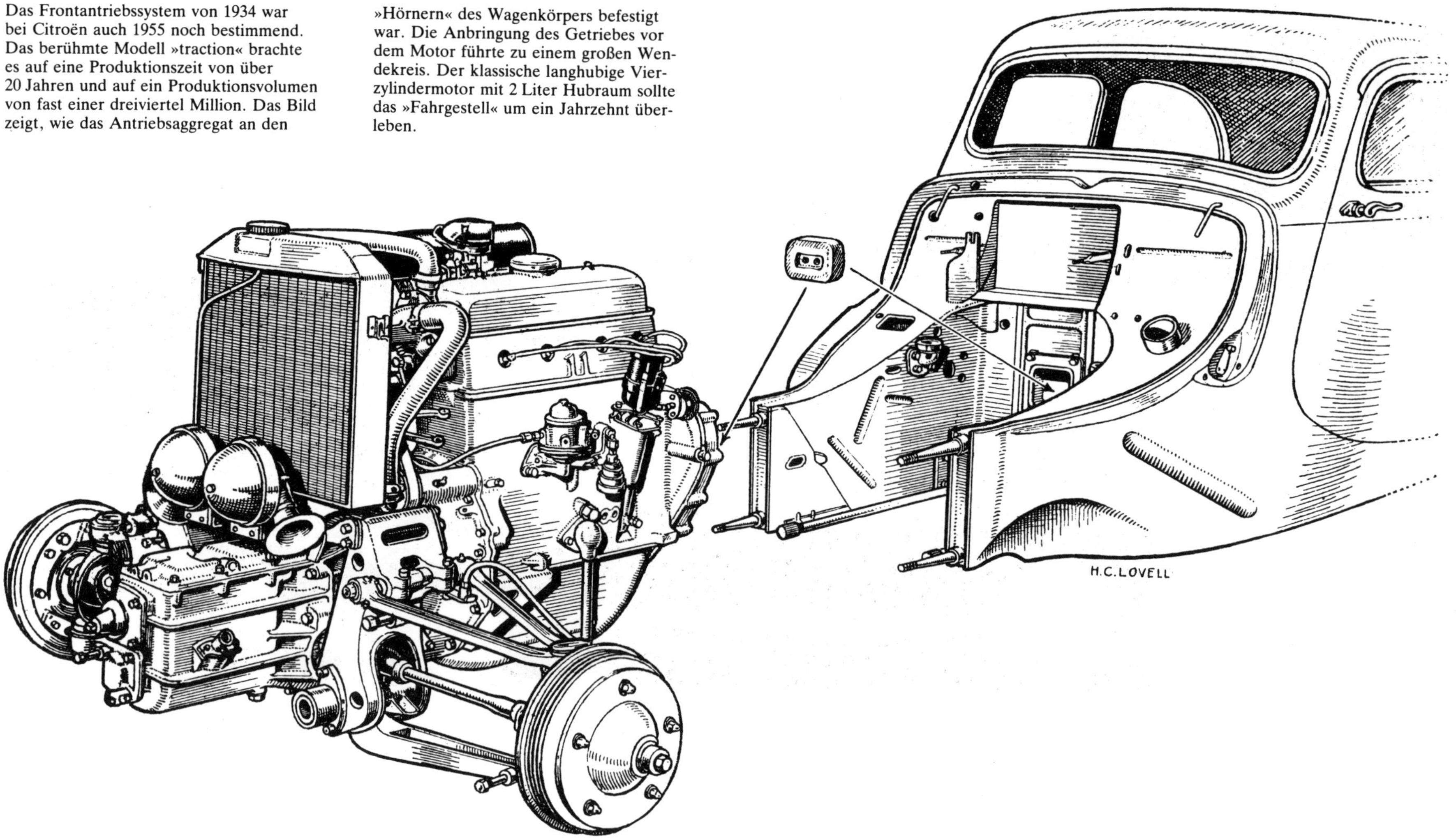

Jahre war der große Vierzylinder wieder »en vogue«. So gab es Vierzylinder mit 2,4 Liter Hubraum bei Firmen wie Riley in Großbritannien, Renault in Frankreich und Stoewer in Deutschland. Die besonderen Mangelerscheinungen und der Ruf nach Einfachheit bestimmten die Entwicklung außerhalb der USA. Im allgemeinen waren die Autos kleiner, wenn man von dem Phänomen der »Vanguarditis« einmal absieht, das solche stämmigen Kompaktwagen wie den Standard »Vanguard«, den russischen »Pobeda«, die Fiat-1400/1900-Familie und die Renault »Frégate« hervorbrachte.

Diese Modelle wurden oft als Beweis für den Abwärtstrend des Vielzylindermotors angesehen. Unter besonderer Berücksichtigung der erst 1950 endenden Benzinbewirtschaftung muß gesagt werden, daß ein Vierzylinder nicht nur wirtschaftlicher arbeitet, sondern auch billiger herzustellen ist. So wird ein Hersteller in dem Bestreben nach rationeller Fertigung in der Hubraumklasse 2,0 bis 2,5 Liter einem Vierzylinder gegenüber einem Sechszylinder den Vorzug geben. Aber die ausländischen Töchter von General Motors (Opel, Vauxhall und Holden) bauten kleinvolumige Sechszylinder, Holden sogar bis in die späten sechziger Jahre hinein gar nichts anderes. Das Programm für 1951 von Ford in Großbritannien beinhaltete einen neuen Sechszylinder, während sich Ford/Deutschland bis 1964 mit Vierzylindern begnügte. Als weitere neue Sechszylinder erschienen der Rover P4 und der Mercedes-Benz 220, die allerdings das jeweilige Programm nach oben abrundeten. Sie trugen der Formierung einer Wohlstandsgesellschaft Rechnung und auch dem Wechsel vom Verkäufer- zum Käufermarkt.

Die Hinwendung der Amerikaner zum V-8-Motor hängt mit der allgemeinen technischen Entwicklung zusammen. Solange Treibstoff billig und reichlich angeboten wurde und die automatische Kraftübertragung sich weiter durchsetzte, hatte der amerikanische Fahrer einer Familienlimousine mit Vierzylindern nichts im Sinn. Andererseits akzeptierte er sie im ausländischen Importwagen der Ehefrau oder in seinem Wochenend-Vergnügungs-Wagen. Chevrolet brachte 1962 als Alternative einen Vierzylinder mit 2,5 Liter Hubraum und hängenden Ventilen heraus, aber er kam zehn Jahre zu früh. Während der sechs Jahre, in denen dieses Kompaktmodell angeboten und mit etwa 1 250 000 Exemplaren verkauft wurde, entschlossen sich nur etwa 1 Prozent der Käufer für den Vierzylindermotor. General Motors konnte sich so eine Fehleinschätzung leisten, und dieses Aggregat kam dann im brasilianischen Chevrolet noch zur Blüte. Es gab zu jener Zeit nur noch einen weiteren amerikanischen Hersteller, der einen gleichgearteten Versuch unternahm, nämlich Willys, der den Motor schon im Jeep verwandte. Nach Übernahme von Willys durch Kaiser verwandte dieser ihn dann von 1950 bis 1954 für das Modell »Henry J«, das sein »Waterloo« werden sollte.

Wie die Treibstofftechnologie die Ausbreitung der neuen V-8-Motoren verhinderte, so verzögerte sie auch die Einführung der Motoren mit obenliegender Nockenwelle. Den Doppelnockenwellenmotoren von Salmson und Alfa Romeo gesellte sich 1949 das »Jaguar«-Modell XK hinzu. Aber es gab 1950 weniger Motoren mit obenliegender Nockenwelle als in den zwanziger und dreißiger Jahren, der Ära des Fiat 509 und der britischen Rhodes, Wolseley

Ein neuer Heckmotorwagen. 1946 folgte Renault dem Volkswagen- und Tatra-Prinzip, indem er den 760-ccm-Motor im Heck des neuen Kleinwagens 4 CV einbaute. Der Motor war so klein, daß ein Längseinbau möglich war, ohne einen großen Überhang oder Platzverlust in Kauf nehmen zu müssen. Auf dem Bild zu erkennen sind (1) die hydraulische Fußbremse, (2) mechanische Handbremse und (3) die unabhängige hintere Schraubenfederung. Eine ungewöhnliche Wiederbelebung stellten die (4) festmontierten Räder mit abnehmbaren Felgen dar, wobei Renault allerdings Stahl und nicht Holz verwendete. Das sollte der Gewichtsersparnis dienen und war keine, wie bei amerikanischen Wagen der zwanziger Jahre, Erleichterung für weibliche Autofahrer.

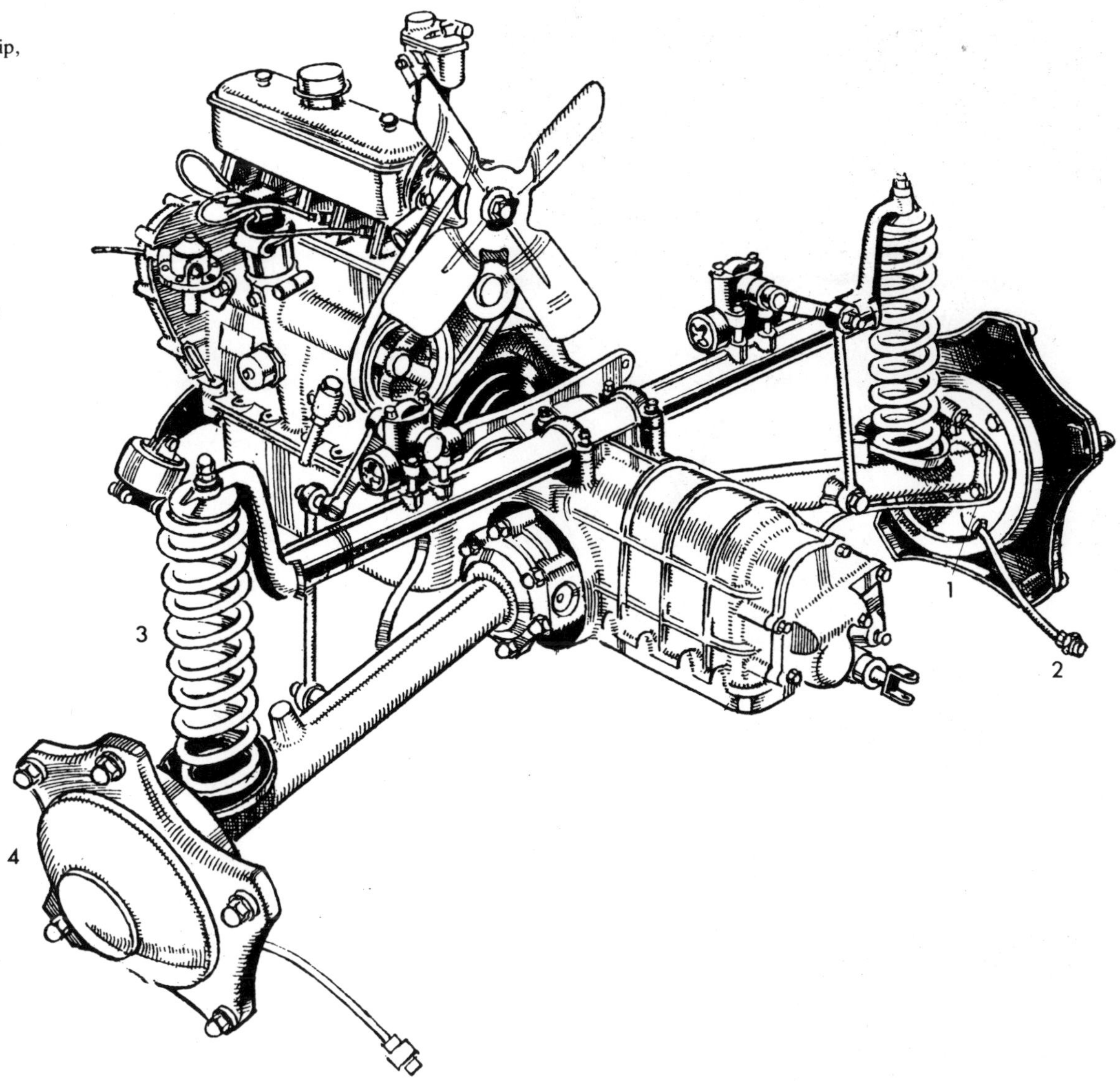

und Singer. Von ihnen blieb nur Singer diesem Prinzip treu, bis die Firma 1956 von der Rootes-Gruppe übernommen wurde. Was überlebte, waren die Zweitakter, wenn auch 1950 beschränkt auf DKW und seine verschiedenen Nachkommen in der DDR, Schweden, der Tschechoslowakei und kurzzeitig in Dänemark. Dieses alterslose Konstruktionsprinzip hatte noch weitere 20 Jahre vor sich, bis ihm die strengeren Abgasvorschriften das Leben schwermachten.

Interessanter war ein deutlicher Schwenk zum kurzhubigen und schnelldrehenden Motor. Einige Faktoren für diese Entwicklung waren bereits in den dreißiger und vierziger Jahren zu erkennen und hatten ihren Ursprung in den italienischen und deutschen Autobahnen. Hohe Dauergeschwindigkeiten auf diesen Straßen hatten nicht nur eine aerodynamische Formgebung zur Folge, sondern auch Motoren und Getriebe, bei denen eine weitgehende Angleichung von Höchst- und Dauergeschwindigkeit erreicht wurde. Zur Verdeutlichung dieser Entwicklung kann ein Vergleich von kontinentaleuropäischen mit britischen Wagen der späten vierziger Jahre dienen. In der 1 100-ccm-Klasse finden sich der Volkswagen (mit einem Verhältnis von Bohrung : Hub von 77 × 64 mm) und der Fiat 1100 (68 × 75 mm), die es beide schon 1939 gab, wenn auch der Motor des Volkswagens damals geringfügig kleiner war. Peugeot, mit ganz Europa im Blickwinkel, näherte sich dieser Auslegung mit dem 202-Motor (68 × 78 mm). Aber charakteristischer für die alte Garde war der »Juvaquatre« von Renault, eine Opel-Kopie mit den gar nicht Opel ähnlichen Zylinderabmessungen von 58 × 95 mm. In Großbritannien hatte der populäre Hillman »Minx« eine Bohrung von 63 mm und einen Hub von 95 mm. Die Abschaffung der antiquierten Steuerformel in Großbritannien, die nur Anzahl und Bohrung der Zylinder berücksichtigte, zeigte erste Ergebnisse. Nach 1946 brauchte der »Minx« nicht mehr ein »10 HP« zu sein, und die Bohrung wurde auf 65 mm erweitert, wenn er auch bis 1954 noch als Überbleibsel aus alter Zeit erkennbar blieb, als er vollkommen neu konstruiert wurde.

Steuerliche Restriktionen für die Motorabmessungen wurden seltener. In Frankreich und Italien waren sie noch spürbar, da aber die Steuer nach dem gesamten Zylinderinhalt berechnet wurde, gab es für den kurzhubigen Motor keine Nachteile. Nur in Japan wurde die Industrie während der ersten Dekade unseres Betrachtungszeitraums noch stark bedrängt.

Im Getriebebau hatten sich die Einscheibenkupplung und die Synchronisation durchgesetzt. Nur wenige Hersteller allerdings boten 1950 auch einen synchronisierten ersten Gang an, eine der Ausnahmen, die später zum Standard gehörten. Sogar die Amerikaner maßen dieser Frage bis zur Mitte der sechziger Jahre nur wenig Bedeutung zu, denn der unterste Gang brauchte nur wenig benutzt zu werden, und im übrigen entschieden sich mehr und mehr Käufer ohnehin für ein automatisches Getriebe. Eins der hauptsächlichen Überbleibsel der vierziger Jahre war die Lenkradschaltung, eine amerikanische Errungenschaft von 1938, und nur dort zu vertreten, wo drei Vorwärtsgänge ausreichend waren. Ihr einziger Vorteil lag in der relativen Beinfreiheit im Fahrerabteil. Die amerikanischen Ausführungen mit vier Gängen zeichne-

ten sich durch umständliche Schaltschemata aus, die mit all ihren Nachteilen von Firmen wie Austin, Mercedes-Benz und Peugeot übernommen wurden.

Auch das synchronisierte Getriebe löste nicht alle Probleme. Vorwählgetriebe waren auf dem Rückzug, wogegen sich die automatischen Getriebe dem Zenit näherten. Schon 1951 war es schwierig, wenn nicht unmöglich, einen amerikanischen Wagen mit herkömmlicher manueller Schaltung zu bekommen. In der Mittelklasse wurden 80 Prozent aller neuen Packard, 78 Prozent aller Buick und 70 Prozent aller Hudson mit Automatik geliefert. Buick produzierte von 1948 bis 1954 zwei Millionen automatische Getriebe. Chevrolet, der das Automatikgetriebe 1950 einführte, rüstete innerhalb des ersten Jahres 20 Prozent seiner Produktion mit dem »Powerglide« aus und steigerte den Anteil bis 1957 auf 60 Prozent.

Automatikgetriebe kamen nun auch über den großen Teich nach Europa. Die hohen Werkzeugkosten erwiesen sich als Haupthindernis, und außerdem wäre der Kraftverlust nicht zu akzeptieren gewesen, der bei einer Leistung von 40 bis 50 PS einer 1,5-Liter-Maschine jener Zeit zu erwarten war. Dieser Nachteil wirkte noch über einige Jahre hin, das Fahrer eines Hillman oder Singer mit Borg-Warner-Getriebe Anfang der sechziger Jahre bestätigen werden. Es ist aus diesen Gründen nicht überraschend, daß die einzigen Automatikgetriebe, die 1950 in Europa angeboten wurden, von Invicta – der kurz vor dem geschäftlichen Zusammenbruch stand – und von Borgward kamen, die aber nur in geringen Stückzahlen gefertigt und bald wegen Unzuverlässigkeit aufgegeben wurden. Für die Kraftübertragung auf die Hinterräder konnte man eine offene Antriebswelle erwarten, obwohl Gelenkwellenrohre noch in einigen Fällen Verwendung fanden. Spiralkegelräder waren allgemein eingeführt – genaugenommen schon seit den frühen zwanziger Jahren. Die tiefgelegte Hypoid-Hinterachse allerdings gewann an Bedeutung; sie ermöglichte

(Gegenüber, oben) DKW-Wiedergeburt in der Tschechoslowakei 1946: Aero »Minor«. Der Wagen basierte auf dem DKW-Lizenzbau aus der Vorkriegszeit, dem Jawa, und nicht auf dem Vorkriegs-Aero, der allerdings auch über Zweitaktmotoren und Frontantrieb verfügte. Unter der tropfenförmigen Karosserie, die an Hanomag und Volvo erinnert, befindet sich der bekannte quereingebaute Zweizylindermotor mit 615 ccm Hubraum. Aber das Viergang-getriebe mit Overdrive, der gegabelte Mittelträgerrahmen und der hinter dem Motor angeordnete Kühler unterschieden ihn von dem alten DKW-F8-Vorbild, wie es noch in der DDR bis 1952 hergestellt wurde.

(Gegenüber, unten) Was sich 1939 technisch auf aktuellem Stand befand, konnte ohne Änderungen bis in die Mitte der fünfziger Jahre bestehen. Das war mit dem Opel »Olympia« der Fall, der hier in seiner Ausführung von 1951 gezeigt wird, und zwar mit dem gleichen überquadratischen 1,5-Liter-Vierzylindermotor mit hängenden Ventilen, der gleichen selbsttragenden Karosserie und dem Dreiganggetriebe wie schon in den Vorkriegsjahren. Stilistische Änderungen beschränkten sich auf eine Änderung der Frontpartie, aber die alten, unvorteilhaften, in die Motorhaube integrierten Scheinwerfer blieben dieselben. Europäische Käufer konnten ihren kleinen General Motors-Wagen in britischer oder deutscher Ausführung erhalten. Weder Opels vordere Schraubenfederung noch Vauxhalls Torsionsstäbe führten zu ausgesprochen gutem Fahrverhalten, und ob man das britische oder das deutsche Fabrikat erwarb, entschied sich an der Frage, ob man vier oder zwei Türen (letzteres nur bei Opel) bevorzugte oder ob man einen Kombiwagen wünschte, den Vauxhall nicht zu bieten hatte. Die Wiederkehr normaler Verhältnisse in Deutschland konnte man daran erkennen, daß 1951 allein 40 154 Einheiten dieses Modells hergestellt wurden, mehr als Vauxhalls Produktion von Vier- und Sechszylindern zusammen. Dafür verkauften sich die britischen Bedford-Nutzfahrzeuge besser als die Opel »Blitz«.

(Oben rechts) Von 1934 bis 1957 – nur durch die Kriegsjahre unterbrochen – war der Citroën 11 CV mit Frontantrieb in Produktion. Der endgültige 1 911-ccm-Vierzylinder-Motor mit hängenden Ventilen erschien innerhalb von 8 Monaten nach Vorstellung des Wagens. Abgesehen von der Zahnstangenlenkung aus dem Jahre 1936 und der Vergrößerung des Kofferraums im Jahre 1952 wurde praktisch nichts geändert. Der Typ »11 légère« mit kurzem Radstand war ein klassisches Modell. Hier im Bild wird zur Abwechslung der Typ »11 normale«, ein ausgewachsener Sechssitzer mit einem auf 3,1 Meter verlängerten Radstand gezeigt. Er stammt von 1951 und ist einer der letzten mit kleinem Kofferraum.

(Unten rechts) Der Renault »Frégate«, hier in der Ausführung von 1954 bis 1956, war der am modernsten aussehende Wagen der Vanguard-Epoche. Man folgte mit verkleinerten Abmessungen dem amerikanischen Vorbild, wobei dicke Fensterpfosten und wenig Sicht nach hinten an Detroit von 1940 erinnern. Die unabhängige hintere Radaufhängung und das Vierganggetriebe waren unzweifelhaft europäisch.

eine günstigere Schwerpunktlage. Der bei Peugeot und Daimler angewandte Schneckenradantrieb stellte eine Ausnahme dar, der Daimler allerdings bei seinen konventionellen Konstruktionen bis 1968 treu blieb.

Unabhängige Vorderradaufhängung fand man nur bei den kleineren britischen Ford »Consul« und »Zephyr« (ab 1950) und beim deutschen Ford »Taunus« ein Jahr später. Sportliche Wagen folgten unmittelbar: MG führte 1950 bei seinem Modell TD Schraubenfedern ein. Beim System der Schraubenfedern dominierte die Auslegung mit ungleich langen Doppelarm-Querlenkern. Morris, Volkswagen und Citroën gaben der Torsionsfederung den Vorzug. Bei einigen älteren Modellen der Rootes-Gruppe fand man noch Querblattfedern. Ford war das einzige Unternehmen, das bereits McPherson-Federbeine verwendete, zuerst bei den französischen und britischen Modellen, ab 1957 auch bei den deutschen. Erst während der siebziger Jahre fanden sie dann weitere Verbreitung.

Unabhängige Hinterradaufhängung war seltener anzutreffen, da sie von den meisten Herstellern als zu komplex und kostspielig angesehen wurde, obwohl mancher deutsche Hersteller sie bereits vor dem Krieg zur Anwendung brachte. Zu den späteren Verwendern gehörten Borgward, VW und Mercedes wie auch Skoda und Tatra in der Tschechoslowakei. Neu hinzu stieß Renault mit seinem Heckmotormodell »4 CV«. Fiat folgte erst 1952, und Großbritannien – trotz der frühen Verwendung durch Alvis, Atalanta und bei dem letzten 2,6-Liter-Lagonda – konnte sich zur allgemeinen Einführung nicht vor 1959 entschließen.

Hydraulische Trommelbremsen an allen vier Rädern waren eine Selbstverständlichkeit wie auch die auf die Hinterräder wirkende Handbremse. Es gab aber auch einige Ausnahmen, so die Kompromißlösung der hydromechanischen Bremse, die man bei Rolls-Royce aus Gründen der Sicherheit, bei anderen Herstellern aus Gründen der Wirtschaftlichkeit einbaute. Nach etwas Besserem bestand kein Bedarf. Eine Reisegeschwindigkeit von 100 bis 110 km/h stellte das Optimum dar, bei einer Familienlimousine lag sie allenfalls bei 85 km/h. Bei den Handbremsen gab es keine Unterschiede im System, und die amerikanischen Fußfeststellbremsen – wie sie von Buick und Oldsmobile eingebaut wurden – arbeiteten nach dem gleichen Prinzip. Fiat und Chrysler – beides Großserienhersteller – favorisierten unverständlicherweise nach wie vor die Getriebebremse, ein zweifellos wirkungsvolles, aber die Kraftübertragung mordendes System, wenn sie nicht nur beim Einparken benutzt wurde.

Im Aufwind befand sich die selbsttragende Bauweise. Von ein paar Vorreitern in den dreißiger Jahren praktiziert, wurde sie nun zur vorherrschenden Bauart europäischer Großserienfertigung. Als Ausnahmen waren nur der Standard »Vanguard« und der Volkswagen mit seinem Mittelrohrrahmenfahrgestell auf dem Feld. Der wirtschaftliche Aspekt dieses Herstellungsverfahrens beherrschte die Fabrikation für die nächsten zwanzig Jahre. Eine kostengünstige Fertigung war nur mit langen Produktionszeiträumen zu erreichen. Es erlaubte weder eine große Karosserievielfalt noch größere Stiländerungen. Mit zunehmender Hinwendung zu diesem System wurden Wagen mit gesondertem Fahrgestell selten. So warb Triumph im Jahre 1959 für sein Modell »Herald« mit dem Spruch: »Schaut her, er hat ein Fahrgestell.«

Bis jetzt waren die der selbsttragenden Bauweise anhaftenden Korrosionsprobleme noch nicht offenkundig geworden. Man wußte, daß beim Kauf eines Vorkriegs-Opels oder -Citroëns erhöhte Aufmerksamkeit angebracht war – aber wenn ein Wagen noch nicht in der Mitte durchbrach, bot er zumindest eine Fortbewegungsmöglichkeit. 1951 waren die USA und Neuseeland die einzigen Länder, die eine jährliche technische Prüfung vorschrieben. Um selbsttragende Karosserien kümmerte man sich in den USA nicht, denn die

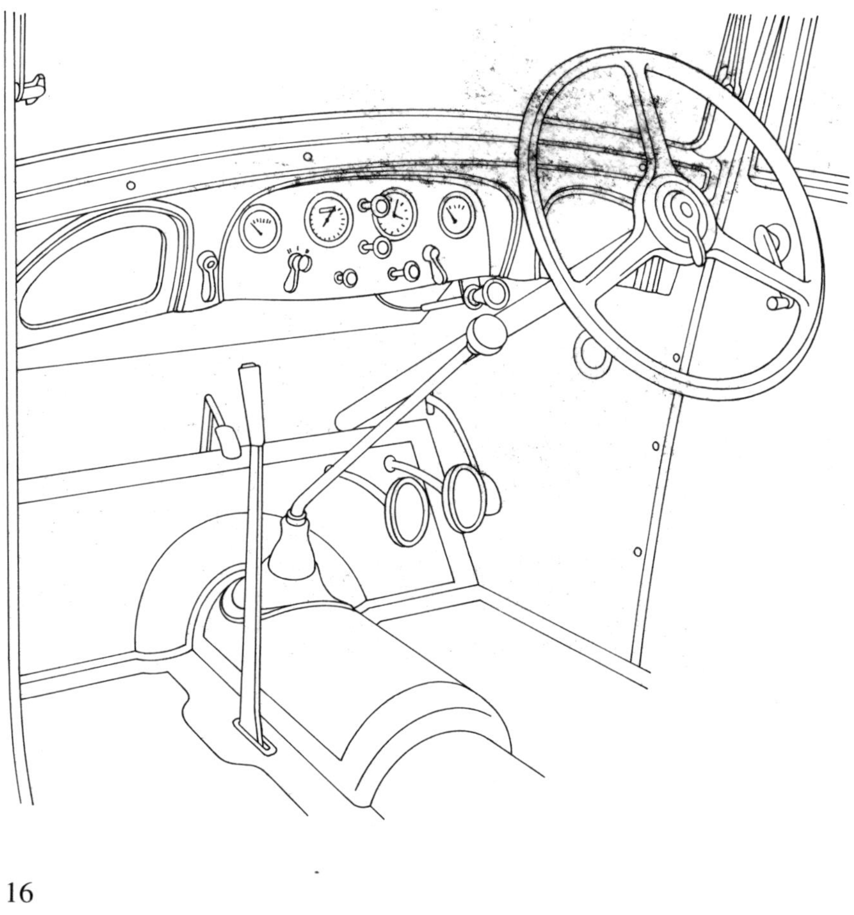

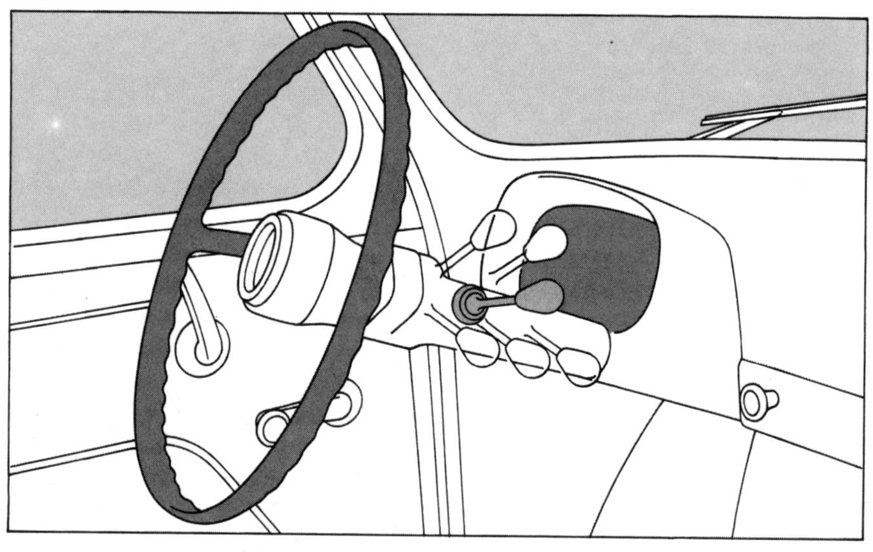

Gangschaltungen im Wandel: Fiat 1934 *(links)* und 1956 *(oben)*. Beim älteren Wagen beherrschten die Gangschaltung in der Mitte und die Handbremse das Bild. Die lange und gewölbte Ausführung des Schalthebels ließen einen schnellen und reibungslosen Gangwechsel unwahrscheinlich erscheinen. Die spätere Lenkradschaltung des Typs 1100-103 beanspruchte zwar weniger Platz, aber das abgebildete Schaltschema aus einer Bedienungsanleitung jener Zeit läßt ahnen, daß das Käuferpublikum die Werbesprüche für diese Anordnung des Schalthebels nicht ohne weiteres verstand. Der Weg der Schaltung die Lenksäule hinunter und unterhalb des Wagenbodens zum Getriebe führte zu einer ungenauen Schaltung. Dabei lieferte Fiat noch eins der besten Beispiele im Vergleich zu anderen Ausführungen dieser schlimmen Zeit.

Automatische Getriebe: In diesem Diagramm wird Buicks ursprüngliche zweistufige »Dynaflow«-Automatik von 1948 gezeigt. Die Primärpumpe (1) ist mit der Kurbelwelle (2) verbunden und läuft mit Motordrehzahl. Genau gegenüber ist die Wandler-Turbine (3), die mit der Eingangswelle verbunden ist und sich im direkten Gang dauernd mit gleicher Geschwindigkeit wie die Antriebswelle bewegt. Die anderen drei Elemente, die Wandlerpumpe (4) und zwei Wandlerleiträder (5) stehen in unabhängiger Verbindung mit einem Planetenkupplungssystem (6). Sie können sich frei bewegen oder in entsprechenden Positionen fixiert werden. Bei einer zweistufigen Automatik ist der an der Steuersäule befindliche Wählhebel eine einfache, fast narrensichere Angelegenheit. Von links nach rechts verfügt er über die Positionen Parken – Leerlauf – Fahren – niedriger Gang – Rückwärtsgang. Das Fehlen einer neutralen Zwischenstufe zwischen Vorwärts- und Rückwärtsfahrt wäre in den sicherheitsbewußten späten sechziger Jahren nicht mehr zugelassen worden.

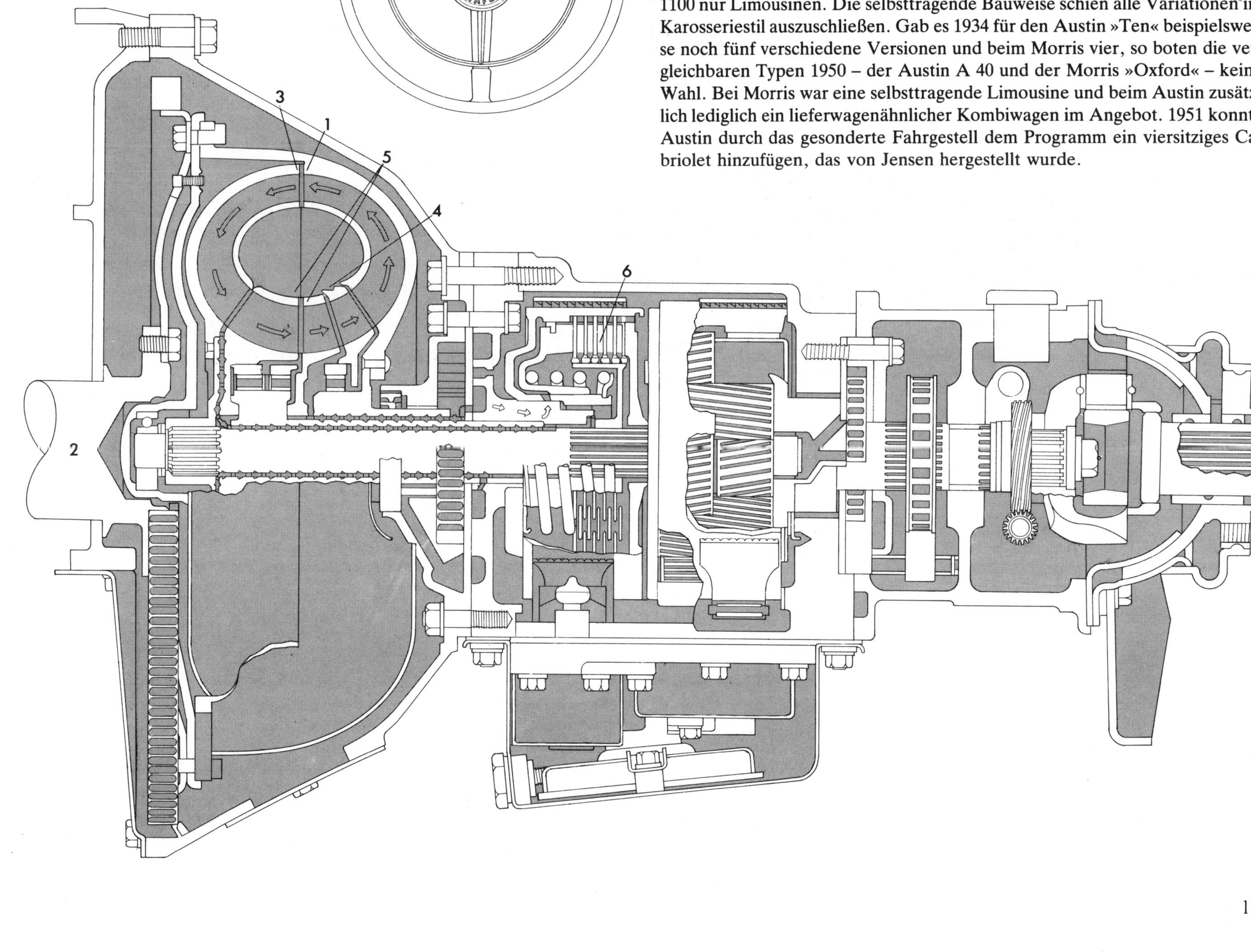

jährlichen Produktionszahlen ließen die Werkzeugkosten verhältnismäßig unbedeutend erscheinen. Auch waren damit die Folgen eines etwaigen »Durchfalls« eines Modells beim Publikum weniger verhängnisvoll. Hudson hatte enorme Schwierigkeiten, sein 1948er Modell »Stepdown« in selbsttragender Bauweise zu verkaufen, nachdem die äußere Form aus der Mode geraten war. Der Verkauf sprach für sich selbst: Ein Höhepunkt von 140 000 verkauften Wagen in jedem der ersten drei Jahre, dann ein Abfallen auf 93 000 im Jahre 1951 bis auf entmutigende 32 287 im Jahre 1954, was dann auch das letzte Jahr der finanziellen Unabhängigkeit von Hudson war. Nash hatte mehr Glück. Allmählich führte sich die selbsttragende Karosserie auch in der Großserienfertigung ein, aber es war eine gewagte Politik.

Auf dem Gebiet der Karosserien konnte man noch von einem »Verkäufermarkt« sprechen, denn Kunden konnten weder über Stil noch Ausrüstung mitbestimmen. In der unmittelbaren Nachkriegszeit erschienen Volkswagen in einem undefinierbaren Grau, und die meisten britischen Familienlimousinen waren schwarz. Selbst Ford bot 1946 für den Inlandmarkt keine Alternative. Die Citroën »Traction« aus der Fabrik am Quai de Javel waren alle schwarz; falls man Braun oder Grün wünschte, mußte man Rechtslenkung in Kauf nehmen, denn diese Versionen gab es nur vom britischen Montagewerk in Slough. Auch gab es 1950 bei Peugeot, beim Opel »Olympia« und dem Fiat 1100 nur Limousinen. Die selbsttragende Bauweise schien alle Variationen im Karosseriestil auszuschließen. Gab es 1934 für den Austin »Ten« beispielsweise noch fünf verschiedene Versionen und beim Morris vier, so boten die vergleichbaren Typen 1950 – der Austin A 40 und der Morris »Oxford« – keine Wahl. Bei Morris war eine selbsttragende Limousine und beim Austin zusätzlich lediglich ein lieferwagenähnlicher Kombiwagen im Angebot. 1951 konnte Austin durch das gesonderte Fahrgestell dem Programm ein viersitziges Cabriolet hinzufügen, das von Jensen hergestellt wurde.

XMC 2

(Gegenüber) Traditionell und trotzdem modern. Er sieht italienisch aus, hat deutsche Vorfahren und trägt den ehrenwerten britischen Namen Frazer-Nash. Dieses ist der Targa Florio Sport-Roadster, der auf der Londoner Ausstellung im Oktober 1952 gezeigt wurde. Er ist ein direkter Nachkomme des BMW 328 von 1936, dem wahrscheinlich universellsten Sportwagen jenes Jahrzehnts. Der Dreivergaser-Sechszylinder-Motor mit 2 Liter Hubraum entwickelt 125 PS, und die Federung – unabhängige Querblattfederung vorn und Torsionsstäbe hinten – ist reinrassig BMW. Auch der Name hat seine besondere Bedeutung. Frazer Nash gewann 1951 als erste britische Marke des Targa-Florio-Rennen auf Sizilien. Die Produktionszahl war minimal, zwischen 1952 und 1955 entstanden etwa 20 Fahrzeuge.

(Unten) Der erste moderne GT, ein Lancia »Aurelia« Coupé in der Ausführung von 1953. Wie alle Lancias jener Tage verfügt er noch über Rechtssteuerung. Aber die Formel folgt klassischen Regeln: kompakte Bauweise, V-6-Zylinder, 2,5-Liter-Motor mit engem Gabelwinkel, synchronisiertes Viergang-Transaxle-Getriebe und innenliegende Hinterradbremsen. In normaler Ausführung waren 168 km/h kein Problem, und auf der »autostrada« kann man eine Dauergeschwindigkeit zwischen 145 und 155 km/h ohne Schwierigkeiten halten. Aber trotz einer Produktionsperiode von acht Jahren und zahlreichen Rallye-Erfolgen wurden nur etwa 5 000 Wagen dieses Typs verkauft.

(Unten) Ein nicht ganz klassisches britisches Fahrgestell von 1946. Der Triumph 1800 hatte einen Vierzylinder-Motor mit obenliegenden Ventilen und 1,8 Liter Hubraum. Besonders wegen des traditionell geformten Kühlers ist das Aussehen etwas altmodisch. Aber man beachte die unabhängige Vorderradaufhängung an Querblattfedern (1), hydraulische Bremsen (2), Lenkradschaltung (3) und ein Rohrrahmen-Fahrgestell (4). Dieses wurde gewählt, weil Rohre in den Jahren der Rohstoffknappheit nach dem Kriege in Großbritannien frei verfügbar waren. Technischer Fortschritt hatte seinen Ursprung also nicht immer nur in technischen Überlegungen. Den Gegensatz dazu bildete der »Lea Francis 14« des gleichen Jahres. Er hatte nach wie vor vier Halbelliptikfedern und mechanische Bremsen wie auch einen in der Mitte angebrachten Schalthebel. Das einzige Merkmal, das ihn von einem Vorkriegsmodell unterschied, war die Verwendung von Scheiben- anstatt Speichenrädern, die einer luxuriöseren Limousine leicht sportlichen Charakters, aber mit gleichem Motor, vorbehalten blieben.

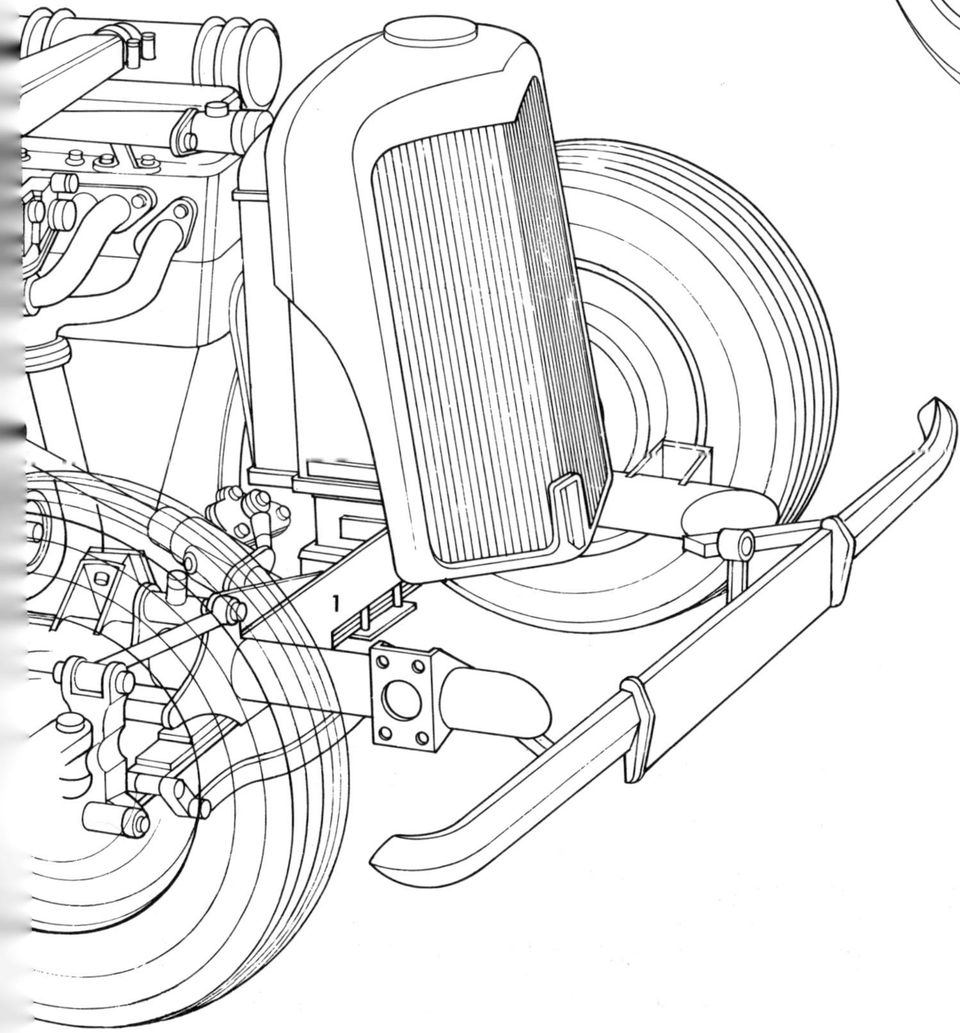

Fahrgestell nach amerikanischem Stil: Ein Cadillac von 1949 mit dem neuesten kurzhubigen V-8-Motor mit obenliegenden Ventilen und automatischem Getriebe. Aber die Einflüsse der dreißiger Jahre sind doch noch deutlich: Unabhängige Vorderradaufhängungen an Schraubenfedern und Hypoidhinterachse. Noch augenfälliger wird es bei der kreuzförmigen Rahmenverstärkung, die es in den USA noch bis in die fünfziger Jahre hinein geben sollte, und noch länger bei einigen amerikanischen Cabriolets, um die notwendige Stabilität des Fahrgestells zu gewährleisten.

(Oben) Einige Überbleibsel der vierziger und sogar der dreißiger Jahre. Beim 1950er Ford war das allerdings nur am V-8-Motor mit stehenden Ventilen und den alternativen Reihensechszylindern zu erkennen. Für 1949 hatte Fords Chefkonstrukteur Harald Youngren dem Wagen nicht nur ein neues Äußeres verpaßt, sondern beseitigte auch die alten Starrachsen und die Querblattfedern zugunsten von unabhängiger vorderer Radaufhängung mit Schraubenfedern und Halbelliptikfedern hinten. Mit der Hypoidhinterachse nahm man Abschied vom hochbeinigen Aussehen, an das man sich bei Ford gewöhnt hatte, und die Sitze befanden sich nun zwischen den beiden Achsen. Der Wagen sah sehr lang aus, aber gegenüber den Typen von 1941 bis 1948 war er nur um 2,5 cm länger geworden. Außerdem war er um 90 kg leichter und hatte eine erheblich größere Innenbreite. Der Bentley Typ R von 1954 *(rechts)* sah dagegen wie ein echter Vertreter aus der Mitte der dreißiger Jahre aus. Aber unterhalb des Blechkleides verbarg sich im wesentlichen doch Nachkriegstechnik. Unabhängige Vorderradaufhängung wurde bei Rolls-Royce erstmals 1935 angewandt, und die im eigenen Werk hergestellte Karosserie folgte sehr stark der von Park Ward 1940/1941 für das Modell Mk V geschaffenen Form. Die Ventilanordnung beim Sechszylindermotor mit hängenden Einlaß- und stehenden Auslaß-Ventilen war bei allen Rolls-Royce-Aggregaten der Jahre 1946 bis 1959 anzutreffen. Die Servo-Bremsen folgten nach wie vor dem traditionellen System Hispano-Suiza, wenn auch jetzt mit hydromechanischer Betätigung. 1954 wurden die bewährten synchronisierten Getriebe durch automatische Hydramatic-Getriebe von General Motors ersetzt. Das deutsche Veritas »Scorpion«-Cabriolet von 1950 *(gegenüber, oben links)* entdeckte das Licht der damals dunklen Welt in den Jahren 1946/1947, und zwar als Wettbewerbsfahrzeug unter Verwendung der Mechanik des BMW 328, einschließlich des Doppelrohrrahmens. Da es sich fast ausschließlich um »Gebrauchtteile« handelte, konnten selbst die Besatzungsmächte gegen eine solche »Fabrik« keine Einwände haben. Zu Beginn unseres Betrachtungszeitraumes verfügte der Veritas jedoch über ein Fünfganggetriebe und einen neuen, fünffach gelagerten Motor mit obenliegender Nockenwelle des ehemaligen Flugzeugkonstrukteurs Ernst Heinkel. Die Daten waren von Wagen zu Wagen unterschiedlich, aber bis zu 140 PS waren verfügbar, und sogar in der Normalausführung mit 100 PS bewegte sich die Spitzengeschwindigkeit um 165 bis 170 km/h. Der tschechische »Tatraplan« *(gegenüber, oben rechts)* mit seinem avantgardistischen Aussehen und einem 2-Liter-Heckmotor war komplett eine Entwicklung aus der Vorkriegszeit. Die walfischähnliche Form mit Zentralrohrrahmen, unabhängiger Radaufhängung und schnell demontierbarem luftgekühlten Motor erschien erstmalig auf der Berliner Automobil-Ausstellung von 1934, und diese letzte, wirtschaftlichere Version mit Vierzylinder-Boxermotor wurde 1938 vorgestellt. Die Nachkriegswagen verfügten mit 52 PS über mehr Leistung gegenüber den Vorkriegswagen mit 40 PS, hatten außerdem eine Hinterradfederung durch Torsionsstäbe und eine unbefriedigende Lenkradschaltung. Dieser Wagen sollte der letzte sein, der noch in gewissen Stückzahlen im Ausland verkauft wurde. Es gab zwischen 1952 und 1955 eine Unterbrechung in der Personenwagenfertigung. Nach Wiederaufnahme der Produktion erschien ein Modell mit V-8-Heckmotor, der Typ 613, der noch jetzt in kleinen Stückzahlen gefertigt wird.

(Gegenüber, unten) Dieser Wagen wurde tatsächlich 1954 gebaut, und fünf Jahre später konnte man den Zwillingsbruder noch bei den britischen Ford-Händlern erwerben. Zum Preis von 444 Pfund Sterling wäre er wohl als Kuriosität auch 1982 noch verkäuflich. Das Rezept war einfach: Das Fahrgestell des Modells Y von 1932 (1936 modernisiert), die Karosserie des Nachfolgemodells »Anglia« von 1940 und der größere 1 172-ccm-Vierzylindermotor mit stehenden Ventilen stammten vom deutsch-englischen Modell C – in Deutschland unter dem Namen »Eifel« bekannt. Synchronisiertes Getriebe: Ja. Hydraulische Bremsen: Nein. Querblattfedern sowohl vorn wie hinten erinnerten an das T-Modell von 1908. Der Komfort für die Insassen war minimal, aber alles war besser als ein Kleinstwagen.

(Oben) Vorstellung im Oktober 1948, und auch 1970 mit einem Produktionsvolumen von 1 600 000 noch dabei: der Morris »Minor« von Alec Issigonis. Der Kombiwagen »Traveller Estate« brachte es auf 204 000 Einheiten. 1956 erhielt er eine geänderte Kühlerverkleidung und eine einteilige gewölbte Windschutzscheibe. Aber er hatte vier verschiedene Motoren, angefangen vom 918-ccm-Aggregat mit stehenden Ventilen und 27 PS bis zum gegenwärtigen stoßstangengesteuerten 1 098-ccm-Motor mit 48 PS, der immerhin für 128 km/h gut war, gegenüber 100 km/h am Anfang.

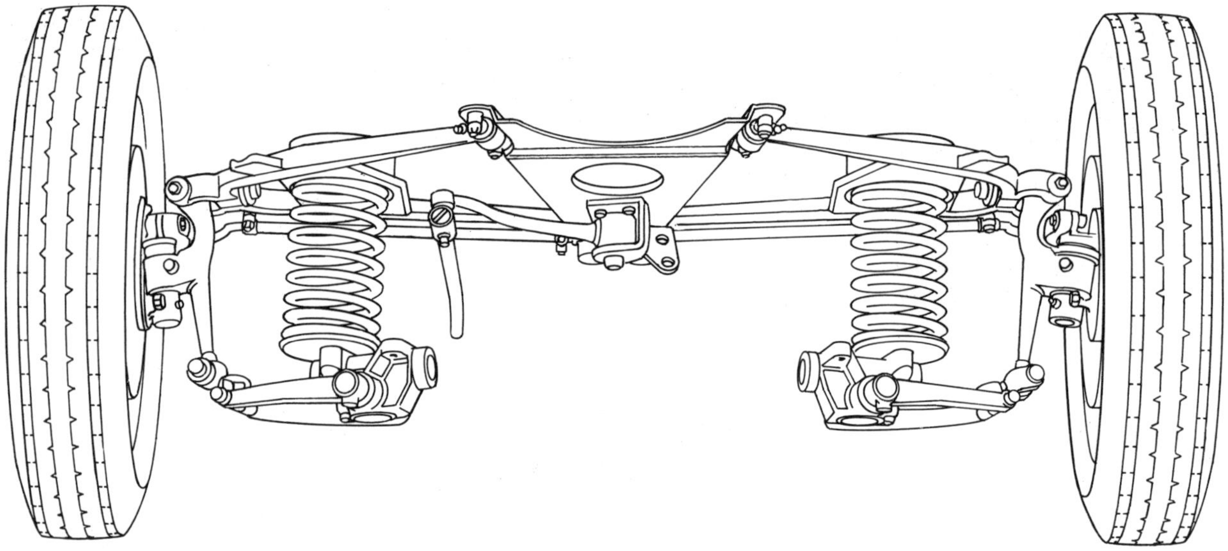

Unabhängige Vorderradaufhängung der vierziger Jahre. General Motors' Kombination von stehenden Schraubenfedern und ungleich langen Querlenkern *(links)* war eine klassische Anordnung, hier beim Oldsmobile von 1934 gezeigt, und im Jahre 1949 sollte sie noch viele Jahre vor sich haben. Im Gegensatz dazu hatten die Jaguar von 1949 *(gegenüber oben)* längsliegende Drehstabfederung (1). Der untere Querlenker (2), der im rechten Winkel unter dem Rahmen angeordnet ist, trägt den Achsstummel (3), der am Gelenkhebel (4) befestigt ist. Der obere Arm (5) bildet ein Dreieck mit einer Strebe, die nach vorn hin unter dem Fahrgestell verläuft. Diese Anordnung wurde von Jaguar für alle Serienwagen, mit Ausnahme der kompakten Limousinen, bis 1960 angewendet.

Ein besonderes Überbleibsel der vierziger Jahre war der Kombiwagen. Diese Karosserieform erschien erstmals 1929 bei Ford in den Verkaufskatalogen, und 1940 boten neun weitere amerikanische Hersteller diese Version an. In diesem Jahr lieferte Ford 13 000 Kombiwagen aus und Chevrolet 2 904. Hierbei handelte es sich um die traditionellen »Woodies« (Kombiwagen in Holzbauweise), die mit den normalen Ausführungen nichts gemein hatten und wie Lieferwagen auf der Basis des Fahrgestells einschließlich Spritzwand aufgebaut werden mußten. Die zunehmende Beliebtheit war darin zu sehen, daß die Verwendung von Holz – zuerst als tragendes Element und schließlich auch für Karosserieteile – allmählich aufhörte. Der Pionier auf dem Gebiet des Ganzmetall-Kombiwagens war der 1949er Plymouth, und in der Folgezeit wurde Holz allenfalls noch als schmückendes Element verwendet. So konnten Kombiwagen nun ebenfalls am Fließband hergestellt werden, wenn man auch noch weit davon entfernt war, in großem Ausmaße Karosserieteile des entsprechenden Limousinenmodells zu verwenden, wie bei den Mehrzweckfahrzeugen Renault 16 von 1965 und Austin »Maxi« von 1969. Aber die Entwicklung war in Gang gekommen.

Eine andere Neuheit, das Hardtop-Coupé, war gegen Ende der vierziger Jahre noch nicht in Sicht. Chrysler nimmt für sich in Anspruch, es erfunden zu haben, und versucht den Beweis mit einigen 1946 hergestellten Prototypen anzutreten. Im gleichen Jahr erschien der Armstrong-Siddeley »Typhoon« als Bewerber. Aber im allgemeinen gilt der 1949 erschienene Buick »Riviera« als erster »Hardtop«. Das Rezept war einfach: Man nehme ein zweitüriges Cabriolet und versehe es mit einem festen Stahldach. So schlägt man mehrere Fliegen mit einer Klappe, indem die sportlichen Linien eines Cabriolets erhalten blieben, man aber den typischen Luftzug, das kurzlebige Stoffverdeck und dessen komplizierten Klappmechanismus vermeidet sowie den in heruntergeklapptem Zustand für das Verdeck benötigten Platz spart. Hardtops eigneten sich auch hervorragend für die Zweifarbenlackierung, die die großen Seitenflächen des damals favorisierten Karosseriedesigns aufwerteten. Als weiterer Vorteil mußte gelten, daß sowohl zwei- wie auch viertürige Limousinen in selbsttragender Bauweise relativ leicht in Hardtop-Coupés umgeformt werden konnten, ohne an struktureller Stärke zu verlieren. Im Jahre 1951 hatten alle amerikanischen Marken ein Hardtop-Coupé im Angebot. Es dauerte einige Zeit, bis diese Entwicklung auch in Europa Fuß faßte, wo Cabriolets ohnehin seltener waren. Frühe Entwicklungen des neuen Stils erschienen bei Hillman in Großbritannien und bei Simca in Frankreich. Fiats Modell »Gran Luce 1900« war etwas weniger erfolgreich.

Bei diesem Stand der Dinge schien es im Jahre 1950 nur der wirtschaftli-

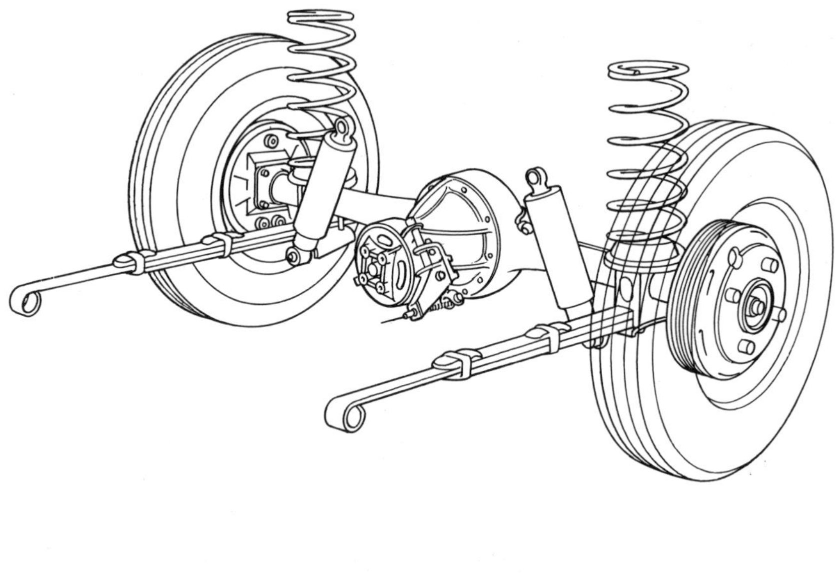

(Diese Seite Mitte) Notbremse im alten Stil – aber von den Großserienherstellern Fiat und Chrysler noch während der fünfziger Jahre gebaut.
Beim Fiat 1400 von 1950 sieht man deutlich die Anbringung der Bremstrommel der Handbremse an der Hinterachse. Die Verwendung einer Starrachse und stehender Schraubenfederung ist ebenfalls beachtenswert. Die Getriebebremse war enorm wirkungsvoll, aber der erfolgende »Sofortstop« konnte verheerende Auswirkungen auf die Hinterachse haben, und normalerweise benutzte man die Getriebebremse nur zum Parken.

(Gegenüber Mitte) Schon 1949 war die Scheibenbremse bekannt; hier wird sie am Chrysler »Crown Imperial« gezeigt. Diese Zeichnung zeigt die doppelten Scheiben innerhalb des zweiteiligen Gehäuses.
Die Bremsung erfolgt durch das Auseinanderdrücken der Scheiben, und man sprach dem System 35 % mehr Bremsfläche gegenüber den größten konventionellen Bremsen zu. Eine volle Abkapselung bedeutete Schutz gegen Staub, aber diese frühe Ausführung war teuer in der Herstellung, und so erfolgte ein Einbau nur bei den Topmodellen von Chrysler. Im Gegensatz dazu steht die Einfachheit der Dunlop-Scheibenbremse von 1956 *(gegenüber, unten)*. Hier befinden sich die Bremskolben in einem U-förmig ausgebildeten Sattel. Durch den Flüssigkeitsdruck drücken die Kolben den Belag gleichzeitig gegen die Bremsscheibe. Bremsbelägen wird eine Lebensdauer von 50 000 km nachgesagt; bereits zwei Drittel dieses Wertes entsprechen der Erwartung des durchschnittlichen Autofahrers.

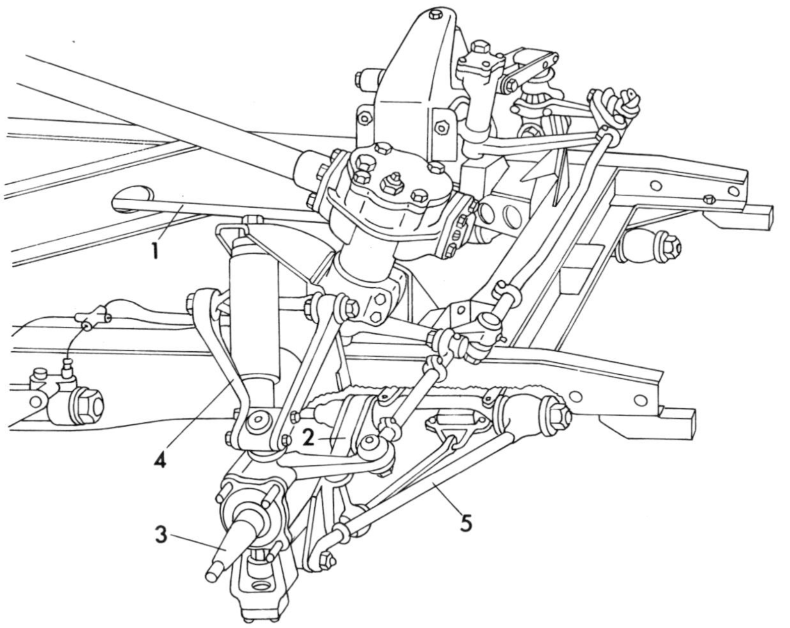

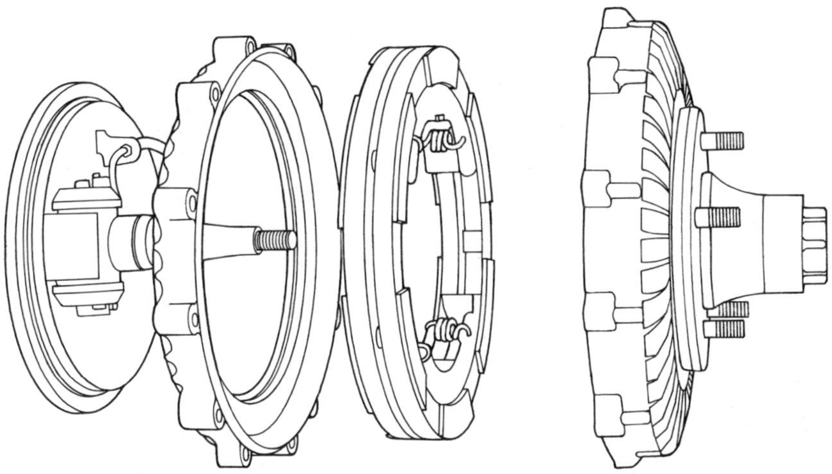

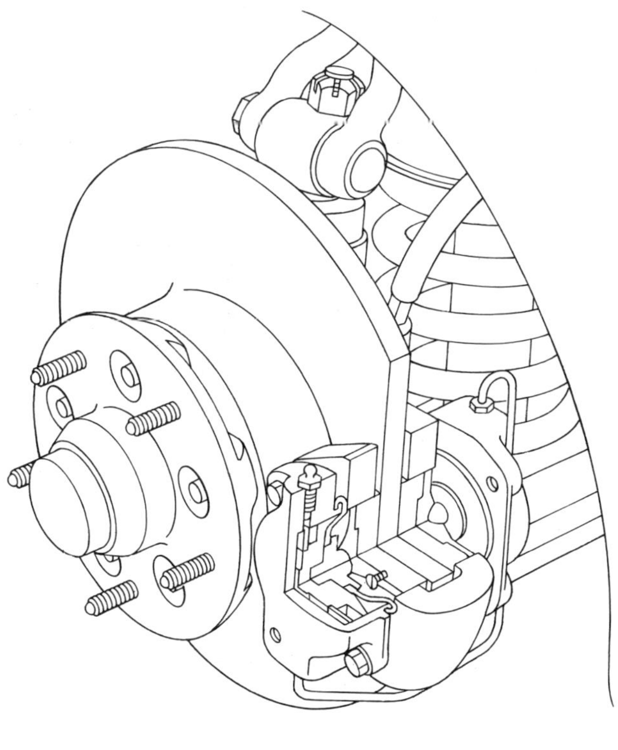

chen Stabilität zu bedürfen, um die Nachfrage in Gang zu halten. Was war also noch erforderlich, um die Automobilentwicklung auf den Stand zu bringen, der – wie wir wissen – am Ende der sechziger Jahre erreicht wurde? Das mußte mehr sein als nur die Abkehr vom System »Panhard«. Was hatte ein Auto von 1950 noch nicht aufzuweisen, wenn man es mit späteren Modellen vergleicht? Diese Frage soll durch die Betrachtung von drei typischen Wagen jenes Jahres beantwortet werden, dem Austin A 40, dem Peugeot 203 und dem Chevrolet »Styleline«.

Wenn auch alle drei in ihrer äußeren Erscheinung heute hoffnungslos veraltet erscheinen, so kann dieser Eindruck bei einem ersten Blick unter die Motorhaube doch nicht bestätigt werden. Die unverfälschte Federung ist ohnehin erst bei einer Fahrt festzustellen. Das Synchrongetriebe hat sich nicht viel geändert, trotz der Schaltschwierigkeiten mit Austins langem Schalthebel oder Peugeots Lenkradschaltung. Beim Chevrolet mit dem Dreiganggetriebe geht es besser, wobei der unsynchronisierte untere Gang ohnehin praktisch nie benutzt wird. Bremsfading oder sonstige Schwierigkeiten mit dem Bremssystem (hydromechanisch bei Austin, hydraulisch bei den beiden anderen) gab es nicht. Die Rundumsicht wurde durch dicke vordere Fensterholme und kleine Rückfenster beeinträchtigt. Panoramascheiben erschienen erst ein gutes Jahr später. Nur der Chevrolet bot einen Kofferraum mit einem Platzangebot, das dem Bedarf einer Familie tatsächlich entsprach. Die beiden anderen Modelle waren auf Dachgepäckträger angewiesen.

Hatte man hinter dem Lenkrad Platz genommen, stellte man fest, daß außer dem Drehen des Zündschlüssels auch noch das Drücken des Anlaßknopfes erforderlich war. Die kombinierte Funktion des Zünd-Anlaß-Schlüssels gab es außer in Amerika noch nicht und auch dort noch nicht allgemein. Europäische Wagen verfügten zwar über elektrische Scheibenwischer, aber noch nicht über die Zweistufenschaltung. Scheibenwaschanlagen waren ebenfalls noch nicht Allgemeingut, sondern Sonderzubehör. Extras waren auch Radio und Heizung. Alle elektrischen Anlagen hingen an der Lichtmaschine, und von Transistoren war noch nicht die Rede. Elektrische Sitzverstellung und Fensterbetätigung klang nach Science-fiction. Dasselbe galt für die Servolenkung; obwohl hier die Lösung so nahelag, gab es sie nur bei amerikanischen Luxuswagen. Automatisches Getriebe hatte nur der Chevrolet aufzuweisen, jedoch keine Scheibenbremsen, die Chrysler seit 1949 hatte. Schlauchlose Reifen waren bei Chevrolet, wie erst recht in Europa, noch unbekannt. Anschnallgurte? Die trug man im Flugzeug beim Starten und Landen . . .

Die Höchstgeschwindigkeit des Chevrolet von 138 km/h bei 3,8 Liter Hubraum scheint eher unserer Zeit der Kraftstoffökonomie und einer strikten Geschwindigkeitsbegrenzung angemessen. Selbst noch 1967 war es für einen vergleichbar preiswerten amerikanischen Wagen, den Plymouth »Valiant«, ein hartes Stück Arbeit, 152 km/h zu erreichen. Aber bei der Beschleunigung ist der Unterschied zu merken. Der Chevrolet benötigte 15 Sekunden, um 80 km/h zu erreichen, der Plymouth schaffte es in nur 9,2 Sekunden. Mit normal starker Betätigung des Bremspedals war der Chevrolet aus 50 km/h nach 26 Metern zum Stand zu bringen, der Plymouth nach zehn Metern – und das ohne Scheibenbremsen. Austin und Peugeot verfügten über eine vergleichbare Leistung, wenn auch mit einer anderen Fahrcharakteristik. Der Peugeot fuhr sich sehr hart, der Austin eher schwimmend. Die technischen Daten des letzteren geben einen Eindruck des Entwicklungsstandes jener Tage. Der 1,2-Liter-Motor leistete 40 PS bei 4 300 U/min, die Höchstgeschwindigkeit lag bei 110 km/h. In 12,3 Sekunden erreichte er 64 km/h, in 20,5 Sek. 100km/h. Der Treibstoffverbrauch lag bei 9 Litern/100 km. Mit »Bleifuß« stieg der Durst auf 11,5 Liter/100 km. Das Gewicht des kompakten Wagens betrug 1 015 kg und die Gesamtlänge 3,9 Meter.

Nun zur Betrachtung einer Neukonstruktion des Jahres 1969, dem Fiat 128. Trotz des Frontantriebs und des querliegenden Motors war er etwa 30 cm länger als der Austin, aber es gab weit weniger verschwendeten Platz. Bei 112 km/h war er im dritten Gang schneller als der britische Wagen im obersten

(Links) Es handelt sich hier nicht um eine Aufnahme von der Berliner Automobil-Ausstellung 1939. Es war 1951, als diese erste Ausführung des Mercedes-Benz 220 erschien. Von den Vorkriegsausführungen unterschied er sich nur durch die eingebauten Scheinwerfer und die Alligatorhaube. Die unabhängige Radaufhängung, hydraulische Bremsen, Zentralrohrrahmen, synchronisierte Getriebe und eine 6-Volt-Elektroanlage waren alles Überbleibsel von 1939. Aber statt des veralteten seitengesteuerten Sechszylindermotors gab es jetzt einen vierfach gelagerten Motor mit obenliegender Nokkenwelle. Die Höchstgeschwindigkeit lag bei 145 km/h. Die Lenkradschaltung erwies sich allerdings als außerordentlich primitiv.

(Oben rechts) Die Daimler-»Conquest Century«-Limousine von 1954 bis 1958 behielt den klassischen wellenförmigen Kühler und die Alligatorhaube, Eigenheiten, die auf das Jahr 1904 zurückgehen. Das Styling entsprach genau den vierziger Jahren. Weiter waren noch ein Fahrgestell vorhanden und die guten britischen hydropneumatischen Bremsen. Das Vorwähl-Flüssigkeitsgetriebe, das es bei Daimler seit 1931 gab, wurde bei den späteren »Century«-Modellen durch ein automatisches Getriebe ersetzt. Die Entstehung des Namens »Conquest« (Eroberung) resultierte aus einer Übereinstimmung des Verkaufspreises von genau 1 066 Pfund Sterling mit der normannischen Eroberung Britanniens im Jahre 1066.

(Unten rechts) Einen gewohnten Anblick auf den Straßen Großbritanniens bildete während der zwei Jahrzehnte unserer Betrachtung die »Tante Rover«, die Limousine des Typs P4. In den Jahren 1950 bis 1964 wurden 135 000 Stück davon hergestellt. Eine genaue Untersuchung dieses Typs 100 von 1961 ergab erhebliche Änderungen gegenüber dem ursprünglichen Typ 75. Was mit einem Vierganggetriebe, Lenkradschaltung und Freilauf begann, endete mit einem Vierganggetriebe plus Overdrive und herkömmlicher Gangschaltung. Die Motoren wuchsen von einem Vierzylinder mit 2,0 Litern bis zu einem Sechszylinder mit 2,6 Litern Hubraum, letzterer mit obenliegenden Einlaßventilen und Leistungen bis 123 PS. Spätere Ausführungen hatten vordere Scheibenbremsen mit Servounterstützung, was gegenüber der ursprünglichen Ausführung mit hydromechanischer Bremsanlage doch einen gewaltigen Fortschritt bedeutete.

(Links) Typisch für das Prinzip der selbsttragenden Karosserie während der vierziger Jahre war der Vauxhall »Fourteen«, Serie I, der von 1939 bis 1948 gebaut wurde. Es handelte sich um eine Monocoque-Konstruktion, die alle mechanischen Teile aufnahm. Die Vorderradfederung war unmittelbar am vorderen Querträger befestigt und die hinteren Halbelliptikfedern an der Welle, die hier am Radgehäuse sichtbar ist.

(Rechts) Anatomie einer volkstümlichen europäischen Limousine des Jahres 1949. Der Peugeot 203 wurde auf dem Pariser Salon 1948 vorgestellt und war bis 1960 auf dem Markt. Es gab kein Fahrgestell mehr, das aus Motor, Getriebe, Federung, Antriebswelle und Rohrträger bestehende Skelett ist nicht fahrbar. Genauso konnte es nicht als Basis für Sonderkarosserien herangezogen werden. Diese Phantomzeichnung wurde durch die Werbeabteilung »verlängert«, um Cadillac-ähnliche Proportionen zu vermitteln, wobei die Länge dieses Wagens mit 1 290-ccm-Motor allerdings nur 4,35 m betrug. Deutlich erkennbar sind die Schraubenfederung (1,2), Zahnstangenlenkung (3), Lenkradschaltung (4) und der Kühler (5), der sich hinter dem gewaltigen Grill verbirgt. Schneckenantrieb der Hinterachse (6) gehörte bei Personenwagen inzwischen zu einer Rarität. 1949 war Daimler der einzige weitere Anwender dieses Prinzips. Knapp sichtbar ist ein ungewöhnliches Zubehörteil, das Schiebedach (7), das man normalerweise als britische Eigenart ansieht und das von den Briten »geopfert« wurde, um die für den Export vorgesehenen Wagen staubdicht zu machen. Bei Peugeot blieb es während der ganzen von uns betrachteten 20 Jahre und darüber hinaus verfügbar.

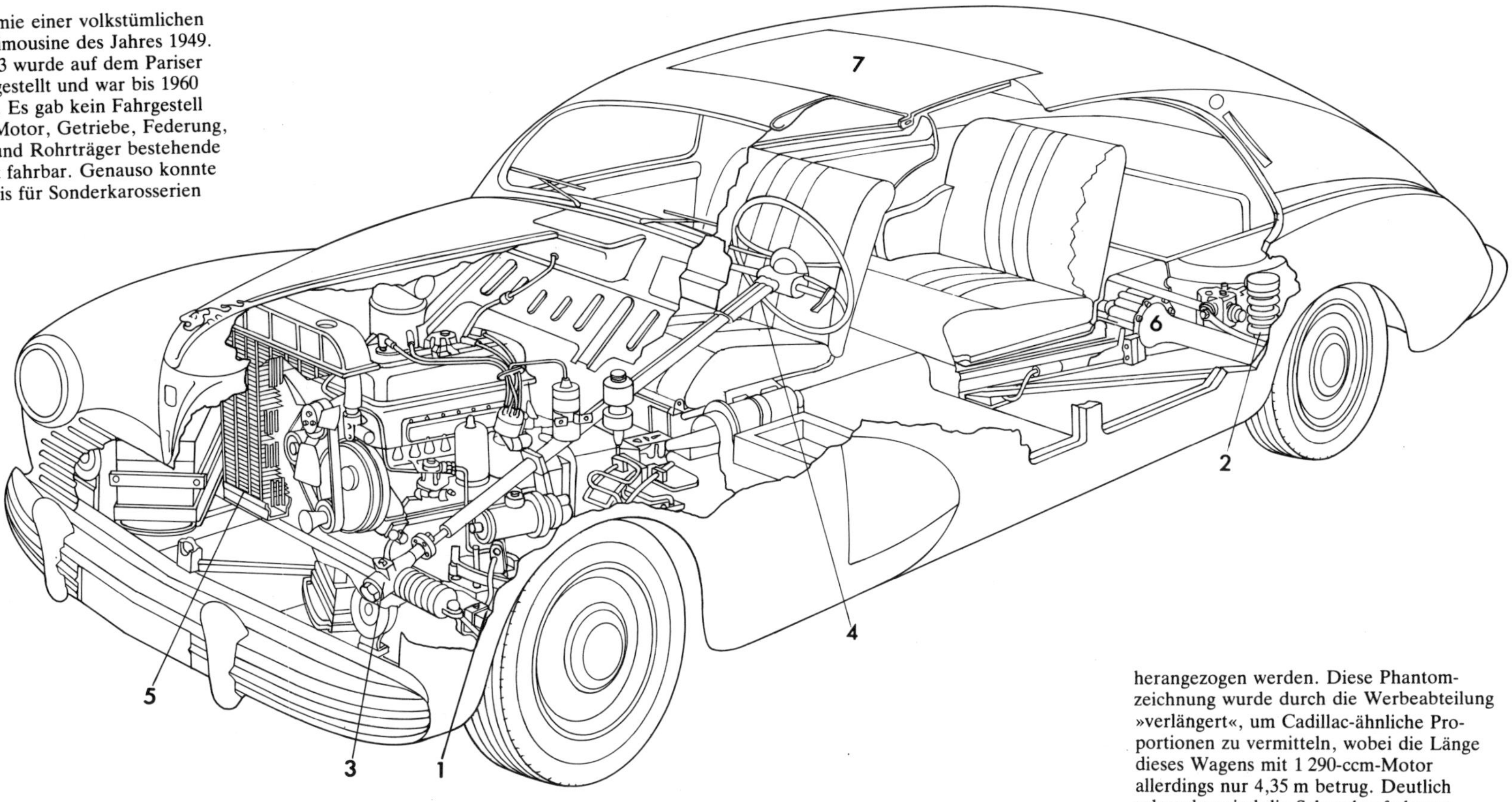

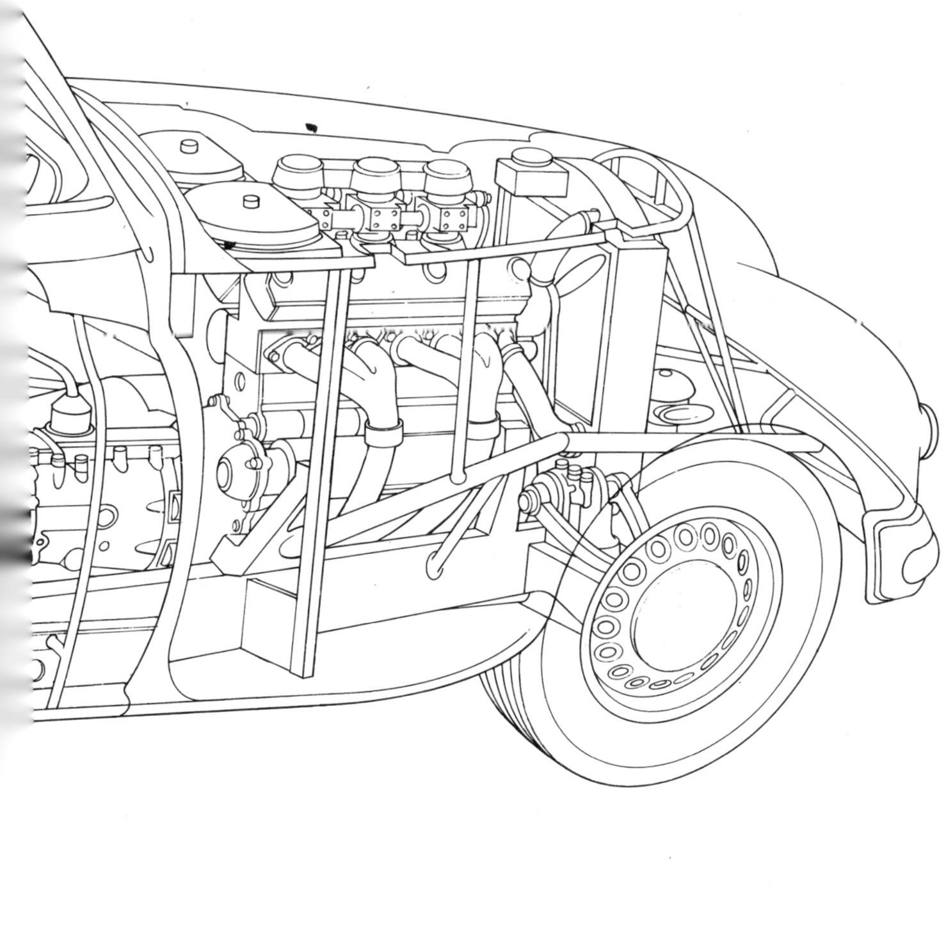

(Unten) Fortschrittliche Karosserie-Entwicklung. Beim Bristol 401 von 1949 stammte das Karosserie-Design von Touring in Mailand, die schon vor dem Krieg ähnliche Karosserien für Fiat- und Alfa Romeo-Fahrgestelle hergestellt hatten. Bei ihnen war ein Gitterrohrrahmen mit leichtem Aluminiumblech überzogen. Mechanisch stammte diese sportliche Limousine mit ihrem 1 971-ccm-Sechszylinder-Motor mit hängenden Ventilen vom deutschen BMW-Modell 327 ab, wandte sich aber an ein bedeutend wohlhabenderes Käuferpublikum. 1951 kostete dieser Wagen 2 460 Pfund, im Vergleich dazu lag der Preis eines britischen 2-Liter-Serienwagens, des Standard »Vanguard«, bei 700 Pfund.

Gang, und unter günstigen Bedingungen konnten 145 km/h erreicht werden. Als angenehme Reisegeschwindigkeit empfand man 120 km/h, auch 10 km/h mehr konnte man – allerdings mit vermehrtem Geräusch – schaffen. Der durchschnittliche Kraftstoffverbrauch war vergleichbar, aber die von dem Fiat auf Langstreckenfahrten möglichen 7,4 Liter/100 km erreichte der Austin nicht. Es ist dabei auch der Umstand zu berücksichtigen, daß dem Motor des Austin eine Durchschnittsgeschwindigkeit von rund 100 km/h, mit einem guten Anteil an Autobahnfahrt, auch kaum hätte zugemutet werden dürfen, von den Auswirkungen auf das Fahrgestell ganz zu schweigen. Bei einem Vergleich des Beschleunigungsvermögens ist festzustellen, daß in der gleichen Zeit, in der der Austin 50 km/h erreichte, der Fiat bereits über 65 km/h geschafft hatte, und bei 80 km/h des Briten lag der moderne Italiener bereits bei 104 bis 112 km/h. Beide Wagen waren in der Lage, bei 50 km/h innerhalb von neun Metern zum Stehen gebracht zu werden, aber auch ein weiterer Vergleich ist interessant: Die für den Austin benötigten 65 kg Pedalkraft waren ungefähr doppelt so hoch wie die beim Fiat. Daß sich nur relativ wenige Länder als Autoproduzenten aktiv zeigten, lag daran, daß die Industrie nach dem Krieg erst einmal wieder Fuß fassen mußte.

Nationale Automobilindustrien formierten sich. Volvo in Schweden war aber noch kein internationaler Anbieter, wie auch kein australischer »Holden« jemals einen Kunden außerhalb des Commonwealth erreichte. Der niederländische DAF und die spanische Fiat-Version »Seat« lagen noch in der Zukunft. Die übernationalen Produkte der großen Konzerne erschienen erst zu einem Zeitpunkt, an dem man davon ausgehen konnte, daß die Produktion eines einheitlichen Wagens in verschiedenen Ländern möglich und lohnend war. Die Unterstützung neuer Industrien durch die Großen der Branche – Amerikas »Große Drei« in Australien, die British Motor Corporation in Indien, Datsun auf Taiwan und Fiat fast überall – schloß die Herstellung lokaler Sonderausführungen nicht aus, die häufig nur eine entfernte Ähnlichkeit mit dem Ursprungstyp hatten.

Die Strukturen der Automobilindustrie hatten sich geändert. In den zwanziger Jahren gab es für den konfektionierten Wagen noch gute Chancen, für Wagen, die aus standardisierten Teilen verschiedener Hersteller zusammengebaut wurden. Die gleichen Teile fanden häufig für eine große Zahl von Marken und Modellen Verwendung, nur die Art und Weise der Zusammenstellung und die Ausgestaltung des Äußeren vermittelten den Eindruck einer gewissen Individualität. Aber die Weltwirtschaftskrise traf gerade diesen Teil der Industrie besonders hart, sie blieben nicht länger wettbewerbsfähig. Außer in Großbritannien hatten sie nur noch beschränkte Zukunftsaussichten und kehrten vereinzelt erst nach dem Zweiten Weltkrieg wieder. Auch bei den Wagen der fünfziger und sechziger Jahre handelte es sich in gewisser Beziehung um konfektionierte Wagen, wenn ihre Schöpfer sich auch nicht durch die Kataloge der Zubehörfirmen hindurcharbeiteten, um von hier ein wenig und von dort ein wenig einzukaufen. Die Zubehörfirmen prosperierten aufgrund des Umstandes, daß viele der als selbständige Hersteller angesehenen Werke letztlich doch nur ein Montagewerk für ihre Erzeugnisse waren.

Es war nicht ungewöhnlich, daß ein Automobilproduzent auch die Kontrolle über Zubehörfirmen ausübte, so beispielsweise Nuffield über SU, Chrysler über Ball + Ball, Fiat über Weber. Der Karosseriehersteller Briggs arbeitete mit Chrysler in den USA und mit Ford in Großbritannien zusammen, und Nash erwarb bereits 1919 die Karosseriefirma Seaman. Sogar die neue Errungenschaft der automatischen Getriebe war 1960 in der Hand weniger Hersteller. General Motors stellte nicht nur seine eigenen Getriebe her, sondern lieferte diese auch anderen Herstellern (1950 beispielsweise an Lincoln), ja vergab sogar Lizenzen (so an Rolls-Royce). Mit wenigen Ausnahmen handelte es sich bei den in Großbritannien zum Einbau kommenden Automatikge-

(Oben) Baujahr 1953 – aber an sich ein Wagen der vierziger Jahre: das Chrysler-»Windsor«-Cabriolet. Im Gegensatz zu seinen attraktiveren Stallgenossen verfügten diese Wagen noch über den bekannten 4,1-Liter-Sechszylinder-Motor mit stehenden Ventilen, den es schon in den Vorgängertypen der Vorkriegsjahre gab. Fahrgestell, Federung und Bremssystem waren ebenfalls unverändert. Das Karosserie-Styling wurde 1949 etwas überarbeitet; jetzt wurde eine einteilige Windschutzscheibe verwendet. Lenkhilfe war serienmäßig, aber nur die nach Juni aufgegebenen Bestellungen konnten damit rechnen, etwas Besseres als nur ein halbautomatisches Getriebe zu erhalten.

(Gegenüber) Eine Form auf der Suche nach einem Motor. »Der letzte Anschlag auf Detroit« (Buchtitel) durch Henry Kaisers Empire schlug nicht wegen mangelnder Ideen fehl. Diese Kaiser-»Manhattan«-Limousine entstand 1953, aber die ersten Exemplare sah man bereits im Frühjahr 1950, und man konnte sie weiß Gott nicht mit dem verwechseln, was in den Büros von General Motors entstanden war. Der Wagen verfügte über »eingebaute Sicherheit«; darüber hinaus stand eine große Vielfalt von Farbkompositionen zur Verfügung. Hydramatic und ab 1953 auch Lenkhilfe gab es auf Wunsch. Aber unter der großen Motorhaube tat kein V-8-Motor seine Arbeit, sondern nur ein Sechszylinder mit stehenden Ventilen, 3,7 Liter Hubraum und einer Leistung von 118 PS. Hierin sah man den Grund für den Verkauf von nur 27 000 Einheiten im Jahr.

(Unten) Vernunft für fünf Insassen, in diesem Fall als Taxi. Die Firma Checker aus Kalamazoo, Michigan, stellte Wagen nach diesem Prinzip von 1959 bis 1982 her und kümmerte sich in keiner Weise um die stilistischen Beispiele aus Detroit. Die hier gezeigte Ausführung stammt aus den späten siebziger Jahren. Beim Motor handelt es sich um einen Chevrolet V8, während früher Reihensechszylinder von Continental zum Einbau kamen. Vordere Scheibenbremsen, Lenkhilfe, Automatikgetriebe waren serienmäßig. Klimaanlage ein Extra. Innerhalb von 19 Jahren hatte sich der ursprüngliche Preis von 2 500 Dollar verdreifacht.

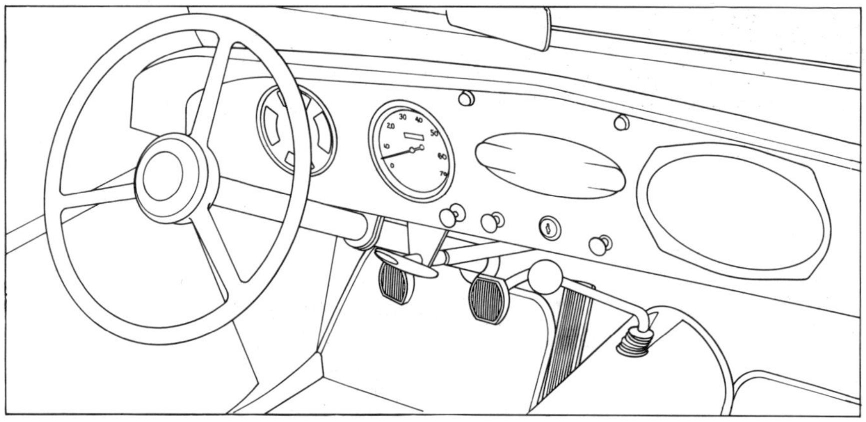

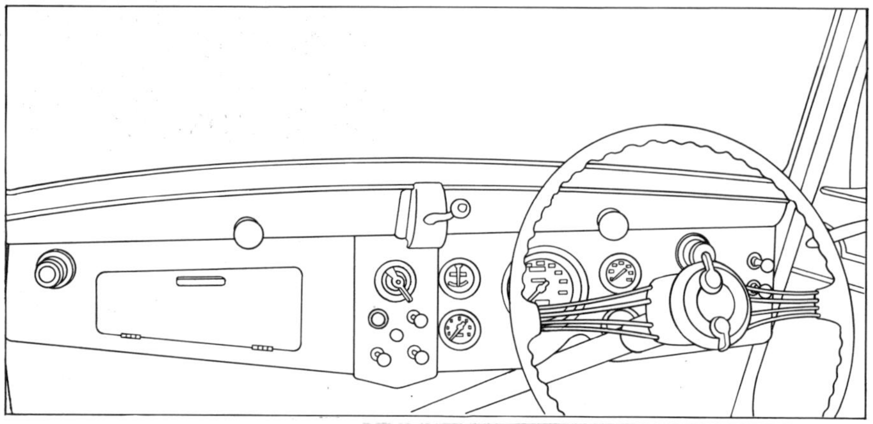

(Oben links) Ein ungeliebtes Detail vieler Wagen von den späten dreißiger Jahren an – mit dem Höhepunkt in den Fünfzigern – war die unter dem Armaturenbrett angebrachte Handbremse mit dem »Schirmgriff« aus Plastik. Umständliche Bedienung machte alle Vorteile dieser Anordnung zunichte. Hier ist sie an einem Crosley von 1949 zu sehen, dem einzigen amerikanischen Kleinwagen, der in nennenswerten Stückzahlen verkauft wurde. Sein Pech war, daß der amerikanische Käufer in einer Zeit reichlichen und billigen Benzins etwas anderes verlangte als einen 722-ccm-Motor, eine Gesamtlänge von 3,46 m und einen Benzinverbrauch von 7,4 l/ 100 km/h.

Armaturenbretter, alt und neu. Am Lea-Francis von 1946 *(oben rechts)* wird gezeigt, wie die Briten es bis in die fünfziger Jahre hinein bei ihren teureren Wagen hielten: poliertes Holz, große runde Instrumente mit schwarzem Zifferblatt und eine Menge unergonomisch angeordneter Schalter und Knöpfe in der Mitte. Wurde ein Radio gewünscht, mußte es unter dem Armaturenbrett angebracht werden. In die späten vierziger Jahre würde die Plastikausführung des polnischen Warszawa *(unten)* passen, aber sie stammt von 1962. Die Hauptinstrumente sind meist rund, aber es gibt auch rechteckige. Das Radio aber findet seinen Platz in der Mitte und folgt damit dem Stil von Detroit.

trieben um Produkte der amerikanischen Firma Borg-Warner, die in einem britischen Zweigwerk in Letchworth hergestellt wurden. Die Firma Jatco sollte später in Japan die gleiche Rolle übernehmen, nur Toyota und Honda fabrizierten selbst.

Die Gründe für den Einbau fremder Aggregate sind darin zu sehen, daß sich eine eigene Fabrikation in Anbetracht der Tatsache nicht lohnte, daß man sie bei Spezialherstellern günstiger einkaufen konnte. Bei entsprechend langer Produktionsdauer konnten die Automobilfabrikanten sogar Besonderheiten erhalten, die für andere Marken nicht verfügbar waren. Versuche, mit den Zubehörherstellern in Wettbewerb zu treten, erforderten astronomische Kosten, und das Ergebnis zeichnete sich nicht selten durch mindere Qualität gegenüber dem standardisierten Produkt aus. Als Beispiel für solche Erscheinungen mögen Studebakers mechanische Lenkhilfe aus dem Jahre 1953 und Rovers komplexes »Roverdrive«-Automatikgetriebe von 1957 gelten. Die Entwicklung von Studebaker erreichte nie einen zahlenden Kunden. Das »Roverdrive« wurde zwei Jahre hindurch produziert, dann aber zugunsten des Borg-Warner-Getriebes aufgegeben.

Um die Arbeitsweise des Systems zu verdeutlichen, ist nur die Betrachtung des Erzeugnisses irgendeiner großen Marke erforderlich. Die Jaguar-Limousine Typ XJ aus dem Jahre 1968 war unzweifelhaft in jedem Fall ein Jaguar und in keiner Weise einem anderen Design-Team oder einer anderen Fabrik zuzuordnen als eben Jaguar. Aber ein genauer Blick ließ doch Zweifel daran aufkommen, daß auch alles aus dem Jaguar-Werk Allesley kam. Mit Triplex-Glas und Dunlop-Reifen rechnete man schon, und auch das automatische Borg-Warner-Getriebe fiel nicht besonders auf. Nicht so selbstverständlich rechnete man aber mit den Lenkverbindungen und der Federung von Alford + Alder, dem gußeisernen Kühlergrill von Mazak, Heizung und Klimaanlage von Delaney-Gallay, Hepolite-Kolben, Hertfordshire-Gummiabdichtungen,

Marston-Kühler, Adwest-Lenkhilfe, Huntfield-Auspuff, GKN-Kraftübertragung und Schmiedestücke für Motor und Getriebe von der English Steel Company.

Das System hatte allerdings auch Nachteile. Schon 1946 brachte ein Streik – und das war nur der erste von vielen – bei amerikanischen Zubehörlieferanten Detroit praktisch zum Stillstand. Der Produktionsverlust belief sich auf 50 000 Wagen im Monat. Um sicherzugehen, wurden zusätzliche Lieferanten verpflichtet, aber das ging häufig auf Kosten der Qualität. Außerdem gab es die stete Furcht, daß einer der Hauptlieferanten von einem Wettbewerber aufgekauft werden könnte. In Großbritannien erhielt Jowett den Gnadenstoß, als Ford die Firma Briggs Motor Bodies übernahm, die die Fahrgestell-Karosserie-Einheit des Modells »Javelin« hergestellt hatte, zu dessen Eigenfertigung die kleine Firma aus Bradford nie in der Lage war. Etwas Ähnliches passierte Alvis im Jahre 1954, als nämlich seine Karosserielieferanten aufgekauft wurden, Mulliner in Birmingham durch Standard-Triumph und Tideford in Newport Pagnell durch Aston-Martin-Lagonda. Die kleine Firma aus Coventry brauchte vier Jahre, um einen ähnlichen Lieferanten zu finden.

Nun war es nicht so, daß der kleine »Spezialist« nicht mehr existierte. Er machte sein Geschäft mit dem Wunsch der Kunden, sich von der großen Masse zu unterscheiden. Da gab es in Italien die Ableitungen von Fiat (Abarth, Siata, Moretti), in Großbritannien die Bausatz-Autos und gegen Ende unseres Betrachtungszeitraumes die ersten Vertreter der »Replicars«, solcher Fahrzeuge, die ihre moderne Technik mit einer an die klassischen zwanziger oder dreißiger Jahre erinnernden Haut umgaben. Aber diese Entwicklungen lagen abseits der Hauptströme der Automobilfabrikation, sollen aber trotzdem auch Gegenstand unserer Betrachtungen sein. Die Automobilproduktion Großbritanniens betrug 1969 1 805 846 Einheiten; dagegen standen nur etwa 3 500 »hausgemachte« Fahrzeuge. Der kleinste Hersteller, der übrigens in der Statistik noch erwähnt wurde, war Jensen mit einer Produktion von 400 Wagen mit Motoren und Getrieben von Chrysler.

Die Konzentration in der Industrie erfolgte während unseres Betrachtungszeitraumes sehr beschleunigt. In den USA stieg die Überlebensschwelle ständig; von 5 000 Wagen im Jahre 1923, 35 000 im Jahre 1939, lag sie zu Beginn der fünfziger Jahre bei etwa 50 000. Gegen Ende der Fünfziger bedeuteten 250 000 Wagen pro Jahr bei Amerikas »Großen Drei« ernsthafte Überlegungen zur Produktionseinstellung bei der entsprechenden Gruppe. So ist die kurze und tragische Produktionsdauer von Fords Modell »Edsel« während der Jahre 1958 bis 1959 zu erklären sowie der Rückzug der Chrysler-Marke »DeSoto« im Jahre 1960 nach einem mühselig erreichten Nachkriegsrekord im Jahre 1957 mit gut 100 000 produzierten Wagen.

Ein ähnliches Bild ergab sich überall; in Großbritannien waren es die großen sechs Hersteller, denen sechs »große Kleine« (Armstrong-Siddeley, Daimler, Jaguar, Jowett, Rover) folgten, sowie die »Spezialisten«, die auf den verschiedenen Ebenen von solchen Marken wie Rolls-Royce, Lea Francis und HRG repräsentiert wurden. 1960 sah das Bild so aus, daß Austin und Nuffield (Morris) ihre Interessen vereinigt hatten. Rootes hatte Singer übernommen, Daimler gehörte zu Jaguar, und Standard-Triumph bildete einen Bestandteil des Leyland-Nutzfahrzeug-Empires. Armstrong-Siddeley hatte die Automobilproduktion eingestellt, und die Firma Jowett bestand überhaupt nicht mehr. Und neun Jahre später hatte die große Leyland-Firmengruppe sowohl Austin/Morris, Jaguar/Daimler und Rover (einschließlich Alvis) absorbiert, womit eine 75jährige Tradition in der Herstellung qualifizierter Nutzfahrzeuge für die Zukunft einen neuen Inhalt erhielt. Rootes war nur noch ein Zahnrad im amerikanischen Chrysler-Getriebe, das aber für untergeordnete Marken wie Singer und Riley keinen Platz mehr hatte.

In anderen Ländern war eine gleiche Entwicklung zu verzeichnen. 1969 befand sich Fiat im Zenit und kontrollierte Autobianchi, Lancia und Ferrari und hatte – wenn auch nur für kurze Zeit – Anteile an Citroën. In Frankreich befand sich Simca in der Hand von Chrysler; der ehrwürdige Name Panhard gehörte jetzt zu Citroën und wurde seit 1967 nur noch für Militärfahrzeuge

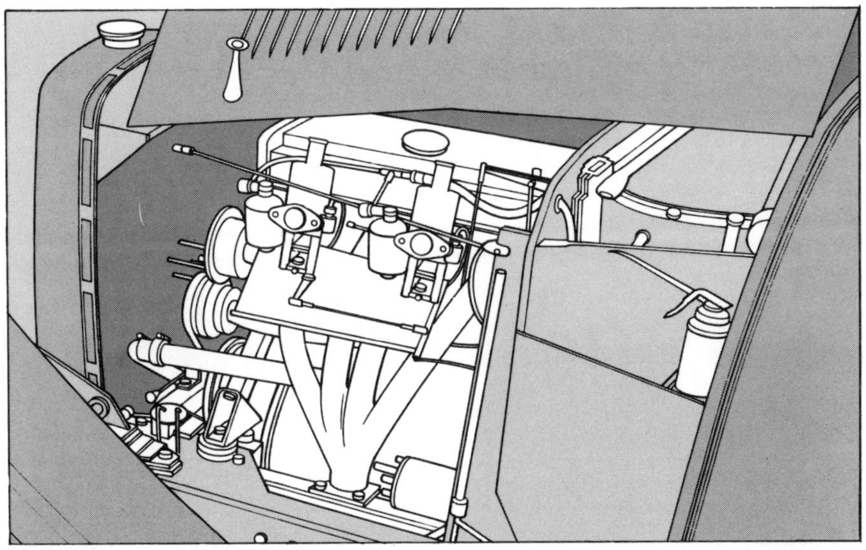

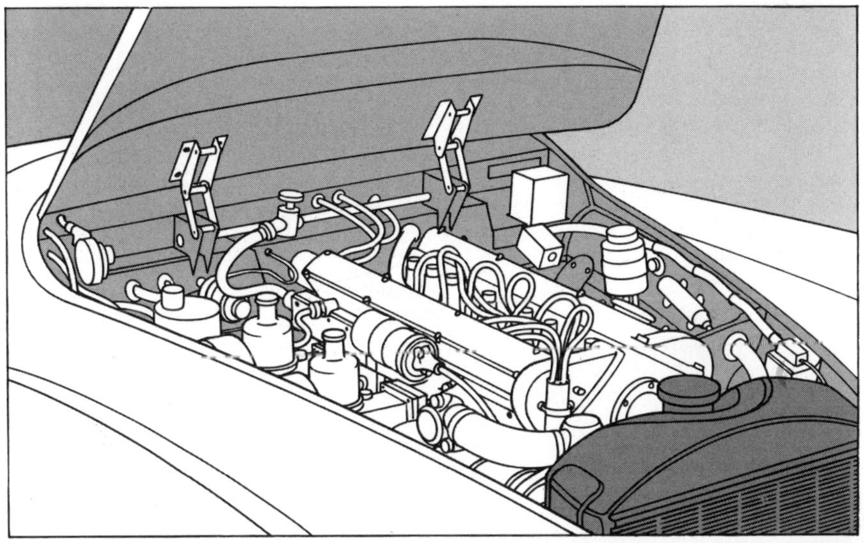

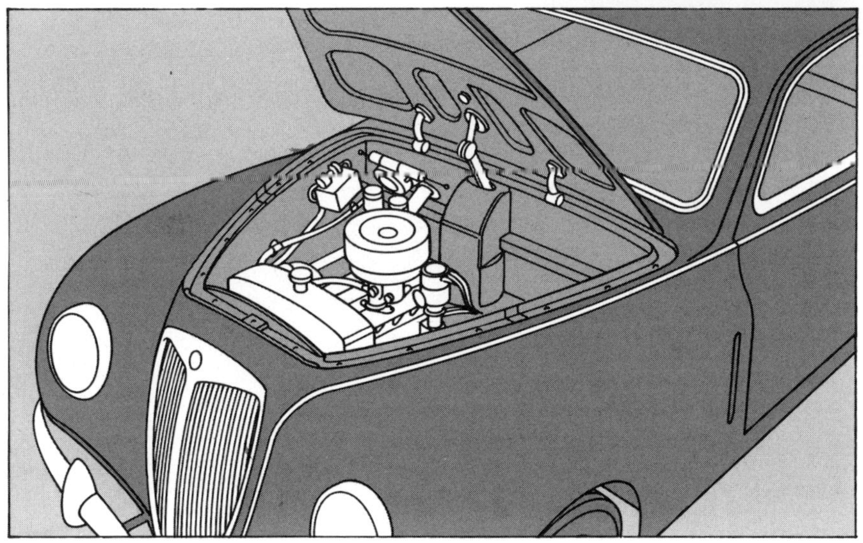

Wenn es auch unwahrscheinlich aussieht, der in kleiner Stückzahl hergestellte britische HRG 1500-Sportwagen *(oben)* gehört in unsere Betrachtungsperiode, denn er war von 1936 bis 1955 lieferbar. Er demonstriert beste Zugänglichkeit zum Motor durch seitlich zu öffnende Haube und ohne Rücksicht auf »stromlinienförmige« Kotflügel. Was in den fünfziger Jahren passierte, war weniger glücklich, besonders wenn ein großer und komplizierter Motor zu einer niedrigen Gürtellinie passen sollte, wie beim Jaguar XK 120 von 1952 *(Mitte)*. Nicht viel besser sah es beim Lancia »Aurelia« von 1950 *(unten)* mit seinem V-6-Motor aus.

Einfallsreichtum mit Heckmotor, oder: Wie man vier Leute in nur 3,3 m Länge und 1,4 m Breite unterbringt – Dante Giacosas Fiat 600 von 1955 *(oben)*. Er verfügte über eine selbsttragende Karosserie; hinter den Fondsitzen war eine Trennwand zur Isolierung des Motors, und der Mitteltunnel der Bodengruppe wurde gleichzeitig zur Unterbringung des Schaltgestänges verwendet. Der Schaltweg war entsprechend kurz, und die Schaltung beim kleinen Fiat war weitaus direkter als bei manchem seiner Rivalen. Die Vorder- und Hinterrad-Federungsanordnungen *(links)* sind eine Mischung zwischen modernisierter, aber herkömmlicher und neuzeitlicher Praxis. Die Vorderradfederung mit Querblattfeder, Dreiecklenkern und Teleskopstoßdämpfern

(Oben rechts) Die Federung unter Belastung: Mit den kurzen Überhängen bot der Fiat ein besseres Fahrverhalten als die meisten anderen Heckmotorwagen. Der Motor mit seinen bescheidenen 21,5 PS und eine Höchstgeschwindigkeit von 96 km/h ließen allerdings auch keine spektakuläre Fahrweise zu.

(Unten rechts) Dies ist die nicht fahrbare Bodengruppe, wie sie an die Karosseriebauer geliefert wurde. Das hier sichtbare Heckteil war nicht unbedingt Bestandteil der Lieferung. Ansonsten hätte Abarth das Modell 600 niemals in die niedlichen Coupés mit nur 1,2 m Höhe umformen können, die mit leicht aufgebohrtem Motor von 747 ccm, gegenüber 633 ccm bei der Originalversion, eine Höchstgeschwindigkeit von 153 km/h boten. Der durchschnittliche Benzinverbrauch betrug 6,6 l/100 km, bei vorsichtiger Fahrweise erreichte man 4 l/100 km. Das Modell 600 wurde in Turin 15 Jahre lang gebaut und brachte es auf über 2 ½ Millionen produzierte Einheiten. In Deutschland entstand es als NSU-Fiat »Neckar«, in Spanien als SEAT, in Jugoslawien als Zastava und in Argentinien als Fiat-Concord. Internationale Kataloge führten die letzten beiden Ausführungen noch 1982 als Produktionsmodelle.

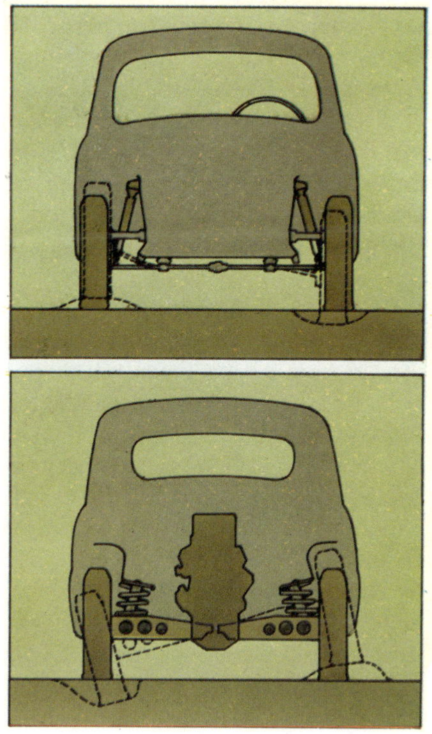

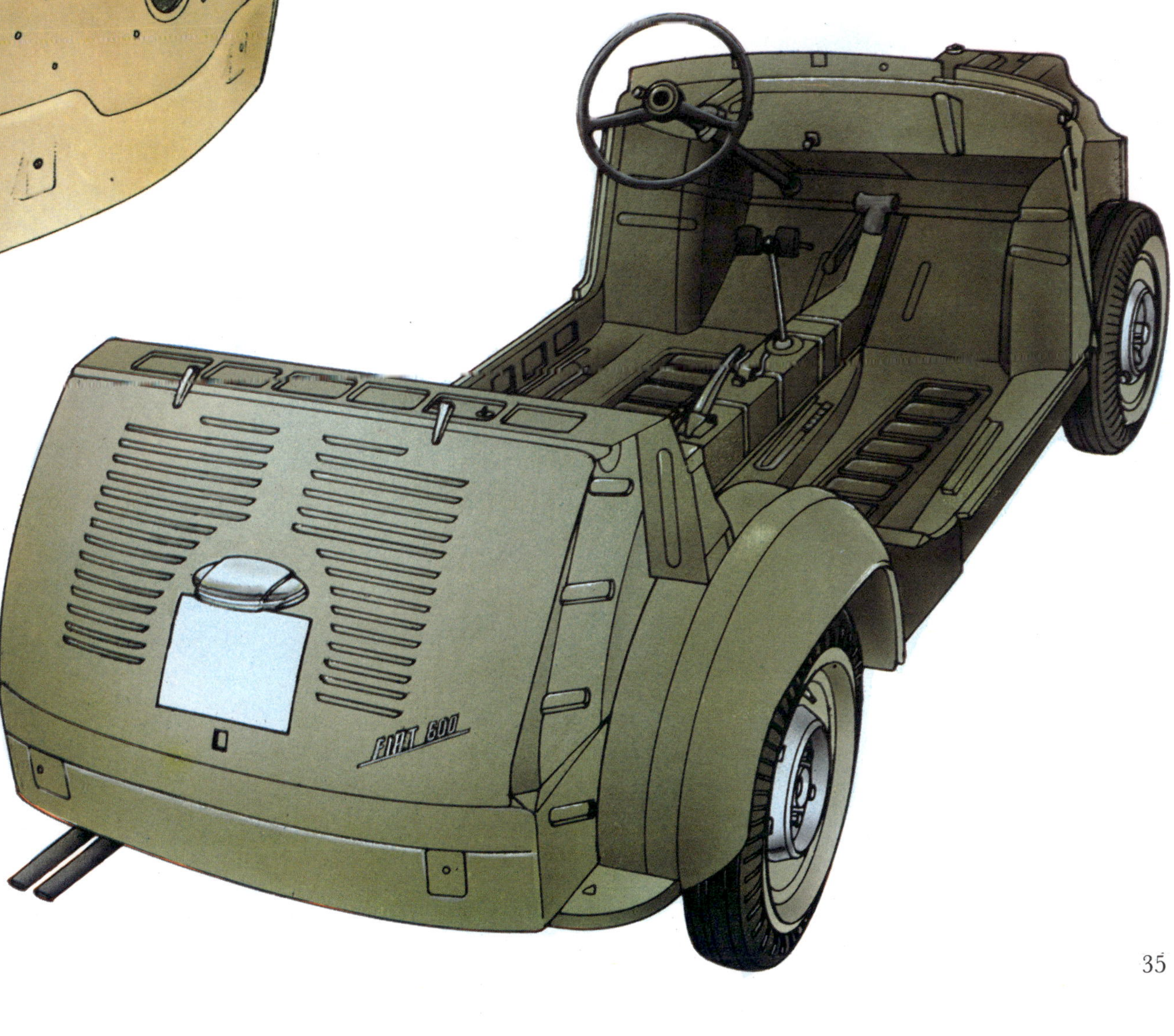

stammte direkt vom alten »Topolino« mit vorn angeordnetem Motor, der nach neunzehn Jahren Produktionszeit ersetzt wurde. Hinten waren die angetriebenen Räder unabhängig gefedert durch eine Kombination von stehenden Schraubenfedern, Dreieckslenkern und Längslenkern. Durch die Anordnung des Motors hinter dem Vierganggetriebe wird nicht nur Platz gespart, sondern auch eine größere Wartungsfreundlichkeit erreicht, da das ganze Aggregat leicht nach hinten herausgezogen werden kann. Eine weitere Platzersparnis wurde durch die Anordnung des Kühlers neben dem Motor erreicht. Beim Topolino saß er hinter dem Motor und machte dadurch eine Heizung überflüssig.

verwendet. In Deutschland endete Borgwards Kampf ums Überleben 1961 mit dem Zusammenbruch. Die Unternehmen Mercedes und VW besaßen die Auto Union. Firmenvereinigungen in Japan liefen während der sechziger Jahre mit der Geschwindigkeit eines schnellaufenden Films ab: 1959 bauten 13 verschiedene Unternehmen Autos, 1969 waren es nur noch acht, unter denen ein »Aufsteiger« war, der Motorradproduzent Soichiro Honda. Er hatte das geschafft, was Kaiser in Amerika in den fünfziger Jahren trotz seiner Millionen nicht gelang: ein dauerhafter Einstieg in die Personenwagenproduktion.

Dort, wo ein Überleben möglich war, machten auch die Pseudo-Marken ihre Geschäfte. Diese etwas obskuren Praktiken entstanden aus dem Wunsch, sowohl über ein größeres Händlernetz zu verfügen als auch die Kosten zu senken. In Kanada hergestellte Plymouth erhielten während der dreißiger Jahre in Amerika die Markenzeichen von Dodge oder DeSoto, und nach dem Kriege waren es Ford's Meteor (ein Mercury für Ford-Händler) und Monarch (ein Ford für Lincoln-Mercury-Händler). In Neuseeland brachte Rootes den Humber Ten auf den Markt, eine Luxusausführung des Hillman-»Minx«. Der Grund hierfür lag in dem Wunsch nach Erlangung einer weiteren Importquote. Aus rein sentimentalen Gründen gab es während der dreißiger Jahre noch die Marken Daimler, Lanchester und BSA. Aber auch hier galt, daß verschiedene Namen nicht auch unterschiedliche Produkte bedeuteten.

Diese Degeneration war zu Beginn unseres Betrachtungszeitraumes weniger verbreitet. Rationalisierungsbestrebungen in der Herstellung von Motoren und Karosserien ließen bei General Motors und Chrysler in den Vereinigten Staaten trotz allem noch den Wunsch erkennen, ein gewisses Maß von Markenidentität zu erhalten. Bei General Motors bestanden 1969 noch die selbständigen Design-Büros der einzelnen Gruppen. Die verschiedenen Marken innerhalb der British Motor Corporation blieben leicht erkennbar, obwohl sie häufig den gleichen Austin-Motor verwendeten. Die sechziger Jahre waren jedoch gekennzeichnet von Uniformität. Allein in England gab es Alec Issigonis' Typ 1100 unter fünf verschiedenen Markenzeichen. Die Jaguar-Limousine erschien auch unter dem Namen Daimler. Die letzte Rootes-Limousine, ein direkter Nachkomme des Hillman »Minx«, stand Interessenten als Hillman, Humber oder Singer zur Verfügung. Der kleine »Imp« mit Heckmotor, eigentlich des Namens Hillman nicht würdig, wurde zeitweise sogar für sportlich genug befunden, den Namen Sunbeam zu tragen.

2. Kapitel

KRAFTUNTERSTÜTZUNG FÜR ALLES

Die zwei Jahrzehnte von 1951 bis 1969 stellten in der Entwicklung des Automobilgeschäfts geradezu eine Explosion dar. Die Weltproduktion steigerte sich von 6 858 000 im Jahre 1951 auf nahezu 13 Millionen 1960 und auf atemberaubende 22 752 363 im Jahre 1969. Davon entfielen mehr als 90 Prozent auf die 20 größten Hersteller, angeführt von General Motors und Ford in den USA und Volkswagen in Deutschland. Elf Hersteller oder Konzerne erreichten die Halbmillionenmarke, und weitere 13 hatten einen Produktionsausstoß von jeweils mindestens 200 000 Einheiten. Die gleichzeitige Verringerung in der Zahl der Hersteller und der angebotenen Modelle ist genauso bemerkenswert. In den USA und Großbritannien ist diese Tendenz nicht so deutlich erkennbar; sie erklärt sich mit dem Auftauchen kleinerer Spezialfirmen während der sechziger Jahre. Italien verzeichnete im gleichen Zeitraum eine Steigerung von neun Firmen im Jahre 1951 auf 13. Deutschland und Frankreich boten für derartige Unternehmungen keine wirtschaftlich günstigen Voraussetzungen. So fielen hier die Zahlen von 17 auf sieben beziehungsweise von 16 auf neun.

Die Typenstrukturen änderten sich ebenfalls. Mit dem Ausscheiden von Anbietern aus dem zweiten Glied oder ihrer Übernahme durch die Großen hatte sich deren Typenangebot notgedrungen zu erweitern. General Motors war der Marktführer der Welt während des gesamten Betrachtungszeitraumes. 1951 wurden sieben Marken und insgesamt 13 Grundmodelle angeboten. Es gab je ein Basismodell von Chevrolet und Vauxhall (dieses wahlweise mit Vier- oder Sechszylindermotor). Chevrolet bot 1969 acht Modelle mit neun verschiedenen Motorversionen nach vier Konstruktionsprinzipien: vier Zylinder in der Reihe, sechs Zylinder in Reihe oder als Boxer, V-8. Der Hubraum schwankte zwischen 2,5 und 7,0 Litern.

Diese Entwicklung vollzog sich allerdings nicht gleichmäßig und weltweit. In Großbritannien setzte mit der Vereinigung von Austin und Nuffield im Jahre 1951 ein Rationalisierungsprozeß ein. Das war im Vokabular beider Unternehmen bislang ein Fremdwort gewesen. Zur Zeit der Fusion boten beide Partner insgesamt 18 Modelle an, 14 verschiedene Fahrgestelle (einschließlich einiger selbsttragender Ausführungen) und 14 Motorvarianten. 1960 gab es allerdings noch drei Modelle mehr, aber der neue Frontantriebs-Mini stellte sich als eineiiger Zwilling unter den Namen Morris und Austin vor. Die gesamte 1,5-Liter-Limousinen-Klasse erfuhr eine ähnliche Behandlung, war aber komplexer und zeichnete sich negativ durch die Verwendung zweier verschiedener Fahrgestell-Karosserie-Strukturen aus, die von Austin und Morris stammten. Die Motoren unterschieden sich im Hubraum und stellten einfache Stößelstangen-Auslegungen dar, jeweils zwei Vier- und Sechszylinderausführungen. Ende der sechziger Jahre hatte man zu einer einheitlichen Linie gefunden. Das Angebot von insgesamt 26 Modellen wird etwas verständlicher, wenn man berücksichtigt, daß vier davon Minis waren, sechs bewegten sich in der Klasse der 1100/1300-Klasse, drei gehörten in die Klasse der 1800er mit Frontantrieb – und sogar der preiswerte Austin-Healey »Sprite« Sportzweisitzer hatte ein Gegenstück in dem MG unter dem achtekkigen Emblem.

Andere bauten das, was sie verkaufen konnten. Renault in Frankreich befand sich 1966 auf Platz sechs der Weltrangliste, 1969 auf Platz acht und hatte während unseres gesamten Betrachtungszeitraumes sieben Modelle im Angebot. Alle befanden sich mindestens acht Jahre in Produktion, und bis auf zwei erwiesen sie sich als Millionen-Bestseller. Volkswagen baute ausschließlich Modelle mit luftgekühlten, im Heck angebrachten Vierzylindermotoren. Es war eine gefährliche Typenpolitik, zumal der VW 1600 von 1961 nicht die Verbesserungen aufzuweisen hatte, die er eigentlich hätte haben müssen. Hinzu kam, daß die allgemeinen Entwicklungstendenzen sich vom Heckmotor wegbewegten. VW gehörte auch zu den »Spätzündern« in bezug auf Scheibenbremsen. Das Jahr 1967 brachte einen Rückgang von 7,5 Prozent in der Produktion und einen alarmierenden Rückgang von 16 Prozent im Exportgeschäft.

Die Entwicklung von VW macht das Dilemma deutlich, dem sich die Automobilindustrie gegenübersah. Soll sie ein Modell nach klassischen Konstruktionsprinzipien herausbringen, es aus Gründen der Amortisation 20 Jahre lang produzieren und die Folgen eines Käuferschwundes in Kauf nehmen? Oder soll sie jeder Modelinie – vielleicht zu spät – folgen und mit einer möglicherweise falschen Konstruktion dasitzen? Es gibt allerdings auch Beispiele für erfolgreiche »Zuspätkommer«: Chevrolets »Camaro« erschien ungefähr drei Jahre nach dem Ford »Mustang«, holte aber bald auf. Den Gegensatz dazu bildete eine vielversprechende Schöpfung von Rootes, der Hillman »Imp«. Die Entwicklung nahm eine unverhältnismäßig lange Zeit in Anspruch, und bei der Vorstellung 1963 mußte man feststellen, daß BMC mit dem Mini nicht nur den Markt belegt, sondern auch den Trend für zukünftige Entwicklungen aufgezeigt hatte. Dabei war es nicht das schlimmste, daß der Mini gegenüber dem »Imp« im Verhältnis 10 : 1 verkauft wurde, denn Rootes verfügte ohnehin nicht über die Produktionskapazität von BMC. Aber die Grundkonzeption des »Imp« mußte bereits 1963 bei Erscheinen als veraltet gelten und war es vollends zu der Zeit, als die Kinderkrankheiten ausgemerzt waren. Man kann zwar nicht behaupten, daß der »Imp« für den Rootes-Konzern den Zusammenbruch bedeutete, aber er war doch ein Stein auf dem Wege, der in die Arme von Chrysler führte. Allerdings wurde Chrysler damit ein dauernder Kopfschmerz beschert und keine gesunde britische Niederlassung.

Hier wird auch die entscheidende Frage akut, welche technische Konzeption die zweite Hälfte unseres Betrachtungszeitraumes bestimmen würde: Wohin mit dem Motor? Vor dem Zweiten Weltkrieg gab es hierüber überhaupt keine Zweifel. Wagen mit Heckmotor befanden sich immer in der Minderheit, seit Panhard 1899 mit Carl Benz' Philosophie brach. Der Frontan-

RG-41-97

(Links) »Wir wählen den Käfer«, was im Baujahr dieses Wagens 1952 weltweit 114 348 Leute taten. Mit heutigen Augen gesehen wirkte das 1952er Modell bescheiden und beengt. Bei einem Hubraum von 1 131 ccm und 25 PS erreichte man bei der Höchst- und Reisegeschwindigkeit nicht mehr als 100 km/h. Hydraulische Bremsen gab es ab Mai 1950 nur beim Exportmodell, ein synchronisiertes Getriebe erst ab September 1952. 1968 erschien das Modell 1600 TL *(oben rechts)*, das auf dem inzwischen unmodernen technischen Konzept des Käfers basierte, wenn auch der Hubraum mit 1 584 ccm und die Leistung mit 54 PS einen Sprung nach oben gemacht hatten. Außerdem waren jetzt alle vier Gänge synchronisiert, vorne gab es Scheibenbremsen, und auf Wunsch standen eine dreistufige Automatik und Benzineinspritzung zur Verfügung. Dieser »bessere Käfer«, der dem Modell 1600 von 1961 entstammte, übernahm niemals den Platz des Käfers. 1968 wurden 1 200 000 Käfer verkauft, aber nur 237 617 Einheiten der Typenreihe 1500/1600.

(Mitte rechts) Dieser Porsche von 1958 könnte in seiner alterslosen Form aus jedem Jahr vom Beginn der fünfziger Jahre bis 1965 stammen, sichtbare Änderungen des Typs 356 erfolgten praktisch nicht. Hier gab es einen Wagen, der einen gewissen Lernprozeß voraussetzte: im Kurvenfahren war er 10 % schneller als seine Rivalen, überlebte alarmierende Unfälle und verbrauchte weniger Brennstoff als fast alle seiner Mitbewerber. Das Modell von 1958 verfügte noch über Trommelbremsen, und der von VW inspirierte 1,6-Liter-Boxermotor stand in zwei Leistungsstufen zur Verfügung; die Höchstgeschwindigkeiten lagen bei 160 bzw. 175 km/h. Ein Porsche-Wagen war auch nicht unbezahlbar, er kostete in Deutschland 12 700 D-Mark, in der Schweiz 15 950 Franken.

(Unten rechts) 1965 konnte man sich einen Familienwagen in der 1,5-Liter-Klasse ohne vordere Scheibenbremsen nicht mehr vorstellen, es sei denn, bei einer billigen Standardausführung. Die Auto Union aber versah alle Audi-Modelle mit Scheibenbremsen. Alle verfügten über stoßstangengesteuerte Vierzylindermotoren und Frontantrieb sowie Hinterradaufhängung an Längslenkern und querliegenden Federstäben. Vielleicht war die Namenswahl nicht ganz geschickt, denn der erste Audi mit Frontantrieb von 1933 war kein durchschlagender Erfolg. Aber der neue Wagen wurde positiv aufgenommen. Im ersten vollen Kalenderjahr konnte man einen Verkauf von 63 000 Einheiten verzeichnen. Er erschien rechtzeitig, um den traditionellen DKW-Zweitakter abzulösen, der in zunehmendem Maße ein Opfer der strenger werdenden Abgasbestimmungen zu werden drohte. War die Leistung beim ersten 1,5-Liter-Audi noch etwas ungenügend, so wurde das bei der 1,7-Liter-Version, die Ende 1966 erschien, korrigiert. Beachtenswert sind die vier Ringe, die die vier Ursprungsfirmen der Auto Union symbolisierten: Audi, DKW, Horch und Wanderer. Nur die beiden ersten überlebten den Krieg.

Der ursprüngliche DKW-Front-Kleinwagen von 1931 hatte einen querliegenden Zweitaktmotor und Frontantrieb. Diesem Prinzip folgten die zahlreichen Abkömmlinge in mehreren Ländern aus der Nachkriegszeit. Typisch dafür war der in Bremen hergestellte Lloyd-Kleinwagen *(Foto Seite 218)*, dessen hier gezeigter 400-ccm-Motor mit unabhängiger Vorderradaufhängung an Querblattfeder in der Ausführung von 1953 gezeigt wird. Da er nur über zwei Zylinder verfügte, konnte das Getriebe daneben angeordnet werden. Der 1-Liter-Motor des Wartburg von 1966 *(unten)* wurde über der Vorderachse angebracht, mit dahinter angeordnetem Vierganggetriebe *(siehe Bild Seite 141)*.

(Gegenüber) Platzersparnis durch Frontantrieb.
(A) Der 1,8-Liter-Vierzylinder-Volvo 122 von 1962, eine Familienlimousine mit konventionellem Hinterradantrieb, ist 4,45 m lang, mit ausgezeichneter Beinfreiheit, die die Verwendung einer Hypoid-Hinterachse bot. Aber der Kardantunnel lief in altbekannter Weise durch den Wagen.
(B) Der Citröen 11 CV-Traction der Baujahre 1932 bis 1952 zeigt deutlich die Vorteile des Frontantriebs, nämlich niedrigere Schwerpunktlage und gutes Fahrverhalten. Aber er ist nur geringfügig kürzer als der Volvo, ist ein »knapper« Fünfsitzer und verfügt nur über die Hälfte des Gepäckraumes des Volvo.
(C) Renaults Typ 16 von 1965 hat zwar ebenfalls ein vor dem 1,5-Liter-Motor liegendes Getriebe, aber das gesamte Antriebsaggregat liegt sehr viel weiter hinten als beim Citroën, und die neue Klappheck-Karosserie verwandelte ihn in einen nützlichen »Transporter«.
(D) Der Triumph 1300, ein britischer Zeitgenosse, ist ein insgesamt kleinerer Viersitzer mit 1 296 ccm Hubraum und 3,95 m Länge. Man blieb dabei zwar bei einem Längsmotor, verlegte aber das Getriebe – wie beim Mini – in die Ölwanne.
(E) Hier noch die »klassische« BMC/Issigonis-Lösung in Form des Morris 1100 von 1962: Querliegender Motor, Getriebe in der Ölwanne und den größten Teil der Wagenlänge von 3,68 m für die Insassen und ihr Gepäck genutzt.

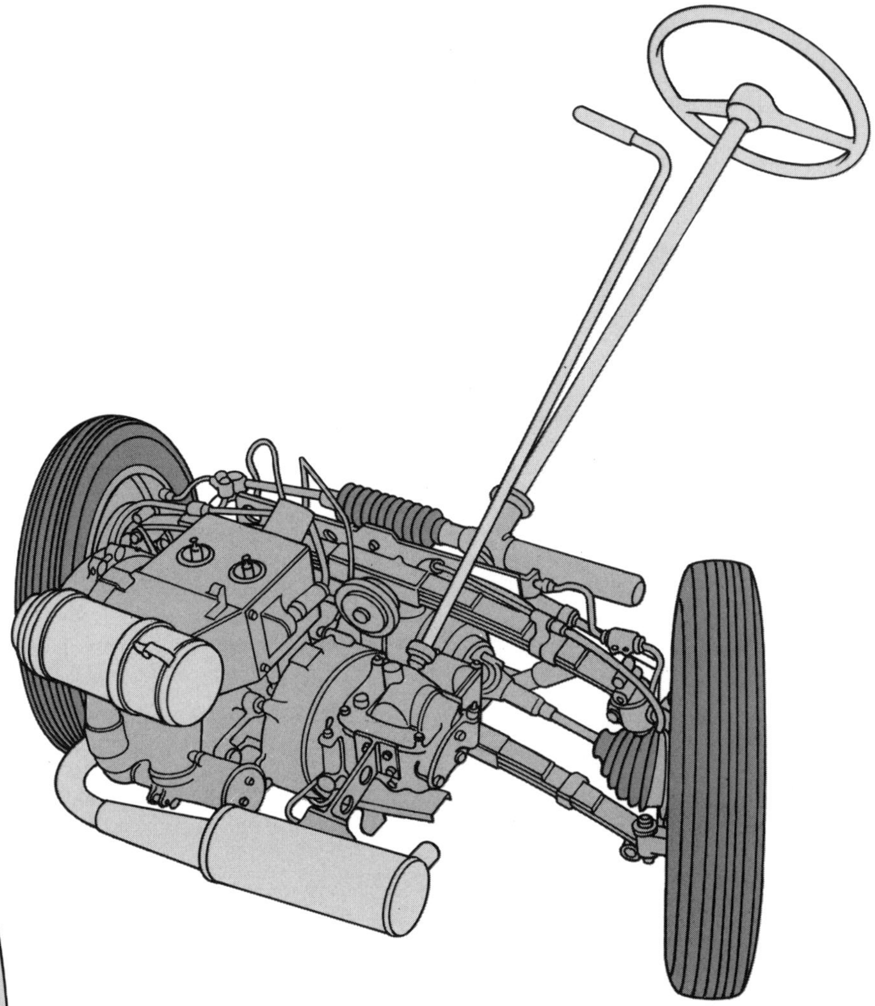

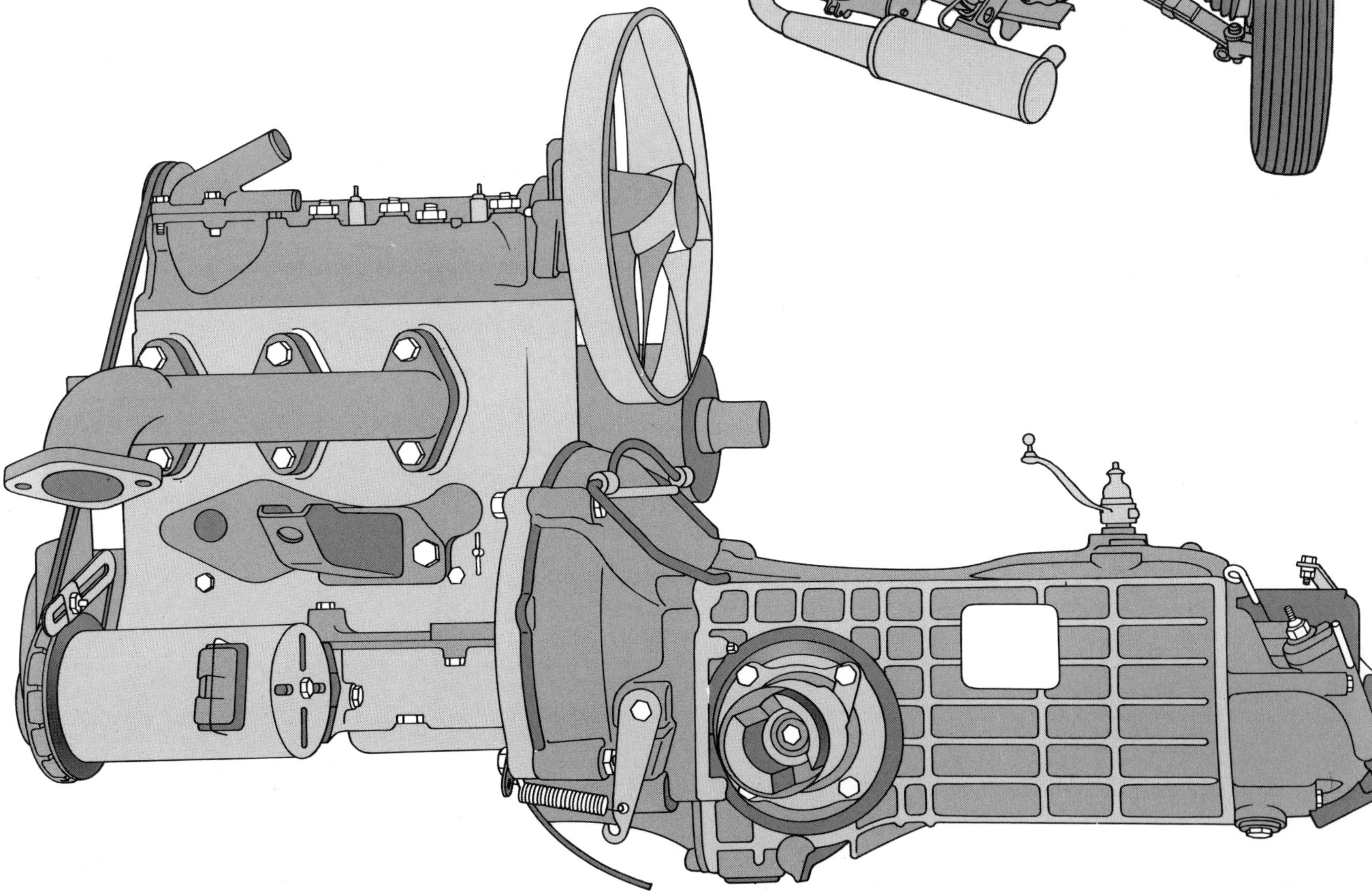

A

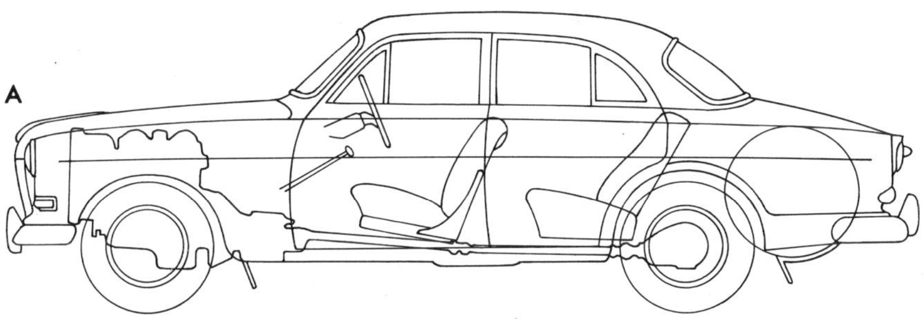

B

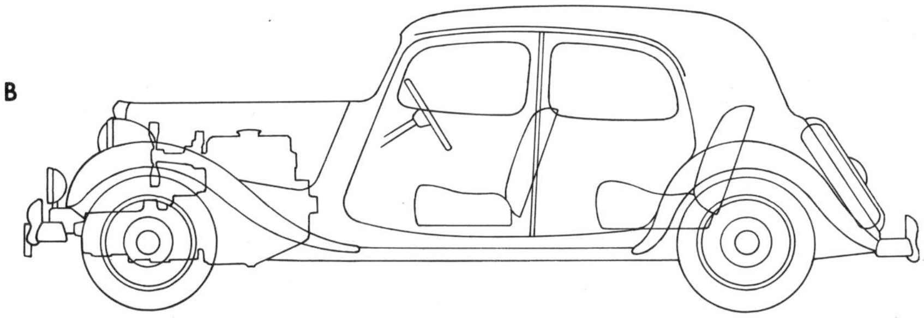

C

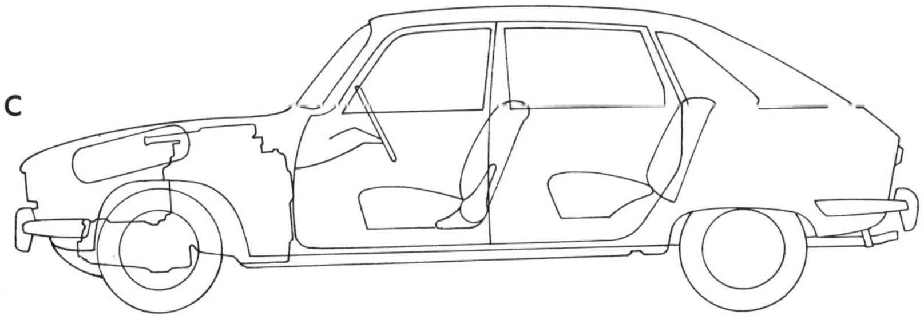

D

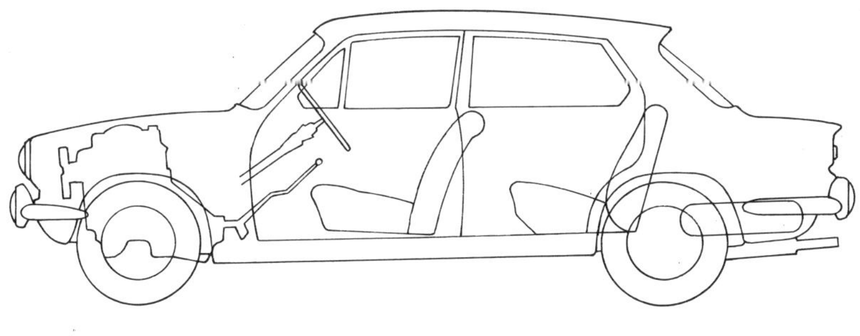

E

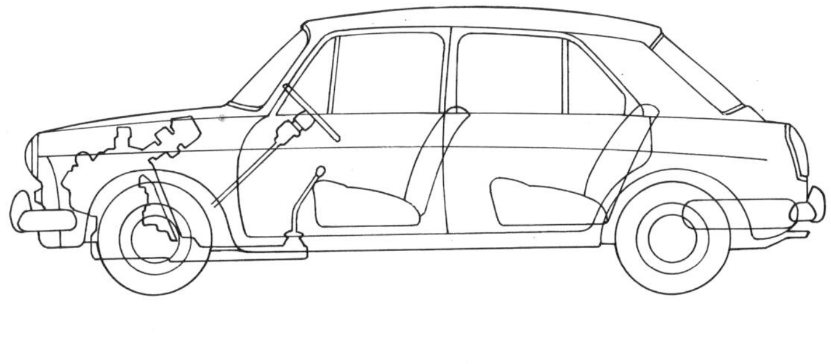

trieb hatte noch 1951 nur wenige Anhänger. Unter ihnen war der britische Bond nicht ernst zu nehmen. Der Citroën »Traction« allerdings hatte seit 1934 genug Zeit gehabt, um sich zu entwickeln und Mechaniker mit sich und seinen Eigenheiten vertraut zu machen. Panhards Zweizylinder, der auf einer Gregoire-Entwicklung basierte, war ein Neuling und wurde seit 1948 produziert. Der Gregoire hatte schon eine bewegte Geschichte hinter sich und wurde schon als »Volkswagen« angesehen, mit dem sich Förderer aus Frankreich, Belgien, Großbritannien und Australien beschäftigten.

Die anderen Vertreter der Frontantriebs-Bauart – DKW, Goliath und Lloyd aus Deutschland, IFA aus der DDR, der schwedische Saab, der Aero »Minor« aus der Tschechoslowakei und der Eucort aus Spanien – waren alle direkte Abkömmlinge des DKW-Front mit querliegendem Motor, der auf der Berliner Automobil-Ausstellung 1931 erstmals gezeigt wurde. Es waren alles erfahrene Vertreter dieser Bauart, mit Ausnahme von Panhard, dem ein wenig emphatischer Empfang bereitet worden war. Er war schnell, zeigte ein gutes Fahrverhalten und gewann Rallyes, aber er fuhr sich rauh, laut und gab sich zerbrechlich. Er stand in dem Ruf, beim Schalten zwei Stufen gleichzeitig zu wählen. Am Ende seiner Tage war er mehr ein Wagen für Kenner als für die breite Masse. Die Anhänger der Heckmotor-Bauweise waren noch spärlicher gesät, obwohl ihre beiden Vertreter, der Renault 4 CV und der Volkswagen, zu den Bestsellern gehörten. Der einzige weitere Wettbewerber auf diesem Sektor, der tschechische »Tatraplan« mit Zwei-Liter-Vierzylinder-Boxermotor, wurde hauptsächlich als Behördenfahrzeug hergestellt und gelangte nur in geringen Stückzahlen im Westen zum freien Verkauf.

Das Hauptargument gegen das System »Panhard« mit vorn angebrachtem Motor und Antrieb der Hinterräder war das der Platzverschwendung. Zusätzlich zu den an beiden Enden des Wagens untergebrachten mechanischen Teilen lief noch die Kardanwelle unter dem Wagen entlang und beeinträchtigte den Innenraum für die Fahrgäste. Das Transaxle-System, bei dem Getriebe und Differential vereinigt waren, vermied zwar die Raumbeanspruchung durch das Getriebe, kam aber ohne Kardanwelle nicht aus. Allerdings konnte man die Welle auch als Teil des Mittelträgerrahmens, wie bei einigen Mercedes- und Lotus-Modellen, ansehen. Vom Kundendienst-Standpunkt aus gesehen, bedeutete eine Generalüberholung jedesmal eine vollständige Demontage. Demgegenüber konnte bei beiden »alternativen« Bauarten der Motor allein entfernt werden, und alles andere blieb an seinem Platz. Beim Citroën konnte nach Lösen weniger Schrauben das ganze Vorderteil mit Motor und Getriebe herausgezogen werden. Allerdings wurde das in zeitgenössischen technischen Zeichnungen als etwas zu einfach dargestellt. Die Mühe begann, wenn man eigentlich nicht den ganzen Triebblock entfernen wollte, sondern an ein besonderes Teil heranmußte. Ähnlich erging es einem mit dem VW-Heckmotor, der tief angeordnet war. Bei seiner Bauart als Vierzylinder-Boxermotor hatte man beispielsweise Schwierigkeiten, zwei der Zündkerzen zu erreichen.

Der Vorderradantrieb, wie man ihn in den frühen fünfziger Jahren verstand, ging mit Platz nicht sehr wirtschaftlich um. Der Ursprungs-DKW mit seinem quer eingebauten Motor war eine Ausnahme, aber mehr als zwei Zylinder konnte man quer nicht unterbringen. Als DKW und seine Anhänger sich 1950 dem Dreizylindermotor zuwandten, mußte er längs eingebaut werden, und die alten Probleme waren wieder da. Man konnte zwar das Getriebe vor den Motor setzen und so erheblich an Platz gewinnen, aber man machte die ganze Antriebseinheit außerordentlich verwundbar. Ein Frontal-Zusammenstoß ließ einem nur noch die Chance zur vollständigen Verschrottung. Der konventionelle Zwei-Liter-Standard »Vanguard«, ein ausgewachsener Sechssitzer, hatte eine Länge von 4,65 m, wogegen Citroëns »11 Legere« – allerdings eine sehr viel betagtere Konstruktion – mit 23 cm mehr an Länge aufwartete und doch nur allenfalls fünf Sitzplätze bot. Dem Standard gegenüber sah er allerdings von vorn bis hinten wie ein Auto aus, und die niedrige Schwerpunktlage verlieh ihm auch bessere Fahreigenschaften. Der Citroën 2 CV mit dem kurzen Zweizylinder-Boxermotor war 3,79 m lang und brauch-

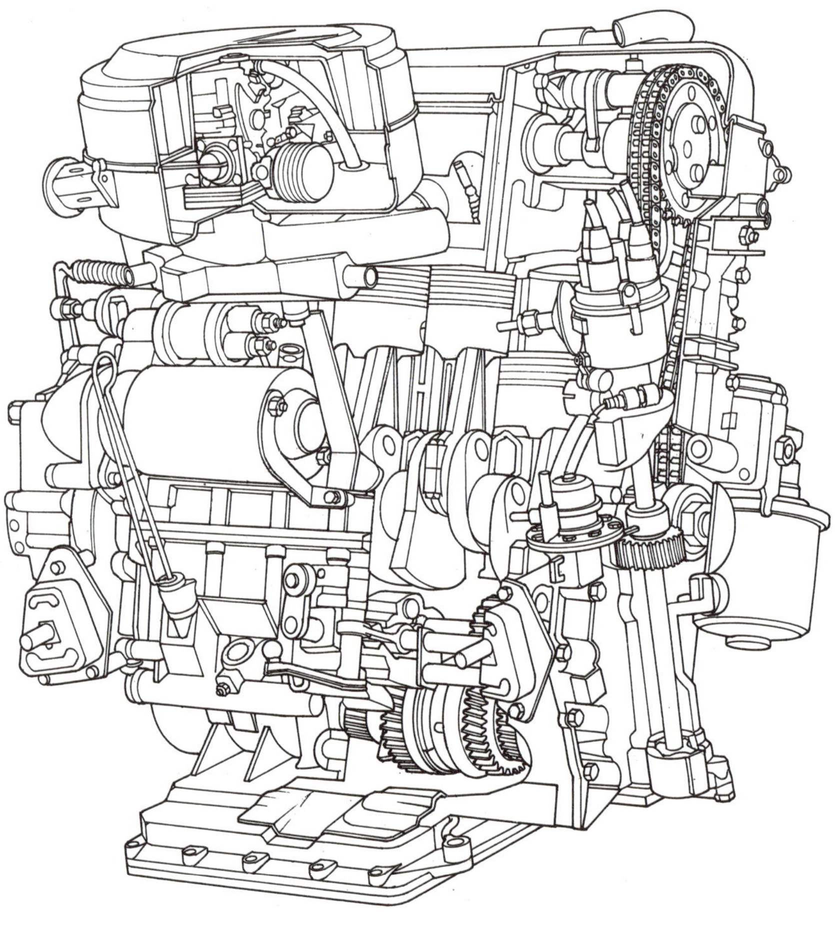

Das Thema Mini in vergrößerter Form beim französischen Peugeot 204. Eingeführt wurde dieses Modell im Sommer 1965 und war dazu bestimmt, in 1 600 000 Exemplaren mit Benzin- und später auch Dieselmotoren, verkauft zu werden. Es gab sowohl ein Coupé, ein Cabriolet, einen Kombiwagen und einen Plattformwagen als auch eine Limousine, die hier in einer Phantomzeichnung vorgestellt wird *(oben)*. Er war größer als der Mini oder der 1100, hatte einen Radstand von 2,6 m, eine Länge von 4 m und ein Gewicht von 805 kg. Zu erkennen sind der querliegende Motor aus Aluminiumguß (1), die Zahnstangenlenkung (2), die vordere Radaufhängung (3) an McPherson-Federbeinen und Dreieckslenkern und die Hinterradaufhängung (4), ebenfalls an McPherson-Federbeinen und Längslenkern. *(Links)* Der 1 130-ccm-Motor mit obenliegender Nockenwelle ist mit einem Neigungswinkel von 20° eingebaut. Der Vergaser (am Motor oben) ist im Luftfilter untergebracht, um die Motorhaube nicht zu hoch werden zu lassen.

(Oben rechts) Eine vereinfachte Darstellung der Kraftübertragung (im wesentlichen der des Mini entsprechend) zeigt die Ausgangswelle der Kupplung ko-axial zu der Nockenwelle verlaufend und im direkten Eingriff mit den Zahnrädern der Hauptwelle des vollsynchronisierten Vierganggetriebes. Die Kraftübertragung *(unten rechts)* erfolgte über Doppelkardangelenke (1) (die einen günstigen Lenkeinschlag ermöglichten) und Dreikugelgelenke (2).

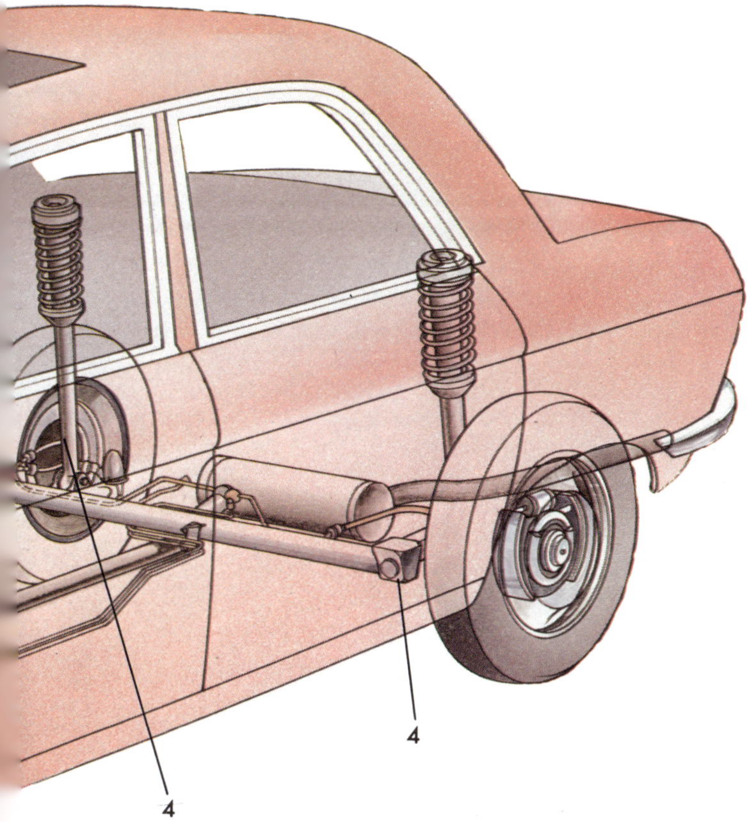
4
4

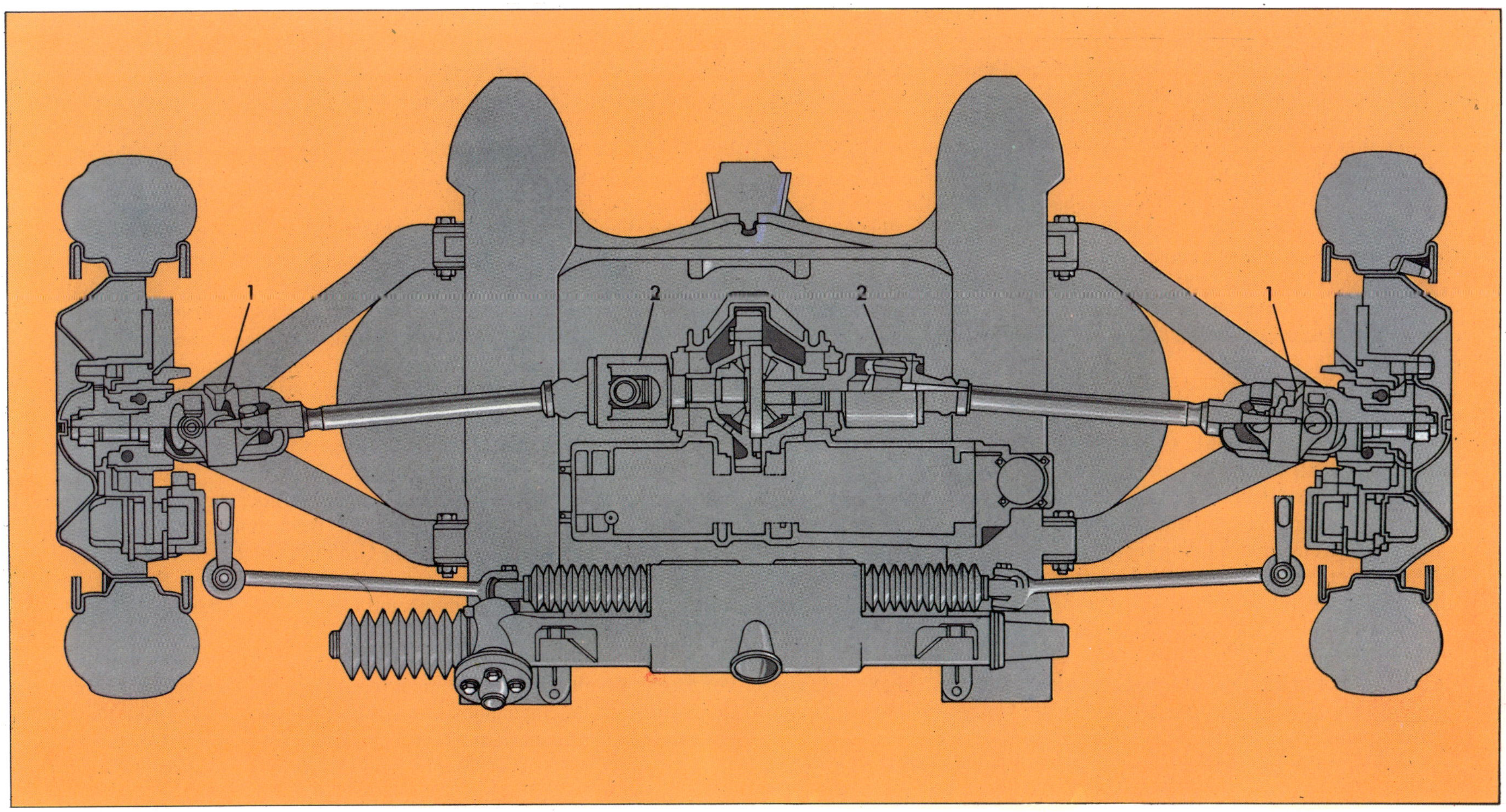
1
2
2
1

te somit mehr Parkraum als beispielsweise ein konventioneller Austin A 30. Gleichermaßen nachteilig für die »Frontantriebler« waren der große Wendekreis und die komplexen Schaltverbindungen. Die Armaturenbrett-Schaltungen von DKW wie auch von Citroën waren verwirrend – und dabei hatten beide noch nicht einmal Vierganggetriebe. Erinnerungen an frühe Ausführungen des Frontantriebs – wie den Cord 1929 – machten die Probleme wieder deutlich, die es mit der Gewichtsverteilung gab und der Abneigung dieser großen Wagen, am Berg anzufahren. Es kam hinzu, daß außerhalb Deutschlands und Frankreichs und ihrer Hauptexportländer das Käuferpublikum mit den Eigenheiten des Frontantriebs weder vertraut war noch vertraut gemacht wurde. Eine andere Schwierigkeit stellte sich besonders in der Kombination des Frontantriebs mit dem Zweitaktmotor ein, nämlich der Neigung dieser Motoren, zu »viertakten«. DKW und Saab bauten zur Abhilfe einen Freilauf ein, aber andere verzichteten darauf. Nach all dem Gesagten ist es verständlich, daß sich während der fünfziger Jahre nur wenige Importeure fanden. So revolutionär auch Citroëns DS von 1955 gewesen sein mag – er wird noch an anderer Stelle behandelt werden –, brachte er dennoch keine neuen Erkenntnisse.

Der Durchbruch gelang Alec Issigonis 1959 mit dem BMC-»Mini«, der etliche der Nachteile des Frontantriebs auf einen Schlag eliminierte. Es handelte sich hierbei um mehr als nur die Vervollkommnung des DKW-Prinzips. Durch die Kombination von querstehendem Motor mit dem in der Ölwanne untergebrachten Getriebe und auch mit einer vernünftig plazierten Gangschaltung konnten zwei zusätzliche Zylinder untergebracht werden. Gegenüber dem Citroën war das empfindliche Getriebe nun unfallsicher untergebracht, und das Fahrzeug erwies sich als vollwertiger Viersitzer. Es war 3,05 m lang, 1,40 m breit und 1,32 m hoch. Es war auch noch Platz für etwas Gepäck vorhanden, und alles in allem bewies sich der Wagen als ideales Transportmittel für überfüllte Städte. Die gewählten Gummidrehfedern bewährten sich in der Praxis, und die Frage des Lenkeinschlags wurde durch die Verwendung von Rädern mit nur 25 cm Durchmesser gelöst.

Schnell und zahlreich erschienen die Nachfolger, allen voran Fiat mit dem Autobianchi »Primula« (1965) und Peugeot mit dem Modell 204. Honda revidierte 1968 das alte DKW-Zweizylinder-Thema, verwendete allerdings einen Viertaktmotor mit obenliegender Nockenwelle. Beim Lancia »Flavia« von 1961, einer Wiederbelebung des unglücklichen Cemsa-Caproni, sparte man Platz durch einen in herkömmlicher Weise plazierten Vierzylinder-Boxermotor. Ford entschloß sich zu einem längseingebauten V-4-Motor, der von Saab 1967 übernommen wurde. BMC selbst dehnte das Programm allmählich aus durch Fortsetzung des Mini-Themas: das viertürige Modell 1100 erschien 1962, und die geräumigeren 1800er Limousinen folgten 1964. 1969 gelang es BMC in Australien sogar, einen Reihenachtzylinder quer im Fahrzeugbug unterzubringen. Diese Version kam erst 1972 nach Europa, hatte hier allerdings wenig Erfolg.

Längseingebaute Reihenmotoren hatten nach wie vor eine gewisse Gefolgschaft, die die einfache Wartungsmöglichkeit schätzte. Der Renault 4, klein und bescheiden, erschien 1961. Genau wie bei den späteren Modellen 16 (1965) und 12 (1969) war hier das Getriebe vor dem Motor angeordnet und brachte dadurch eine erträgliche Länge. Es dauerte aber bis zum Ende unseres Betrachtungszeitraumes, bis dieses Unternehmen beim Frontantrieb auch eine akzeptable Konsolenschaltung realisierte. Beim Triumph 1300 und dem zwei Jahre später erschienenen Saab 99 wurde das Problem der Getriebeunterbringung auf die Weise gelöst, daß man es unterhalb von Kupplung und Schwungscheibe anordnete, und der Achsantrieb wurde unter den Motorblock verlegt. Hierdurch vermied man eine übergroße Länge und erreichte eine bessere Anordnung des Schaltmechanismus. Beim 1,7-Liter-Audi von 1965 ordnete die Auto Union den Motor vor der Vorderachse an und legte das Getriebe hinter den Motor.

Großen Wagen mit Frontantrieb war nie ein Erfolg beschieden. Die Zwei-Liter-Citroën-DS-Familie scheint das Limit aufzuzeigen. Ein Vorgänger, der 2,9-Liter-Typ 15 mit Sechszylindermotor (1939–1955), war im Verhältnis zur Nutzlast zu lang. Er litt auch unter einer äußerst schwergängigen Lenkung bei geringer Geschwindigkeit und hatte einen Wendekreis, der einem Autobus alle Ehre gemacht hätte. In späteren Jahren schätzten ihn Liebhaber der alten Karosserielinien weitaus mehr als Familienväter zu Zeiten seiner Herstellung. Amerika ging den Frontantrieb auf seine Art an. Lenkhilfe und automatische Getriebe eliminierten die Unhandlichkeit. Beim Oldsmobile »Toronado« von 1966 gab es eine neue, platzsparende Errungenschaft. Dem V-8-Motor hatte man über einen Kettenantrieb das automatische Getriebe – neben dem Kurbelgehäuse angebracht – zugeordnet. Die sonstigen Kraftübertragungselemente waren herkömmlicher Art, wie man es sich dann leisten kann, wenn die allgemeinen Abmessungen von untergeordneter Bedeutung sind. Im Falle des »Toronado« war »kurz« ein relativer Begriff. Stilistische Überlegungen allein diktierten einen ansehnlichen Karosserieüberhang vorn wie hinten. Nichtsdestoweniger war er mit einer Gesamtlänge von 5,36 m um 30 cm kürzer als eine vergleichbare viertürige Limousine.

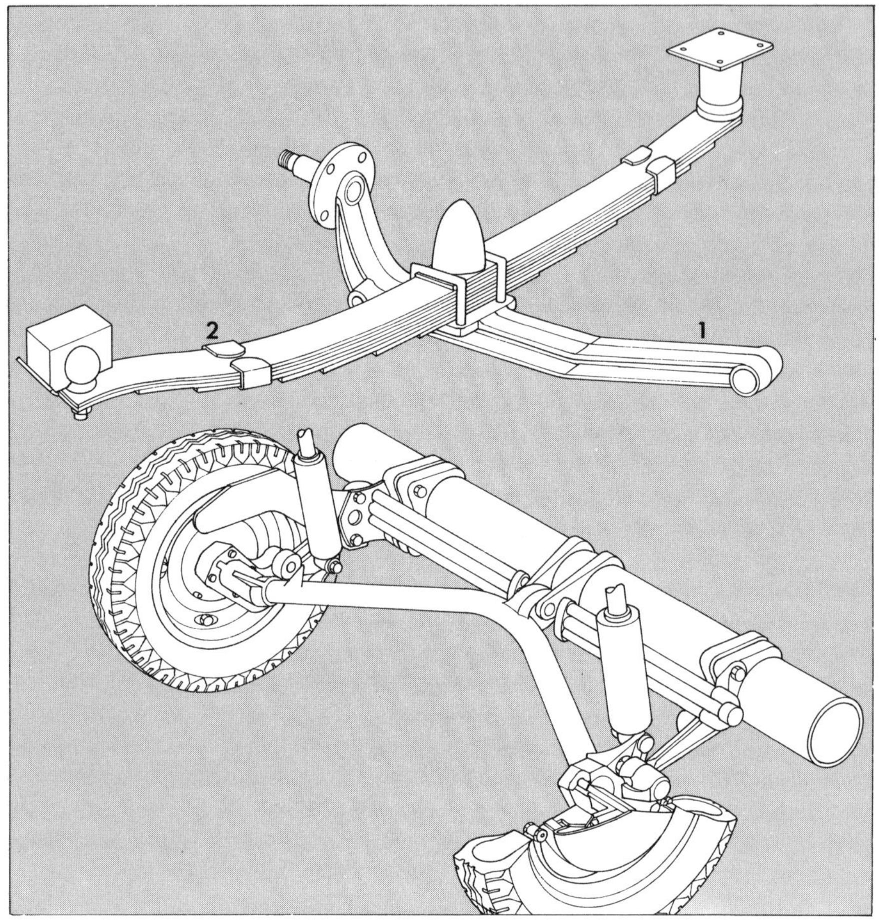

1969 hatte sich das Prinzip des Frontantriebs über die ganze Welt verbreitet. Die hauptsächlichen Anwender waren Audi, Ford und NSU in Deutschland; Austin, Morris und Triumph in Großbritannien; Autobianchi, Fiat, Innocenti und Lancia in Italien; Saab in Schweden; Peugeot, Renault, Citroën und Simca in Frankreich; Cadillac und Oldsmobile in den USA; Honda und Subaru in Japan sowie einige DKW-Überbleibsel in Mitteleuropa, wie der Syrena aus Polen und Wartburg sowie Trabant aus der DDR. Die bei NSU vollzogene Kombination des kompakten Wankel-Drehkolbenmotors mit Vorderradantrieb und einem halbautomatischen Getriebe schien eine Vorahnung auf die Zukunft zuzulassen. Zwei der genannten Hersteller waren von der vorher von ihnen favorisierten Heckmotor-Bauart konvertiert, NSU und Renault. Fiat und Simca warteten ab und versuchten sich mit beiden Prinzipien.

(Links) Bei Frontantriebswagen bietet der hintere Teil keine Probleme und geriet bei einigen kleinen und preiswerten Wagen teilweise extrem einfach. Hier werden zwei Beispiele der fünfziger Jahre vorgestellt. Beim deutschen Lloyd »Alexander« *(oben)* ist es eine Kombination von schwingenden Halbachsen (1) und längsliegenden Halbelliptikfedern (2), letztere in Gummi gelagert.

(Unten) Im Gegensatz dazu bevorzugt der französische Dyna-Panhard Torsionsstäbe nach Citroën-Vorbild als Federungselement. Beide Wagen hatten luftgekühlte Zweizylinder-Motoren, der Panhard mit 850, der Lloyd mit 600 ccm. Der deutsche Konstrukteur allerdings gab dem querliegenden Motor mit kettenbetriebener obenliegender Nockenwelle den Vorzug; beim Panhard handelte es sich um einen Boxermotor mit stoßstangenbetätigten obenliegenden Ventilen.

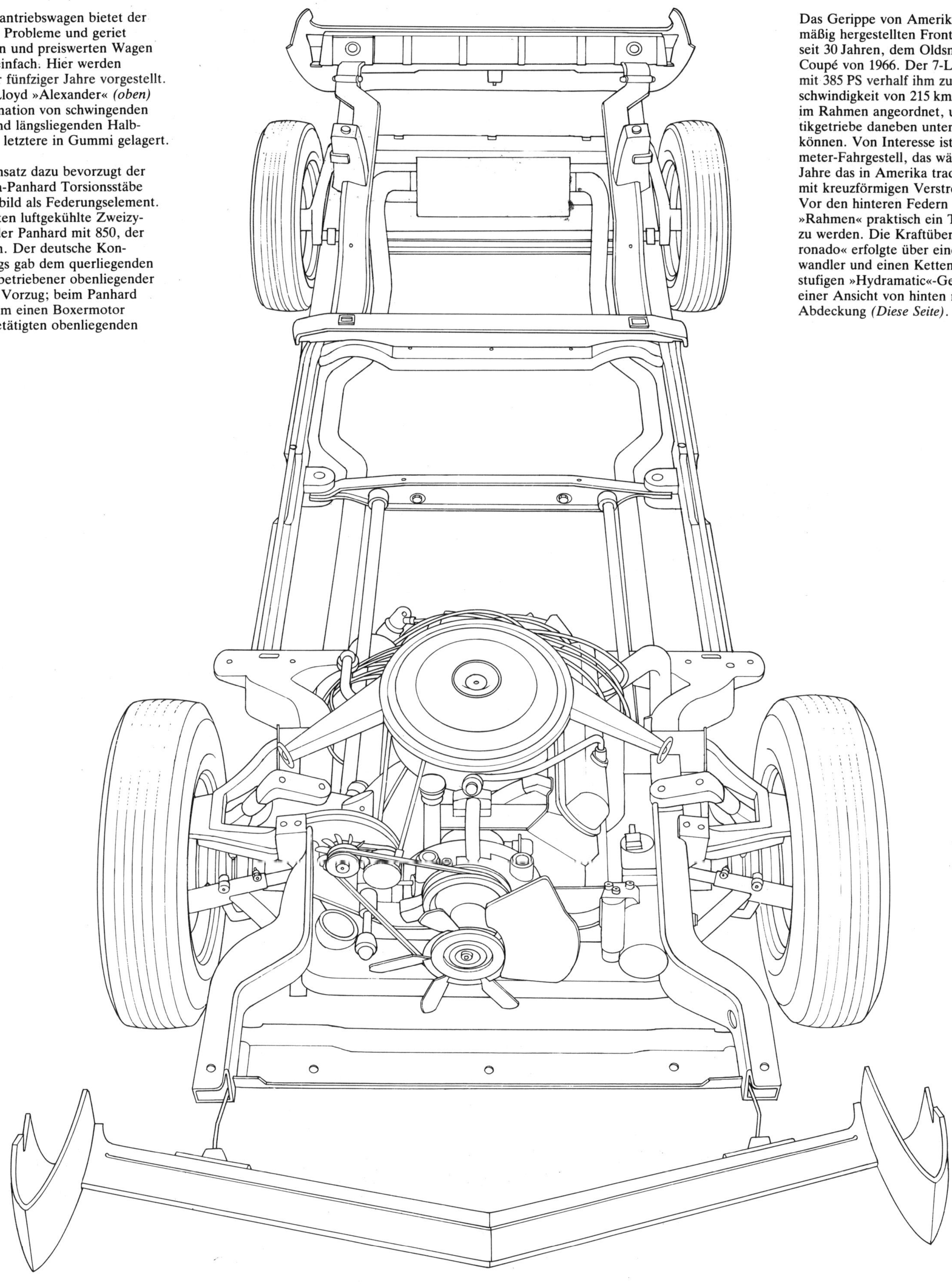

Das Gerippe von Amerikas erstem serienmäßig hergestellten Frontantriebswagen seit 30 Jahren, dem Oldsmobile »Toronado«-Coupé von 1966. Der 7-Liter-V-8-Motor mit 385 PS verhalf ihm zu einer Höchstgeschwindigkeit von 215 km/h. Er ist seitlich im Rahmen angeordnet, um das Automatikgetriebe daneben unterbringen zu können. Von Interesse ist auch das Perimeter-Fahrgestell, das während der sechziger Jahre das in Amerika traditionelle Fahrgestell mit kreuzförmigen Verstrebungen ablöste. Vor den hinteren Federn beginnt der »Rahmen« praktisch ein Teil der Karosserie zu werden. Die Kraftübertragung des »Toronado« erfolgte über einen Drehmomentwandler und einen Kettentrieb zum dreistufigen »Hydramatic«-Getriebe – hier in einer Ansicht von hinten mit abgenommener Abdeckung *(Diese Seite)*.

(Links) Um einen Mini in idealer Weise zu fotografieren, sollte man ihn in einer schmalen Parklücke zwischen zwei Mercedes oder Cadillac postieren. Die Kühlerverkleidung weist dieses Modell von 1964 als Morris aus, was allerdings nicht automatisch auch den Produktionsort Oxford bedeuten mußte. Die äußerst kompakte Bauweise hatte aber eine bescheidene Innenausstattung, Schiebefenster, Türziehgriffe wie von einer billigen Wäscheleine und knappen Gepäckraum, nicht zu sprechen von den starken Vibrationen beim Motorlauf in den indirekten Gängen, zur Folge. Das Ergebnis war aber unter dem Strich ein sicheres und stabiles Fahrzeug, das auch so leicht nichts übelnahm.

(Rechts) Die kompakte, funktionale Erscheinung des BMC 1100 ist allgemein anerkannt; kennzeichnend die Hydroelastik-Federung, der querliegende Motor für den Frontantrieb und die vorderen Scheibenbremsen, die bei einem kleinen, billigen Familienwagen im Jahre 1962 keine Selbstverständlichkeit waren. In 11 Jahren waren im Gesamtproduktionsvolumen etwa 143 000 Wagen mit dem Markenzeichen MG enthalten, die aber das MG-Werk Abingdon nie gesehen hatten. MG-Käufer erhielten einen zusätzlichen Vergaser (jedoch nicht beim 1300er-Motor), größere Geschwindigkeit, bessere Beschleunigung und mehr Geräusch, ein Walnuß-Armaturenbrett und normalerweise (wenn auch nicht bei diesem Beispiel) eine Zweifarbenlackierung. Bei der Exportversion des 1100 mit Linkssteuerung (dieses Exemplar stammt von 1966) bestand die Wahlmöglichkeit zwischen zwei und vier Türen.

Zwei Entwürfe von Chrysler Europa, die zu spät kamen. Chrysler übernahm bei Rootes und Simca zwei fertige Konstruktionen. Der Hillman »Imp«, *(oben)*, hier in der Ausführung von 1965, war die geschicktere der beiden. Im einfallsreich gestalteten Heck befand sich ein geneigter 875-ccm-Vierzylinder-Motor nach einem Entwurf von Coventry-Climax, der über eine obenliegende Nockenwelle verfügte. Aber das ursprünglich pneumatische Gasgestänge gab Anlaß zu Kummer, und während der langen Zeit der Kinderkrankheiten vergaß die entmutigte Kundschaft das überdurchschnittliche Fahrverhalten und das ausgezeichnete, synchronisierte Getriebe. Chrysler gab dieses Modell nach 13 Jahren auf, während derer dieses Modell das Produktionsziel von einer halben Million nicht erreichte, nicht einmal unter Heranziehung der unter der Marke Singer und Sunbeam erschienenen Exemplare. In Frankreich führte man die Simca 1000-Typenreihe *(unten)* fort, die es zwischen 1962 und 1978 auf eine Produktion von über 1 1/2 Millionen brachte. Genau wie der Hillman verfügte auch der Simca anfangs über vier Trommelbremsen. Im Gegensatz zu Hillman erhielt Simca aber gegen Ende unseres Betrachtungszeitraumes vordere Scheibenbremsen. Niemand schätzte das Fahrverhalten sehr hoch ein, aber der Brennstoffverbrauch war wie beim »Imp« günstig, und vier Türen wirkten verkaufsfördernd.

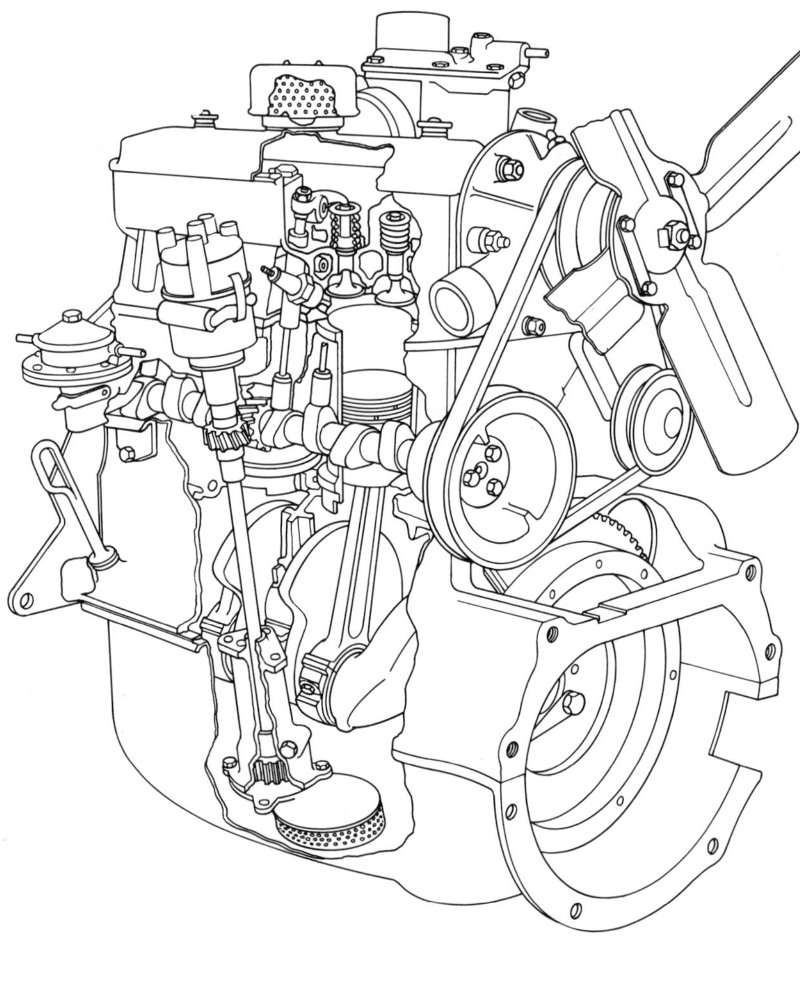

Es konnte allerdings nicht unbeachtet bleiben, daß nur wenige neue Konstruktionen mit Heckmotor erschienen. Zwar gab es noch immer die gut eingeführten Vertreter dieser Bauart, den immergrünen VW-»Käfer«, die Renault-8/10-Familie und Fiats Modelle 600 und 850 – von denen der Käfer allerdings ja schon sehr betagt war. Verbesserte Systeme der Wasserkühlung ließen zudem die Vorteile des frostsicheren luftgekühlten Motors allmählich verblassen. Auch bei anderen Fabrikanten als VW galt jetzt die Höchstgeschwindigkeit (und dazu noch eine höhere als beim »Käfer«) als Reisegeschwindigkeit, und ein geringerer Luftwiderstand war auch nicht mehr unbedingt mit einer tropfenförmigen Karosserie verbunden bei deren zudem beschränkter Kopffreiheit und beschränkter Sichtmöglichkeit nach außen.

Wagen mit Heckmotor erwiesen sich als platzökonomisch nur insoweit, als das Antriebsaggregat eben weniger Platz beanspruchte. Ebenfalls nachteilig wirkte sich die Pendelachs-Aufhängung aus, wenn es darum ging, mehr Kraft zu übertragen. Übersteuerung und hinteres Ausbrechen mag man beim Renaut 4 CV mit 19 PS (1946) und den frühen VW-»Käfern« mit 25 PS weniger kritisieren. Aber die kraftvolleren späteren Renault-»Dauphine« konnten einem haarsträubende Situationen bescheren, die bis zu dem Augenblick kurz vor dem »Abheben« bei Seitenwind führen konnten. Größere Motorleistung zwang schließlich auch VW dazu, das Federungssystem 1970 zu überarbeiten. Porsches wunderbarer Typ 356, der bis 1965 produziert wurde, war tückisch zu fahren. In erfahrenen Händen segelte er durch Kurven um gut 15 km/h schneller als die Konkurrenz; ungeschickte Fahrer waren jedoch nicht des Lobes voll. Auch am großen Tatra gehörten das hintere Ausbrechen und die Seitenwindempfindlichkeit sowie eine starke Abhängigkeit vom richtigen Reifendruck zu den Kritikpunkten, zu denen sicherlich die ungünstige Gewichtsverteilung von 38 Prozent (vorn) zu 62 Prozent (hinten) wesentlich beitrug. Der Hillman »Imp« konnte ein stabileres Fahrverhalten als der »Dauphine« oder der »Käfer« für sich in Anspruch nehmen.

Es ist verständlich, daß andere dem Beispiel folgten, das vom Mini gegeben wurde. Als kennzeichnend kann angesehen werden, daß mit Ausnahme des Tatra und des Chevrolet »Corvair« alle namhaften Wettbewerber auf dem Markt der Heckmotor-Wagen sich in der Klasse bis 1 300 ccm bewegten, wenn auch VW allmählich in die Zwei-Liter-Klasse aufstieg und Porsche – außerhalb unseres Betrachtungszeitraumes – in der höchstentwickelten Form sogar die Drei-Liter-Marke überschritt. Bei den Kleinwagen wurde der Vorteil des Heckmotors besonders deutlich, denn nur wenige von ihnen waren ausgelegt, um mehr als zwei Personen aufzunehmen, und noch wenigere hatten eine Reisegeschwindigkeit von mehr als 80 km/h zu bieten. Renault blieb diesem Konstruktionsprinzip bis in die frühen siebziger Jahre treu und stellte Europas ersten Zweimillionenwagen mit dem Modell »Dauphine«, der von 1956 bis 1968 gebaut wurde. Der nächste Anwender des Prinzips war Fiats Konstrukteur Dante Giacosa, der den Heckantrieb als einzige Möglichkeit ansah, vier Personen in einem Auto unterzubringen, das kleiner als der »Topolino« von 1936 war und dessen Hubraum nur 633 ccm betrug. Dieses Ziel wurde erreicht durch das Weglassen des Wasserdurchflusses zwischen den zwei hinteren Zylindern und durch einem seitlich angeordneten Kühler. Der Verzicht auf große Karosserieüberhänge sicherte ein problemloses Fahrverhalten. Der Platz für Gepäck allerdings war mehr als beschränkt. Später schlossen sich der sechssitzige »Multipla« an (der bei italienischen Taxifahrern so sehr beliebt war), der noch kleinere Typ 500 mit luftgekühltem Zweizylindermotor und am Ende der sechziger Jahre der erfolgreiche sportliche Typ 850.

Die deutschen BMW und NSU gehören genaugenommen zur Gruppe der Kleinwagen, auch wenn die letztgenannte Marke sich allmählich bis zu einem Hubraum von 1,2 Liter und vier luftgekühlten Zylindern hinaufarbeitete. Danach verblieben nur noch drei Vertreter dieser Bauart während der sechziger Jahre: Hillman mit dem »Imp«, Simca mit dem viertürigen Typ 1000 von 1961 und Skodas Typ 1000, wie der »Imp« ebenfalls aus dem Jahre 1963 stammend. Der Skoda hatte einen längs über der Schwingachse angeordneten Motor, was der Grund für das etwas eigentümliche Fahrverhalten war. Er mag preiswert und robust gewesen sein, aber allein die Abmessungen an sich stellten ein Argument für den Frontantrieb dar. Im Vergleich mit dem zeitgenössischen BMC 1100 war der Skoda um 40 cm länger, 10 cm breiter und etwa 2,5 cm höher, bot aber nicht mehr Innenraum.

Was den Wagen mit Heckmotor aber den Todesstoß versetzte, war die Einmann-Aktion des Amerikaners Ralph Nader gegen General Motors' sportlichen »Corvair«, den er als »unsicher bei jeder Geschwindigkeit« bezeichnete. Dieser Beitrag Chevrolets von 1960 zu der neuen Klasse der Kompaktwagen kann am besten als eine Art übergroßer Volkswagen bezeichnet werden. Er hatte eine selbsttragende Karosserie, einen Sechszylinder-Boxermotor und verfügte auch sonst über alle Merkmale eines Wagens mit Heckantrieb. Aber seine Unsicherheit war nicht so gravierend, wie seine Kritiker behaupteten, schon gar nicht bei einer Höchstgeschwindigkeit von 136 km/h, die bei den amerikanischen Geschwindigkeitsbegrenzungen ohnehin nicht ausgefahren werden konnte. Der Hauptnachteil des »Corvair« lag in der besonderen Fahrcharakteristik, die amerikanischen Autofahrern einfach unbekannt war, hatte man ihnen doch immer nur amerikanische Einheitskost nach dem System »Panhard« vorgesetzt. Ausgestattet mit den unzureichenden Bremsen jener Zeit und der modischen Zweigang-Powerglide-Automatik –

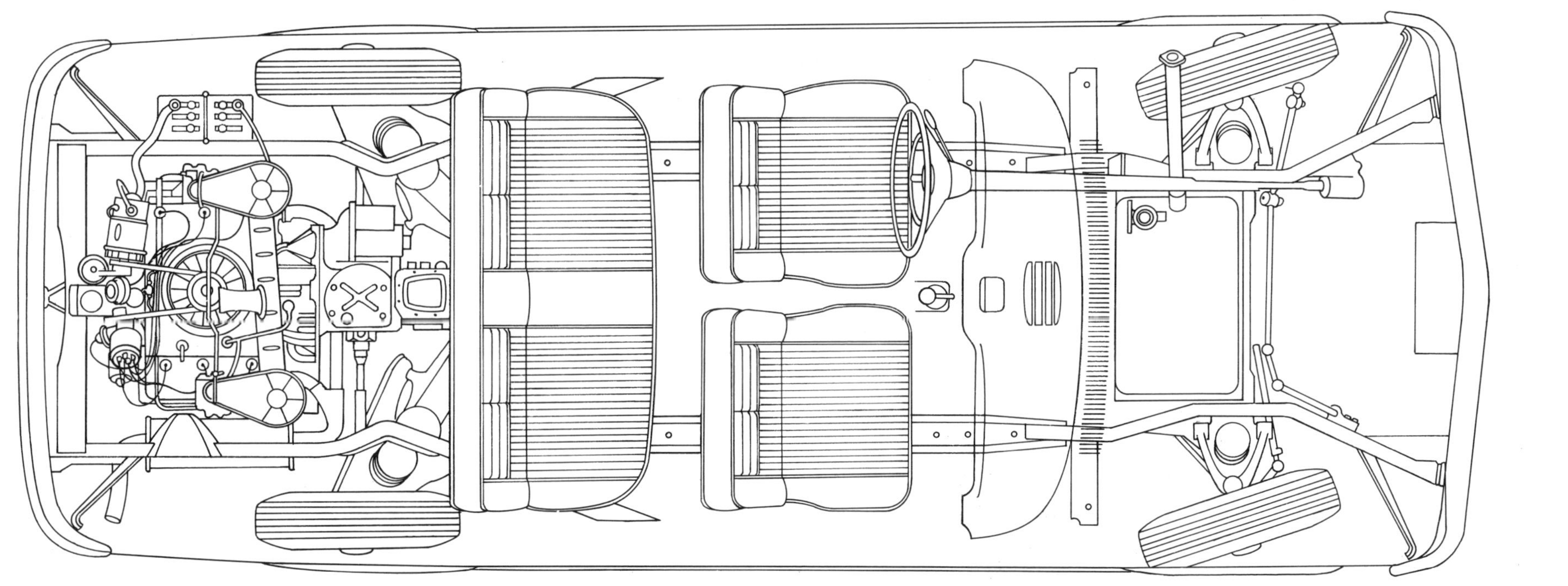

(Gegenüber, oben) Der Renault-Typ »Dauphine« befand sich von 1956 bis 1968 in Produktion und war der erste französische Wagen mit einem Produktionsvolumen von 2 Millionen Einheiten. Die Technik basierte auf dem Typ 4 CV von 1946. Er hatte einen Vierzylinder-Motor, hängende Ventile, 845 ccm Hubraum, Dreigang-(später Viergang-)Getriebe, unabhängige Radaufhängung und Zahnstangenlenkung.

Der Motor *(darunter)* zeigt deutliche Einflüsse der Kleinwagentechnik der fünfziger und frühen sechziger Jahre: stoßstangenbetätigte hängende Ventile, zwei Ventile je Zylinder und eine nur dreifach gelagerte Kurbelwelle, wo man später fünf Lager fand.

(Oben) Eine Draufsichtzeichnung des umstrittenen Chevrolet »Corvair« zeigt unabhängige Radaufhängung und einen 2,3-Liter-Sechszylinder-Boxermotor, der seine Kraft nach vorn über ein Transaxle-Getriebe (Drei- oder Viergangauslegung oder zweistufige Automatik) abgab. Beim Heckmotorantrieb »liegt das Gewicht hauptsächlich auf den Hinterrädern und gewährleistet hervorragende Bodenhaftung auf allen Oberflächen«, so behauptete es der Katalog. Die Behauptung ist zutreffend; diesen Wagen aber hatte sich der »Verbraucheranwalt« Ralph Nader als Hauptziel für seine Kampagne ausgesucht.

bei der man den unteren Gang nur bei Geschwindigkeiten unter 80 km/h benutzen konnte –, war der Wagen für unerfahrene Fahrer schlichtweg ungeeignet.

Während der sechziger Jahre tauchte das Mittelmotor-Konzept wieder auf. 1961 war es bei den Formel-1-Rennwagen selbstverständlich und wurde 1962 in einem italienischen Sportwagen, dem ATS, angewandt. Durch die Lage des Motors vor der Hinterachse konnte nicht nur der Luftwiderstand verringert, sondern auch ein ausgeglicheneres Gewichtsverhältnis hergestellt werden. Im Vergleich zwischen VW-»Käfer« mit 41:59 Prozent schnitt beispielsweise der Lotus »Europa« – einer der wenigen Wagen mit Mittelmotor während unseres Betrachtungszeitraumes – mit 46:54 Prozent erheblich besser ab. Andere Vertreter dieser Bauart waren der De Tomaso »Mangusta«, der Lamborghini »Minra«, Ferraris erster »kleiner« Wagen, der »Dino«, und der französische Matra M 530 mit Ford-V-4-Motor. Aus naheliegenden Gründen blieb das Mittelmotor-Konzept sportlichen Fahrzeugen vorbehalten. Für mehr als zwei Personen gab es keinen Platz, Möglichkeiten für die Gepäckunterbringung waren beschränkt, und mit dem unmittelbar hinter den Sitzen untergebrachten Motor war der Geräuschpegel verhältnismäßig hoch. Dieser letztgenannte Mangel wurde natürlich durch den Umstand noch begünstigt, daß der Übergang von der offenen zur geschlossenen Karosserie nun auch bei Sportwagen endgültig vollzogen wurde.

Es bleibt die Feststellung, daß das System »Panhard« im Jahre 1969 noch fest begründet war. Obwohl General Motors noch die letzten Exemplare des »Corvair« auslieferte und einige Sonderversionen mit Frontantrieb herausbrachte, waren weder sie noch die Konkurrenten bereit zum Umdenken. Genausowenig waren es die Japaner und die überseeischen Statthalter von General Motors und Ford (befand sich doch das Frontantriebsmodell »Taunus« von Ford/Deutschland gerade auf dem Rückzug), ganz zu schweigen von Herstellern wie Alfa Romeo, Mercedes-Benz, Rover oder Volvo. Während Renault die Einheit Motor + Antrieb entweder vorn oder hinten plazierte,

(Gegenüber) Die Rückkehr von NSU in den Kreis der Automobilhersteller (1958) vollzog sich mit einer Reihe schneller, aber lauter Limousinen mit im Heck angeordneten luftgekühlten Motoren mit obenliegender Nockenwelle. Ab 1964 wurde der ursprüngliche Zweizylinder durch eine Reihe von Vierzylindermodellen ergänzt. Hier wird der normale Typ 1200 gezeigt, der über einen Hubraum von 1 177 ccm und eine Leistung von 60 PS verfügte; er wurde von 1968 bis 1973 hergestellt. Aber sogar 70 PS gab der 996-ccm-Motor des Modells TTS her (Höchstgeschwindigkeit 160 km/h). Die Hochleistungsmodelle von NSU verfügten über vordere Scheibenbremsen.

(Oben) Lotus »Europa«-Coupé von 1966 mit Mittelmotor. Nach Entfernen der Haube sind Bestandteile wie Vergaser, Batterie und Ölfüllstutzen leicht erreichbar. Die ursprüngliche Ausführung mit dem Stoßstangen-Motor des Renault 16 brachte es auf 184 km/h, und sie erreichte 100 km/h innerhalb von 10,4 Sekunden. Die niedrigeren Seitenflächen, die spiderähnlichen Räder und die zwei Benzineinfüllstutzen weisen diesen Wagen jedoch als 1971er Modell aus, das mit einem Lotus-Ford-Motor mit 1 558 ccm mit doppelter obenliegender Nockenwelle ausgerüstet war. Vom Modell »Europa« wurden insgesamt 9 230 Exemplare hergestellt, das letzte im Jahre 1975.

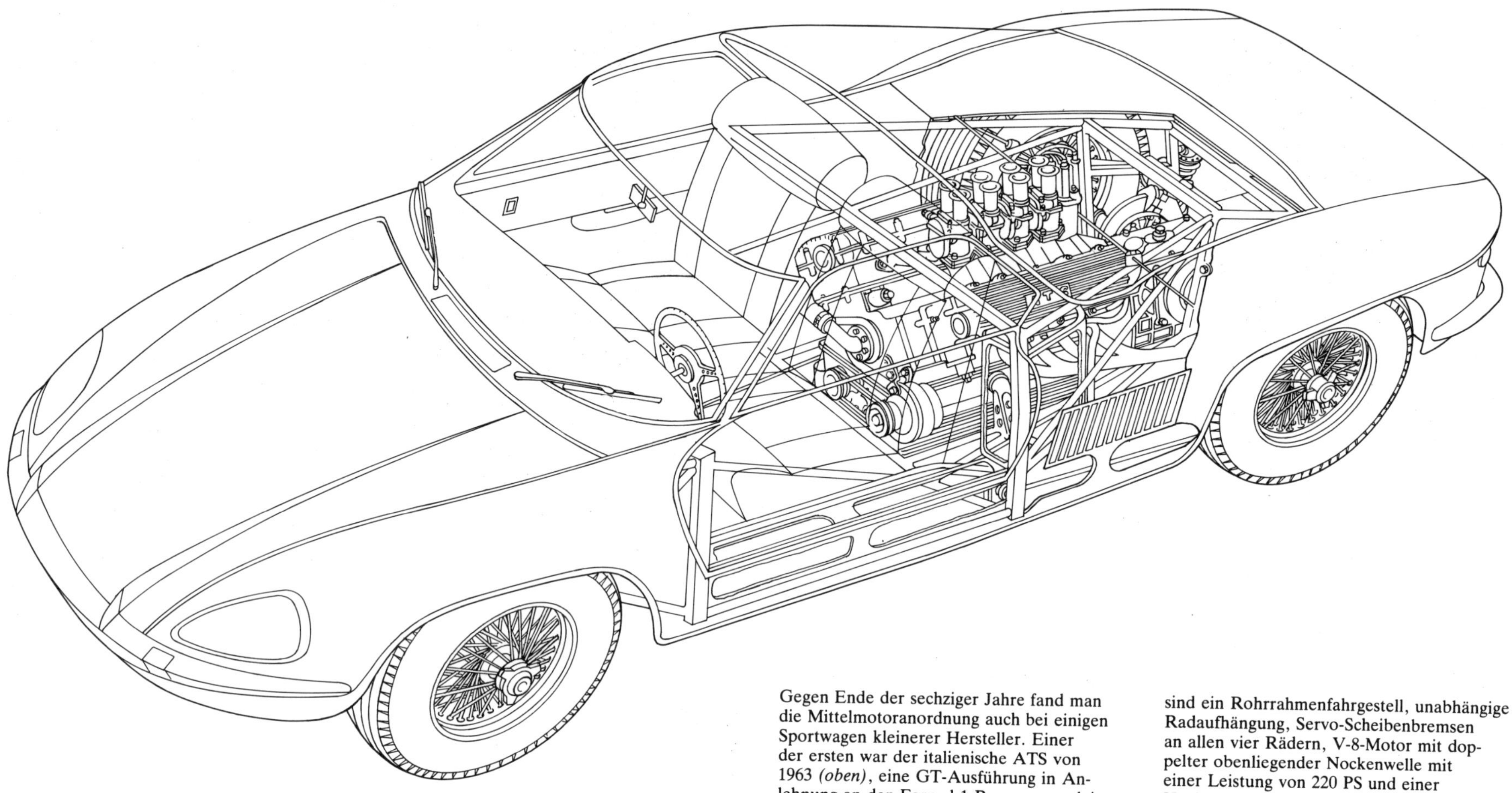

Gegen Ende der sechziger Jahre fand man die Mittelmotoranordnung auch bei einigen Sportwagen kleinerer Hersteller. Einer der ersten war der italienische ATS von 1963 *(oben)*, eine GT-Ausführung in Anlehnung an den Formel-1-Rennwagen gleichen Namens. Besondere Kennzeichen sind ein Rohrrahmenfahrgestell, unabhängige Radaufhängung, Servo-Scheibenbremsen an allen vier Rädern, V-8-Motor mit doppelter obenliegender Nockenwelle mit einer Leistung von 220 PS und einer Höchstgeschwindigkeit von 245 km/h.

zögerte Fiat. Genauso war es mit Leyland in Großbritannien, deren neuestes Drei-Liter-Modell ein Musterbeispiel herkömmlicher Technik von der Federung bis zum Hinterradantrieb darstellte.

Um es noch einmal klar zu sagen: Im Jahre 1951 gehörten weder Frontantrieb noch Heckmotoranordnung zum für die Zeit typischen Auto. Einige Beispiele jenes Jahres wurden bereits angesprochen, und sie sollen nun näher betrachtet werden. Der durchschnittliche europäische Wagen in der bevorzugten Hubraumklasse 1 100 bis 1 600 ccm hatte einen Vierzylindermotor mit hängenden Ventilen und einer Leistung von 40 bis 48 PS bei 4 000 U/min. Selbsttragende Karosserien waren in der Überzahl, aber noch etwa 25 Prozent der bedeutenderen Modelle verfügten über ein Fahrgestell. Das konnte allerdings nicht unbedingt überraschen, wenn man bedenkt, daß es sich nur bei etwa der Hälfte der Typen um ausgesprochene Neuschöpfungen der Nachkriegszeit handelte. Vier Vorwärtsgänge und Lenkradschaltung waren die Regel, und etwa 90 Prozent verfügten über synchronisierte Getriebe, wenn auch keiner von diesen auch den untersten Gang damit ausstattete. Unabhängige Vorderradaufhängung war ebenfalls bei 90 Prozent der Modelle anzutreffen (die restlichen 10 Prozent stellte Ford). Schraubenfederung hatte mit 59 Prozent ein Übergewicht gegenüber Torsionsstäben (23 Prozent) und querliegenden Blattfedern (18 Prozent). Hintere Starrachsen waren genauso selbstverständlich wie hydraulische Bremsen, obwohl es hier noch einige Überbleibsel mit mechanischen Bremsen gab und einige Briten ihre hydromechanische Bremse beibehielten, ein Relikt aus den vierziger Jahren.

Bis 1960 gab es nur wenige aufsehenerregende Veränderungen. Vordere Starrachsen allerdings waren nun endlich verschwunden. Der Prozentsatz der »überquadratischen« Motoren hatte sich von 21 auf 52 Prozentpunkte vergrößert, und entsprechend war die Leistung auf durchschnittlich 58 PS bei 4 500 U/min gestiegen. Der Stoßstangen-Reihenmotor herrschte ebenfalls 1969 noch vor, die Leistung allerdings lag jetzt bei beachtlichen 70 PS bei 5 350 U/min. 65 Prozent aller Wagen verfügten wieder über eine Mittelschaltung, bei 88 Prozent waren jetzt alle vier Gänge synchronisiert und 47 Prozent mit automatischem Getriebe zu erhalten. Mit 74 Prozent behauptete sich die Schraubenfederung an den Vorderachsen als Favorit. Die unabhängige Hinterradaufhängung verzeichnete innerhalb von neun Jahren eine Steigerung von 12 auf 41 Prozent. Am bedeutendsten aber war der Anteil von 71 Prozent Verwendern von vorderen Scheibenbremsen, 15 Prozent bauten sie sowohl vorn wie hinten ein.

Der amerikanische Wagen verfolgte seinen eigenen isolationistischen Weg. Er unterschied sich 1950/51 nicht wesentlich von dem von 1939, mit Ausnahme der Einführung des automatischen Getriebes und der Einleitungsmusik für das V-8-Orchester, das mit 400 und mehr Pferdestärken in den 1968er Modellen ein Crescendo präsentierte. Wo V-8-Motoren noch nicht erhältlich waren, gab es Sechs- und Achtzylinder-Reihenmotoren mit stehenden Ventilen. Sowohl Chevrolet wie auch Nash allerdings arbeiteten mit hängenden Ventilen; die V-8-Motoren der billigsten Ford-Modelle wiederum verfügten über stehende Ventile, die auch bei Lincoln und Mercury zu finden waren. 6 Volt für die elektrische Anlage galten inzwischen überall als veraltet, mit Ausnahme Amerikas, wo Cadillac und Oldsmobile erst 1953 die Änderung zu 12 Volt einleiteten. Amerikaner wie allgemein auch Europäer gaben der einfachen mechanischen Benzinpumpe den Vorzug gegenüber der elektrischen Ausführung. Manuelle Getriebe verfügten dort, wo sie angeboten wurden, durchweg über drei Gänge, und der Schalthebel befand sich an der Lenksäu-

Boxermotoren erschwerten häufig die Zugänglichkeit, besonders wenn sie wassergekühlt waren. Beim Jowett »Javelin« *(links)* von 1947 bis 1953 allerdings befand sich der Kühler hinter dem Motor. Außerdem erleichterten die abnehmbaren Seitenteile der Kühlerverkleidung die Zugänglichkeit. Bei extremen Witterungsverhältnissen konnte es allerdings passieren, daß die Motoren »ersoffen«. Kleine Zweizylinder-Boxermotoren ließen sich im Heck genauso gut unterbringen wie vorn. Das deutsche Goggomobil von 1955 *(unten)* verstaute seinen Motor im »Kofferraum«. Ungewöhnlich bei ihm war, daß dieser Zweitakt-Kleinstwagen vier Sitzplätze bot *(siehe Seite 215)*, und mit 400-ccm-Motor (er war auch mit 250- und 300-ccm-Motor lieferbar) erreichte er 100 km/h. 280 000 Stück wurden von ihm bis 1969 verkauft.

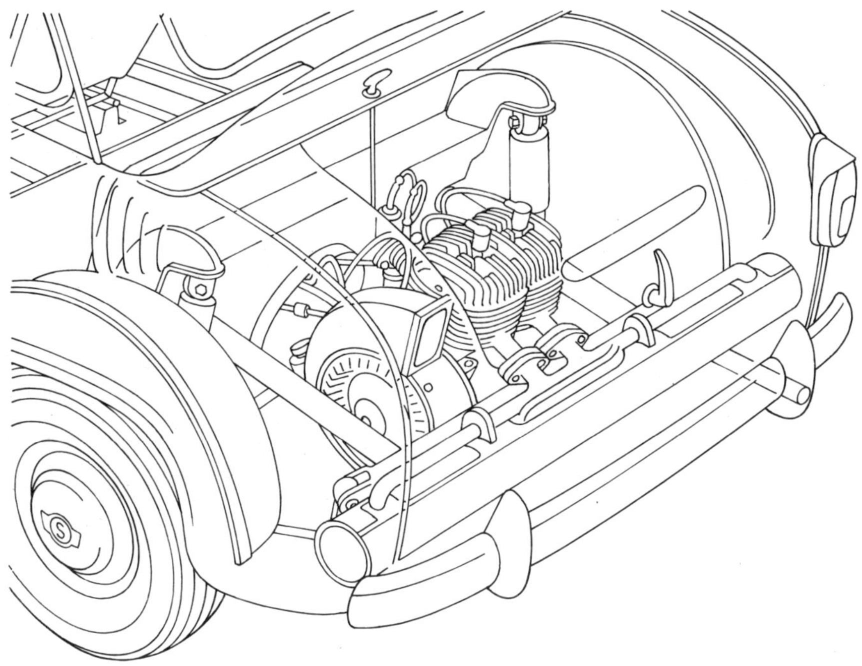

le. Bei der Federung galt fast ohne Ausnahme die Regel: unabhängige Schraubenfederung an den Vorderrädern und Halbelliptikfedern an den Hinterrädern. Buick und Oldsmobile allerdings bevorzugten Schraubenfederung und unabhängige Radaufhängung für alle vier Räder. Praktisch alle Wagen verfügten noch über ein gesondertes Fahrgestell, und Bremsen folgten dem hydraulischen Prinzip. Die Steuerung erfolgte ohne Lenkunterstützung, und die Prinzipien der Schneckenlenkung und Kugelumlauflenkung fanden fast ausschließlich Anwendung. Kreuzförmig versteifte Fahrgestelle waren zwar noch allgemein üblich, sollten aber – mit Ausnahme bei Cabriolets – bald von den einfacheren Perimeter-Fahrgestellen abgelöst werden.

Wie viele Zylinder? Ein- und Zweizylindermotoren blieben den Kleinwagen vorbehalten, wenn auch Panhard und Citroën vollwertige viertürige Limousinen mit luftgekühlten Zweizylinder-Boxermotoren auf den Markt brachten. In Europa behauptete sich der Vierzylinder, der bei etwa 42 Prozent der Weltproduktion während der fünfziger Jahre zum Einbau kam, gegenüber dem Sechszylinder. 1964 hatte sich der Anteil auf 53 Prozent erhöht, ein Verhältnis, das bis zum Ende unseres Betrachtungszeitraumes etwa konstant blieb. Die meisten waren wassergekühlte Reihenmotoren. Ausnahmen bildeten die luftgekühlten Vierzylinder-Boxermotoren von VW, Porsche und ihren Verwandten und die wassergekühlten Boxermotoren wie bei Jowett (1947–1954), Lancia (seit 1961) und Subaru (1968). Die einzigen neuen V- 4-Motoren waren die deutschen und englischen Ford der sechziger Jahre. Lancia hatte dieses Prinzip 1922 als erster angewendet und baute danach bis zum Ende seiner Unabhängigkeit.

Schlechte Zugänglichkeit war die Achillesferse der Vierzylinder-Boxer. Aus diesem Grunde waren auch nahezu alle Sechszylinder als Reihenmotor ausgelegt. Porsche und Chevrolet bauten luftgekühlte Boxermotoren während der sechziger Jahre, und die V-6-Motoren von Lancia und Ford/Europa fanden Nachahmer bei General Motors, die sich für die Kompaktbauweise wieder zu interessieren begannen. Buicks erster Versuch auf diesem Gebiet datiert von 1962 und fand eine gewisse Unterstützung auch bei Oldsmobile. Die Tage des V-6-Motors zeichneten sich ab. Sechszylindermotoren aber kamen im Laufe unseres Betrachtungszeitraumes langsam wieder in Mode. Nur in Frankreich befanden sich wegen der restriktiven Steuergesetzgebung keine Sechszylinder mehr in Produktion, nachdem die Herstellung des Citroën 15 CV im Jahre 1955 eingestellt worden war. Die Scheidelinie zwischen Vier- und Sechszylindermotoren lag nun bei zwei Litern Hubraum mit einer in Deutschland und Großbritannien besonders ausgeprägten Tendenz, die zwei zusätzlichen Zylinder den Prestigemodellen vorzubehalten. Als klassische Beispiele galten die Modelle 220 und 250 von Mercedes-Benz, die parallel zu den billigeren Vierzylindern hergestellt wurden, und die 2,6 und 2,9-Liter-Modelle von Austin mit C-Motor und die Typen »Kapitän« und »Commodore« von Opel sowie auch die teureren Borgward. Abgesehen von einer kurzen Unterbrechung während der Jahre 1957 bis 1958 gab es auch immer ein Sechszylindermodell von Humber, den Typ »Super Snipe«, der als Ergänzung zum einfacheren Humber »Hawk« gedacht war.

Sechszylindermotoren erhielten immer mehr das Prestigesiegel. Große Vierzylinder traf man noch in Familienlimousinen an, aber nicht in luxuriösen Typen mit sportlichem Einschlag, wie Armstrong-Siddeley 1956 unangenehm einsehen mußten, als sie mit ihrem Modell »Sapphire 234« gegen den kompakteren Jaguar antraten. Zugegebenermaßen war das Karosseriestyling eine Katastrophe, aber die Fahreigenschaften waren besser als beim Jaguar, und

785 NPJ

(Gegenüber) Die europäische Familienlimousine der fünfziger Jahre von ihrer besten Seite – wenn auch die hier gezeigte Borgward »Isabella« *(oben die Limousine, unten der Kombiwagen)* von 1960 stammte. Hängende Ventile und unabhängige Radaufhängung sind Erbteile der Ahnen von 1934, dem Hansa 1100, wenn auch jetzt Schraubenfedern an die Stelle von hinteren Querblattfedern getreten sind. Hydraulische Bremsen waren zu erwarten, hochentwickelt waren jedoch die hydraulisch betätigte Kupplung, der synchronisierte erste Gang und die »Pontonkarosserie«. Wo man jedoch in anderen Ländern vier Türen fand, mußte man in Deutschland mit zweien zufrieden sein, auch beim Kombiwagen. Die Lenkradschaltung war Mitte der fünfziger Jahre keiner Erwähnung wert, 1960 aber fast schon überholt. Mit ihren Abmessungen von 4,37 m Länge und 1,7 m Breite gehörte die »Isabella« zu den großen Wagen und mit 1 022 kg auch zu den schweren. In der TS-Ausführung erreichte sie 128 bis 130 km/h. Für eine relativ kleine Firma stellte die Ausführung in selbsttragender Bauweise ein Risiko dar. Obwohl Borgward in acht Jahren etwa 200 000 Einheiten absetzte, begann das Geld 1961 knapp zu werden.

(Oben rechts) Lancias »Fulvia Berlina« erreichte von 1963 bis 1973 ein Produktionsvolumen von 190 000 Einheiten. Frontantrieb wurde von der Firma 1961 zuerst bei dem größeren Modell »Flavia« eingeführt. Hier kehrte man zum traditionellen, eng gebauten V-4-Motor zurück nach dem Ausflug mit dem Vierzylinder-Boxermotor beim Modell »Flavia«. Die Vorderradaufhängung beim Modell »Fulvia« an Querblattfedern ist ziemlich weit entfernt von den Schraubenfedern des ersten Lancia »Lambda«, die dort 1922 eingebaut und auch bei den älteren Typen der sechziger Jahre beibehalten wurden. Aber Lancia hatte jetzt Linkssteuerung und lieferte Wagen mit Rechtssteuerung nur nach Großbritannien und in die Commonwealthländer. Scheibenbremsen gehörten zur Normausstattung, und bei dem hier gezeigten späten Modell von 1971 kam ein 1,3-Liter-Motor mit 85 PS mit Fünfganggetriebe zum Einbau.

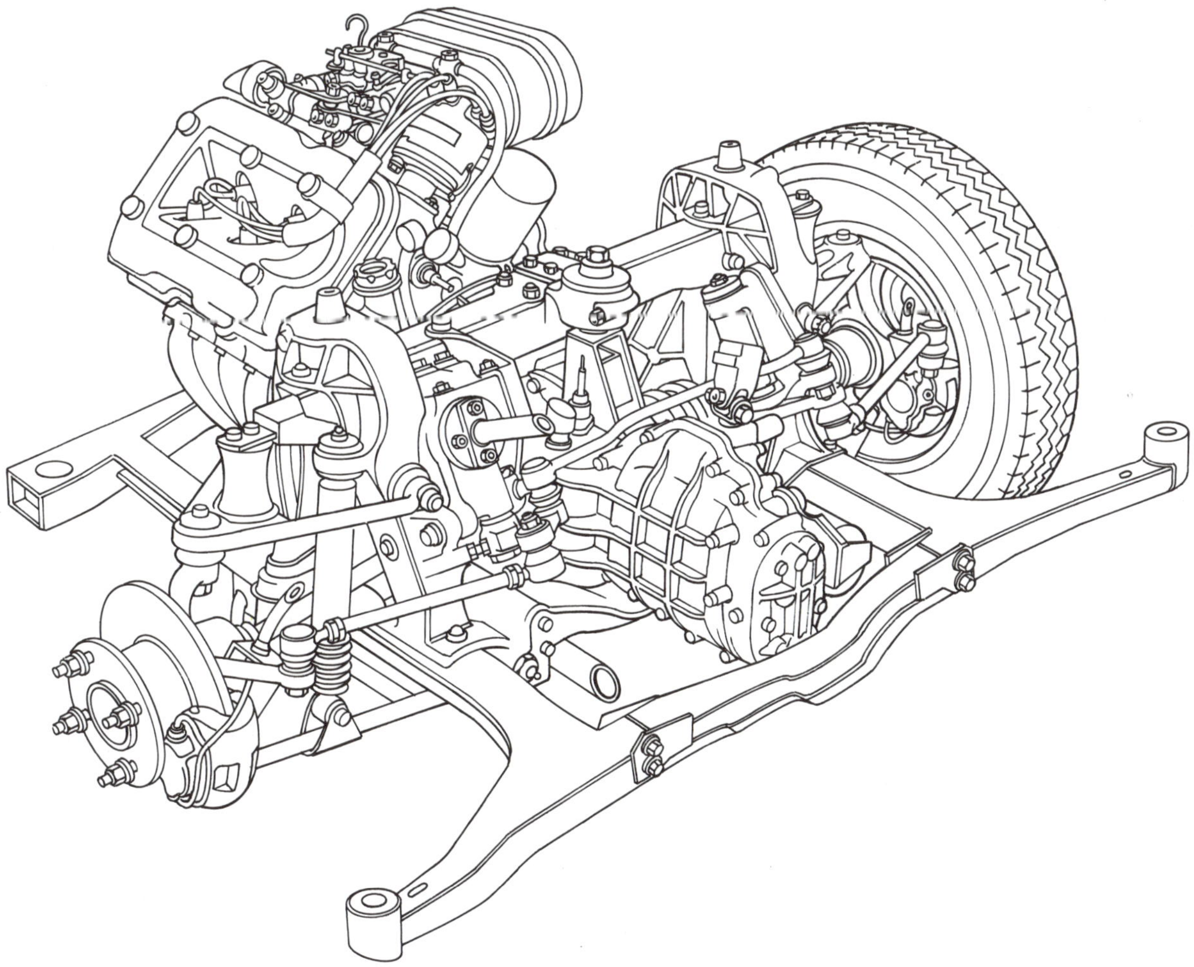

(Unten rechts) Der V-8-Motor blieb der hauptsächliche Vertreter dieser Bauart, aber auch der V-4-Motor von Lancia war erfolgreich. Abgebildet ist der 1 091-ccm-Motor des Frontantriebmodells »Fulvia«, das 1963 eingeführt wurde.
Er hatte doppelte obenliegende Nockenwellen und bildete einen Block mit dem vollsynchronisierten Vierganggetriebe.

der »Sapphire« war auch fast so schnell. Aber die Konkurrenz zwischen Vier- und Sechszylindermotoren wurde nicht entschieden. Rover hatte sich lange auf den Sechszylinder gestützt, kehrte aber 1964 zum Vierzylinder mit obenliegender Nockenwelle zurück, der in dem Zwei-Liter-Typ 2000 zum Einbau kam. Fiat zog sich in den späten Sechzigern von Sechszylindern zurück. Die Produktion des Humber »Super Snipe« lief 1967 nach einer Dauer von fast einem Vierteljahrhundert aus. Alfa Romeos 2600 und Lancias »Flaminia« hatten niemals bedeutende Verkaufszahlen aufzuweisen. Auf der anderen Seite gab es aber Triumph, der 1964 seinen Zwei-Liter-Motor mit sechs Zylindern vorstellte und gut damit fuhr. Die Familie der BMW-Motoren mit obenliegender Nockenwelle der sechziger Jahre wurde einer der großen Verkaufserfolge der siebziger Jahre. Etwas später erschien ein neues 2,6-Liter-Aggregat von Volvo. Eine Erscheinung, die nicht wiederkehrte, waren die kleinvolumigen Sechszylinder. Triumph bildete die einzige Ausnahme mit der Wiederbelebung dieser alten Formel aus dem Jahre 1931, nämlich einen kleinen Sechszylindermotor in einem verlängerten Fahrgestell eines Vierzylinderwagens. Das Ergebnis war das Modell »Vitesse« aus dem Jahre 1962, ein geschmeidiger und schneller Wagen, aber mit eigentümlichem Fahrverhalten. Diesem Beispiel folgte niemand, und der »Vitesse« erhielt dann bald die Zwei-Liter-Maschine des Modells 2000. Das britische Steuersystem machte derartige Konstellationen nicht mehr erforderlich.

Während sich der Sechszylinder nach oben bewegte, verschwand der Reihen-Achtzylinder während der ersten vier Jahre unseres Betrachtungszeitraumes still von der Bildfläche. Die Entwicklung des Styling ließ ohnehin lange Motorhauben nicht mehr zu, und der V-8-Motor bewältigte die ihm gestellten Aufgaben weitaus besser. Nicht zuletzt trug die gute Geräuschdämmung dazu bei, die das »Bullern« des Motors eliminierte. Die letzten Wagen mit Reihen-Achtzylindern in Amerika, Pontiac und Packard, wurden 1954 eingestellt. Danach blieb nur noch der russische ZIS (eine Packard-Abart) dieser Motorbauart treu, um dann 1958 ebenfalls dem Modell ZIL mit einem V-8-Motor zu weichen. In unserem Betrachtungszeitraum hatte der V-8-Motor in Amerika seine goldenen Jahre, und zwar in der Ausführung mit einem Gabelwinkel von 90°, kurzem Hub und obengesteuerten Ventilen. Cadillac und Oldsmobile waren 1949 die ersten, Chrysler und Studebaker folgten zwei Jahre später. Den anderen Herstellern blieb nichts weiter übrig, als nachzuziehen; Ford 1954, Chevrolet und Plymouth 1955.

Diese Bauart besitzt manche Vorteile. Die Herstellungskosten waren relativ niedrig, nachdem Ford schon 1932 eine Möglichkeit gefunden hatte, Monoblock-Gehäuse zu gießen. Der V-8-Motor paßte bequem zwischen die unabhängig aufgehängten Vorderräder, und die Wagenbreite war immer ein Faktor minderen Interesses für Amerikaner. Außerdem bedeutete ein kurzgebauter Motor, daß das gleiche Fahrgestell und die gleiche Karosserie auch für einen wirtschaftlichen Reihensechszylinder geeignet waren. In Zeiten der Achtzylindermotoren in Reihenbauweise bedeutete diese Sonderausführung immer, daß zwei verschiedene Radstände vorhanden sein mußten, wenn häufig auch die Möglichkeit zur Verwendung der gleichen Karosserien bestand. Nach dem Erscheinen hochoktaniger Kraftstoffe waren widerstandsfähige Motoren gefragt, und diese Eigenschaft konnten die V-8-Motoren für sich in Anspruch nehmen. Schließlich bot eine vierfach gekröpfte und fünffach gelagerte Kurbelwelle die Gewähr für ausgezeichneten, ruhigen Lauf. Die früher beobachteten Probleme bei der Kraftstoffvergasung wurden durch die Verwendung eines Vierfachvergasers anstelle eines Doppelvergasers beseitigt, bei dem jede Hälfte eine Zylinderbank versorgte. Der kräftige Benzindurst der V-8-Motoren war bis zum Ende 1973 kein negatives Argument. Sicherheit und Emissionswerte hatten Vorrang.

Im Rennen um die Pferdestärken galten am Anfang der Entwicklung 160 PS bei einem Hubraum von 5,4 Litern als normal. Dann erschien Chrysler mit einem Motor mit halbkugelförmig ausgebildeten Brennkammern und einer Leistung von 180 PS, und das Rennen begann. 1955 brachte der »haarigste« Chrysler 300 PS, und selbst billigere Modelle waren mit dem »Kraftpa-

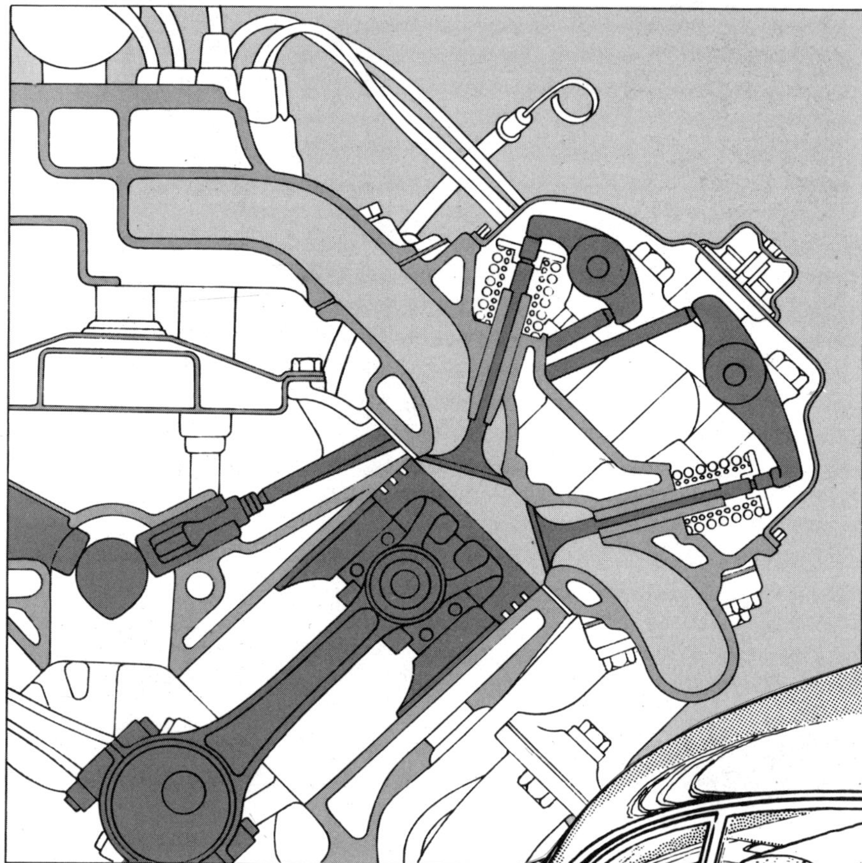

V-8-Variationen: *(oben links)* Der Chrysler »Firepower«-Motor von 1951 (5,4 Liter, 180 PS) bildete den Ausgangspunkt für das amerikanische »Hochleistungsrennen« der fünfziger Jahre, in dessen Verlauf das doppelte dieser Leistung erreicht werden sollte. Der Motor verfügte über große Einlaßventile und eine erstklassige Verbrennungscharakteristik. Aber die Herstellung war teuer, und die anderen, billigeren Chrysler-Motoren folgten einer einfacheren technischen Konzeption. Einer der erfolgreichsten europäischen V-8-Motoren war der von Daimler, der ursprünglich für den Sportwagentyp SP 250 von 1959 mit Kunststoff-Karosserie vorgesehen war. Hier ist er jedoch in der am weitesten verbreiteten Form zu sehen *(Mitte)*, nämlich in der 2,5-Liter-Limousine, von der zwischen 1962 und 1969 insgesamt 17 620 Stück verkauft wurden. Diese Version erschien nach der Übernahme Daimlers durch Jaguar, und so ist mit Ausnahme des Motors alles reinrassig Jaguar Mark II. Allerdings gab es die Daimler-Ausführung ausschließlich mit Automatik.

(Oben rechts) Sehr viel komplizierter war der Pegaso Z 102 von 1951, ein 2,8-Liter-Motor zum Einbau in Spaniens exotischen Sportwagen, »ein Juwel für die Reichen«, wie es in der Ankündigung des Herstellers hieß. Er bestand aus Leichtmetallguß, und für jede Zylinderreihe gab es eine eigene Nockenwelle. Die normale Ausführung war gut für 170 PS; mit doppeltem Kompressor ließ sich die Leistung auf 285 PS steigern. Der Pegaso verfügte über ein fünfstufiges Transaxle-Getriebe.

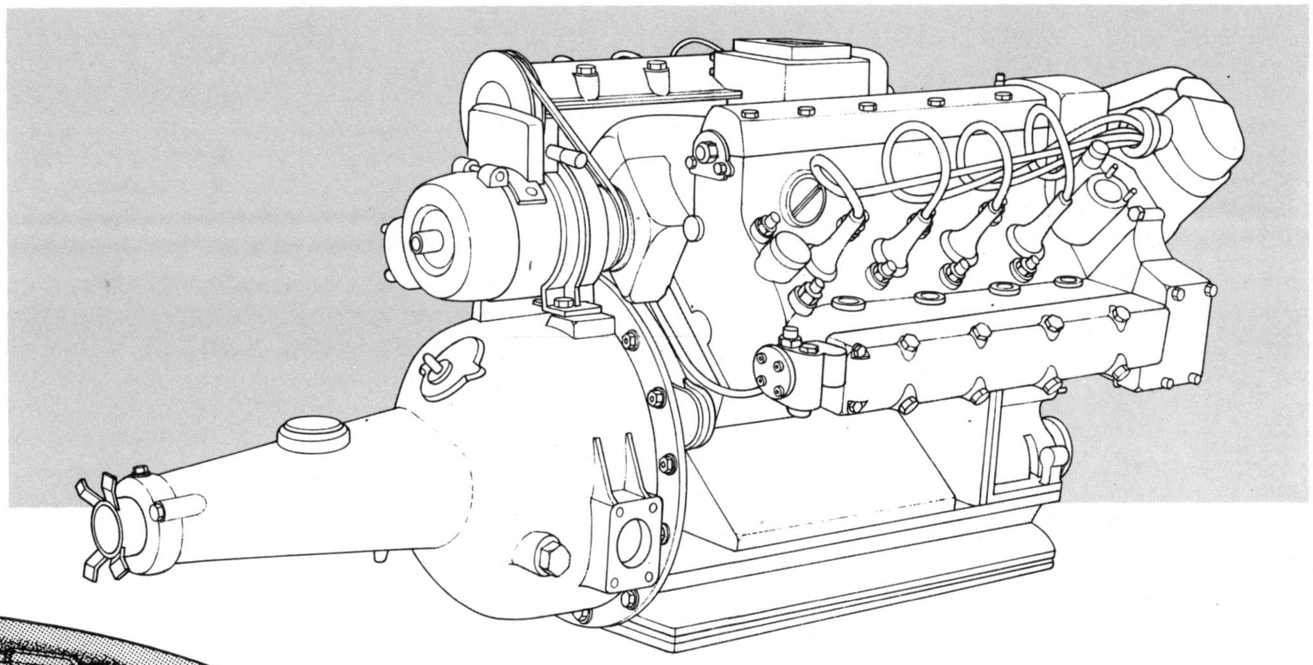

3891H

ket« lieferbar, das die Leistung auf etwa 200 PS brachte und außerdem etwa 5 km/h mehr Höchstgeschwindigkeit. Das bedeutete gleichzeitig zwei Sekunden weniger bei der Beschleunigung von 0 auf 100 km/h, was in einem Land mit genereller Geschwindigkeitsbegrenzung von nicht zu unterschätzender Bedeutung war. 1958 nahm Chrysler wiederum die Spitzenposition ein, 390 PS oder 1 PS je Kubik-Inch (ca. 16 ccm) Hubraum. 1967 meldete dann Chevrolet mit 435 PS den absolut höchsten Wert. Mehr als 400 PS hatten auch Ford, Plymouth und Dodge anzubieten. Wenn diese phantastischen Leistungen auch häufig in den Werbeabteilungen ihren Ursprung hatten, so sollte man doch bedenken, daß das Chrysler-Modell 300 des Jahres 1955 mit 1 800 kg ein enorm schweres Auto war und trotzdem eine Höchstgeschwindigkeit von 215 km/h erreichte.

In Europa war der V-8-Motor praktisch nicht eingeführt, denn weder entsprechende Produktionszahlen noch -zeiten waren zu erwarten. Firmen wie Rolls-Royce und Mercedes-Benz konnten sie sich für ihre Prestigemodelle leisten. Aber BMWs bewundernswerte 2,6- und 3,2-Liter-Motoren bedeuteten bei einem Verkaufsvolumen von nicht einmal 15 000 Einheiten in zehn Jahren eine ausgesprochene Extravaganz und brachten das Unternehmen an den Rand des Ruins. Der von Turner konstruierte englische Daimler lief zehn Jahre, wurde dann aber vom Leyland-Management gestoppt, das sich bereits dem Achtzylinder-Rover und einem Triumph-Entwurf verschrieben hatte, der allerdings nicht vor 1970 erschien. Der 2,3-Liter-Simca »Vedette« (1955–1961) war ein Überbleibsel aus der Vergangenheit, handelte es sich doch um die Neuauflage des ungeliebten Ford 60, der 1936 erstmalig erschien. V-12-Motoren waren ausschließlich italienischen Superwagen vorbehalten und nur von Ferrari und Lamborghini angeboten. Die Lincoln-Version war seit 1948 nicht mehr auf dem Markt, und der Jaguar mit doppelter obenliegender Nockenwelle sollte nicht vor 1971 erscheinen.

Alternative Antriebe waren in den zwei Jahrzehnten, die wir in diesem Buch behandeln, kein Diskussionsthema. Zur kommerziellen Nutzung der Elektrizität als Antriebsart gab es nicht einen einzigen Versuch. Der Dieselmotor übte allerdings aus verschiedenen Gründen einen gewissen Reiz aus. In verschiedenen Ländern stand Dieselkraftstoff steuerfrei zur Verfügung, der Verbrauch war bescheiden, und zwischen den Wartungen lag jeweils eine enorme Fahrtleistung. Mit diesen Vorteilen stellte sich der Dieselmotor selbst die beste Empfehlung bei Geschäftsreisenden und Taxifahrern aus. Weniger vorteilhaft waren die hohen Herstellungskosten, die sich in den Listenpreisen niederschlugen, obgleich es Mercedes-Benz Anfang der sechziger Jahre gelang, die Differenz auf etwa 7 bis 8 Prozent über dem Preis von Benzinern zu mindern. Probleme gab es mit starken Batterien, die erforderlich waren, um einen hochverdichteten kalten Motor zum Durchdrehen zu bewegen. Weiter störten der hohe Lärmpegel des Motors und die unangenehmen Auspuffgase. Das höhere Gewicht eines Dieselmotors konnte sich auf das Fahrverhalten sehr negativ auswirken, wenn er in ein Fahrgestell eingebaut wurde, das normalerweise nur für einen Benzinmotor konzipiert war. Der Fiat 1400 D ist als abschreckendes Beispiel zu nennen. Die Leistung mußte man ebenfalls als lethargisch bezeichnen. Eine dieselbetriebene Limousine des Jahres 1969 brachte es auf 130 km/h. Und als letzter Nachteil sind schließlich noch die hohen Wartungskosten zu nennen. So waren die Verkaufschancen also begrenzt, und als einziger bedeutender Hersteller von Diesel-Personenwagen fungierte Mercedes-Benz, dessen Gesamtproduktion bis 1968 rund 600 000 Einheiten ausmachte. Auch andere versuchten ihr Glück auf diesem Gebiet: BMC, Borgward, Fiat, Peugeot und Standard. 4x4-Landrover mit Dieselmotor gab es seit 1958, und in verschiedenen westeuropäischen Ländern waren die russischen »Wolga« und »Moskwitsch« mit Dieselmotoren von Perkins, Rover oder Indenor verfügbar.

Eine verblüffende Entwicklung der späten fünfziger Jahre war der Kreiskolbenmotor von Felix Wankel. Seine Merkmale waren ein dreieckiger Kreiskolben oder Rotor mit konvexen Seitenflächen, der in einem Gehäuse läuft, dessen Innenraum eine ovale, in der Mitte leicht eingeschnittene Kurve bil-

(Gegenüber) Klassisch britisch, wenn auch mit einigen Nachkriegs-Anklängen. Der 2,5-Liter-Vierzylinder-Motor mit doppelter Nockenwelle des Riley RMF von 1953 stammte aus dem Jahre 1937 und hatte seinen Ursprung gar schon 1926. Stilistische Elemente widerspiegelten die späten Dreißiger, aber man findet auch unabhängige Vorderradaufhängung an Torsionsstäben, und spätere Ausführungen hatten hydraulische Bremsen und verfügten auch über Hypoid-Hinterachsen. Die Motorleistung lag bei 100 PS, und die Höchstgeschwindigkeit betrug 160 km/h. Aber der Riley litt unter den Nachteilen der Vierzylinder, und auch die Lenkung erwies sich als zu schwer. Der Absatz von 8 960 Einheiten in acht Jahren konnte sich nichtsdestoweniger sehen lassen.

(Rechts) Nur die geneigten quadratischen Scheinwerfer verrieten dem britischen Autofahrer, daß es sich bei dem hinter ihm fahrenden Wagen um einen Triumph »Vitesse« Mark I von 1962 handelte, der es immerhin auf 145 km/h brachte, und nicht einen der gewöhnlichen vierzylindrigen »Herald«. Der Einbau eines 1,6-Liter-Sechszylinders und die Verwendung einer hinteren Schwingachse brachten gewisse Probleme im Fahrverhalten. Das Platzangebot entsprach dem des »Herald«. Ohne den auf Wunsch zu erhaltenden Overdrive betrug der Benzinverbrauch saftige 11 l/100 km. In den frühen dreißiger Jahren lautete Triumphs Wahlspruch »Das Auto, das anders ist«.

det. Die an den Ecken des Rotors befindlichen Dichtkanten berühren bei der Drehung ununterbrochen die Gehäusewand. Die Räume zwischen Gehäusewand und Rotor verändern ihr Volumen jeweils zweimal bei jeder Rotorumdrehung. Bei diesem Motor waren Kurbelwelle, Pleuelstange und Ventile überflüssig, das Ergebnis bildete einen kompakten und leichten Motor. Der von NSU zuerst hergestellte Motor, der von den Steuerbehörden einem konventionellen 1,5-Liter-Motor gleichgestellt wurde, wog nur 125 kg einschließlich allen Zubehörs. Außer bei geringer Geschwindigkeit lief er erschütterungsfrei, und das bis zu 7 000 U/min. Die Herstellung des Wankelmotors allerdings gestaltete sich aufwendig, da eine außerordentliche Fertigungspräzision erforderlich war. Die Unempfindlichkeit gegen niedrigoktanigen Kraftstoff bildete nur ein geringes Gegengewicht. Der Benzin- und Ölverbrauch war hoch, und die mangelnde Kolbenabdichtung war ein häufig auftauchendes Problem. So kam es, daß mancher NSU »Ro 80« später mit einem Ford-Motor ausgerüstet wurde. Nur NSU und Mazda verwendeten den Motor in Produktionsmodellen, Citroën und andere führten ausgiebige Tests durch, verwarfen aber schließlich die Idee. 1982 bot nur Mazda noch ein Modell mit Wankelmotor an. Darüber hinaus hatte das in den siebziger Jahren aufkommende Emissionsbewußtsein seinen Preis gefordert.

Bei konventionellen Motoren wurden in 65 bis 70 Prozent aller Fälle während unseres Betrachtungszeitraumes stoßstangenbediente obenliegende Ventile verwendet. Stehende Ventile starben mit den konstruktiven Überbleibseln der Vorkriegszeit aus. Nur wenige seitengesteuerte Motoren kamen neu auf den Markt, von denen der große 5,1-Liter-Sechszylinder des Hudson »Hornet« im Jahre 1951 ein markantes Beispiel war, wie auch der konstruktiv überarbeitete traditionelle englische Ford mit 1172 ccm, der von 1953 bis 1961 verfügbar war. Chrysler in Amerika stellte noch 1959 einen seitengesteuerten Sechszylinder her und verwendete ihn bis in die Mitte der sechziger Jahre hinein für leichte Lastwagen. Der kleine Studebaker »Champion«, der 1939 debütierte, erhielt erst 1961 hängende Ventile.

Hemisphärisch ausgebildete Verbrennungsräume trugen zur Leistungssteigerung der Motoren mit hängenden Ventilen bei. Dieses Geheimnis lag hinter dem Chrysler-Motor von 1951, war aber schon beim erfolgreichen 2,4-Liter-Riley-Motor, der von 1938 bis 1956 hergestellt wurde, zur Anwendung gekommen wie auch bei verschiedenen Modellen mit obenliegenden Nockenwellen. Wartungsschwierigkeiten und ein hoher Geräuschpegel ermunterten nicht gerade zur Anwendung dieses Prinzips bei Tourenwagen-Motoren im Verlaufe der fünfziger Jahre. Nockenwellen wurden im allgemeinen noch durch Ketten angetrieben, und am Anfang des Betrachtungszeitraumes gab es mehr Ablehnung als Zustimmung zum Thema obenliegender Nockenwellen. Die Familie der 2,2-Liter-Morris und Wolseley-Sechszylinder entwickelte sich nicht zum Bestseller und erreichte nur eine Verkaufszahl von 38 000 Einheiten. Singer ging 1958 zu den stoßstangengesteuerten Motoren von Rootes über, und Lancia, der dem Prinzip lange treu blieb, vollzug 1950 ebenfalls den Wechsel. Als dauerhafteste Stütze erwies sich Mercedes-Benz mit den 220er und 300er Sechszylindermodellen von 1951. Man trennte sich innerhalb der nächsten Jahre von den Vorkriegs-SV-Motoren. Coventry-Climax' kleine Vierzylinder erschienen in einigen sportlichen Wagen, so bei Lotus und TVR, bevor Hillman ihn als Basis für den »Imp« benutzte. Während der sechziger Jahre gehörten auch Rover in Großbritannien, BMW in Deutschland und Willys sowie Pontiac in den USA zu den Verwendern.

Merkwürdigerweise sprachen die komplizierteren Motoren mit doppelter obenliegender Nockenwelle mehr an. Salmson in Frankreich und Alfa Romeo in Italien verwendeten dieses Prinzip seit den dreißiger Jahren ausschließlich und blieben im treu, erstere bis zur Aufgabe der Produktion im Jahre 1957 und letztere bis 1969 und später. Jaguar war mit seinem 3,4-Liter-XK-Sechszylinder mit 160 PS Leistung eine der Sensationen der Autoausstellungen des Jahres 1948 und trennte sich von den letzten seiner stoßstangengesteuerten Motoren im Jahre 1951, um sich auf die neue Type zu konzentrieren. Obwohl die Produktionszahlen (250 000 Einheiten bis Ende 1966) sich mit denen von

(Oben rechts) Der Viertakt-Wankel-Motor besteht aus einem dreieckigen Rotor (1) auf einer Triebwelle (2), der sich rotierend innerhalb des Gehäuses (3) bewegt. Die Rotorspitzen bilden eine Abdichtung für drei Kammern (4, 5, 6). Der Arbeitsrhythmus beginnt (A) mit dem Ansaugen des Benzin-Luft-Gemisches durch das Ansaugrohr (7) in die Ansaugkammer (4), dessen Rauminhalt sich durch die Weiterbewegung des Rotors vergrößert. (B) Die Mischung in der Kammer (5) wird gleichzeitig verdichtet und durch die Zündkerze (8) gezündet. Das Explosionsgas dehnt sich aus und bewirkt die Bewegung des Rotors. (C) Das Gas in der Kammer (6) beginnt durch den Auslaßkanal (9) auszuströmen und ist fast vollständig entwichen. Diese Kammer bewegt sich weiter und wird den Arbeitsumlauf neu beginnen (D). Häufig werden zwei Rotoren zur Erreichung größerer Effektivität gewählt (ganz rechts). Sie sind zur Erreichung einer größeren Fahrruhe einander gegenüberliegend angeordnet. Die Brennkammern (10) sind teilweise in die Rotoren eingelassen.

(Unten) 1967 brachte Mazda seinen ersten Wagen mit Wankel-Motor auf den Markt, das »Cosmo« Sportcoupé. Der Motor hatte zwei Rotoren und einen Nominalhubraum von einem Liter. Anders als der NSU folgte der Mazda konventionellen Prinzipien mit einem konventionellen synchronisierten Getriebe statt der Halbautomatik bei NSU. Der Wagen verfügte über vordere Scheibenbremsen und erreichte eine Höchstgeschwindigkeit von 185 km/h. Nur etwa 1 200 Wagen dieses Typs wurden hergestellt.

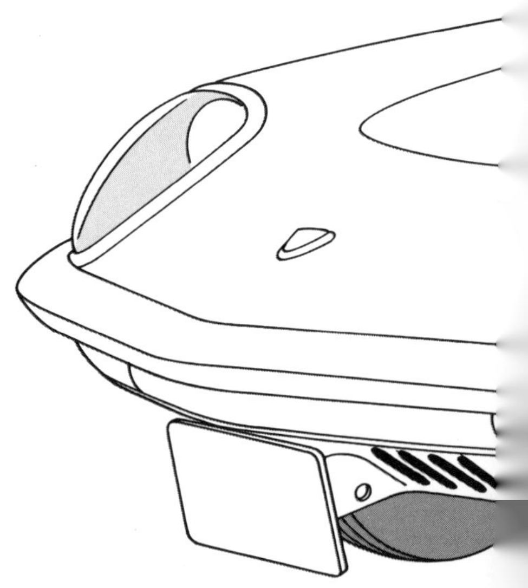

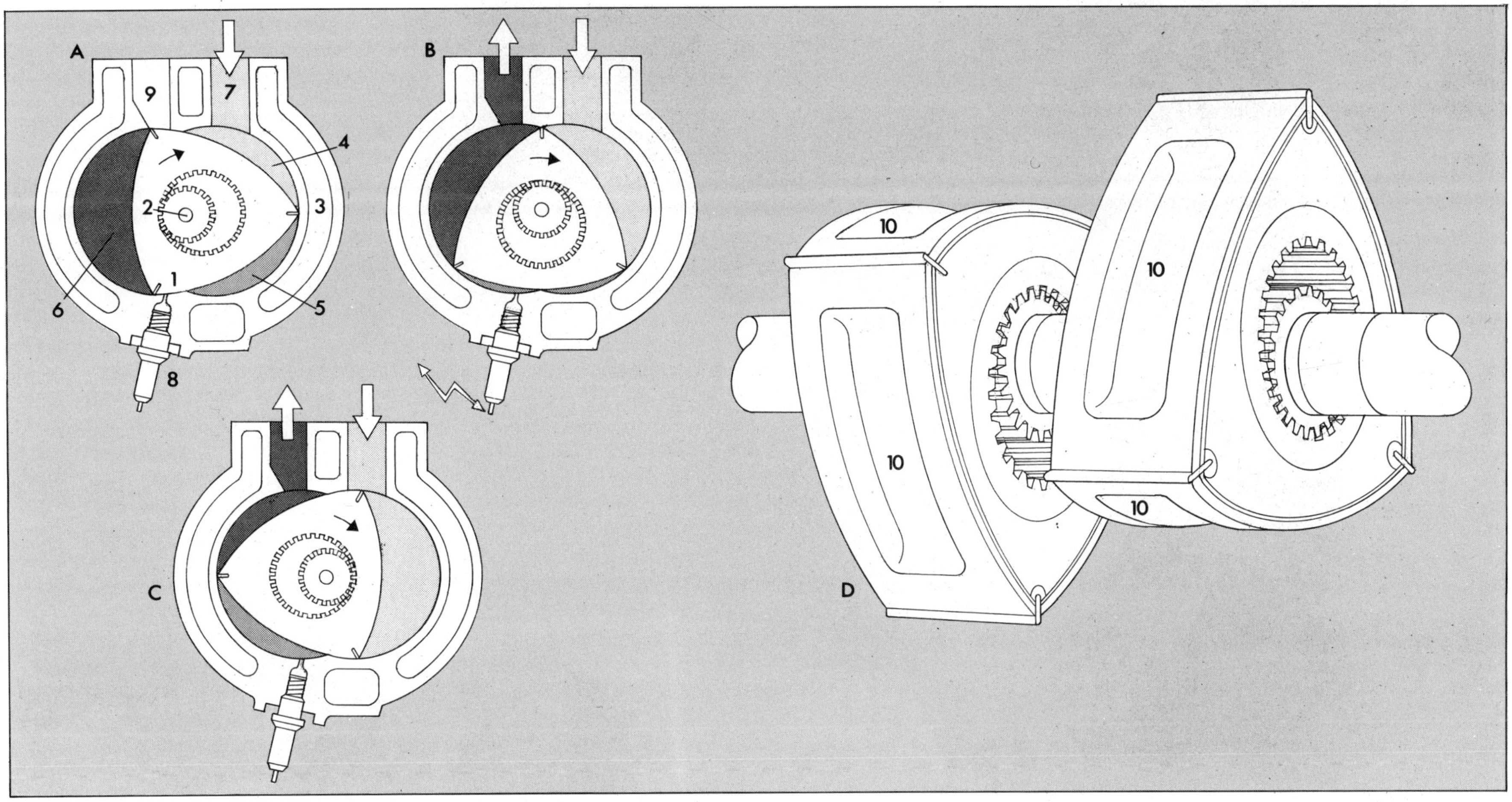
A
B
C
D
1
2
3
4
5
6
7
8
9
10
10
10
10

FZF 118

(Gegenüber) Die Mercedes 220 S-Limousine von 1957 zeigte sich als ein Stück solider deutscher Wertarbeit. Diese Ausführung mit selbsttragender Karosserie ersetzte 1954 den Typ mit gesondertem Fahrgestell und wurde bis 1959 ohne stilistische Änderungen weitergebaut, aber unter dem Blech gab es etliche Verbesserungen: 1955 Servobremsen, 1957 automatische Kupplung (auf Wunsch) und 1958 in der Ausführung SE eine Benzineinspritzung. Die Leistung des 2,2-Liter-Motors mit obenliegender Nockenwelle wurde Schritt für Schritt von 95 auf 115 PS gesteigert. In bezug auf ruhige Fahrt in der Region von 130 bis 135 km/h hatte er wenige Konkurrenten. Die jährlichen Verkaufszahlen erhöhten sich auf die 30 000-Marke in den späten fünfziger Jahren.

(Unten) BMW beobachtete Mercedes-Benz während der späten fünfziger Jahre sehr aufmerksam und setzte einen sehr kultivierten V-8-Zylinder-Motor gegen die Sechszylinder-Reihenmotoren mit obenliegender Nockenwelle aus Untertürkheim. Mercedes folgte mit einem V-8-Zylinder erst 1963, zu einer Zeit, als der Konkurrent begann, sich mit kleineren Qualitätswagen wieder zu erholen. Der von Graf Goertz entworfene 507 Roadster mit 3,2-Liter-Motor als Antwort auf den 300 SL war eine ausgesprochene Schönheit und erreichte 220 km/h. Einige überlebende Exemplare des Modells 507 verfügen über Scheibenbremsen, aber diese wurden nie katalogmäßig angeboten. Nur 250 Exemplare wurden insgesamt hergestellt. Nach einem Versuch mit dem von Bertone geschaffenen Coupé 3200 CS gab BMW 1965 die Achtzylinder-Motoren auf.

Alfa Romeo nicht messen konnte, trat Jaguar bald den Beweis seiner Zuverlässigkeit an. Eine Fahrtleistung von 400 000 Kilometern zwischen zwei Überholungen sprach für sich. Dazu kam das Leistungspotential des Motors, das 265 PS in der Tourenwagen-Ausführung und noch mehr bei den Rennausführungen betrug. Außer in Jaguars eigenen Wagen wurde der Sechszylindermotor auch von Daimler eingebaut und für Rennwagen und Motorboote, Panzerwagen und Krankenfahrzeuge verwendet.

Doppelte obenliegende Nockenwellen bei Motoren in V-Form oder bei Boxermotoren blieben hochklassigen Sportwagen vorbehalten, wie beispielsweise ab 1955 der »Carrera«-Typenreihe von Porsche und den schnellsten Ferraris der späten sechziger Jahre. Zu den Extremen gehörte der spanische Pegaso von 1951 mit einem Viernockenwellen-V-8-Motor. In einer in den fünfziger Jahren nur ganz selten anzutreffenden Kompressorversion erreichte Pegaso aus 2,5 Liter Hubraum 225 PS bei 6 800 U/min gut 200 km/h. Eine nur geringe Produktionsziffer von rund 110 Einheiten in acht Jahren erscheint verständlich. Der Durchbruch der obenliegenden Nockenwelle vollzog sich mit einem geräuscharmen und preiswerten Gummizahnriemen, den die deutsche Firma Glas 1961 einführte. Diese Riemen waren undehnbar und verlangten keine Schmierung. Andere folgten diesem Vorbild: Fiat bei einfacher und doppelter obenliegender Nockenwelle; Vauxhall, Pontiac und Triumph, diese für einen für Saab entwickelten Motor, der in der Folgezeit in Schweden weiterentwickelt und fabriziert wurde. Der ganz große Sprung in der Verwendung von obenliegenden Nockenwellen für Tourenwagen vollzog sich jedoch in den siebziger Jahren.

Zweitaktmotoren waren nach wie vor ein Zeichen der bescheidenen und unterentwickelten Motorisierung. Einfachheit und die geringe Anzahl beweglicher Teile hatten zweifellos ihre Vorteile. Verschiedene DKW-Nachkommen entstanden außerhalb der beiden deutschen Staaten, so in der Tschechoslowakei, Polen, Spanien und Schweden und später in Argentinien und Brasilien. Überall haftete ihnen aber der Ruf des Kleinwagens an. 1957 wechselten Carl Borgwards billigere Marken »Goliath« und »Lloyd« zum Viertaktverfahren. Selbst die Auto Union gab 1966 den traditionellen DKW zugunsten des Audi mit Vierzylindermotor und hängenden Ventilen auf. Saabs Zweitakter wurde ein Jahr später aus der Produktion genommen. Strengere Emissionsvorschriften beschleunigten den Rückzug des Zweitakters, mit Ausnahme in Osteuropa und bei japanischen Kleinstwagen.

Die DKWs hatten alle Wasserkühlung, aber die Mehrzahl der Kleinstwagen war mit luftgekühlten Motoren ausgerüstet, deren Ursprung im Motorradbau lag. Einfachheit und Unempfindlichkeit gegen Frost waren zweifelsfrei als Vorteile zu werten. Die meisten Verwender luftgekühlter Motoren bauten sie in kleinere Wagen oder Nutzfahrzeuge ein, wie in der VW-Familie, beim Citroën 2 CV und dem Panhard mit Zweizylinder-Boxermotor. Die einzigen großen luftgekühlten Wagen waren der Chevrolet »Corvair« und natürlich der Tatra. Einen interessanten Kompromiß zu dem kleinen Citroën stellte Renault 1961 vor. Der neue 4-CV-Motor des Typs R 4 war wassergekühlt, hatte aber ein wartungsfreies, versiegeltes Kühlsystem. Andere folgten diesem System. Auf dem Gebiet der luftgekühlten Motoren tat sich bis zum Ende der sechziger Jahre nicht mehr viel. Honda führte im Katalog von 1969 einen, aber er erschien bald mit Wasserkühlung im Bestseller-Modell »Civic«. Die holländische Firma DAF verwendete bei ihrem kleinsten Modell einen luftgekühlten Zweizylindermotor mit obenliegenden Ventilen, beim größeren Modell 55 von 1968 aber ein Renault-Aggregat. Es ist ein Teil der technischen Entwicklung, daß die Kühlung durch Wasserpumpe im Laufe unseres Betrachtungszeitraumes die Thermosyphon-Kühlung ablöste. Ende der sechziger Jahre fand man allerdings bei Hochleistungsmotoren häufig einen oder zwei elektrische Ventilatoren, die die Kühlung bei langsamlaufendem Motor unterstützten, so beispielsweise bei Ferrari und Jaguar.

Die Vergaser folgten durchweg dem Fallstromprinzip, sowohl 1950 als auch 20 Jahre später. In Amerika erwiesen sich Ausführungen mit mehreren Starterklappen bei V-8-Motoren als vorteilhaft. Zwei voneinander unabhängige

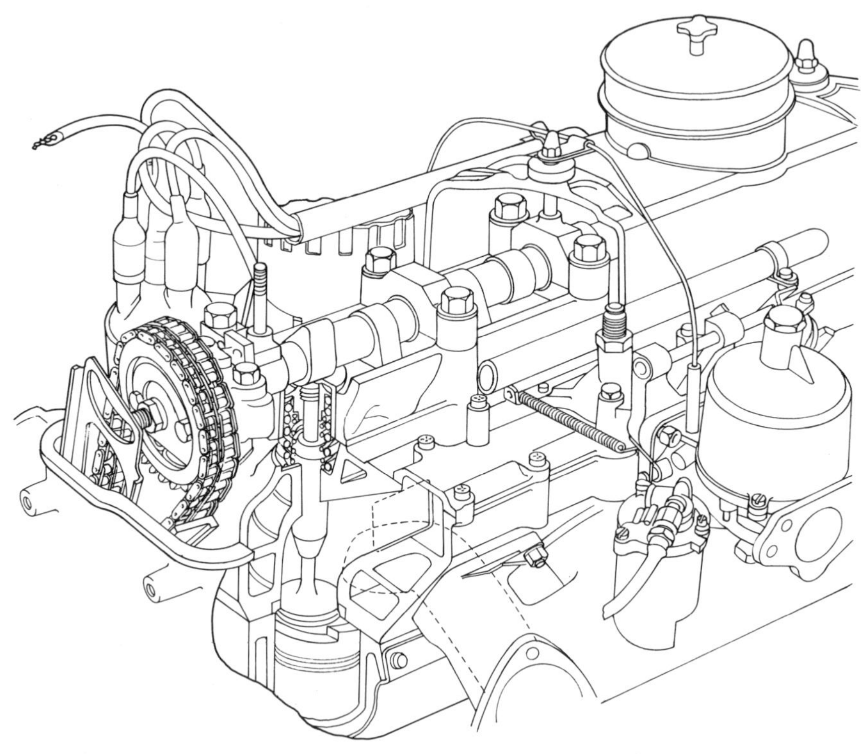

Obenliegende Nockenwellen: Der Rover 2000 *(oben)* mit Vierzylindermotor von 1964 verwendete den bekannten Rollenkettenantrieb, aber die billigeren und ruhiger laufenden Zahnriemen waren bereits bekannt. Als Pionier auf diesem Gebiet galt das wenig bekannte Glas S 1004 Coupé von 1962, das in seiner ursprünglichen Form über einen 992-ccm-Motor mit einer Leistung von 40 PS und einer Höchstgeschwindigkeit von 130 km/h verfügte.

(Unten) Zahnriemen fanden Anwendung zum Antrieb der obenliegenden Nockenwellen beim Fiat 124 Sport von 1966, einem erfolgreichen und langlebigen Modell. Offene Spider wurden noch 1982 in den USA verkauft. Bemerkenswert ist die fünffach gelagerte Kurbelwelle. In den ersten Jahren unseres Betrachtungszeitraumes erachtete man eine dreifache Lagerung als vollkommen ausreichend.

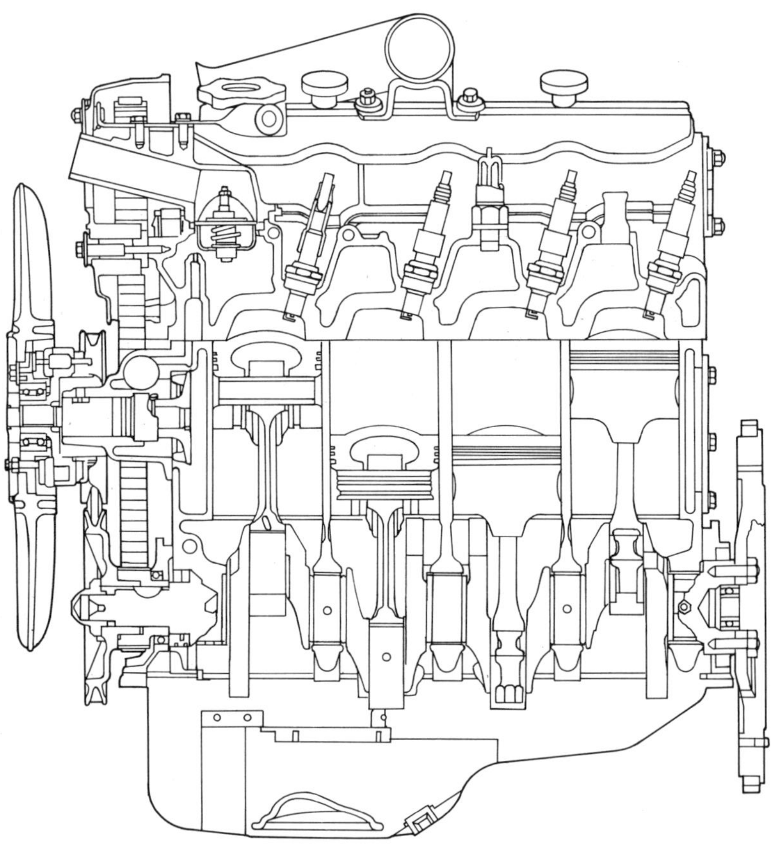

Vergaser, in Europa durchaus nichts Ungewöhnliches, schienen jenseits des Atlantiks größere Probleme aufzuwerfen als ein einzelner Vergaser mit zwei oder vier Starterklappen. Aber auch in der Alten Welt fanden Doppelvergaser Verwendung; Ferrari baute sie in seine V-12-Zylinder-Modelle ein. Die Kraftstoffeinspritzung, eine beim Dieselmotor unentbehrliche Vorrichtung, wurde beim Benzinmotor nur zögernd eingeführt. Einen in Motorsportkreisen bereits erkannten Vorteil stellte die präzisere Kraftstoffzufuhr dar. Dagegen standen die Nachteile hoher Temperaturentwicklung und Wartungskosten. Gegen Ende der von uns betrachteten zwei Jahrzehnte stellte sich überdies die Schwierigkeit heraus, einige Systeme an die amerikanischen Abgasvorschriften anzugleichen. So erschien für den heimischen Markt der Triumph TR 6 mit Benzineinspritzung, beim Modell TR 250 für den amerikanischen Markt kehrte man jedoch zu Vergasern zurück.

Die meisten Benzineinspritzsysteme der Zeit vor 1968 folgten dem mechanischen Prinzip und waren Hochleistungs-Sportwagen vorbehalten. Wie so häufig brachte Mercedes-Benz etwas Neues: Beim 300-SL-Sport-Coupé von 1954 kam eine nach dem Dieselprinzip arbeitende Einspritzpumpe mit je einem Kolben für jeden der sechs Zylinder zum Einbau. Danach ging die Entwicklung zu einer zweizylindrigen Pumpe, die mit Motorgeschwindigkeit lief und bei der jeder Kolben drei Zylinder bediente. Beim Modell 230 SL von 1963 fand man dann den Sechskolbentyp wieder. 1969 waren die meisten Sechszylinder von Mercedes-Benz so ausgerüstet, während man bei den billigeren Vierzylindern bei Vergasern blieb. Auch Triumph und Peugeot stellten Motoren mit Benzineinspritzung her. Das von Bosch 1967 erstmals auf den Markt gebrachte elektronische System hatte sich bis zum Ende der sechziger Jahre noch nicht eingeführt. Die Kernfrage für dieses System – wie für viele andere Neuentwicklungen – war, ob amerikanische Hersteller es übernehmen würden. Sie taten es in geringem Umfang als Zusatzausstattung bei Chevrolet und Pontiac. Sowohl Leistung als auch Kraftstoffverbrauch gestalteten sich günstiger, aber der Mehrpreis von etwa 550 Dollar ließ sich damit nur schwerlich wettmachen. Immerhin blieb ihm Chevrolet beim Modell »Corvair« einige Jahre hindurch treu.

Was nicht in den Katalogen der fünfziger und sechziger Jahre erschien, war der Kompressor. Nur Pegaso machte in den frühen fünfziger Jahren eine Ausnahme. Außerdem gab es einige Firmen, die Kompressoren herstellten, die dann von Autobesitzern vereinzelt in ihre Wagen eingebaut wurden. Der Zentrifugalkompressor, wie er in den dreißiger Jahren durch Auburn und Graham eingebaut wurde, erschien 1957 – wenn auch als Extra – wieder bei Studebakers Hochleistungsmodell »Golden Hawk«. Man wollte aus dem verhältnismäßig kleinen V-8-Motor etwas mehr Leistung herausholen. Nachfolger des Kompressors wurde der »Turbolader«, der schon während der sechziger Jahre eifrig verwendet wurde. Weit entfernt war man allerdings noch von den achtziger Jahren, in denen so manches »Turbo«-Modell den Abschluß der Modellpalette nach oben darstellt. Im Turbolader treibt eine durch die Auspuffgase bewegte Turbine ein Zentrifugalgebläse, das das Benzin-Luft-Gemisch vom Vergaser in den Einlaßkanal treibt. Der große Vorteil ist, daß überflüssige Auspuffgase einem guten Zweck zugeführt werden. Studebaker erprobte den Turbolader beim Typ »Avanti« und General Motors beim 1962er Chevrolet »Corvair«, dessen Sechszylinder-Boxermotor er von 140 PS auf 180 PS und auf 185 km/h brachte. Für 1966 wurde dieser Motor allerdings nicht mehr angeboten, denn die »Corvair«-Produktion war aus zwei Gründen schon zum Auslaufen bestimmt: der scharfen Kritik Naders an diesem Modell und dem Erfolg des Ford »Mustang« in der Klasse der sportlichen Kompaktwagen.

Im Zeitalter der Autobahnen und »freeways« kam auch anderen Motordetails erhöhte Bedeutung zu. 1950 war die Kurbelwelle eines Vierzylindermotors normalerweise dreimal, die eines Sechszylindermotors viermal gelagert. Das blieb bei BMCs »A«-Motor, der zuerst 1952 mit 803 ccm im Austin A 30 erschien, zwei Jahrzehnte lang so und traf auch auf alle Minis zu. Wie schon ausgeführt wurde, hatte auch der hochdrehende »überquadratische« Motor seinen Ursprung in Deutschland und Italien, und andere Länder beschäftigten sich jetzt ebenfalls mit diesem Bauprinzip. Aber einige »Langhuber« gab es noch bis in die sechziger Jahre hinein. Citroën baute immer noch seinen legendären 78x110-mm-Motor des Typs 11 CV und rüstete damit seine fortschrittlichen Typen bis 1965 aus. Mindestens ein moderner Motor, der Doppelnockenwellen-Sechszylinder von Jaguar, hatte die veralteten Abmessungen von 83x106 mm bei einem Hubraum von 3,4 Liter – ein Relikt aus Zeiten der britischen Pferdestärkensteuer. Auf der anderen Seite der Skala entschied sich Ford/England mit dem Motor 105 E, einem Einliter-Vierzylinder mit einer Bohrung von 81 mm und einem Hub von 48,5 mm, für das Extrem.

Bald kehrte auch die fünffach gelagerte Kurbelwelle beim Vierzylinder wieder. Man folgte damit dem Beispiel vieler großer Wagen aus den Jahren 1905 bis 1910 – wenn auch ohne die Annehmlichkeiten der Druckumlaufschmierung und des Kurbelwellen-Schwingungsdämpfers. Der ursprüngliche Austin 12 von 1921 wendete das gleiche Rezept an, und man sah daran die Ursache für seine Langlebigkeit, wenn man auch empfahl, unter 2 500 U/min zu bleiben. Alle unter dem Eindruck der »autostrade« stehenden Alfa-Romeo-Vierzylinder der Nachkriegszeit – angefangen mit dem Typ 1900 von 1950 bis 1951 – hatten eine fünffach gelagerte Kurbelwelle, wie auch zehn Jahre später die BMW-Wagen. Je nachdem, wie ältere Typen durch neuere Entwicklungen ersetzt wurden, vollzog sich auch bei anderen Herstellern der Wandel: Ford/England mit dem Modell »Cortina«, BMC mit dem »B«-Motor, Citroën mit den längst überfälligen kurzhubigen Modellen und Rover bei seinem Typ 2000 von 1964 mit obenliegender Nockenwelle. In Japan baute Mazda sogar einen kleinen 356-ccm-Motor mit fünffach gelagerter Kurbelwelle für einen Kleinwagen. Die Entwicklung zum siebenfach gelagerten Sechszylinder ging nicht ganz so zügig voran, teilweise aus dem Grunde, daß sich hier nicht so häufig Modellwechsel vollzogen. Zu den Anhängern dieser Bauart zählten solche Marken wie Jaguar, Nash und Rolls-Royce. Mercedes-Benz gestand seiner Modellreihe 300 sieben Kurbelwellenlager zu und kleineren Modellen erstmals 1967. Zu dieser Zeit hatten aber auch BMC, BMW, Chevrolet, Datsun, Holden und Toyota sowie etwas später Volvo nachgezogen.

1930 war das Jahr des endgültigen Abschieds für die Magnetzündung gewesen, und von da an – in den USA schon seit Ende des Ersten Weltkriegs – galt die Batteriezündung als Norm und war es auch noch zu Beginn der fünfziger Jahre. Zwischen 1953 und 1956 verschwand allerdings das 6-Volt-System bei amerikanischen Wagen, nur in Deutschland hatte es noch zehn weitere Jahre Bestand. In der Erkenntnis, daß das, was für Volkswagen gut ist, auch für Ford und Opel genüge, blieben diese ebenfalls bei 6 Volt. 1969 allerdings konnte man nur noch den Citroën 2 CV mit 6 Volt ausmachen, die größeren Schwestern mit 602-ccm-Motor waren inzwischen ebenfalls auf 12 Volt übergegangen.

Dieser Wechsel konnte aber trotz allem nicht ein neu auftauchendes Problem lösen, nämlich die ständige Vermehrung der elektrisch betriebenen Aggregate und Ausstattungen. Für Beleuchtung, Zündung und zum Starten mochte es reichen, aber hinzu kamen Radio, Heizung, elektrisch betätigte Sitze und Fenster und eine Scheibenwaschanlage. Besonders bei niedrigeren Geschwindigkeiten reichte die Kapazität zum Aufladen nicht aus. Den Lichtmaschinen mangelte es an Leistung bei niedriger Geschwindigkeit. So kam es zum Einbau eines Wechselstromgenerators (praktisch einer umgekehrt arbeitenden Lichtmaschine) bei Chryslers Kompakt-Limousine von 1960, dem Plymouth »Valiant«. In den folgenden neun Jahren erlebten wir einen Übergang in großem Stil zu diesem System, angeführt von der gesamten amerikanischen Industrie und ihren ausländischen Fabriken sowie Leyland in Großbritannien, Citroën in Frankreich, Ferrari und Fiat in Italien und Auto Union und BMW in Deutschland. 1975 war die Lichtmaschine so tot wie der Magnet. Die transistorisierte Zündung wurde 1969 bei Ferraris Viernockenwellen-V-6 »Dino«-Sportwagen wie auch bei Fiat verwendet, kam aber erst 1971 in der Serienproduktion zur Anwendung, und zwar beim 5,3-Liter-Jaguar V 12.

C300 1

(Gegenüber, oben) Der Käufer dieses Chevrolet »Bel Air« Cabriolet von 1957 zahlte einmal etwa 3 000 Dollar, Fracht und verschiedene Extras eingeschlossen. Europäer sahen darin ein teures Auto, wozu eine üppige Kühlerverkleidung, seitlicher Chromzierat und Heckflossen beitrugen, die noch ihren höchsten »Entwicklungsstand« vor sich hatten. Die in diesem Jahr erstmals verwendeten 14-Zoll-Räder wiesen auf Bremsprobleme hin, besonders bei Verwendung einer zweistufigen Automatik und einer Leistung von 220 PS des 4,6-Liter-V-8-Motors. 1957 war dies Chevrolets einziges sportliches Cabriolet und fand über 47 000 Käufer, mehr als die Gesamtproduktion der deutschen Auto Union in jenem Jahr.

(Oben rechts) Von diesem Blickwinkel aus gesehen läßt nichts darauf schließen, daß beim Chevrolet »Corvair Monza« von 1964 der Motor im »Kofferraum« untergebracht ist und der »Motorraum« der Gepäckaufbewahrung dient. Auch hatte der sendungsbewußte Mr. Nader seinen Zorn noch nicht auf diese Weiterentwicklung des Volkswagen-Themas mit unabhängiger Radaufhängung und luftgekühltem Sechszylinder-Boxermotor gerichtet. Es wurde klar, daß es sich hierbei nicht nur um einen Gebrauchswagen handelte, hatte doch Chevrolet mit dem Angebot eines Turboladers gerade einen Schritt in die Zukunft getan. Bisher kannte man derartige Entwicklungen nur von schweren Diesel-Lastwagen, die Verwendung in Personenwagen sollte ein Phänomen der frühen achtziger Jahre werden.

(Gegenüber, unten) Das 300-Coupé von 1955 war zweifellos das aufregendste Auto von Chrysler während der hier behandelten zwanzig Jahre – und auch eines der seltensten, denn nur 1 692 Exemplare wurden hergestellt. Das Rezept war einfach: Man nehme Virgil Exners längst überfällige Neugestaltung des »New Yorker« mit Hardtop, lege ihn niedriger, füge die Prestige-Kühlerverkleidung des »Imperial« hinzu, modernisiere ihn mit dem 300 PS leistenden V-8-Motor und vergesse nicht einen doppelten Auspuff zur Entwicklung des »richtigen« Klanges. Automatik und Lenkhilfe mochten mit der europäischen Vorstellung von einem Sportwagen nicht übereinstimmen.

(Unten rechts) Homologierter Serienwagen-Renner, aber noch für den Straßenverkehr zugelassen: das Dodge-»Daytona Charger 500«-Coupé, von dem während des Jahres 1969 insgesamt 505 Exemplare hergestellt wurden. Von zahmeren Angeboten unterscheidet es sich durch einen Frontspoiler, lange Nase mit versenkbaren Scheinwerfern und einem Heck, das einem Düsenflugzeug alle Ehre machen würde. Als Motor fand der »426 Street Hemi« von Chrysler Verwendung, ein Abkomme des ersten V-8 mit hemisphärischem Brennraum von 1951. Die Leistung betrug 431 PS bei 7 Liter Hubraum.

Bei den Kupplungen gab es nur wenig Neues, abgesehen von der allgemeinen Einführung der Membranfederkupplung und der Hydraulikunterstützung, die man 1969 überwiegend bei den teureren Modellen mit manuellem Getriebe antraf. Dieser Stand der Dinge war das Ergebnis einer Revolution auf dem Getriebesektor, die für die fünfziger Jahre eine ebenso große Bedeutung hatte wie der Frontantrieb auf die Entwicklung der Automobiltechnik der sechziger Jahre. Das Automatikgetriebe hatte sich etabliert.

1934 hatte der Schaltvorgang seinen Schrecken verloren, und noch vor Eintritt Amerikas in den Krieg im Jahre 1941 gab es zuverlässige Automatikgetriebe, wenn sie auch nur von Cadillac und Oldsmobile eingebaut wurden. 1951 fand man im Detroiter Angebot praktisch keinen Typ mehr, der ohne Automatik angeboten wurde. Es war der Zeitpunkt, von dem an sich die Hersteller einer neuen Klasse von Autofahrern gegenübersahen, die wußten, was sie kauften, und die ihre Wahl zwischen Schaltgetriebe und Automatikgetriebe getroffen hatten. In Amerika war das Schaltgetriebe noch verfügbar, aber nur als »Extra« gegen Aufpreis. Britische Mittelklassewagen wie Austin, Ford, Humber und Morris gab es in beiden Ausführungen. Gegen Ende des sechsten Jahrzehnts rückte die Grenze für Automatikgetriebe allmählich von der 2,0- bis 2,5-l-Klasse in den Bereich von 1,5 Litern Hubraum und sogar herunter bis zum Mini. Im Jahre 1969 zeigte das internationale Angebot unter 132 Fabrikaten nur noch 49, die von der Automatik nichts wissen wollten, unter ihnen Alfa Romeo, Audi, Citroën, Lancia, Renault, Saab und Skoda. Bis auf letzteren gaben allerdings alle ihren Widerstand bald auf.

Auf der Strecke blieben erklärlicherweise die halbautomatischen Getriebe. Chryslers »Fluidrive« hatte bereits 1954 einer echten Automatik Platz gemacht. Auch Vorwählgetriebe waren nun ein Stück Geschichte. Armstrong-Siddeley unternahm noch in den Jahren 1953 bis 1955 einen kurzen Flirt mit einem elektrischen Vorwählsystem. Auch das deutsche Getrag-Getriebe arbeitete elektrisch und kam bei dem kleinen Goggomobil 1957 zum Einbau. Unglücklicherweise arbeitete dieses System nicht im unteren Gang.

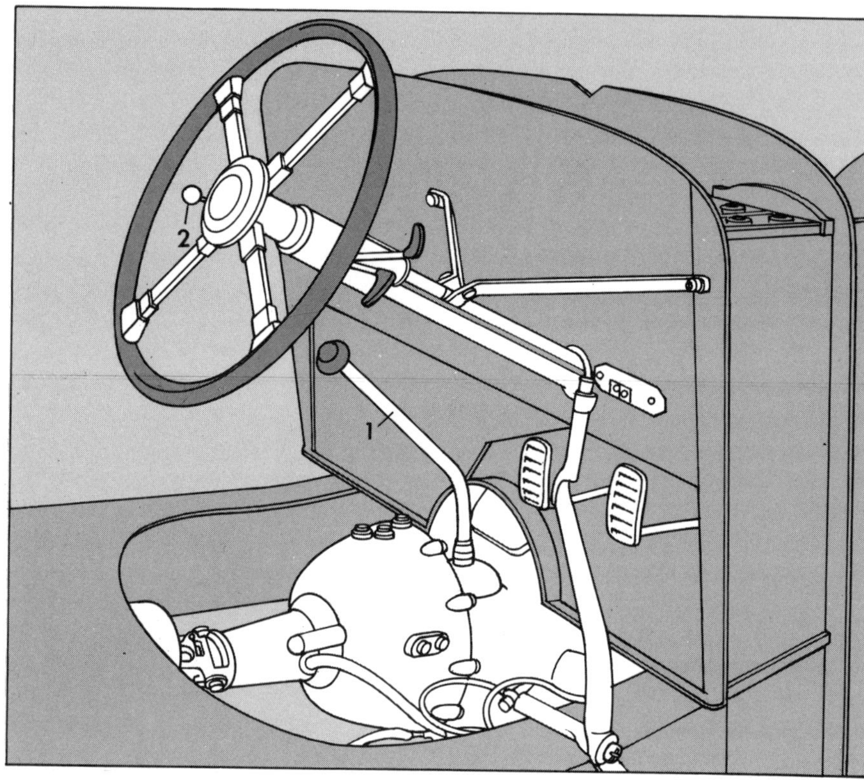

(Oben) Eine etwas kompliziertere Art der Gangschaltung, die Anfang der fünfziger Jahre noch anzutreffen war, stellte das elektromagnetische Cotal-Getriebe dar. Hier hatten zwei Hebel ihre besondere Bedeutung: der Wählhebel für Vorwärts- oder Rückwärtsfahrt (1) und ein kleinerer (2) für die Wahl der individuellen Übersetzung. Dieses Bild zeigt einen Salmson der vierziger Jahre, aber die treuesten Anhänger des Cotal-Getriebes, Delahaye und Delage, bevorzugten einen kleineren Fußhebel.

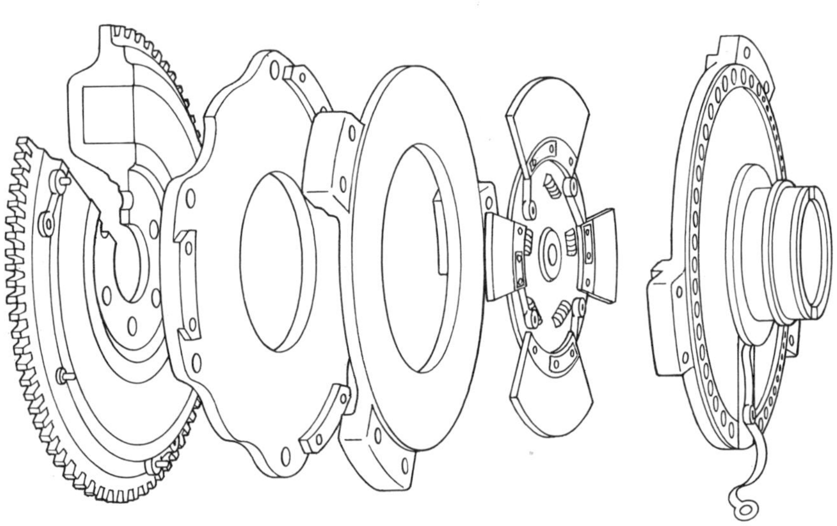

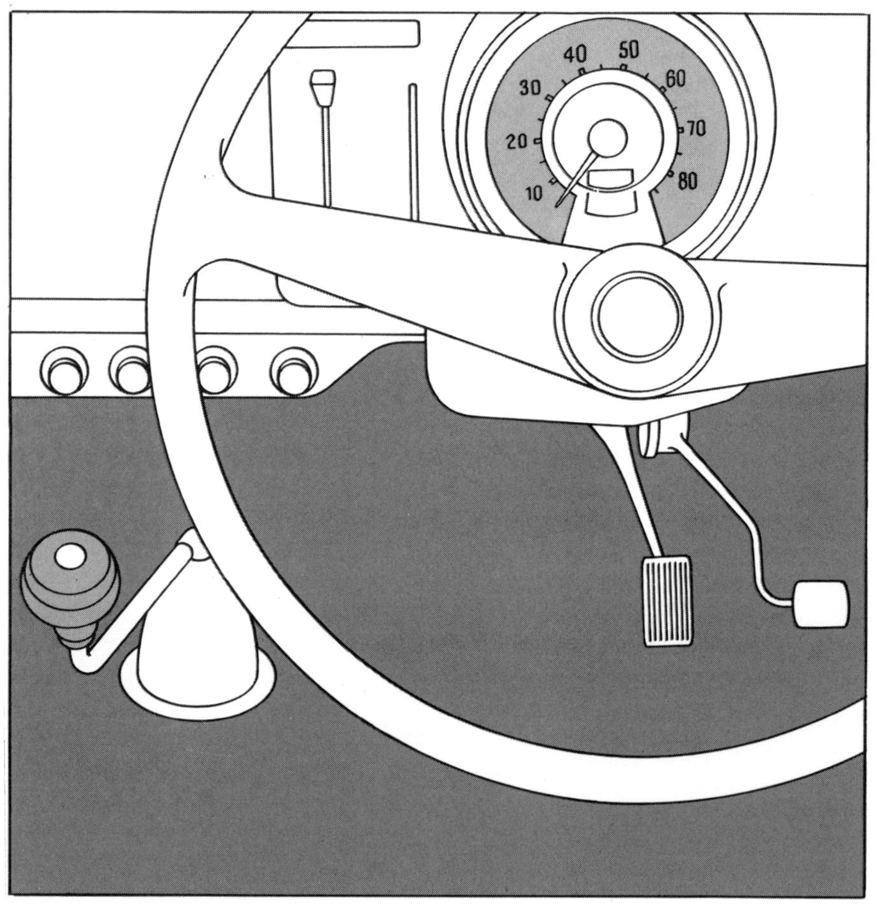

Mühelose, wenn auch nicht automatische Gangschaltung. Zwei Aggregate der Jahre 1955 bis 1957 waren die elektromagnetische Kupplung »Ferlec« *(oben)*, die von Renault und einigen anderen Franzosen eingebaut wurde, und das »Standrive« von Standard, das diese Gesellschaft in ihre kleinen Limousinen einbaute. Das hier gezeigte französische Aggregat machte ein Kupplungspedal überflüssig. Das Kuppeln erfolgte automatisch über elektrischen Kontakt bei Beschleunigung des Motors. Ausgekuppelt wurde ebenfalls automatisch, und zwar durch Betätigung des Schalthebels. Auch der »Standrive« wurde durch die Lichtmaschine mit Strom versorgt, das Auskuppeln erfolgte durch Betätigung des Knopfes am Schalthebel.

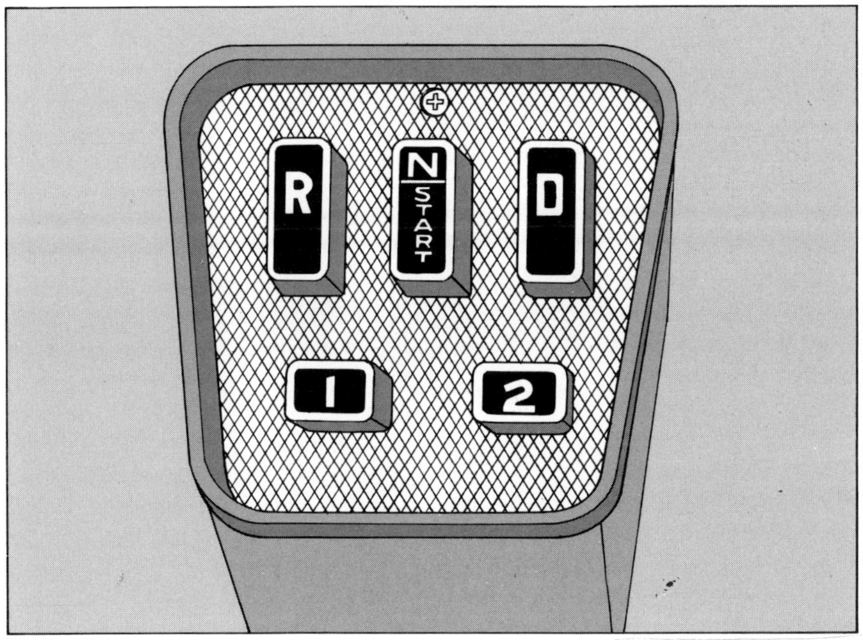

In den vierziger Jahren bedeutete Automatik einen Wählhebel an der Lenksäule. In den fünfziger und sechziger Jahren änderte sich das. Der Dodge von 1957 *(oben)* und andere Chrysler-Produkte jener Zeit verwendeten die »Knopfanordnung« des Torque-Flite, die links vom Fahrer angebracht war. Der unglückliche Ford »Edsel« verfügte über etwas, was seine Hersteller »Teletouch« nannten, dessen Knöpfe sich in der Lenkradnabe *(unten links)* befanden. Glücklicherweise hatte man daran gedacht, daß sie sich bei Betätigung des Lenkrades nicht mitdrehten. 1967 war der Trend zur Anbringung des Schalthebels auf der Mittelkonsole *(unten rechts)* vorherrschend, wie es hier beim Chevrolet-»Corvette«-Sportwagen gezeigt wird.

Automatische Kupplungen gaben in den späten fünfziger Jahren eine kurze Vorstellung. Die Hauptakteure waren Renaults »Ferlec«, der deutsche »Saxomat«, der in verschiedenen Fabrikaten angeboten wurde, und Lockheeds »Manumatic« in Großbritannien. Bei diesem Prinzip wurde durch einen kleinen Kontaktgeber, der normalerweise im Handknopf des Schalthebels angeordnet war, die Kupplung gelöst. Der Gleichlauf konnte allerdings durch schnelle Leerlaufgeschwindigkeit bei niedriger Motortemperatur erheblich gestört werden. Genaugenommen handelte es sich bei der automatischen Kupplung nur um ein Mittel, die Hersteller so lange am Leben zu halten, bis auch kleine Motoren ausreichend leistungsfähig waren, um den nun einmal durch das Automatikgetriebe stattfindenden Leistungsabfall zu verkraften. Derartige Argumente waren noch Ende der sechziger Jahre aktuell. Bei dem NSU »Ro 80« fand sich eine einwandfrei arbeitende Kombination von handbetätigter Gangwahl mit einem Drehmomentwandler. Porsches »Sportomatic« arbeitete nach einem ähnlichen Prinzip. Bei Fiats »Idroconvert« handelte es sich um eine veraltete Form der automatischen Kupplung, wie sie nur in Italien noch lebensfähig war, wo man dem automatischen Getriebe sehr abwartend gegenüberstand.

Vollsynchronisierte Getriebe hatten sich in den sechziger Jahren endgültig durchgesetzt. Man konnte zwar 1937 beispielsweise einen Mercedes, einen Alvis oder sogar einen Hillman »Minx« mit dieser Ausstattung kaufen, aber hohe Fertigungskosten und die Möglichkeit, im obersten Gang »hängenzubleiben« – wie beim Hillman –, bedeuteten das Ende dieser Entwicklung. Nach 1938 gingen Hillman-Besitzer wieder zum Zwischengas über, wenn sie in oder aus dem ersten Gang schalteten, und so bemerkten sie wahrscheinlich den Unterschied gar nicht. Sei es, wie es sei, 1951 war die Regel, alle Gänge außer dem ersten zu synchronisieren. Die bedeutenden Ausnahmen von dieser Regel waren der Standard »Vanguard« und die neue Mercedes-Benz-Sechszylinder-Typenreihe. Noch 1959 wurde ein synchronisierter erster Gang von vielen als Luxus angesehen. Unter den Ausnahmen fanden sich allerdings

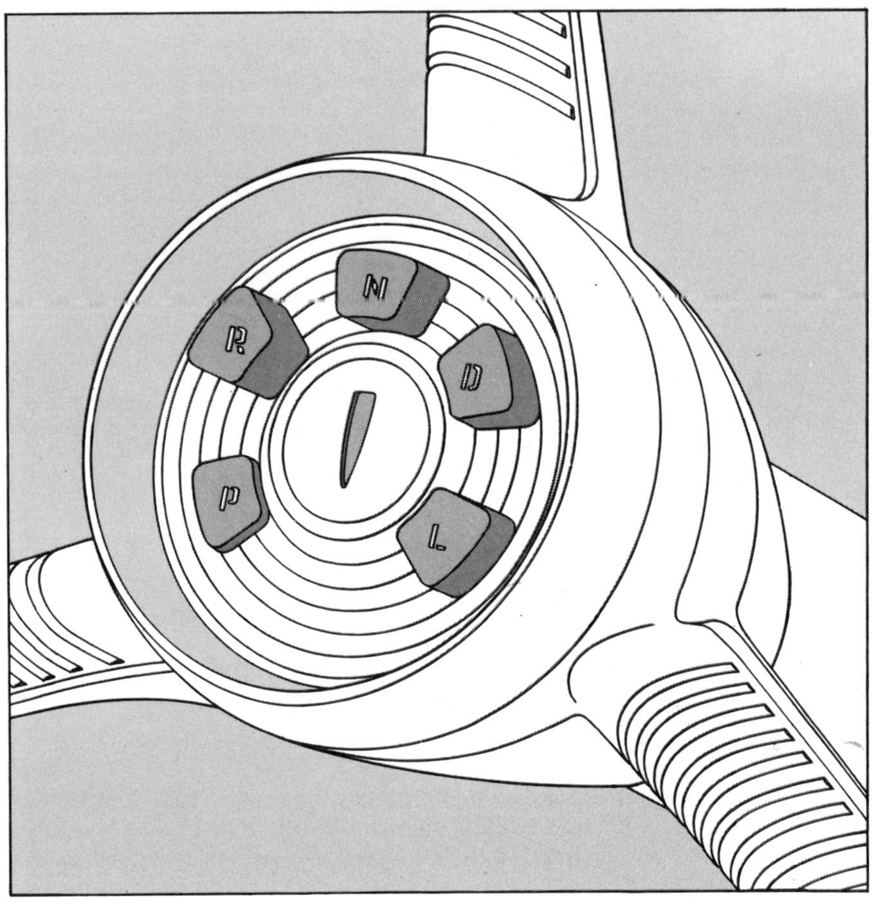

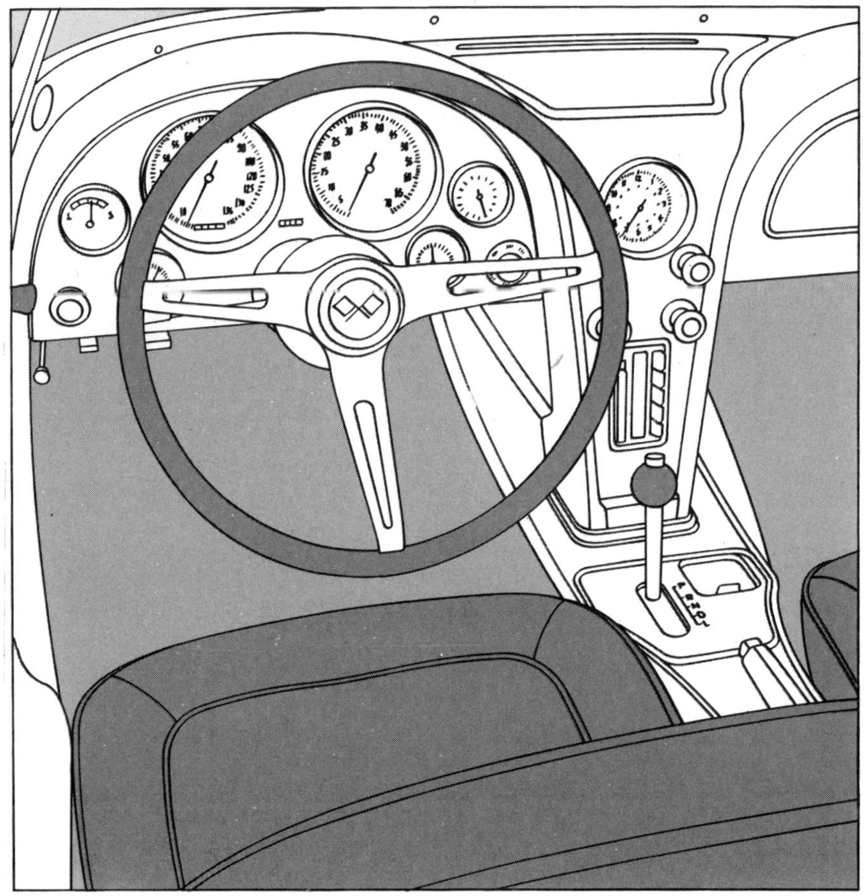

(Gegenüber) »Wir sind ein armes Land«, sagte der Chefkonstrukteur von Pegaso, Wilfredo Ricart, »und deswegen müssen wir Juwelen für die Reichen herstellen.« Dieses Modell Z 102 B wurde 1954 in den Werksanlagen von Hispano-Suiza in Barcelona hergestellt und ist in der Tat exotisch: Leichtmetall-V-8-Motor mit vier Nockenwellen, 3,2 Liter Hubraum, vier Vergaser, fünfstufiges unsynchronisiertes Transaxle-Getriebe, Differentialsperre und innenliegende Hinterradbremsen. Saoutchik/Paris und Touring/Mailand stellten Karosserien »nach Maß« her. Letzterer zeichnete für das hier gezeigte Beispiel verantwortlich. Für die USA wurde ein Listenpreis von 30 000 Dollar genannt, eine Erklärung dafür, daß zwischen 1951 und 1958 nur 125 Pegasos hergestellt wurden.

(Unten) Kabinenroller-Ketzereien. Der Heinkel-Kabinenroller von 1956 verfügte über einen Einzylinder-Viertakt-Motor mit 198 ccm Hubraum. Hier wird ein Trojan von 1962, die britische Lizenzfertigung des Heinkel, gezeigt. Die geöffnete Tür gestattet einen Blick in das Innere. Anders als bei BMWs »Isetta« gab es bei Heinkel keine Verbindung zwischen Tür und Lenksäule, und so ersparte man sich die Probleme komplizierter Verbindungen. Die ersten Wagen hatten zwei eng nebeneinander liegende Hinterräder, in Großbritannien wurde die dreirädrige Ausführung jedoch bevorzugt, weil auf Dreiradfahrzeuge günstigere Sätze der Kauf- und Fahrzeugsteuer zur Anwendung kamen. Trojan kam auf eine Produktionszahl von 10 000 Stück, in Deutschland wurden rund 6 500 Einheiten verkauft.

so preiswerte europäische Wagen wie der Borgward »Isabella« (1954), der Peugeot 403 (1955) und der Vauxhall »Victor« (1957). Fiat vollzog diesen Schritt bei den relativ teuren Sechszylindermodellen 1800 und 2100 des Jahres 1959, dem das technische Schlußlicht, der Volkswagen, nach einem weiteren Jahr folgte. Britische und amerikanische Hersteller folgten erst 1964 bis 1965. Die einzigen Überlebenden, die der veralteten Technik noch anhingen, waren der Triumph »Herald« und der Fiat 600. Auch das unsynchronisierte Getriebe stand noch zur Verfügung, so beim Fiat 500 und einigen anderen Kleinwagen, und auch beim Volkswagen »Standard« war es bis 1964 noch erhältlich. Zwei Jahre vorher hatte man beim Volkswagen erst eine längst überfällige Neuerung eingeführt, indem die mechanische durch die hydraulische Bremse ersetzt wurde. Sicherheit ging schon etwas weiter als nur bis zur Entlastung des Kupplungsfußes.

Schon Ende der fünfziger Jahre wurde die amerikanische Automobilindustrie vom automatischen Getriebe vollkommen beherrscht. Der Anteil der so ausgerüsteten Wagen hatte sich von 57 Prozent im Jahre 1954 auf 90 Prozent im Jahre 1969/70 gesteigert. Das ganze Gehabe um die Knüppelschaltung bewirkte nicht viel. Auch wenn etwas über die Hälfte der sportlichen Pontiac GTO zwischen 1965 und 1967 mit manueller Knüppelschaltung geordert wurden, wuchs der Anteil doch nur auf mäßige 210 000 Einheiten. Die früher mit Automatikgetrieben aufgetretenen Schwierigkeiten waren längst behoben, und nach 1950 hörte man davon nichts mehr. Der Leistungsverlust wurde durch das einsetzende PS-Rennen ohnehin wieder beseitigt. Für die Gangwahl gab es verschiedene Systeme. Beim Ford »Edsel« waren es Knöpfe an der Lenkradnabe, und beim 1956er Packard sowie beim Chrysler in den Jahren 1956 bis 1962 waren es Drucktasten. Ab 1964 jedoch war eine einheitliche Tendenz zum T-förmigen Wahlhebel zu beobachten. Die wirklich stufenlose Kraftübertragung wurde nicht als ideal empfunden, denn sie ermöglichte nicht die Motorbremsung. So fand der eigenartige »Invicta« von 1946 bis 1958 keine Nachahmer. Dann erschien DAF mit dem »Variomatic«-Getriebe, dem »Nonplusultra« an Einfachheit. Das Prinzip bestand darin, im direkten Gang die Kraft durch Riemen über eine Vorgelegewelle auf beide Hinterräder zu übertragen und damit auch das Differential entbehrlich zu machen. Dieses System eignete sich nur für kleine Wagen mit geringer Leistung und einem Einsatzgebiet in ebener Landschaft wie eben in den Niederlanden. DAF blieb dann auch der einzige Anwender, wenn man einmal absieht von französischen Mini-Autos der Jahre 1979 bis 1982.

Auch das Automatikgetriebe mußte also verschiedene Übersetzungen anbieten. Die Frage war, wie viele? Zwei erschienen bei frühen, billigen Ausführungen wie dem Buick »Dynaflow« und dem Chevrolet »Powerglide« ausreichend, wobei die niedrige Übersetzung dem Befahren von Steigungen und dem Manövrieren auf Parkplätzen vorbehalten war. Die Kombination leistungsstarker V-8-Motoren und kleinerer Räder – mit geringerer Kühlung und einer Begrenzung der Trommelgröße – verursachte Schwierigkeiten. Bei einem normalen Getriebe konnte man die Geschwindigkeit im zweiten Gang von etwa 100 km/h bis zum Stand herabmindern. Das ging allerdings nicht mit einer zweistufigen Automatik, bei der die niedrige Gangstufe bis 80 km/h reichte, die aber bei mehr als 70 km/h nicht schaltbar war. Was für einen Sechszylinder mit 140 km/h durchaus angemessen war, erwies sich für einen V-8 mit 200 PS als absolut ungeeignet. Das »Hydromatic«-Getriebe von Ge-

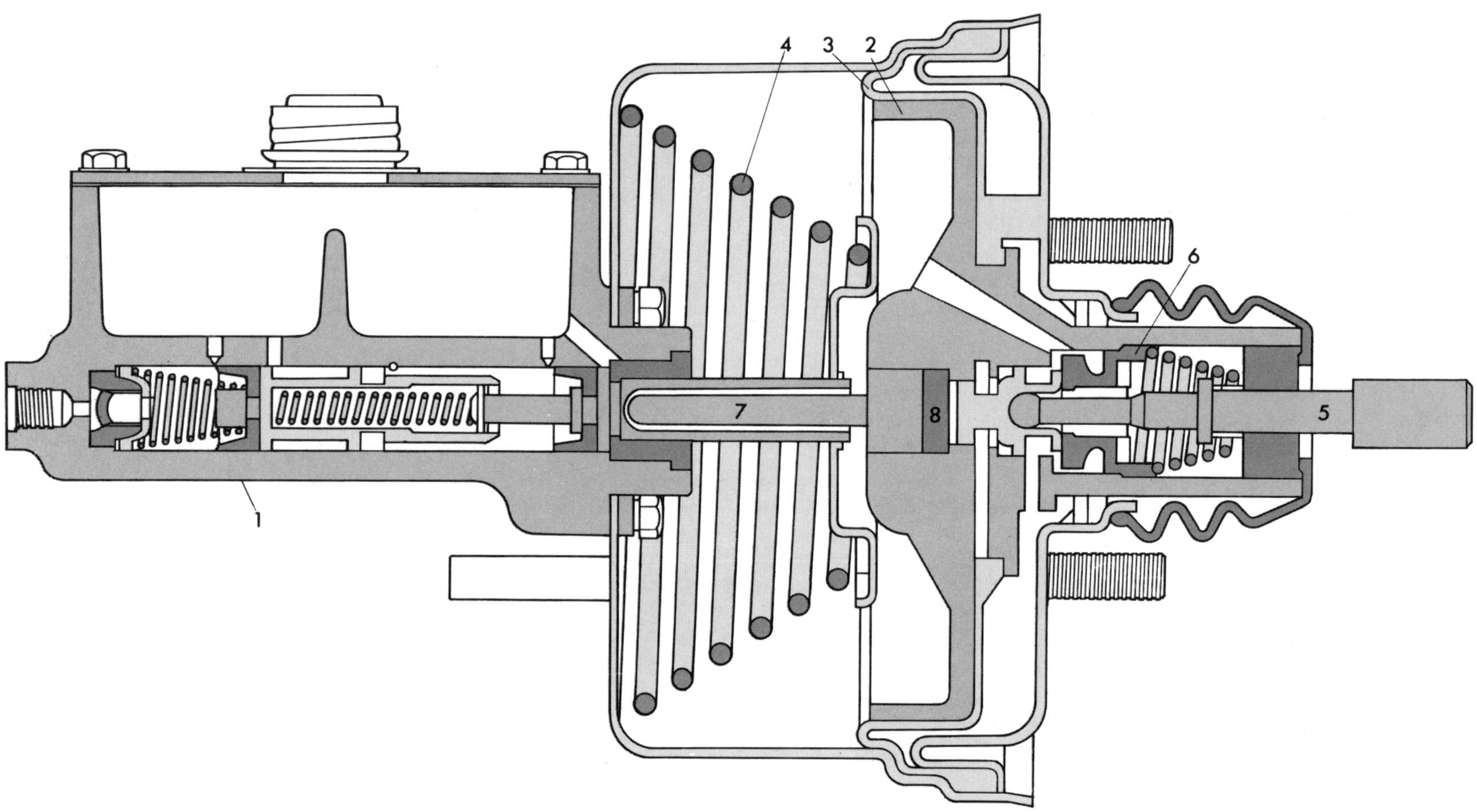

neral Motors besaß von Anfang an vier Stufen, die ab 1964 auf drei reduziert wurden. Pontiac, Oldsmobile und Cadillac bevorzugten dieses System, Buick hielt sich allerdings an die Eigenentwicklung eines zweistufigen Getriebes, das viele Jahre hindurch eingebaut wurde. Ford begann mit drei Stufen, bot als Neuheit dann eine Zwischenstufe, und spätere Ausführungen hatten ebenfalls nur zwei Stufen. Chevrolets »Powerglide« wurde nach zwei Jahrzehnten vom »Turbo-Hydromatic« abgelöst, das es bei den teureren Modellen schon eine Zeitlang gab und das zur Standardausführung bei allen General-Motors-Typen wurde.

In Europa wurde das Automatikgetriebe nur zögernd aufgenommen, da es sich für kleinere Motoren wenig eignete. Wenn man Borgwards verfehlte Versuche von 1950 einmal außer acht läßt, können als Pioniere Rolls-Royce/Bentley (1952), Jaguar (1954) und Armstrong-Siddeley (1955) gelten, alles große und teure Wagen mit mindestens 3,5 Liter Hubraum. Frühe Jaguar wurden mit zweistufigen Borg-Warner-Getrieben ausgerüstet, die anderen fertigten General Motors' »Hydromatic« in Lizenz. Im wesentlichen wurden die amerikanischen Ausführungen den europäischen Anforderungen angepaßt, aber es gab auch verschiedene Zwischenentwicklungen. 1964 bestand noch weitgehend die Meinung, daß sich die Automatik nicht für kleinere Wagen eigne, obwohl der Leistungsverlust nur von professionellen Testern bemerkt wurde, die die Wagen bis an ihre Leistungsgrenze ausfuhren. Im Falle des 1964er Ford »Cortina« erwies sich die Ausführung mit manueller Schaltung gerade um 0,8 Sekunden schneller in der Beschleunigung auf 50 km/h und 2,8 Sekunden schneller auf 100 km/h. Der Kraftstoffverbrauch stieg von 10,6 l auf 11,4 l/100 km bei der Ausführung mit Automatik. Auf dem europäischen Kontinent stellten sich die kleineren Wagen mit Automatik noch später ein. Nach einem Zwischenspiel mit automatischer Kupplung bot Opel 1961 die von General Motors bezogene Automatik erstmals bei den Sechszylindermodellen an und ab 1968 auch bei den Mittelklassewagen. BMW entschloß sich 1966 für das ZF-Getriebe, während das nicht sehr geglückte dreistufige Automatikgetriebe von VW sich in den USA zwar gut verkaufte, aber sonst von anderen Herstellern nicht angenommen wurde.

Auch eine Revolution bei den Bremsen ist in den betrachteten zwei Jahrzehnten zu vermelden. Statistische Angaben können allerdings leicht zu Mißdeutungen führen, denn entscheidend sind natürlich die Bezugsgrößen, entweder die Anzahl der produzierten Wagen oder die Anzahl der auf dem Markt angebotenen Typen. So gäbe es ein schiefes Bild, wollte man behaupten, daß sich 1938 die hydraulischen Bremsen durchgesetzt hätten. Denn mindestens vier bedeutende Hersteller – Austin, Ford, Peugeot und Renault – kannten noch nichts anderes als Gestänge oder Kabel für die Bremsbetätigung. Dieses System war zwar am Aussterben, und die in Großbritannien noch zu findenden vier Anhänger des gemischten hydromechanischen Systems, nämlich Austin, Daimler, Jowett und Riley, schickten sich an, zur hydraulischen Bremse überzugehen. Nur Rolls-Royce hielt sich noch zurück und vertraute weiterhin der alten getriebebetätigten Servobremse, sogar noch bis in das Zeitalter der Scheibenbremse hinein.

Die letzten Bastionen der mechanischen Bremsen bildeten der britische Ford »Popular« (1953–1959) und der Volkswagen »Standard«, bei dem hydraulische Bremsen erst 1962 eingeführt wurden. Für einen Käufer, der für 4 000 DM einen ausgewachsenen viersitzigen Personenwagen erhielt (und da-

Vakuum-Servobremsen auf dem neuesten Stand *(links)*. Beim Lockheed-System ist der Servo-Zylinder mit dem Hauptbremszylinder (1) verbunden und zwar mit einer Direktverbindung zwischen dem Servo-Kolben (2) und dem Hauptkolben. Der Servo-Kolben ist durch eine Gummi-Membrane (3) verschlossen und wird in der Nichtbremsstellung gegen eine Schraubenfeder (4) gedrückt. Druck aus dem Ansaugstutzen wird durch ein Ventil auf beide Seiten des Servo-Kolbens geleitet, und zwar bis zur Bremsbetätigung, die auch auf die Kolbenstange wirkt (5) und wodurch Luft durch ein Kontrollventil (6) eingelassen wird. Dann wirkt der Servo-Kolben mit zusätzlicher Kraft zum Pedaldruck des Fahrers. Zwischen der Kolbenstange des Hauptzylinders (7) und dem Kontrollventil befindet sich ein Gummi-Stoßdämpfer (8). Der im Hauptzylinder aufgebaute Flüssigkeitsdruck wirkt auf den Stoßdämpfer, der sich gegen das Kontrollventil ausdehnt, es nach rechts drückt und somit die Luftzufuhr zum Servo-Zylinder unterbricht.

(Rechts) Warum Wechselstrom-Lichtmaschinen erforderlich wurden: Am Armaturenbrett eines typischen Luxuswagens von 1967, des Jensen »Interceptor« mit Chrysler-V-8-Motor, sind das Radio (1), die Bedienungshebel für die elektrischen Fensterheber (2, 3), eine elektrische Uhr (4), Schalter für den Heckscheiben-Ventilator (5), die elektrisch einstellbaren hinteren Stoßdämpfer (6), Schalter für die Heizung (7) und für den Scheibenwischer und die Scheibenwaschanlage (8) zu erkennen. Am Beginn unserer Periode hätte man dort sicherlich nur den Scheibenwischer gefunden, sowie vielleicht Radio und Heizung als Extras. All die anderen Extras sollten in der Zukunft erst erscheinen.

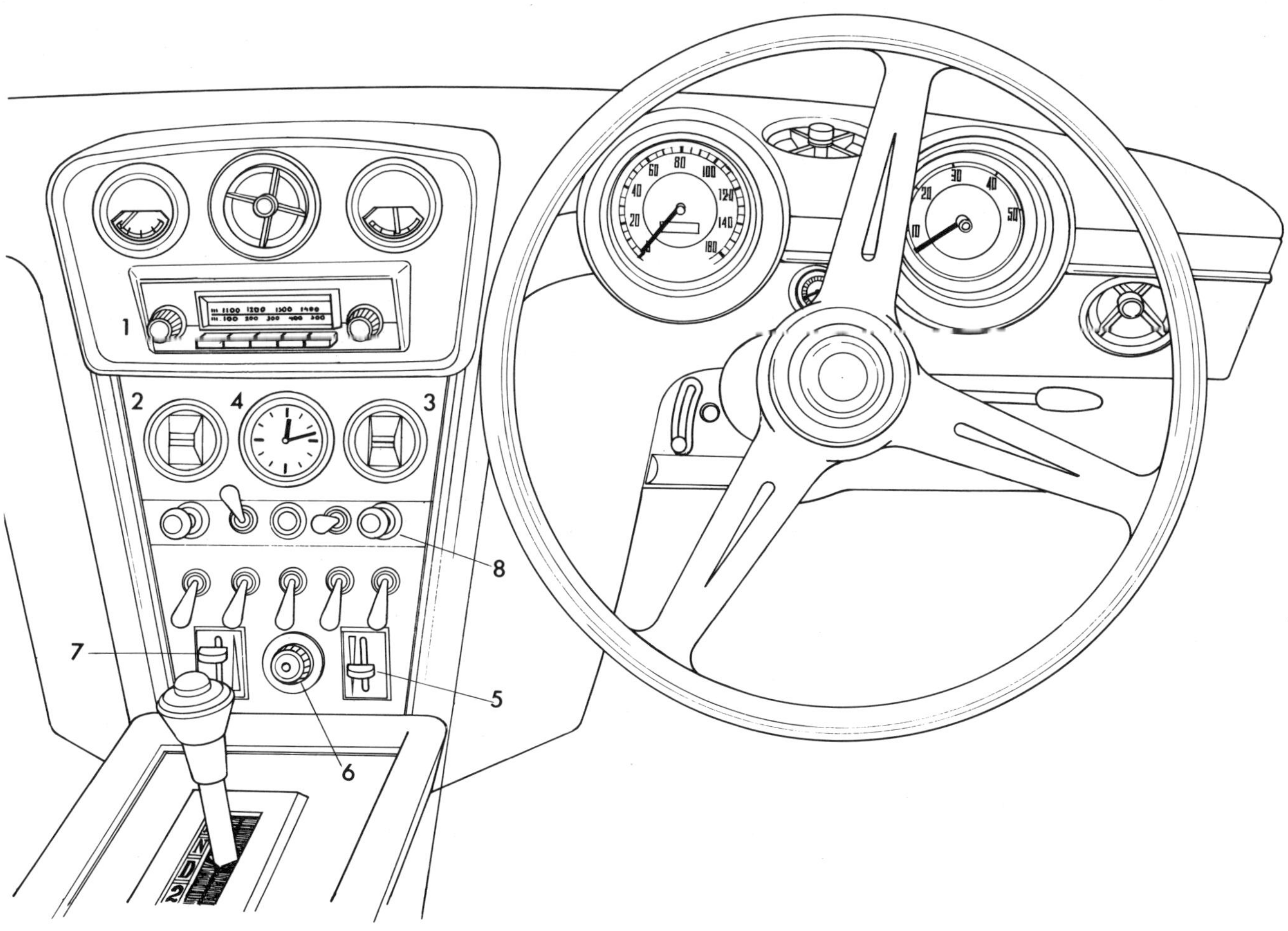

mit nur 600 DM mehr als für ein Goggomobil zu zahlen hatte), war das kein Kritikpunkt. Sechs Jahre später allerdings verlangte der Käufer eine Erklärung dafür, warum der Wagen seiner Wahl keine Scheibenbremse hatte, und zeigte wenig Verständnis, wenn man ihm einen Aufschlag dafür berechnete, daß die angejahrte Konstruktion damit ausgerüstet war. Die »Notbremsen« (Handbremsen) erfuhren wenig Änderungen, wenn man einmal davon absieht, daß sie von vielen Herstellern nun einen »Schirmgriff« erhielten und unter dem Armaturenbrett angeordnet wurden. Renault war offensichtlich beim außerordentlich gelungenen Modell 16 von 1965 mit dieser zweifelhaften Einrichtung noch ganz zufrieden, kehrte dann aber 1969 beim Modell 12 zur herkömmlichen Anordnung zurück, unter Umständen als Folge des einsetzenden Sicherheitsbewußtseins. Wenn man die Tests der britischen Motorpresse als stichhaltig ansehen will, so ist festzustellen, daß 1955 bei 45 Prozent der Testwagen die »Regenschirm«-Handbremse vorhanden war, 1960 noch bei 40 Prozent und 1970 nur noch bei 33 Prozent. Die fußbetätigte »Handbremse« blieb so lange eine amerikanische Errungenschaft, bis Mercedes-Benz 1968 die Idee übernahm, obwohl auf das Getriebe wirkende Bremsen von Fiat wie auch Chrysler in den frühen sechziger Jahren endlich abgeschafft worden waren.

Von allen zwischen 1951 und 1960 angebotenen Wagen konnte man hydraulische Trommelbremsen erwarten. Spätere Modelle verfügten häufig über geringere Bremskräfte als die von 1950/51, was auf einen neuen Faktor zurückzuführen war: die Verminderung der Radgrößen. Bei sportlichen klassischen Wagen der frühen Dreißiger gab es keine Probleme mit der Kühlung

Der erste Serienwagen mit Wechselstrom- statt Gleichstrom-Lichtmaschine, der Plymouth »Valiant« von 1960 *(unten)*, spielte gleichzeitig auch eine bedeutende Rolle als Chryslers erster Kompaktwagen. Gleichzeitig wurde mit ihm der Wechsel vom alten Langhub-Sechszylinder mit stehenden Ventilen – der mit nur geringfügigen Änderungen seit den dreißiger Jahren hergestellt wurde – zum neuen Motor mit hängenden Ventilen vollzogen, der um 30° geneigt eingebaut wurde. Das Styling präsentierte sich maßvoll, abgesehen vom üblichen »Mülleimerdeckel« des Kofferraums. Wenn auch 2,8 Liter Hubraum nicht ausreichend für eine beeindruckende Leistung waren, so schaffte der »Valiant« mit Automatik doch 145 km/h. Das waren Werte eines ausgewachsenen Amerikaners mit Reihenachtzylinder aus dem Jahre 1939. Nach europäischen Maßstäben galt der »Valiant« mit einer Länge von 4,7 m immer noch als großer Wagen.

(Gegenüber) Kaiser-Frazers »Henry J«-Limousine von 1951 war im Gegensatz dazu mit einem Radstand von 2,5 m und 4,2 m Länge insgesamt sehr bescheiden. Konzipiert wurde er als Farmerwagen, um den Spuren des Ford-Modells T zu folgen, konventionell mit unabhängiger Vorderradaufhängung an Schraubenfedern und hinteren Halbelliptikfedern, offenliegender Kardanwelle und Hypoid-Hinterachse. Bei den Motoren handelte es sich um einfache Aggregate mit stehenden Ventilen, die man vom zukünftigen Partner Willys-Overland kaufte, die bekannten 2,2-Liter-Vierzylinder und 2,6-Liter-Sechszylinder des Jeeps. Das Styling war etwas einfallslos, und die ersten »Henry J« hatten keinen von außen zugänglichen Kofferraum. Das amerikanische Käuferpublikum aber wünschte »mehr Auto«. Man brauchte fast vier Jahre, um 120 000 Einheiten des »Henry J« abzusetzen. Vom »Valiant« wurden allein im ersten Jahr fast 200 000 verkauft.

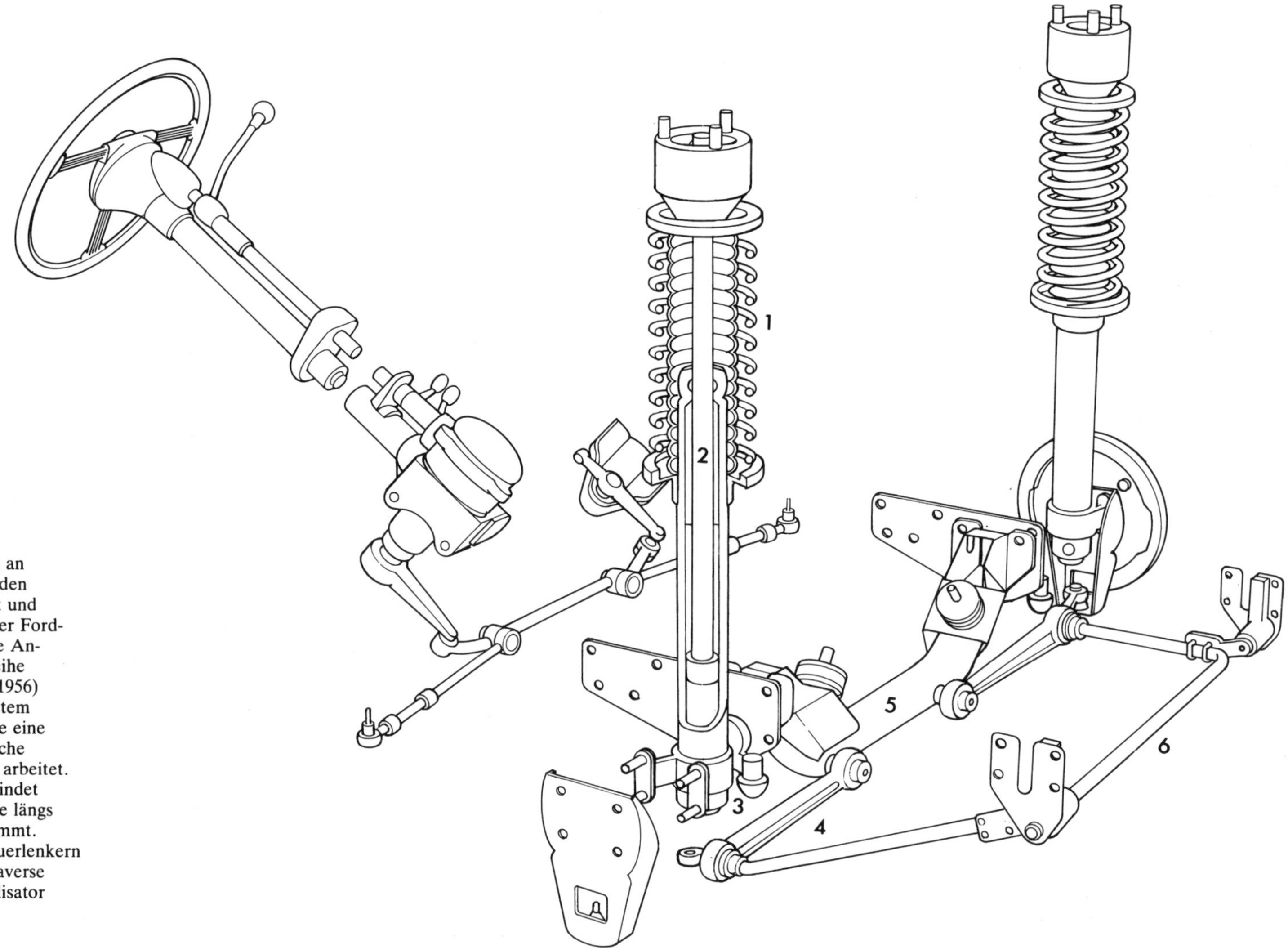

Unabhängige Vorderradaufhängung an McPherson-Federbeinen wurde bei den englischen Fords ab 1950 praktiziert und später von anderen Unternehmen der Ford-Gruppe übernommen. Hier wird die Anwendung bei der britischen Typenreihe »Consul/Zephyr« Mark 1 (1951 bis 1956) gezeigt. Das Vorderradfederungssystem besteht aus Schraubenfedern (1), die eine Teleskophülse (2) umschließen, welche auch als hydraulischer Stoßdämpfer arbeitet. An der Basis der Teleskophülse befindet sich ein Federbeingelenk (3), das die längs und seitlich wirkenden Kräfte aufnimmt. Dieses Gelenk ist verbunden mit Querlenkern (4), deren einer an einer Rahmentraverse (5), der andere an einem Querstabilisator (6) befestigt ist.

der Bremsen, dank einer 16-Zoll-Trommel in einem 19- oder 20-Zoll-Rad, besonders da in dieser Klasse Drahtspeichenräder mit Zentralverschluß die Regel bildeten. Aber Drahtspeichenräder gab es bald nicht mehr, stabilere und leichter zu reinigende Scheibenräder nahmen ihre Stelle ein. Das passierte sogar bei so sportlichen Marken wie Alfa Romeo, Alvis, Bentley, Jaguar, Lagonda und MG. Die alte Regel sollte zwar noch einmal wiederkehren, aber das dauerte bis 1956/57, als Drahtspeichenräder für alle britischen Sportwagen auf Wunsch wieder lieferbar waren. Inzwischen eroberten kleinere Räder den Markt. 1951 stellten für Europa 16 Zoll die Regel dar. Bei amerikanischen Wagen waren es im allgemeinen 15 Zoll, die bis 1957 auf 14 Zoll schrumpften, dem Jahr, als die aufregenden neuen V-8-Ausführungen 300 PS und mehr auf die Straße brachten. Vier Jahre später traf man sie auch mit 13-Zoll-Rädern. Zu dieser Zeit stellten 15 Zoll in Europa das Limit dar, der Mini – wie früher die Kleinwagen – begnügte sich mit 10 Zoll. Der Platz für Bremstrommeln wurde also immer kleiner und die Angriffsfläche für die Kühlung ebenfalls. Die Trommeln wurden heiß, Bremsbacken und Beläge konnten ihrer Aufgabe nicht mehr gerecht werden. Auf der anderen Seite stiegen die Geschwindigkeiten ständig. 120 km/h waren für eine gewöhliche 1,5-Liter-Limousine die Norm, und Sportwagen mit 160 km/h Höchstgeschwindigkeit standen in großer Auswahl zum Verkauf. So wurde das Bremsfading zu einem akuten Problem.

Die Scheibenbremse war die logische Antwort. Hierbei handelte es sich im Prinzip um eine Weiterentwicklung der Fahrrad-Rücktrittbremse. Feststehende Beläge wirken hier von innen her auf beide Seiten eines umlaufenden Gehäuses. Zuerst wurden Bremsen dieses Systems 1949/50 bei Chrysler und Crosley angewandt, bekannter wurden sie aber bei den Wettbewerbsfahrzeugen von Jaguar zwischen 1952 und 1955. Citroën erprobte sie 1955 am Modell DS, Jensen und Triumph folgten ein Jahr später. Diese Firmen, wie die meisten frühen Anwender, bauten die Scheibenbremsen allerdings nur in die Vorderräder ein. Jaguar dann versah 1957 das Modell XK 150 mit Scheibenbremsen an allen vier Rädern und blieb seitdem dabei. 1960 war das System bei den meisten Spezialherstellern eingeführt. Drei Jahre später erschienen vordere Scheibenbremsen in den Katalogen von 24 Herstellern, entweder als Standard- oder Sonderausrüstung. Die Vierradanordnung fand sich bei Ferrari, Iso, Jaguar, Jensen, Lotus, Maserati, Mercedes-Benz und Porsche. Bei Fiat und Simca erhielt man sie nur bei sportlichen Modellen, aber Lancia und Renault boten sie auch bei den Limousinen an. Interessant war die Feststellung, daß sich alle amerikanischen Hersteller mit einer Ausnahme dieses neuen Systems enthielten. Nur Studebaker baute 1962 Scheibenbremsen in das leider nicht sehr erfolgsreiche Modell »Avanti« ein.

1966 begannen dann die Amerikaner nachzuziehen, indem sie auf Wunsch Scheibenbremsen in die Vorderräder einbauten. Nur noch wenige europäische Hersteller verließen sich allein auf Trommelbremsen, und diese wenigen hatten ausnahmslos kein Modell mit mehr als 1200 ccm Hubraum im Pro-

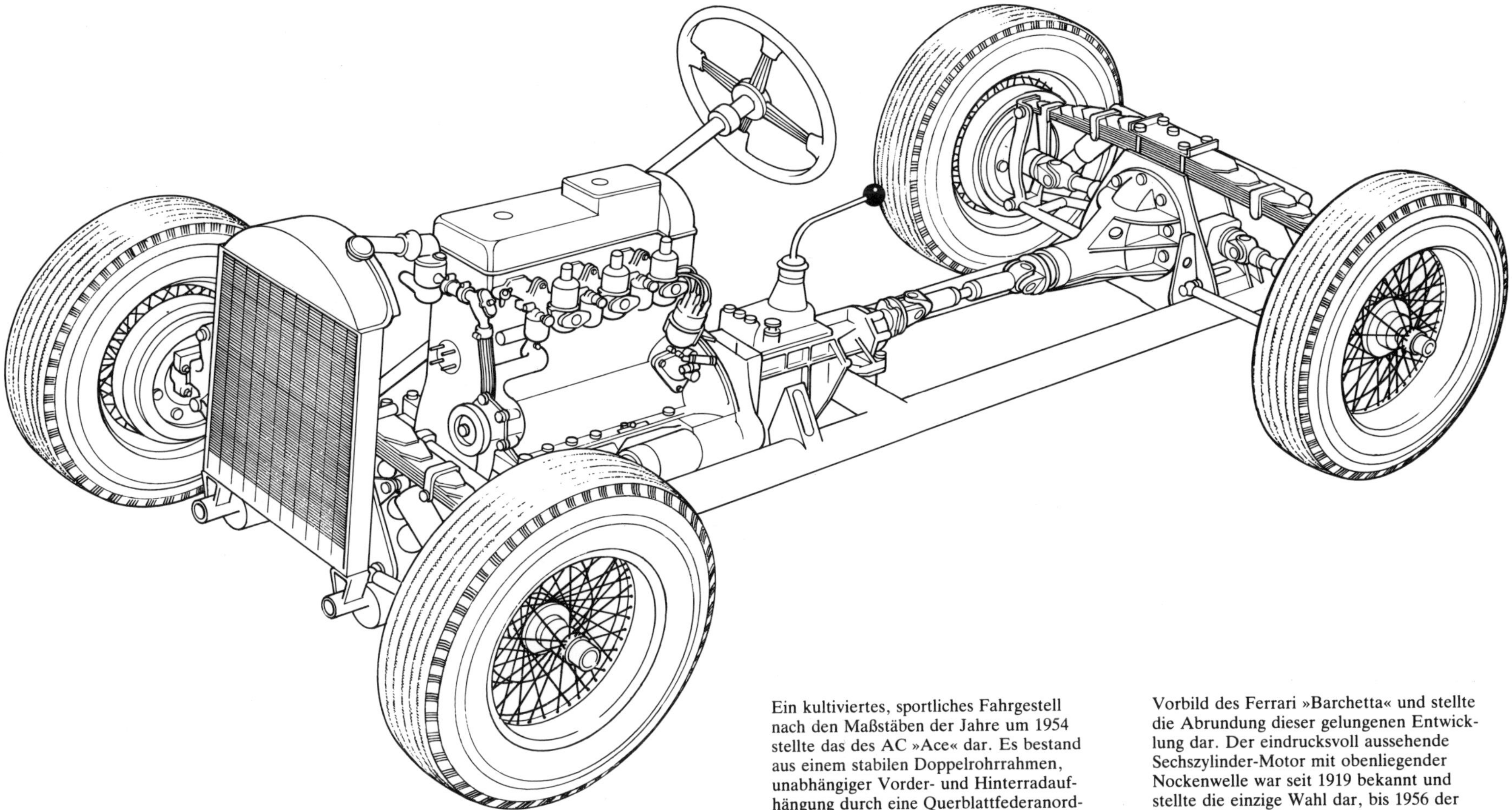

Ein kultiviertes, sportliches Fahrgestell nach den Maßstäben der Jahre um 1954 stellte das des AC »Ace« dar. Es bestand aus einem stabilen Doppelrohrrahmen, unabhängiger Vorder- und Hinterradaufhängung durch eine Querblattfederanordnung, Zahnstangenlenkung, und Speichenrädern mit Zentralverschluß, die zur Kühlung der reichlich bemessenen Bremstrommeln beitrugen. Scheibenbremsen erschienen bei diesem Modell erst 1958. Die aerodynamische Karosserie folgte dem Vorbild des Ferrari »Barchetta« und stellte die Abrundung dieser gelungenen Entwicklung dar. Der eindrucksvoll aussehende Sechszylinder-Motor mit obenliegender Nockenwelle war seit 1919 bekannt und stellte die einzige Wahl dar, bis 1956 der kraftvolle Motor von Bristol erschien. Während seines langen Lebens steigerte sich der AC-Motor allmählich von 30 bis 35 PS auf über 100 PS und verlieh dem Wagen eine Höchstgeschwindigkeit von guten 160 km/h.

gramm. Alfa Romeo und Rolls-Royce hatten sich der Vierrad-Scheibenbremsen-Auslegung angeschlossen. Am Ende unseres Betrachtungszeitraumes war nur noch die Staatskalesche Rolls-Royce »Phantom VI« ohne Scheibenbremsen. Alle anderen Marken von Rang boten sie zumindest an den Vorderrädern an.

Zwei Bremszylinder waren die Regel, nachdem Fiat sie schon 1931 erstmals einbaute. Die Sicherheitsregeln forderten in unseren Jahrzehnten ein Zweikreis-Bremssystem mit Tandem-Hauptzylinder, durch das die zwei Radpaare voneinander getrennt sind. Von 1966 an gehörte dieses Prinzip zum Rüstzeug, es war 1969 in den Vereinigten Staaten praktisch voll eingeführt und kam beispielsweise auch bei Alfa Romeo, BMW, Citroën, den letzten europäischen Ford, Lancia, Saab und Volvo zum Einbau

Es genügte aber nicht, die Bremsen gut zu kühlen und das Bremsfading zu beseitigen. Bremshilfen beschäftigten wieder die Gemüter der Konstrukteure. Diese Hilfen waren lange in Gebrauch gewesen, so seit 1919 das getriebeunterstützte System von Hispano-Suiza (das auch von Rolls-Royce eingebaut wurde) und seit 1923 das belgische »Dewandre«-Vakuum-System. Das letztere fand in den zwanziger Jahren bei zahlreichen bekannten Marken Anwendung, so unter anderem bei Citroën und Hillman. Aber die hohen Herstellungskosten standen einer größeren Verbreitung entgegen sowie auch die größere Effektivität der aufkommenden hydraulischen Bremsen. Ende der dreißiger Jahre galt die »Dewandre«-Bremse wieder als Zutat von Wagen luxuriösen oder sportlichen Zuschnitts. Der Fahrer eines Cadillac oder Rolls-Royce war auf eine Bremshilfe angewiesen, und ähnlich erging es auch den Fahrern von Familienlimousinen der Zwei-Liter-Klasse, als diesen Fahrzeugen Geschwindigkeiten von 150 km/h nicht mehr fremd waren. So kam es, daß vakuumunterstützte Servobremsen während der sechziger Jahre wieder auf dem Markt erschienen. Citroën gab hydraulischem Druck den Vorzug, der durch eine motorbetriebene Pumpe beim Modell DS ohnehin zur Verfügung stand und ja auch die Betätigung von Kupplung und Gangschaltung unterstützte.

1960 konnte man Servobremsen als Standardausrüstung bei größeren und teureren amerikanischen Wagen – nicht nur bei Cadillac, Lincoln und Imperial – ansehen, sondern auch bei Buick und Fords Prestigemodell »Thunderbird«. Alles aus der Klasse um 195 km/h erforderte Bremsunterstützung, aber auch bei Marken wie Humber, Datsun, Mercedes-Benz und Rover stand sie zur Verfügung. Der nächste Schritt war unvermeidlich: Auch kleinere Modelle verlangten Unterstützung, denn sie wurden größer, schwerer und schneller. Der Hillman »Minx« von 1951 hatte eine Länge von 4,02 m, wog 945 kg und erreichte 112 km/h. Das vergleichbare Modell von 1968 war um 28 cm länger, aber die Vergrößerung des Motors um bescheidene 230 ccm Hubraum erbrachte fast die doppelte Leistung und zusätzlich etwa 22 km/h an Geschwindigkeit. Im Verhältnis zur Leistung waren die Bremsen nun zu schwer, und so erschien die Servobremse auf der Liste der Extras. In ähnlicher Weise verfuhr

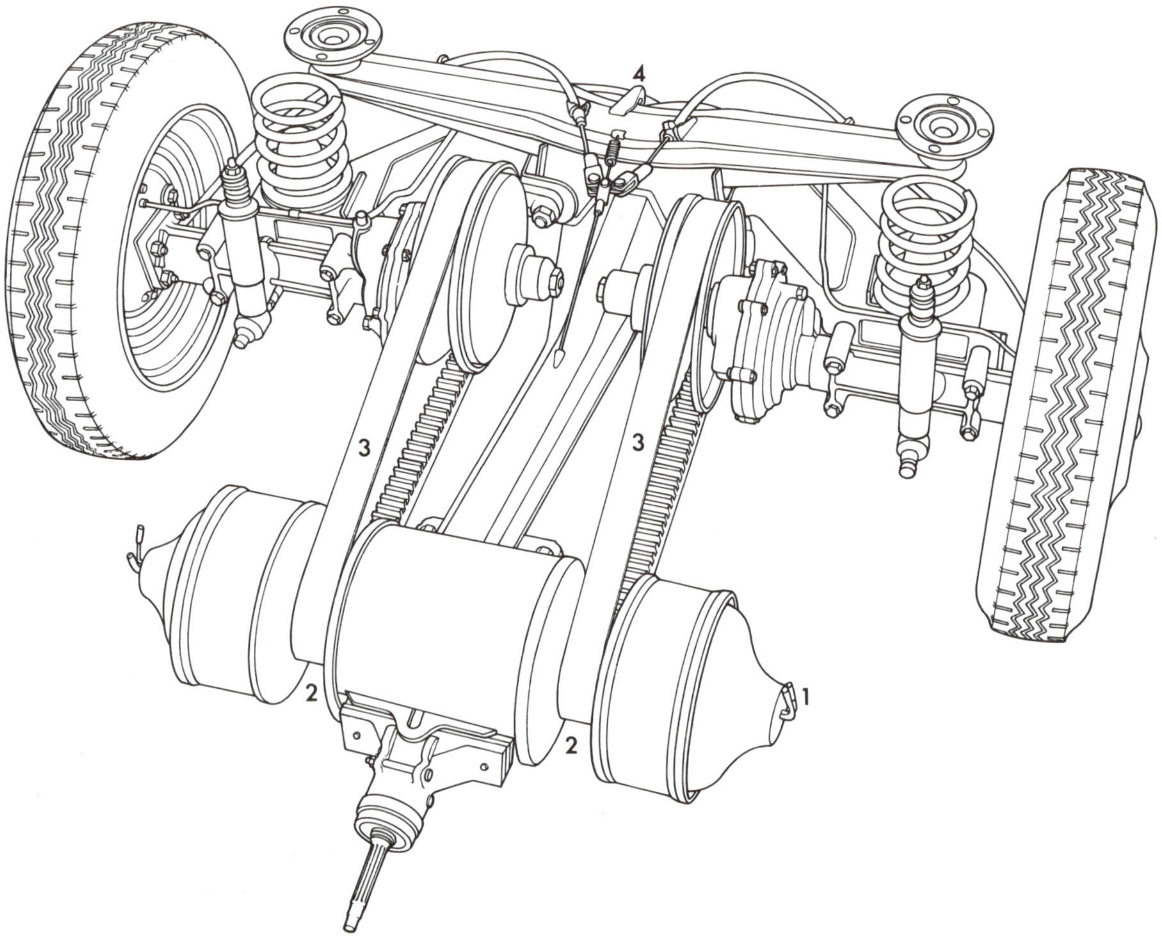

(Oben links) »Variomatik« hieß das einfachste Automatik-Getriebe, das vom holländischen Hersteller DAF ab 1958 eingebaut wurde. Die Kraftübertragung erfolgte auf eine querliegende Vorgelegewelle (1) über zwei Kegelscheiben (2) und sodann über zwei Keilriemen (3), die jeder ein Hinterrad antrieben. Die Riemen ziehen die Scheiben gegen Federdruck auseinander und laufen dann auf einem zunehmend kleineren Durchmesser, worauf sich das Übersetzungsverhältnis stufenlos verringert. Das gesamte Hinterachsaggregat ist an einem Hilfsrahmen (4) aufgehängt.

(Unten links) Kompakt mit 3,6 m Länge, sparsam mit einem Verbrauch von 6,5 l/100 km und ohne Kinkerlitzchen, gab der DAF von 1964 äußerlich nicht zu erkennen, daß sich in ihm das »Variomatik«-Getriebe befand. Unabhängige Radaufhängung und Zahnstangenlenkung waren bei einer kleinen Familien-Limousine des Jahres 1958 zu erwarten. Ein luftgekühlter Zweizylinder-Boxermotor erschien zwar etwas unzeitgemäß im Zeitalter eines Mini, aber auch andere Hersteller gingen diesen Weg, wie beispielsweise BMW. 100 km/h für den DAF erwiesen sich als ausreichend, zumal die Bremsen nicht zu den starken Seiten des Fahrzeugs zählten. Für die Beschleunigung von 0 auf 80 km/h benötigte er 22 Sekunden, das war fast die Zeit, die ein Mini für die Beschleunigung von 0 auf 100 km/h beanspruchte. Aber mit nur 746 ccm unter der Haube muß man einen Leistungsverlust für den Vorteil einer Automatik in Kauf nehmen.

(Gegenüber, oben) Triumph ging bei seinem Modell TR 5 von 1967 zur Benzineinspritzung über. Bei diesem Modell wurden die Karosserie und die unabhängige Hinterradaufhängung des vorhergehenden Modells TR 4 mit einem neuen 2,6-Liter-Sechszylinder-Motor kombiniert, der vom Motor des Standard »Vanguard« abgeleitet war. Das brachte eine Steigerung der Höchstgeschwindigkeit von 175 km/h des Vierzylinders auf etwa 190 km/h. Um amerikanischen Abgasforderungen zu entsprechen, war auch eine Zweivergaserausführung als Typ TR 250 erhältlich. Das interessante Dach war entweder in Metall oder als leichter Rahmen mit Stoffbespannung als Extra für die Modelle TR 4 und TR 5 lieferbar und nahm gewissermaßen Porsches besser bekanntes »Targa«-Halbcabriolet von 1967 vorweg.

(Gegenüber, unten) Hier werden die meisten Funktionen elektrisch ausgelöst. Den Euro-Amerikaner Jensen gab es seit 1936, als ein Ford-V-8-Motor eingebaut wurde. Das hier gezeigte Modell »Interceptor« wurde von Vignale entworfen und mit einem 6,3-Liter-V-8-Motor von Chrysler ausgerüstet. Weiter verfügte es über ein dreistufiges Automatik-Getriebe, Zweikreis-Scheibenbremssystem, elektrische Fensterheber und heizbare Heckscheibe. Lenkunterstützung kam erst 1970 dazu. Von 1954 bis 1966 fertigte Jensen Kunststoffkarosserien, und man kehrte hier zur Ganzstahlkarosserie zurück. Der Preis von 3 742 Pfund war Ende der sechziger Jahre als hoch zu bezeichnen, wogegen ein Verbrauch von 22 l/100 km zu Zeiten reichlichen und billigen Benzins die Käufer nicht schreckte. Bei einer Höchstgeschwindigkeit von 196 km/h lockte der Wagen zwischen 1967 und 1973 etwa 4 500 Käufer an.

Hinterradaufhängung der Fünfziger und Sechziger. Bei der Renault »Frégate« 2-Liter-Limousine von 1953 *(Mitte links)* kamen Schraubenfedern in Verbindung mit Längslenkern zum Einsatz, die um schräggestellte Zapfen schwingen, die vorn an einem Querträger befestigt sind. Ebenfalls um eine unabhängige Aufhängung handelt es sich bei dem Jaguar E-Typ von 1961 *(oben)*. Auch hier wird ein Hilfsrahmen

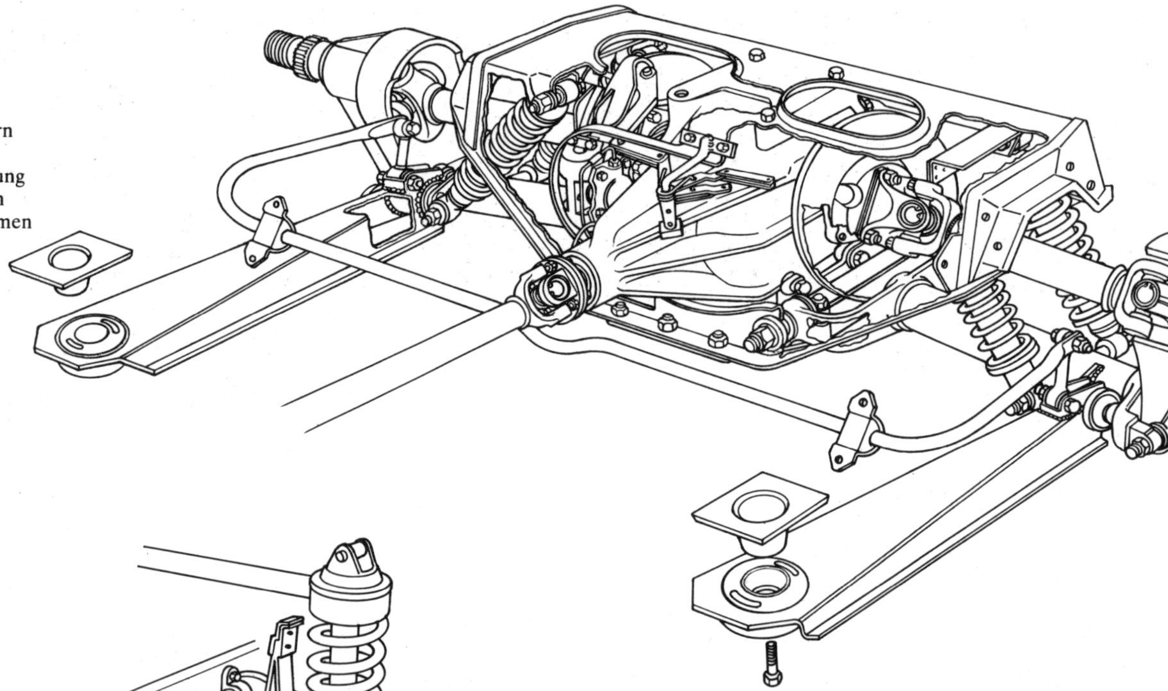

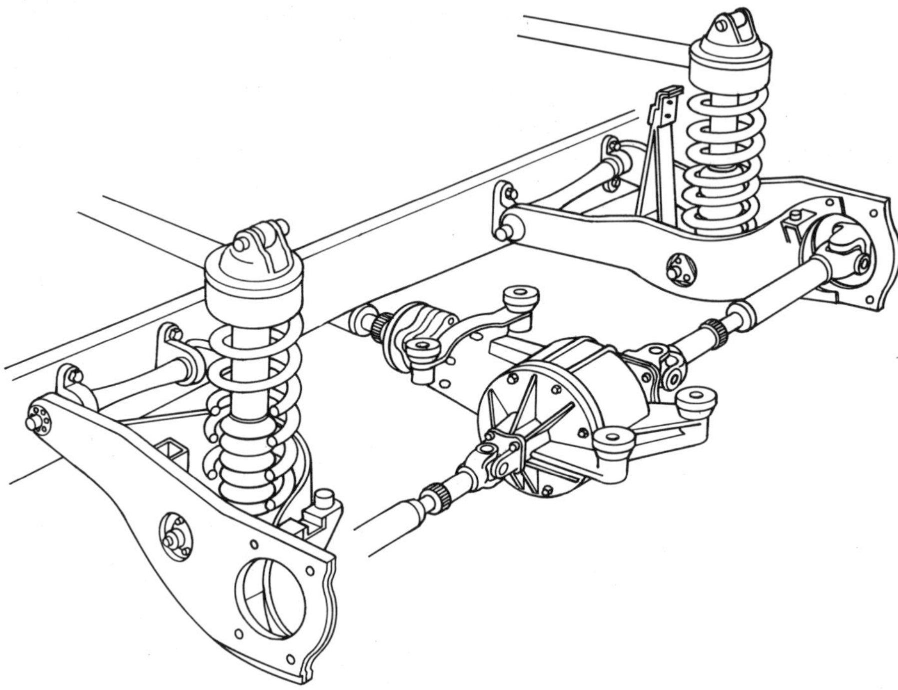

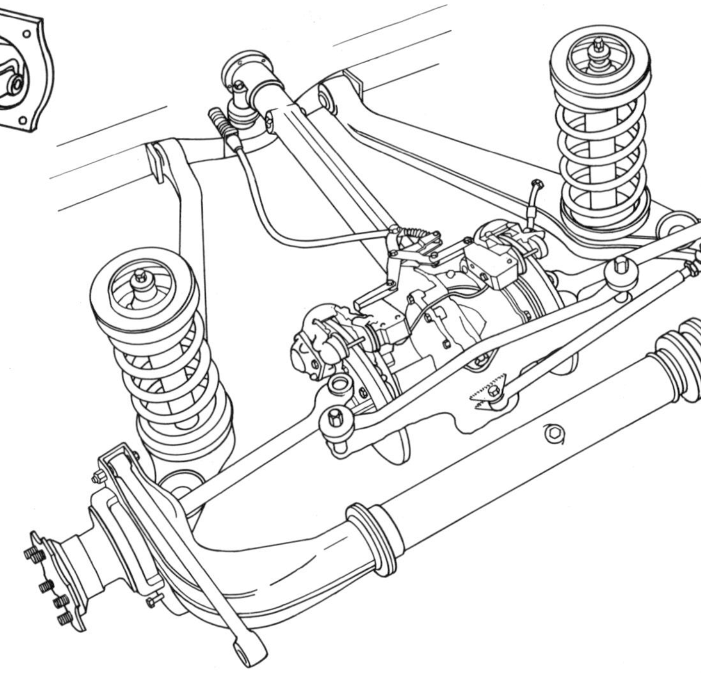

verwendet, der direkt an der Karosserie angebracht ist. Die Federung besteht aus einer Kombination von Schraubenfedern und Stoßdämpfern, die an unteren Querlenkern befestigt sind. Die Scheibenbremsen sind innenliegend angebracht, wie das auch beim Rover 2000 von 1964 der Fall ist *(Mitte rechts)*. Um eine gute Parallelführung der Hinterräder zu erreichen, wird eine deDion-Achse verwendet. Dieses Aggregat besteht hier aus zwei ineinandergesteckten drehbaren Achsrohren mit teleskopischem Gelenk und eigenem Ölbad. Eine Verdrehung erfolgt jeweils durch die steigenden oder fallenden Räder.

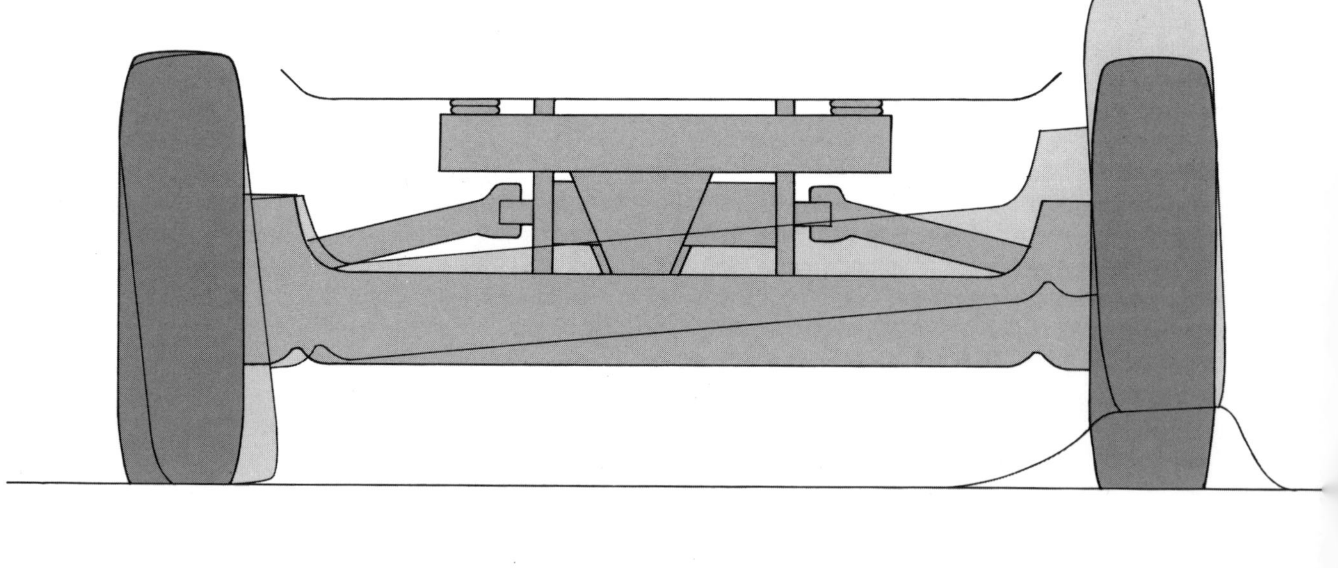

man mit vergleichbaren Modellen wie dem Audi, dem Fiat 124 und dem Peugeot 403.

Während sich die Felgendurchmesser verringerten, vollzog sich bei den Reifen eine wesentliche Neuentwicklung. Zum Beginn unseres Betrachtungszeitraumes brachte man Geschwindigkeiten von rund 200 km/h mit den Namen Jaguar, Ferrari und Aston Martin in Verbindung, aber es gab keine Reifen für derartige Geschwindigkeiten. Der schlauchlose Reifen, in Amerika seit 1948 auf dem Markt und in Europa etwa fünf Jahre später, war zweifellos ein Schritt in Richtung Vereinfachung, aber in bezug auf eine bessere Straßenhaftung brachte er nichts. So kam es, daß während der fünfziger Jahre der Gürtelreifen seinen Einzug hielt. Er ersetzte den Diagonalreifen, bei dem die Lagen verstärkten Cordgewebes wechselweise im Winkel von 45° zur Reifenachse verliefen. Bei den neuen Gürtelreifen verlaufen die Gewebeeinlagen radial unter einem Winkel von 90° zur Reifenmittellinie von Wulst zu Wulst. Zusätzliche Einlagen – bei Michelin aus Stahlcord – bildeten einen Gürtel und verstärkten die Partie unter der Lauffläche. Das Ergebnis war ein Reifen mit erhöhter Flexibilität, weniger Rollwiderstand, besserem Kraftschluß und schließlich auch geringerer Abnutzung. Diese Vorteile erhielt man um den Preis eines härteren Fahrverhaltens und höheren Laufgeräusches. Auch die Seitenführungskraft hatte gelitten. In Kurven neigten Wagen mit Gürtelreifen leichter zum Ausbrechen; mit Diagonalreifen lagen die vertretbaren Kurvengeschwindigkeiten höher. Gürtelreifen gehörten gegen Ende unseres Betrachtungszeitraumes zur Standardausrüstung von Hochleistungswagen, und auch bei Familienlimousinen wurden sie von der Mehrheit der Käufer in Auftrag gegeben.

Die Verwendung von Starrachsen vorn und hinten blieb nun einzig und allein geländegängigen Wagen wie Jeep, dem Landrover und dem Toyota »Land Cruiser« vorbehalten. Exzentriker wie den Bond »Minicar« – ein Dreiradwagen, bei dem sich die Federung auf dicke Reifen an kleinen Rädern beschränkte – können wir übergehen. Die allgemein verwendete unabhängige Vorderradaufhängung folgte dem Prinzip der Schraubenfederung an Schwingarmen, normalerweise an ungleich langen Armen, wodurch das »Nicken«, ein Merkmal der dreißiger Jahre, vermieden wurde. Querliegende Blattfedern erschienen in Verbindung mit Querlenkern; Drehstäbe – befestigt am unteren Querlenker und am Fahrgestell – fand man bei Chrysler, Jaguar, Morris und Volkswagen, um nur einige zu nennen.

Eine Variante der Schraubenfederung stellen die McPherson-Federbeine dar, die aus stehenden Schraubenfedern und verstärkten Stoßdämpfern als Achsschenkel bestehen. Ford führte dieses Prinzip 1948 für seine französischen Modelle ein, 1951 auch in Großbritannien und ein Jahr später in Deutschland. Aber erst in den siebziger Jahren fand dieses System weitere Verbreitung. In der Zwischenzeit teilten sich die traditionelle Schraubenfederung und die Torsionsstabfederung die Gunst bei den Herstellern. Längsliegende Halbelliptikfedern an den Hinterrädern stellten während des gesamten Betrachtungszeitraumes die Regel dar, und Marken wie Chrysler, Datsun, Ford, Hillman, Oldsmobile und Rambler verwendeten sie noch 1969. Die Kombination von Starrachsen mit Schraubenfedern – wie bei einigen General-Motors-Modellen und bei Volvo – verlangte nach einer Führungsstrebe, um das Fahrverhalten unter Kontrolle zu halten. Bei einigen Wagen mit Frontantrieb erhielt die feststehende Hinterachse Unterstützung durch querliegende Torsionsstäbe (so beim alten Citroën »Traction« und bei Audi) oder durch eine Starrachse mit querliegender Blattfeder (bei DKW).

Wirklich unabhängige Radaufhängung brauchte ihre Zeit, bevor sie allgemeine Einführung fand, wobei allerdings Mercedes-Benz, Porsche, Volkswagen und Borgward bei ihren Nachkriegswagen nie etwas anderes anwendeten. Die von Mercedes-Benz und Triumph verwendeten schraubengefederten Pendelachsen konnten in engen Kurven zum »Hüpfen« führen. Eine Kombination von Schraubenfeder und Schräglenker wurde von BMW, Chevrolet (bei der »Corvette«), Fiat, Renault und Hillman (beim »Imp«) bevorzugt. Volkswagen blieb bei der Pendelachse und querliegenden Federstäben. Lotus wandte sich beim 1957er »Elite« hinteren McPherson-Federbeinen zu. AC baute bei früheren Modellen (1954) die gleiche Kombination von querliegender Blattfeder und Querlenker, sowohl vorn wie hinten, ein, aber ging später bei den letzten »Cobra«-Ausführungen, die mit dem Hochleistungs-V-8-Motor von Ford ausgestattet waren, zu Schraubenfedern über. 1961 übernahm auch Jaguar die unabhängige Hinterradaufhängung. Man baute die ganze Federung zusammen mit den Scheibenbremsen in einen demontierbaren Hilfsrahmen ein. Die Federungseinheit bestand hier aus einer doppelten Schraubenfederung an jeder Seite, die Radaufhängung selbst an parallellaufenden Querlenkern ungleicher Länge und längsliegenden Schwingarmen.

Technisch interessant war auch das beim BMC »Mini« ab 1959 angewandte System mit Gummipuffern im Drehstab als Federungselement. Diese Anordnung ermöglichte eine abgestufte Federung, bedurfte jedoch keiner Schmierung. Es war der Weg zu der »Hydromatic«-Federung der Modelle 1100 und 1800, die ab 1964 auch beim »Mini« eingebaut wurde. Hierbei handelte es sich um eine Verbundfederung, bei der die Federelemente der vorderen und hinteren Räder auf jeder Wagenseite hydraulisch durch eine Leitung miteinander verbunden sind, so daß sich die Federn beider Räder gegenseitig beeinflussen.

Schon bei Citroën 2 CV fand man ein vergleichbares System. Hier besteht zwischen den Rädern einer Fahrzeugseite eine durch die Federn beeinflußte Verbindung. Die Räder schwingen vorn und hinten an Längslenkern, die durch einstellbare Gestänge miteinander verbunden sind. Die Bewegungen der Radtragarme wirken auf Schraubenfedern. Das System arbeitete einwandfrei, wenn auch die Seitenneigung in schnell gefahrenen Kurven dieses System für leistungsfähigere Wagen nicht empfahl. In der ursprünglichen Version mit 375-ccm-Motor lag die Höchstgeschwindigkeit des 2 CV ja auch nur bei 65 km/h.

Der hydropneumatischen Federung begegnete man erstmals 1954 bei dem Citroën-Modell 15/6; sie kehrte zwei Jahre später im Modell DS wieder. Dieses Modell bildete eine Sensation mit seiner haifischartigen Frontpartie, Kunststoffdach, der Anordnung mit »einem Rad an jeder Ecke« und innenliegenden vorderen Scheibenbremsen. Eine wahre Meisterleistung aber war die Federung. Die Hauptbestandteile waren vier hydropneumatische Federelemente, in denen Federelemente durch Gasdruck ersetzt waren. Eine vom Motor angetriebene Druckölpumpe glich durch Zufuhr von Drucköl die Raumänderung des Gasvolumens bei stärkerer Belastung aus. Dadurch wurde auch die Niveauregulierung des Fahrzeugs erzielt. Aber die Federungsbetätigung war nicht die einzige Aufgabe der Druckölpumpe. Sie lieferte die Kraft für den Wagenheber, unterstützte Kupplung, Gangwechsel, Bremsen, Lenkung und Getriebe – aber der Wagen verfügte nicht über eine Automatik. Es sollte auch während der ganzen Produktionszeit keinen Wagen der D-Typenreihe mit Automatik geben. Die englische Zeitschrift »The Motor« bezeichnete ihn als den »kompliziertesten Wagen, der je gebaut wurde«. Citroën stellte dem Ursprungstyp DS 19 bald den vereinfachten Typ ID zur Seite, bei dem die Hydraulik sich nur auf die Federungsunterstützung beschränkte. Er konnte nun wahrlich als das kultivierteste Auto bezeichnet werden.

Luftfederung wurde 1958 von Cadillac erprobt, von Borgward 1960 und von Mercedes-Benz 1963. Alle diese Systeme arbeiteten mit elektrisch betriebenen Kompressoren. Im Falle Mercedes-Benz allerdings diente die Luftfederung als Ergänzung zur normalen Federung durch Schrauben und Doppelquerlenker vorn sowie Pendelachsen hinten. Cadillac verwendete vier Gummi-Luft-Federelemente und verzichtete gänzlich auf herkömmliche Federn. Dieser Wagen, genau wie der Citroën DS, hatte den großen Nachteil, daß das System leckte. Die Entwicklung von Mercedes-Benz war für das, was geboten wurde, einfach zu teuer. Bei den exklusiven 6,3-Liter-Limousinen des Typs 600 überlebte sie bis zur Produktionseinstellung 1981, und in einige der großen Limousinen wurde sie auf Wunsch eingebaut. Im Sechszylindermodell von Borgward erlebte die Luftfederung eine Produktionszeit von zwei Jahren

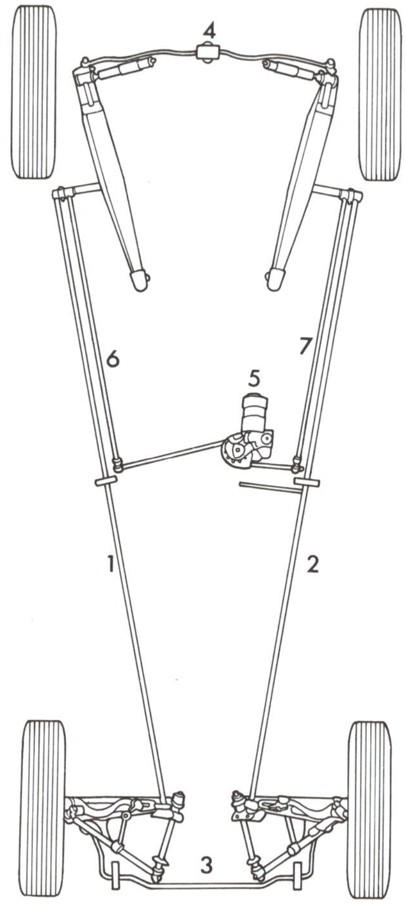

(Oben links) Es gab keine äußerlichen Anzeichen dafür, daß der Cadillac »Eldorado« Brougham von 1957 mit Luftfederung ausgerüstet ist. Er »kauerte« nicht im Stand bei ausgeschaltetem Motor. Aber das neue System war nicht lecksicher, und die enttäuschenden Verkäufe – nur 704 Stück in zwei Jahren – machten die Vorliebe der Amerikaner für den bekannten und sicheren Weg deutlich. Für gut 13 000 Dollar bekam der Käufer außer einem 6-Liter-V-8-Motor mit einer Leistung von 335 PS auch noch ein Automatikgetriebe, Lenkhilfe, Klimaanlage, Heizung, in sechs Stufen elektrisch verstellbare Sitze, elektrische Türverriegelung, elektrisch betätigte Kofferraumhaube, getönte Scheiben, poliertes, rostfreies Dach, vier Hörner sowie ein ausgestattetes Kosmetikfach in der hinteren Armlehne. 45 verschiedene Farbkombinationen für die Innenausstattung standen zur Verfügung.

(Oben rechts) Schicklich für einen amerikanischen Luxuswagen war die kultivierte Federung, die an Packard-Modelle des Jahrgangs 1955/1956 zu finden war. Sie bestand aus einem Paar Torsionsstäben (1, 2) von 2,75 m Länge, die das Fahrgestell entlangliefen und durch Stabilisatoren (3, 4) mit den Federn verbunden waren. Um unterschiedliche Belastung auszugleichen, war ein Elektromotor (5) mit einem Paar kürzerer Torsionsstäbe (6, 7) verbunden. Dieser Motor trat in Tätigkeit, wenn das Heck des Wagens entweder höher oder tiefer lag als die Normalposition, wobei eine 5-Sekunden-Zeitverzögerung wirksam wurde, um ein Ansprechen beispielsweise bei Straßenunebenheiten zu vermeiden.

(Unten) Die hydropneumatische Federung von Citroën kam beim traditionellen 15 CV mit Sechszylinder-Motor von 1954 nur an der Hinterachse zum Einbau, erst spätere Modelle erhielten sie auch an der Vorderachse. Der hydraulische Druck wird durch eine von der Kurbelwelle angetriebene Druckölpumpe (1) erzeugt, die von einem an der Spritzwand angebrachten Ölbehälter (2) versorgt wird. Das Drucköl fließt zu einem hydropneumatischen Druckspeicher (3). Der Kreislauf setzt sich dann fort mit einem automatischen Niveauregler (4), von dem einzelne Leitungen zu jedem Luftfederelement (5) laufen. Jedes Federelement besteht aus einem hydraulischen Teil mit Zylinder und Kolben und einem kugelförmigen pneumatischen Teil. Bei Stillstand des Wagens kann durch ein Sperrventil (6) die Anlage abgeschaltet werden, die Druckölförderung zum Niveauregler und den Federelementen ist dann unterbrochen. Das Ventil öffnet sich automatisch wieder bei Niedertreten des Kupplungspedals. Der Niveauregler läßt sich durch einen Handhebel (7) so einstellen, daß ein Radwechsel erleichtert wird.

(Rechts) Trotz der Haifischform kein räuberischer Wagen. Citroëns Typ DS war nicht bekannt für Geschwindigkeit und beeindruckende Beschleunigung. Auch die Cabriolet-Version verfügte natürlich über die hydropneumatischen Hilfen, die das Fahren in diesem Modell zum Genuß machten. Henri Chapron – bekannt für seine Karosserien auf Delage-Basis in den Vorkriegsjahren – schuf sie in den Jahren 1961 bis 1971. Besonders vorteilhaft sieht der Wagen mit heruntergeklapptem Verdeck aus. Mit Verdeck wirkt der Wagen durch das Fehlen eines zweiten Seitenfensters plump, und außerdem sind auch die Sichtverhältnisse nach hinten unzureichend. Dieses Modell von 1964 verfügte über den veralteten langhubigen Vierzylinder-Motor mit 1 911 ccm des Basistyps von 1934/1935.

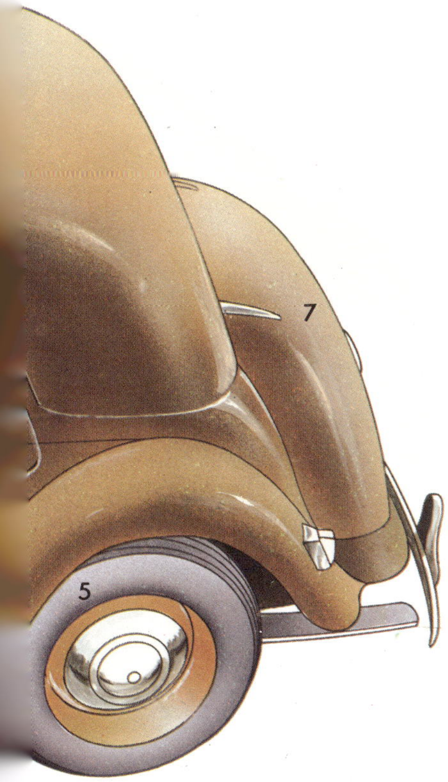

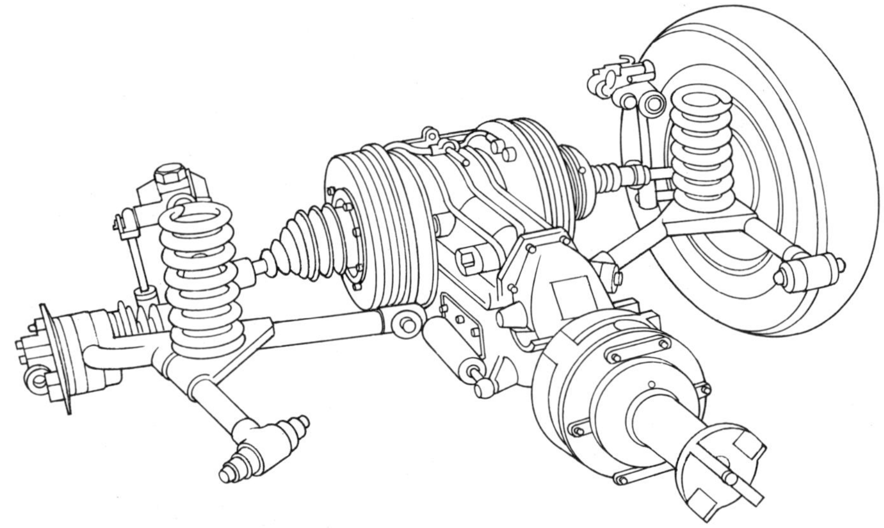

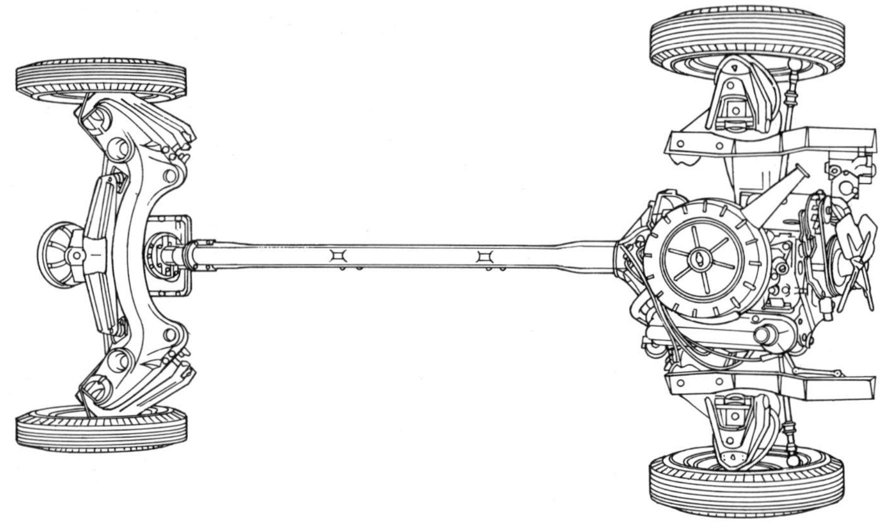

(Oben links) Transaxle-Getriebe. Der V-6-Lancia »Aurelia« von 1950 bis 1958 verfügte über ein Vierganggetriebe an der Hinterachse. Hierbei handelt es sich um die frühere Ausführung mit unabhängiger Radaufhängung an Federn, die an diagonalen Schwingarmen befestigt sind. Die innenliegenden Bremsen waren nicht sehr wartungsfreundlich. *(Rechts)* Auch beim Pontiac »Tempest« von 1961 kam das Transaxle-System zur Anwendung. Wie der »Corvair« verfügte auch dieses Modell über unabhängige Hinterradaufhängung. Eine der merkwürdigsten Merkmale des Pontiac war die geschwungene, flexible Kardanwelle, von der behauptet wurde, sie dämpfe die zu großen Schwingungen, zu denen ein Vierzylindermotor neigt.

(Unten) Lenkhilfe gehörte zur Standardausstattung des NSU »Ro 80« von 1968, der mit Frontantrieb und Wankel-Motor ausgerüstet war. Aus Sicherheitsgründen brachte man das Lenkgehäuse (1) nahe der Spritzwand an; zur Verwendung kam bei der Lenkung das Zahnstangen-Prinzip. Die Kraftunterstützung wird durch eine Hochdruck-Pumpe (2) erzeugt, die über zwei Keilriemen vom Motor angetrieben wird und die Hydraulikflüssigkeit aus dem Tank (3) bezieht. Unter Druck fließt sie zu einem Ventil (4), das sich neben dem Lenkgehäuse befindet und durch die Lenkbewegungen betätigt wird.

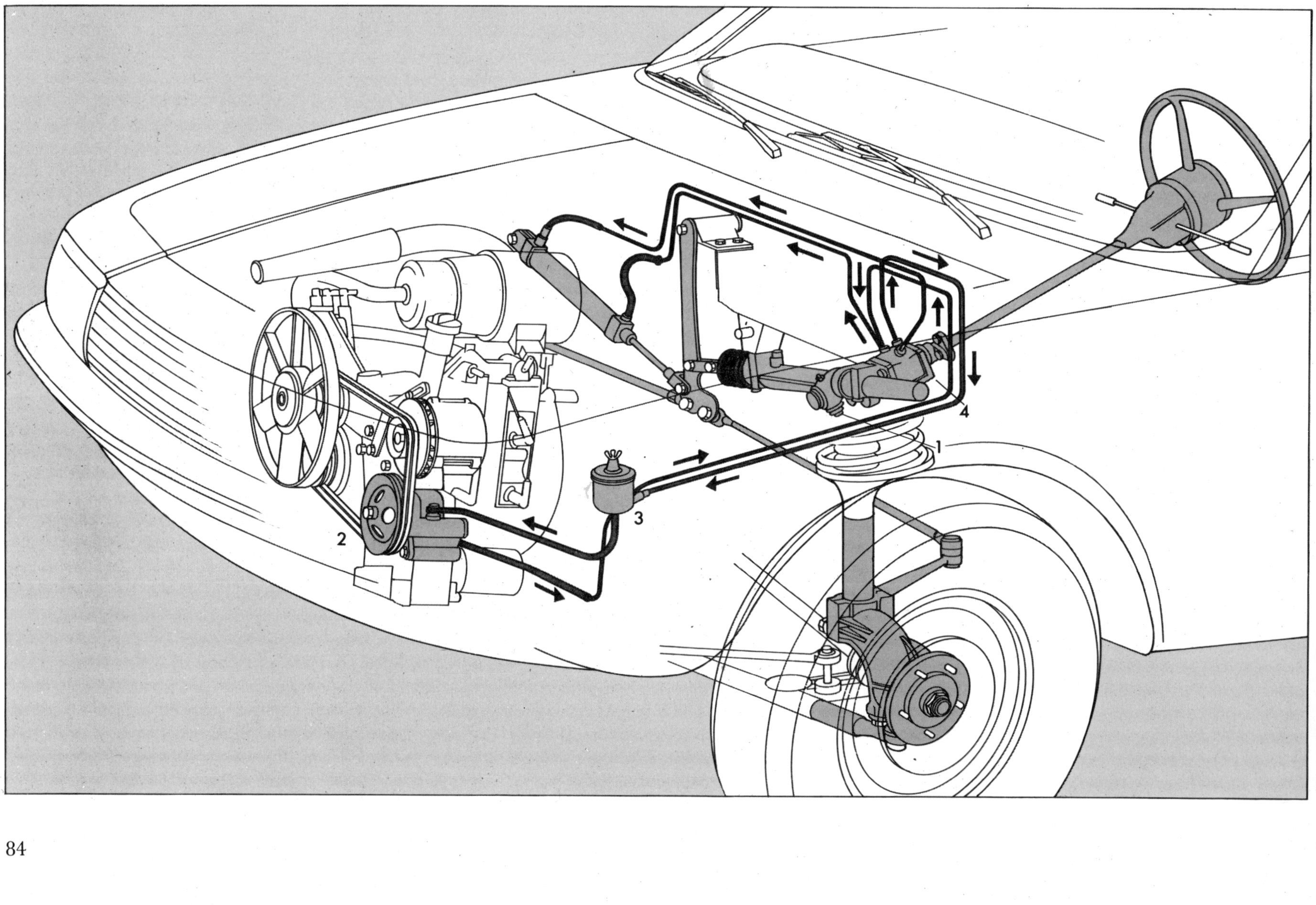

bis zum Zusammenbruch des Unternehmens im Jahre 1961. Von diesem Modell wurde nur eine geringe Stückzahl hergestellt und davon wiederum nur wenige mit Luftfederung. Es erscheint bezeichnend, daß während der kurzen Zeit der Wiederaufnahme der Produktion in Mexiko 1967 nur noch die konventionelle Art der Federung Erwähnung fand.

Bei Wagen mit Hinterradantrieb blieb das Kegelraddifferential vorherrschend. Bei einigen Modellen aber, besonders bei Lancia und dem Pontiac »Tempest« von 1962, kehrte man zur Transaxle-Anordnung zurück, bei der Getriebe und Differential eine Einheit bildeten. Es trug zu einer besseren Gewichtsverteilung bei und wurde in Amerika auch gern als Mittel zur Vergrößerung der vorderen Beinfreiheit benutzt. Aber es war wartungsunfreundlich und wurde deshalb nicht in großem Umfang eingebaut. Eine andere Einrichtung, die länger aktuell blieb, war das *limited slip differential,* das das Durchdrehen der Räder beim Anfahren aus dem Stand verhinderte. Anfang der sechziger Jahre erwies es sich als sehr nützlich, zu einer Zeit, in der 300 und mehr Pferdestärken zur Verfügung standen. Schon 1951 gehörte es zur Standardausrüstung des spanischen Pegaso-Sportwagens, und Ende der Sechziger verfügten die schnellen Euro-Amerikaner AC, Iso und Jensen darüber, wie auch alle Ferrari und Lamborghini, der Jaguar-E-Typ und der V-8-Morgan. Bei den Sechszylinderlimousinen von BMW, Jaguar und Mercedes-Benz stand es als Sonderausstattung zur Verfügung. In der Zwischenzeit kehrte auch die deDion-Hinterachse wieder, eine geschwungene Rohrachse, die die Karosserie trägt, aber keine Kraft überträgt. Bei Allard, Aston Martin, Frazer und Lancia wie auch beim Opel »Admiral« war sie in den fünfziger Jahren zu finden und 1964 beim Rover 2000 in Verbindung mit Schraubenfedern. Hier war sie gewählt worden, um gutes Fahrverhalten bei geringem ungefedertem Gewicht zu gewährleisten. Zur Anwendung in großem Stil kam sie jedoch nie und blieb allgemein den Rennwagen vorbehalten.

Lenkhilfen standen mehr im Kreuzfeuer der Meinungen als Automatikgetriebe. Der Grund lag darin, daß einem das Gefühl für das Lenken des Wagens verlorenging. In der Extremform hatte der Fahrer das Gefühl, er unterstützte den Wagen und nicht umgekehrt. Doch war es für amerikanische Wagen eine notwendige und nützliche Einrichtung, wuchsen doch Gewicht und Größe der Wagen ständig.

Cadillac und Chrysler waren 1951 die ersten, die ein hydraulisches System einführten, das eine Parallelanordnung der Spurstange zwischen Fahrgestell und Lenkhebel vorsah. Dieses Prinzip lag allen folgenden Entwicklungen zugrunde. Citroën allerdings verband den Steuermechanismus mit seinem komplexen hydropneumatischen System. Studebaker machte kurzzeitig einen Versuch mit einer mechanischen Einrichtung, die von der Kurbelwelle angetrieben wurde. 1953 wurden Lenkhilfen von allen amerikanischen Herstellern angeboten. 93 Prozent aller Cadillacs waren damit ausgestattet. Im Mittelklassebereich wählten sie 45 Prozent der Chrysler-Kunden und 40 Prozent der von Oldsmobile. Ein Jahr später gehörte die Lenkhilfe bei Cadillac zur Standardausstattung, blieb aber bei Imperial bis 1955 ein Extra und bei Lincoln bis 1956. Bei weniger exklusiven Marken gehörte sie bis 1969 zum Sonderzube-

Mittelträger-Rahmen. Hier wird die Ausführung von Mercedes-Benz gezeigt, deren Ursprünge in der Vorkriegszeit liegen und die auch noch bei den Limousinen des Typs 300 von 1951 bis 1962 zur Anwendung kam, während die kleineren Modelle von 1953 an zur voll selbsttragenden Karosserie übergingen. Dieses Modell verfügte über einen Sechszylinder-Motor mit obenliegender Nockenwelle und 3 Liter Hubraum. Die Leistung betrug 115 PS, aber sie wurde bei späteren Modellen mit Benzineinspritzung erheblich erhöht. Ab 1956 waren Automatikgetriebe verfügbar und ab 1958 Servolenkung. Auch bei der unabhängigen Radaufhängung an Schraubenfedern und Schwingachsen handelte es sich um eine Entwicklung der frühen dreißiger Jahre. Der Triumph »Herald« von 1959, ein in Großserie gebautes Fahrzeug, erinnerte sowohl im Fahrgestell als auch in der Federung an Mercedes-Benz, wobei allerdings die Karosserie-Ausleger eine Längsversteifung hatten. Schwingarme wurden zur Befestigung der Hinterradaufhängung herangezogen. Der gleiche Mittelträgerrahmen wurde auch für eine Sportwagen-Version verwendet, den »Spitfire« *(Foto auf Seite 199).* Ein anderer Anwender dieses Prinzips war Lotus bei seinem hervorragenden Modell »Elan« von 1962. Der gegabelte Mittelträger erwies sich sowohl für vorn wie auch im Heck anzuordnende Motoren als geeignet und wurde auch beim Mittelmotor-Coupé »Europa« verwendet *(Foto auf Seite 51).* Der Typ »Elan« verfügte über unabhängige Federbein-Aufhängung, einen kraftvollen Vierzylinder-Ford-Lotus-Motor mit obenliegender Nockenwelle und Scheibenbremsen.

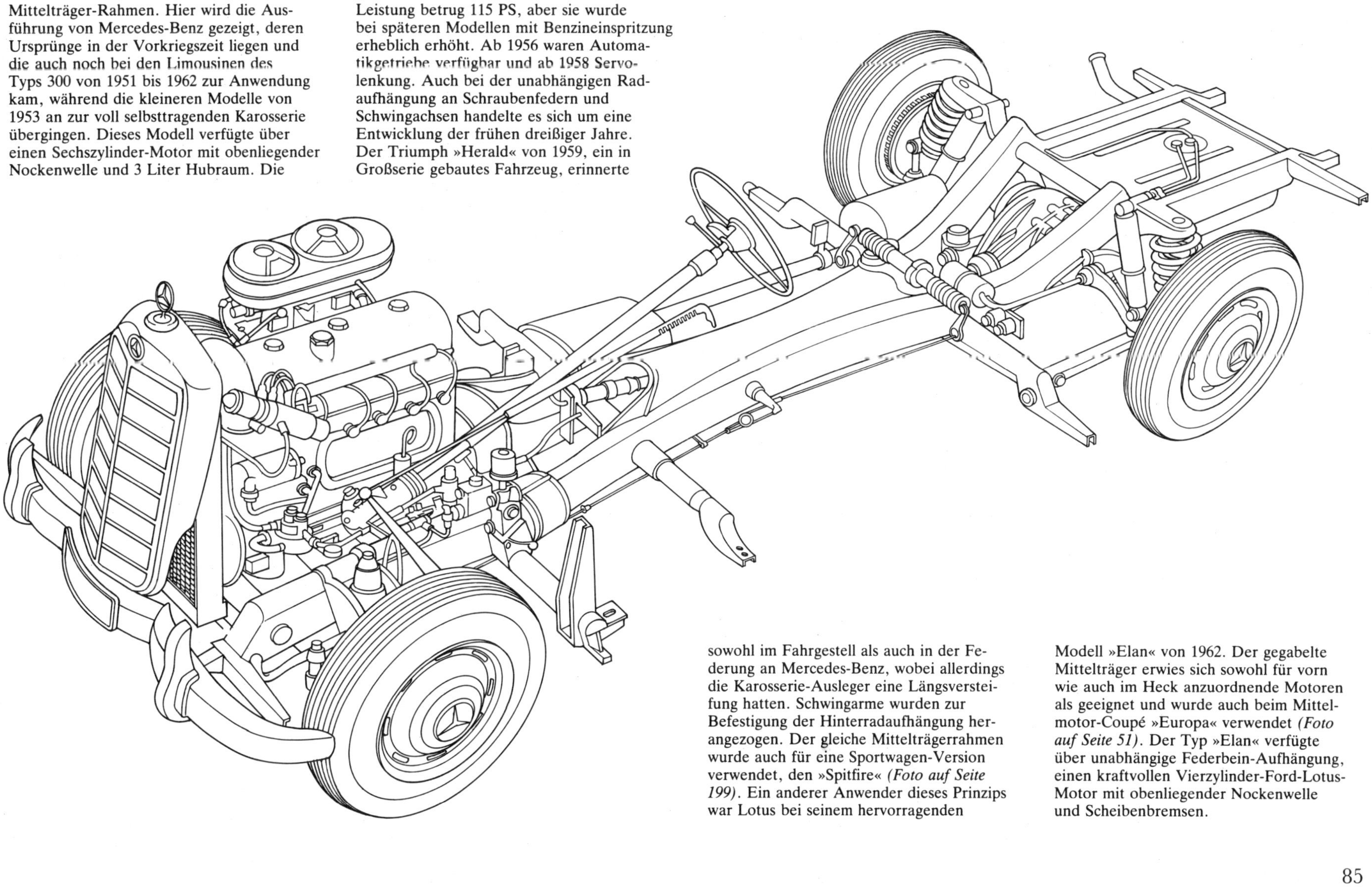

hör, aber nur 16 Prozent der Kunden verzichteten darauf. Offensichtlich bevorzugte der sportliche Amerikaner Beschleunigung, »Leistungspakete« und Geschwindigkeit gegenüber präzisem Fahrverhalten, denn 66 Prozent der in jenem Jahr produzierten Ford »Mustang« waren mit Lenkhilfe ausgestattet.

In Europa machte Citroën 1955 den Vorreiter, gefolgt von Rolls-Royce, Bentley, Facel Vega und Herstellern höherwertiger Fahrzeuge, wie Armstrong-Siddeley, Mercedes-Benz und Jaguar. Danach kam die Schar der Mittelklasselimousinen, wie Rover (1960), BMC (1962), Opel (1964) und Vauxhall (1965). BMWs Schritt zu Sechszylindern im Jahre 1968 brachte gleichzeitig die Einführung der Lenkunterstützung. Auf Wunsch stand sie auch bei Hochleistungswagen in der Klasse Aston Martin und Ferrari zur Verfügung, aber eben als Extra.

Die Zahnstangenlenkung wurde bis etwa Mitte der siebziger Jahre nicht zur allgemeinen Norm. Sie war bekannt für ihre direkte und positive Wirkungsweise, war im ersten Jahrzehnt unseres Jahrhunderts auch weit verbreitet, wurde dann aber wegen des toten Gangs im Lenkrad diskreditiert. Schon in den dreißiger Jahren war diese Form erfolgreich bei den Frontantriebswagen von Citroën, DKW und Adler zur Anwendung gekommen. Ende der vierziger Jahre fand sie sich bei zwei Vertretern der Nachkriegsgeneration, dem Morris »Minor« und dem Peugeot 203. Saab wandte sich ihr schon bei Produktionsaufnahme 1949 zu, was man vielleicht mit der DKW-Abstammung in Verbindung bringen konnte. Jaguar versuchte die Zahnstangenlenkung zuerst in ihren Wettbewerbsfahrzeugen und übernahm sie 1955 für ihr Tourenwagenprogramm. Außerhalb Amerikas hatte die Industrie die Vorteile schnell

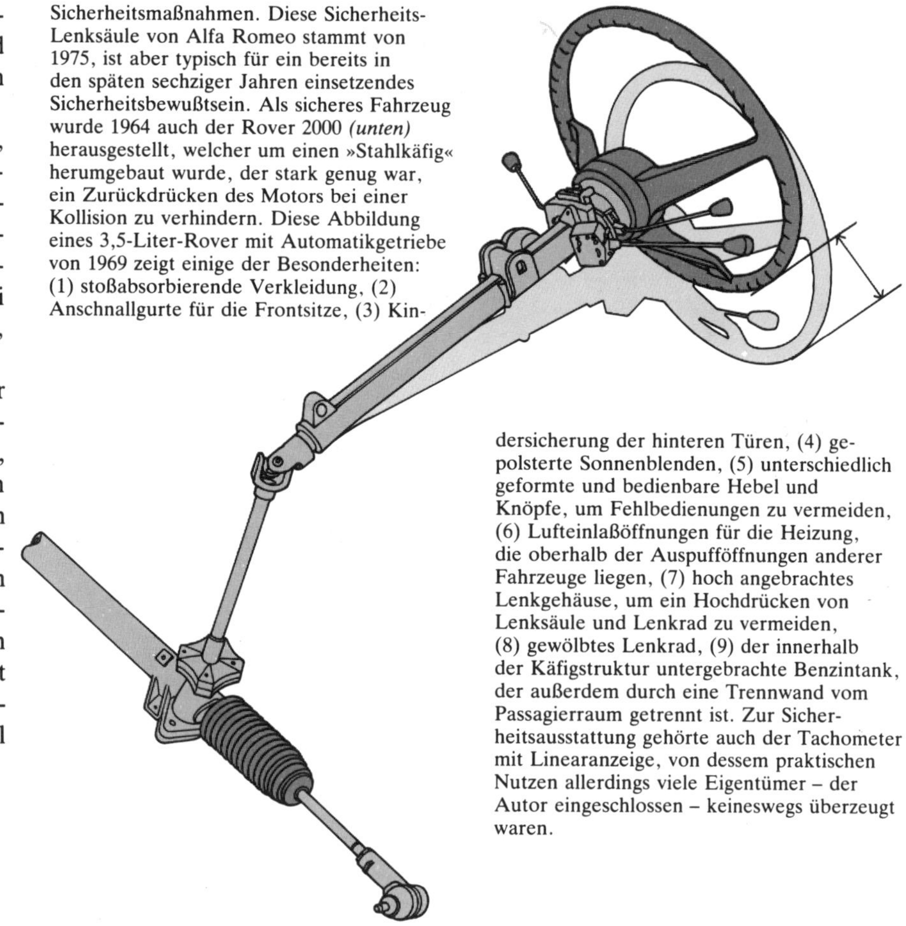

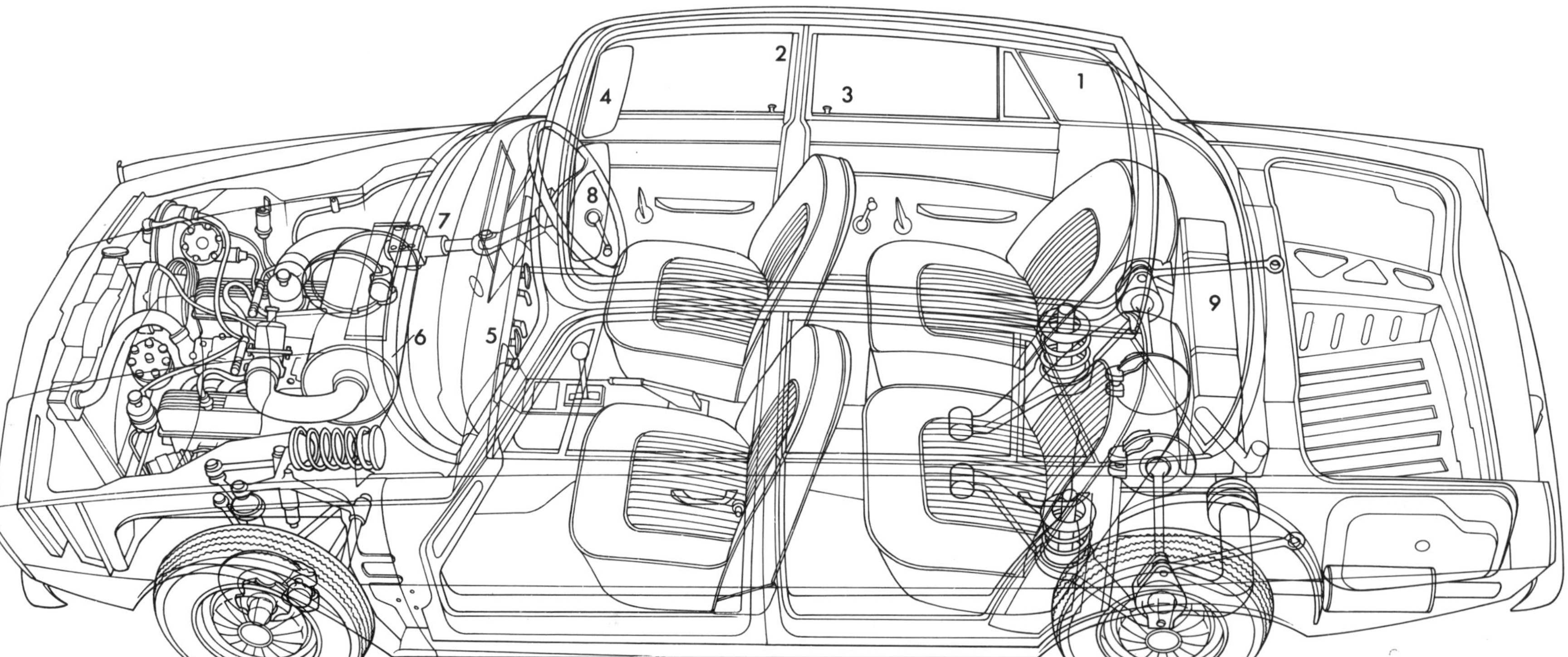

Sicherheitsmaßnahmen. Diese Sicherheits-Lenksäule von Alfa Romeo stammt von 1975, ist aber typisch für ein bereits in den späten sechziger Jahren einsetzendes Sicherheitsbewußtsein. Als sicheres Fahrzeug wurde 1964 auch der Rover 2000 *(unten)* herausgestellt, welcher um einen »Stahlkäfig« herumgebaut wurde, der stark genug war, ein Zurückdrücken des Motors bei einer Kollision zu verhindern. Diese Abbildung eines 3,5-Liter-Rover mit Automatikgetriebe von 1969 zeigt einige der Besonderheiten: (1) stoßabsorbierende Verkleidung, (2) Anschnallgurte für die Frontsitze, (3) Kindersicherung der hinteren Türen, (4) gepolsterte Sonnenblenden, (5) unterschiedlich geformte und bedienbare Hebel und Knöpfe, um Fehlbedienungen zu vermeiden, (6) Lufteinlaßöffnungen für die Heizung, die oberhalb der Auspufföffnungen anderer Fahrzeuge liegen, (7) hoch angebrachtes Lenkgehäuse, um ein Hochdrücken von Lenksäule und Lenkrad zu vermeiden, (8) gewölbtes Lenkrad, (9) der innerhalb der Käfigstruktur untergebrachte Benzintank, der außerdem durch eine Trennwand vom Passagierraum getrennt ist. Zur Sicherheitsausstattung gehörte auch der Tachometer mit Linearanzeige, von dessem praktischen Nutzen allerdings viele Eigentümer – der Autor eingeschlossen – keineswegs überzeugt waren.

entdeckt. 1958 erschienen DAF und die wiederbelebte Marke NSU mit Zahnstangenlenkung, Mazda und Triumph folgten 1959, 1960 waren es neben anderen Hillman, Opel, Porsche und Vauxhall. Ford/Europa und Fiat schlossen sich gegen Ende unseres Betrachtungszeitraumes an.

Das Fahrgestell war bei weitem noch nicht tot. In Amerika zog man den Perimeter-Rahmen den alten kreuzförmigen Rahmen vor. Die rahmenlose Bauart bedeutete dort nach wie vor nicht viel. Zwei von Fords teureren Modellen, »Thunderbird« und »Lincoln«, gaben das gesonderte Fahrgestell 1959 auf, aber 1969 kehrten sie teilweise zur früheren Bauweise zurück. Mittelträgerrahmen fand man bei Volkswagen, Porsche und Skoda wie auch bei den aus der Vorkriegszeit wieder aufgenommenen Typen von Mercedes-Benz. 1959 kehrte Triumph zur konventionellen Bauweise zurück, indem sie das Modell »Herald« auf einem Doppelrohrrahmen aufbauten, von dem – richtigerweise – gesagt wurde, er sei stabiler, und – unrichtigerweise – er sei rostsicher.

Aber man konnte nicht übersehen, daß das Fahrgestell am Aussterben war. Austin gab es 1954 auf, Standard 1955 und Rootes 1956. Auf dem Kontinent wendete man sich bei Fiat von 1952 an der rahmenlosen Bauart zu. Volvo behielt die alte Bauweise beim veralteten und massigen Typ PV 800 bei, einem Überbleibsel der dreißiger Jahre, der besonders für das schwedische Taxigewerbe und als Chauffeurwagen noch bis 1959 in Produktion blieb. Die rahmenlose Bauart folgte nach wie vor den Prinzipien, die bei ihrer Einführung in den dreißiger Jahren bestanden. Das von Citroën und Fiat entwickelte Konzept des Fahrschemels, der die mechanischen Teile aufnahm, wurde von Rover für das Modell 2000 im Jahre 1964 weiterentwickelt. Hier wurde ein Skelett zusammengeschweißt, das die äußeren Umrisse von Dach, Motorhaube und Kofferraum zeigte, in das dann die mechanischen Teile eingebaut und die Blechhaut aufgebracht wurde.

Gitterrohr-Fahrgestelle wurden in gewissem Umfang für Wettbewerbsfahrzeuge herangezogen, wobei sich allerdings häufig Probleme ergaben, die Mechanik und die Besatzung in der entstandenen Struktur unterzubringen. Ein Blick auf den Dschungel der kleinvolumigen Rohre des »Vogelkäfig«-Maserati von 1961 erbrachte den klaren Beweis für seine Unzweckmäßigkeit, außer für Rennzwecke, wenngleich auch eine außerordentliche Stabilität bei leichtem Gewicht erreicht wurde.

Die Betrachtung der Glasfiberverarbeitung wird im einzelnen im Zusammenhang mit den Karosserien erfolgen. Es soll nur soviel gesagt werden, daß Kunststoff für Karosserien erstmals im Jahre 1950 in Kalifornien verwendet wurde und in der Serienproduktion erstmals 1953 beim Modell »Corvette« von Chevrolet. 1956 baute die kleine Firma Berkeley einen kleinen Sportwagen aus drei Kunststoffsektionen und einer Trennwand aus Aluminium. Ein Jahr später erschien Colin Chapmans Lotus-»Elite«, der aus drei Formteilen bestand und nur über drei wesentliche Bestandteile aus Metall verfügte: den Hilfsrahmen für die Vorderradfederung, die eingearbeiteten Teile für den Einbau der Mechanik und den Windschutzscheiben-Rahmen, der auch die Aufhängung für die Türen enthielt. Die Kraftübertragungselemente der Hinterachse wurden direkt mit der Kunststoff-Form verschraubt, ohne daß strukturelle Probleme auftauchten. Es ist allerdings zuzugestehen, daß die frühen

(Rechts) Was gut aussieht, muß gut sein. Ungefähr 330 000 kritische Käufer innerhalb eines Jahrzehnts können nicht irren. Die äußere Form erinnerte an den Citroën DS, und der Rover 2000 von 1964 war auch fast so schwierig zu fahren. Sogar in der 90-PS-Version mit einem Vergaser und manuellem Viergangetriebe garantierte der Zweilitermotor mit obenliegender Nockenwelle eine Geschwindigkeit von 168 km/h, als Autobahngeschwindigkeit galt 145 km/h. Bei vorsichtiger Fahrweise lag der Benzinverbrauch bei 9 l/100 km. Man war sich dabei stets bewußt, daß es ein Vierzylinder war, 1968 erschien eine Alternative mit V-8-Motor, bis 1972 allerdings nur mit Automatikgetriebe.

Kunststoffteile nicht immer gut miteinander zu verbinden waren und die Verarbeitung häufig unzureichend war. Aber der Mißerfolg des Modells »Elite« lag weniger in seinem avantgardistischen Konzept, sondern mehr in der mangelnden Erfahrung des Herstellers in der Kunststoffverarbeitung in Serie. Für das nächste Modell entschied sich Lotus für einen Mittelträgerrahmen, denn der Wagen war als offener Sportwagen gedacht und hatte somit nicht das zur Stabilität unerläßliche Dach, wie es der Typ »Elite« besaß.

Die Verbindung von Kunststoff und selbsttragender Bauweise beim Lotus »Elite«-Sportcoupé von 1958. Die ganze Karosserie setzte sich aus drei Hauptbestandteilen zusammen. Es sind dies der Unterbau *(oben)* mit Radgehäuse, vorderem Hilfsrahmen zur Aufnahme der Radaufhängung und der Halterung für das Differential, sodann die Fahrgestell-Karosserie-Einheit mit Kardantunnel und Motorwanne *(Mitte)* und die »Oberkarosserie« mit Dach und Kotflügeln *(unten)*. Türen, Motorhaube und Kofferraumdeckel waren besondere Teile. Aus Metall bestanden nur der vordere Hilfsrahmen und der Windschutzscheibenrahmen.

3. Kapitel

SCHÖNE UND ANDERE KAROSSERIEN

Die Designer hatten das Automobil, lange bevor es eine konstruktive Einheit wurde, bereits für sich entdeckt. So verschwand der Kühler hinter einer Verkleidung, Federhände wurden ein Opfer der unabhängigen Radaufhängung, Reserveräder wurden in den Kofferraum verbannt, und Scheinwerfer integrierten sich in Verkleidungen und Kotflügel. Den größten stilistischen Einfluß zu Beginn der fünfziger Jahre übte der Cadillac »Sixty Special« von 1938 aus, der über ein Fahrgestell verfügte, wie es bei Cadillac auch bis 1969 die Regel blieb. Keiner der Leute in der Public-Relations-Abteilung wies allerdings darauf hin, daß die Karosserien von Fisher oder Fleetwood stammten, den Karosseriewerken innerhalb der General-Motors-Gruppe. Nur bei den exotischen Erscheinungen interessierte es den Spezialisten, ob die Karosserie eines Ferrari nun von einem Bertone, Pininfarina oder Scaglietti stammte, es war eben ein Ferrari.

Es wurde bereits aufgezeigt, daß die Edelmarken sich zurückhaltender dem Prinzip der selbsttragenden Bauweise gegenüber verhielten. Alfa Romeo vollzog den Wechsel 1950, Mercedes-Benz 1953, Jaguar 1956 und Rolls-Royce nochmals zehn Jahre später. Ferrari und Jensen aber bauten ihre Wagen nach wie vor auf Fahrgestellen auf, genauso Triumph und Morgan in einer niedrigeren Preisklasse. Wie 1939 gab es 1950 noch – wenn auch in geringerem Umfang – Wagen von Delahaye mit Saoutchic-Karosserien oder Hooper-Aufbauten auf Rolls-Royce, wenn auch nicht mehr Le-Baron-Karosserien für Lincoln. Von elf Karosserieschneidern auf der Ausstellung von Earls Court im Jahre 1951 fanden sich zehn Jahre später nur noch fünf. Mit der Aufgabe der Produktion bei James Young im Jahre 1967 endete die Tradition des englischen Karosseriebaus.

In Deutschland bestand der Karosseriebau nur noch in der Zulieferung kleiner Serien von Cabriolets an die großen Hersteller. In Frankreich beendete die Firma Figoni ihre Tätigkeit 1955 mit der Lieferung einer kleinen Serie von Cabriolets an Simca. Die Marken Delage und Delahaye gab es nicht mehr, um an ihnen die Fähigkeiten des Unternehmens zu beweisen. Der Niedergang von Chapron war noch bedrückender. In einer Sonderausführung eines Citroën 15 CV für den Präsidenten der Republik verarbeitete man verschiedene Teile von Ford/Frankreich, Bremsleuchten von Chevrolet, Türgriffe von Bentley und das Rückfenster eines 1949er Buick! Die Nachfrage nach Sonderkarosserien auf einfacherer Basis ließ ständig nach. Zwischen 1930 und 1942 lieferte Plymouth 20 762 Wagen ohne Karosserie, in den weitaus »wohlhabenderen« Jahren 1951 bis 1955 aber nur 10 645. Bei Cadillac waren es in den Jahren 1938 bis 1950 nur noch 128 Fahrgestelle, und danach bis zum Jahre 1964 nur noch 44.

Aber nicht überall herrschte Finsternis, es gab als große Ausnahme Italien. Vor dem Krieg wandten sich die Kenner ausgefallener Karosserien je nach Geschmacksrichtung nach Paris oder London, mit einem Seitenblick auch nach Berlin oder Brüssel (in Belgien überlebten die Karosseriebauer die einheimische Autoproduktion um etliche Jahre). Jetzt aber hieß das Ziel Turin. Die Schöpfungen der Italiener werden noch in einem späteren Abschnitt behandelt werden. Hier soll nur festgehalten werden, daß sie sich entweder mit der Schöpfung schöner Karosserien für die Großserienfertigung beschäftigten (wie Bertones Coupé Alfa Romeo »Guiletta« 1954) oder sich zu eigenständigen Herstellern entwickelten.

Manchmal hatten sich Styling-Gesichtspunkte den Konstruktionserfordernissen unterzuordnen. Außerdem wurde es immer schwerer, schlechte Autos zu bauen, seitdem ausgedehnte Versuche vom Polarkreis bis in die Sahara durchgeführt wurden. Wenn sich Fehler einstellten, dann waren es durchweg Ergebnisse schlechter Marktforschung oder zu früher Produktionsfreigabe, bei der die Käufer zu unfreiwilligen Mitgliedern der Testabteilung degradiert wurden.

Nichtsdestoweniger konnten sich auch noch Katastrophen ereignen. Bei Chrysler tobte Anfang der fünfziger Jahre eine Schlacht zwischen den Designern und dem Präsidenten Kaufman D. Keller, der die Linien der Erzeugnisse von General Motors und Ford als »Puddingschüssel« bezeichnete und darauf bestand, daß man in den Kofferräumen von Chrysler-Wagen auch Milchkannen aufrechtstehend befördern könne. So war ein Karosseriestil, der 1950 noch durchaus akzeptabel war, 1953 aus der Mode und ließ Plymouth um zwei Plätze auf der Verkaufsliste absacken, was gleichzeitig – und das war verhängnisvoller – aber auch einen Produktionsrückgang um eine Viertelmillion Wagen bedeutete. Die notwendige und überfällige Änderung unter der Leitung des Designers Virgil Exner ging dann allerdings ins Extrem. Schwanzflossen mochten 1957 noch entschuldbar sein, denn jedermann hatte sie, aber die abscheulichen »Mülleimerdeckel« von 1957 bis 1961 waren es sicherlich nicht.

Aber es ging nicht immer nach dem Willen der Stylisten. Eine selbsttragende Karosserie mußte so lange in Produktion bleiben, bis sich die Kosten für die Preßwerkzeuge amortisiert hatten, ein Umstand, unter dem die kapitalschwächeren Hersteller zu leiden hatten. Die Form des Kaiser von 1951 (seit 1950 im Verkauf) hätte den Zusammenbruch der Firma im Jahre 1955 vielleicht noch überleben können. Anders aber war es mit dem Singer SM 1500 von 1948, der 1952 total aus der Mode war und doch noch vier Jahre weiterbestehen mußte. Für die Anhänger der selbsttragenden Bauweise waren die Folgen noch schwerer. So konnte es nicht verwundern, daß Nash bei der Übernahme von Hudson 1954 das sechs Jahre alte Modell »Stepdown« der Schrottpresse überantwortete.

Um die Probleme der selbsttragenden Bauweise deutlich zu machen, soll das Beispiel des zähen, langlebigen Hillman »Minx« herangezogen werden, Erzeugnis eines Unternehmens ohne finanzielle Probleme, zumindest während der ersten elf Jahre unseres Betrachtungszeitraumes, und mit einem jährlichen Produktionsausstoß von 50 000 oder mehr Einheiten. Der Hillman

(Unten) Eine vergehende Tradition: Die ersten Limousinen mit »Rasiermesser-Kanten« tauchten 1935/1936 in Großbritannien auf, und auch noch während der fünfziger Jahre blieb diese Stilrichtung aktuell, als nämlich Austin und Triumph sie im Serienbau anwandten. Beim »Empress«(Kaiserin)-Stil des Karosseriebauers Hooper für den 2,5-Liter-Daimler »Special Sports« handelte es sich dagegen um eine ausgesprochene Sonderausführung. Zur Verwendung kam eine einteilige gewölbte Windschutzscheibe, die Scheinwerfer waren nur halb eingebaut. Das hier gezeigte Beispiel ist auf einem späteren »Regency«-Fahrgestell mit 3,5-Liter-Sechszylinder-Motor aufgebaut. Hier fand sich noch das Vorwählgetriebe, das von Daimler seit 1930 verwendet wurde. Nur etwa 30 Exemplare dieser Version wurden hergestellt.

(Gegenüber, oben) Als dieses »Superfast«-Coupé des Typs 410 im Jahre 1956 auf dem Pariser Salon ausgestellt wurde, stellte Ferrari Wagen nur auf Bestellung her. Es war eine Pininfarina-Schöpfung und blieb ein Einzelstück. Die Gesamtproduktion überschritt nicht einmal zwei Dutzend Exemplare, die alle, mit V-12-Motoren mit 5 Liter Hubraum ausgestattet, die 340 PS bei 6 000 U/min leisteten. Für jede Zylinderreihe gab es eine Nockenwelle, das Getriebe war vierstufig, und – wie bei den meisten Kleinstserienwagen – man hielt an einer hinteren Starrachse und Trommelbremsen fest. Der Preis? Für 67 000 Franken war er in der Schweiz erhältlich; dafür bekam man aber auch zwei Aston Martin oder drei Jaguar XK mit allen angebotenen Extras.

(Gegenüber, unten) Nicht der vollkommenste nach konventionellem Prinzip hergestellte straßentaugliche Ferrari (der Typ »Daytona« lag noch in der Zukunft), aber doch der beste Kauf des Jahres 1966: ein Typ 275 GTB/4 »Berlinetta« mit kurzem Radstand von 2,4 m. Zweikreis-Scheibenbremsen galten als Norm bei Super-Sportwagen, und Ferrari hatte auch den Übergang zu unabhängiger Hinterradaufhängung vollzogen und zum Fünfgang-Transaxle-Getriebe mit Differentialsperre. Die Zylinderabmessungen des V-12-Motors betrugen 77 × 58,5 mm, was einem Hubraum von 3 286 ccm entsprach. Der Motor verfügte jetzt für jede Zylinderreihe über zwei obenliegende Nockenwellen und sechs Weber-Doppelstrom-Vergaser und bescherte damit dem glücklichen Käufer sowohl 300 PS wie auch 250 km/h. Trotz der nur zwei Jahre währenden Produktion wurden 280 Exemplare abgesetzt.

MJK 369

FXM 459

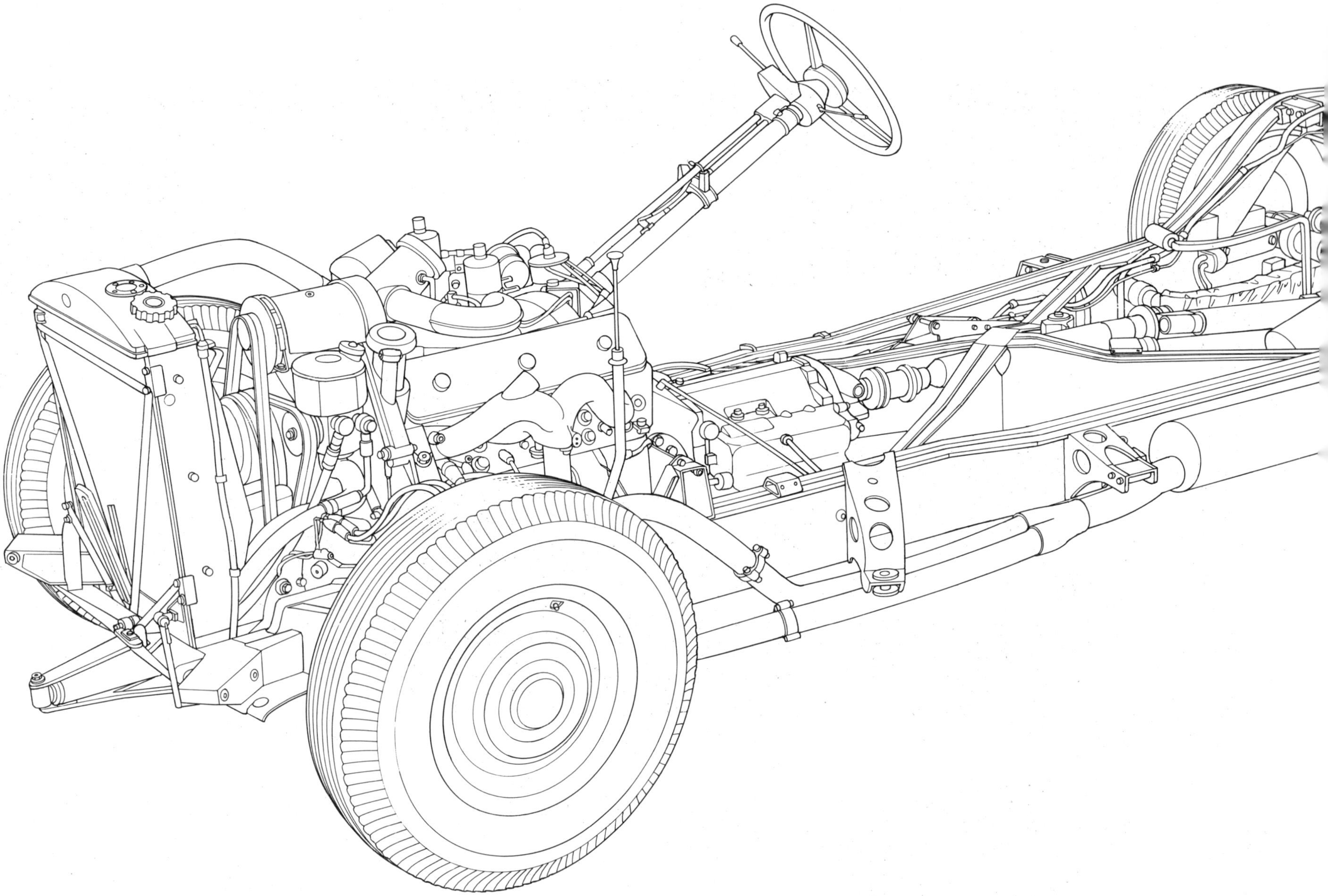

»Minx« hatte 1940 vor allen anderen die selbsttragende Bauweise eingeführt, und während unserer 20 Jahre erschien er in fünf verschiedenen Formen. Eine davon war die parallel zu dem Basismodell »Minx« von 1962 bis 1966 hergestellte Version »Super«. Die letzte Vorkriegsform hielt sich bis 1948, als sie von der pontonartigen Plymouth-Form abgelöst wurde. Durch die reichliche Verwendung von Chromstreifen, durch einen größeren Kofferraum, neue Kühlerverkleidung und Zweifarblackierung hielt sich die Ausführung bis 1956. Detroits geschwungene Linienführung blieb 10 Jahre hindurch aktuell, während Heckflossen kamen und gingen. 1966 wurde der Entwurf durch die Schaffung einer nicht unattraktiven kantigen Dachlinie gestreckt, und eine ähnliche Behandlung erhielt der Typ »Super« für die letzten zwei Jahre seines Bestehens. Die endgültige Keilform, die bei beiden Modellvarianten zu finden war, erschien 1966 und verkaufte sich zehn Jahre lang. Und in einer staatlichen Automobilfabrik im Iran wurde der Wagen aus britischen Teilen 1982 noch immer montiert.

Aber auch derart raffinierte Methoden forderten ihren Tribut. Nach 1964 gab es keine Cabriolets mehr, und das Unternehmen wurde dadurch am Leben gehalten, daß sich viele Teile auch bei anderen Marken fanden. Nach 1955 waren Sunbeam, Humber und Singer als enge Verwandte deutlich erkennbar. Um keine Irrtümer aufkommen zu lassen: Der auf dem »Super Minx« basierende Humber »Sceptre« von 1963 sah so aus, als hätte er sein Leben als Sunbeam begonnen, unterschied sich davon aber durch das Prestige-Kennzeichen der vier Scheinwerfer (einem Humber-Kennzeichen) und einem Overdrive als Normalausstattung. Für Briten aber bedeutete der Hillman »Minx« eine Institution – und von 1948 bis in die frühen sechziger Jahre hinein war er ein ausgesprochener Exportschlager. Leider war das ganze Konzept zu britisch, um gegen echte Weltautos, wie beispielsweise den VW, den Peugeot 403 und 404 oder auch den Mini, bestehen zu können. Außerdem zeigte der »Minx« keine stilistische Kontinuität. Auch wenn die letzte Version den neuesten europäischen Fords nicht so ähnlich gesehen hätte, als Abkomme des Modells 1950 oder gar des Ahnen von 1940 war er nicht mehr erkennbar.

Diejenigen, die eine unsterbliche Form hatten, wie der Morris »Minor« von 1949 bis 1971 oder der Volkswagen (schon 1938 geboren und 1982 noch quicklebendig, wenn auch nicht in Deutschland), mußten viel Arbeit ins Detail stecken, um die Konstruktion up to date zu halten, in Museen überlebende Exemplare des originalen KdF-Wagens zeigen unzweifelhaft und deutlich, daß sie Vettern der jetzt in Brasilien und Mexiko von den Bändern laufenden Modelle sind, aber keines ihrer Teile ist untereinander austauschbar. Bei näherer Betrachtung kann man dann feststellen, daß außer der äußeren Hülle nur noch das typische Motorengeräusch sowie das grundlegende technische Konzept (mit Ausnahme der Federung der Modelle nach 1969) dem Original

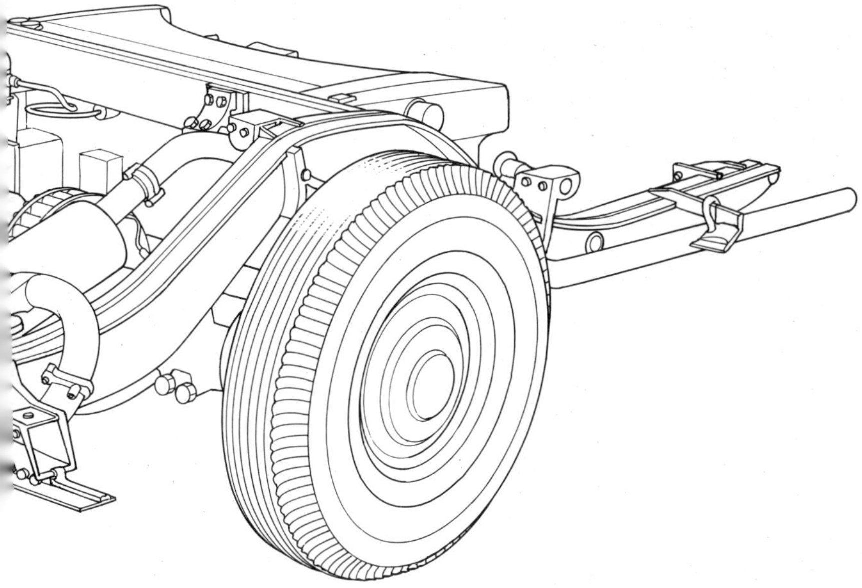

Veränderungen. Beim Rolls-Royce »Silver Cloud II« *(links)* von 1959 kam noch ein kreuzförmig versteiftes Fahrgestell zur Anwendung. Das Nachfolgemodell »Silver Shadow« *(unten)* von 1965 verfügte dagegen über eine selbsttragende Karosserie. Das einzige, was beide Modelle noch gemeinsam hatten, war der 6,2-Liter-V-8-Motor mit hängenden Ventilen, das vierstufige Automatikgetriebe (das beim »Silver Shadow« bald von einem Dreiganggetriebe abgelöst wurde) und selbstverständlich der »klassische« Kühler. Lenkunterstützung fand sich bereits beim »Silver Cloud« 1957, der »Silver Shadow« brachte Scheibenbremsen und Niveauausgleich sowie unabhängige Radaufhängung als Neuerungen.

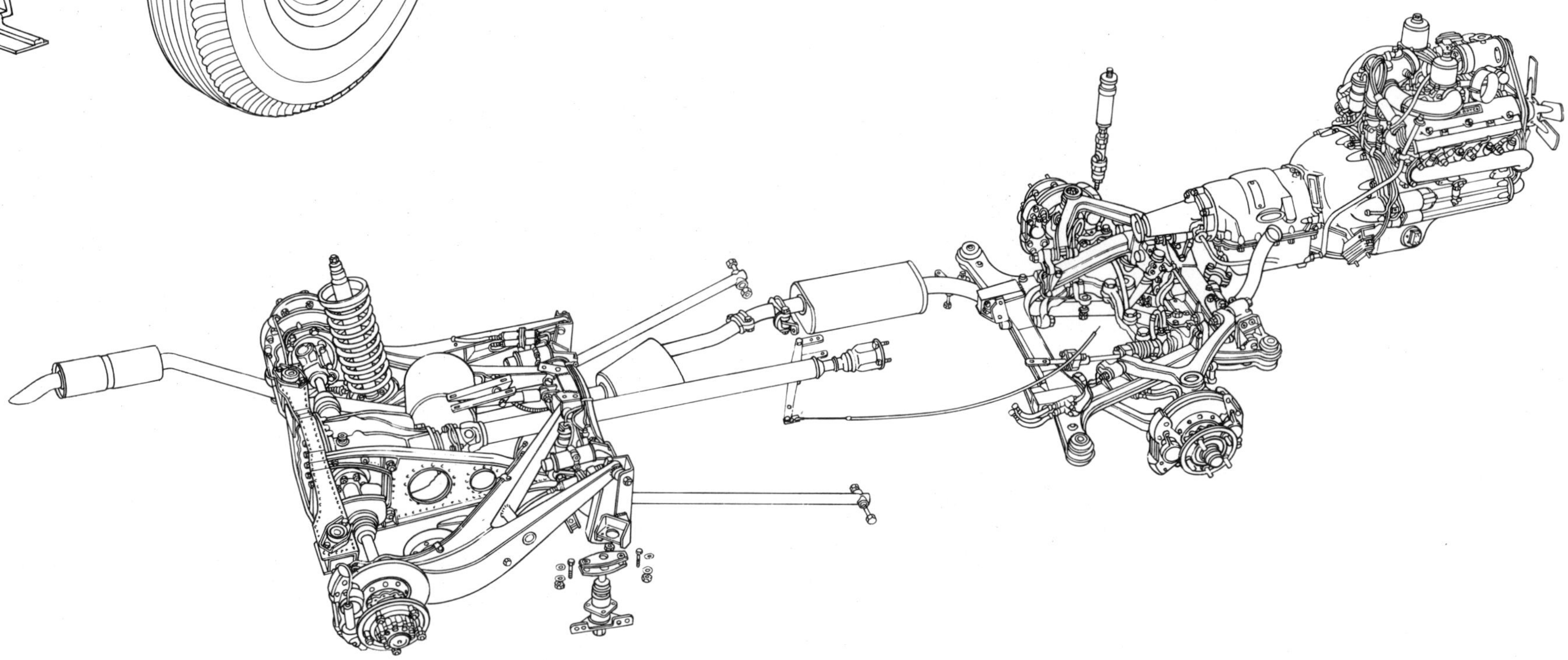

entsprechen. Blicken wir auf den Käfer von 1950, der solche technischen Errungenschaften wie synchronisiertes Getriebe und vordere Scheibenbremsen einfach ignorierte, so sehen wir eine Limousine mit kleinen Fenstern. An den dünnen Stoßstangen befinden sich Hörner zweifelhafter Nützlichkeit, die Windschutzscheibe ist gerade statt gewölbt, das Rückfenster hat noch einen Steg, und die Räder messen 16 Zoll. Lüftungsklappen gab es erst ab 1951, Belüftung in den vorderen Seitenscheiben 1952 und ein einteiliges, ovales Rückfenster 1953, das 1957 durch ein insgesamt größeres Fenster ersetzt wurde. 1964 wurde die Fensterfläche erheblich vergrößert. Alles, was seit 1954 vom Band lief, hatte einen doppelten Auspuff, Stahlschiebedächer ersetzten die Segeltuchausführungen, die es ab 1962 als Extra gab, und das »Rückgrat« auf der Motorhaube verschwand 1963. Und diese Aufzählung der Veränderungen ist nur höchst unvollständig.

Die Geschichte des Morris »Minor« ist einfacher. Noch größere Unflexibilität zeichnete seine Form aus, und Ende der fünfziger Jahre ließ die Nachfrage deutlich nach. Die nach 1949 durchgeführten Änderungen betrafen höhergesetzte und teilweise eingebaute Scheinwerfer (die der amerikanische Gesetzgeber ab 1950 verlangte), eine neue Kühlerverkleidung 1953 und eine einteilige, gewölbte Windschutzscheibe 1956. Die Motoränderungen von 1952, 1956 und 1962 nahmen keinen Einfluß auf die äußere Form. Es gab noch weitere langlebige Formen in dieser Zeit häufiger stilistischer Trendwendungen. Die Coupés und Spider von Alfa Romeo von 1954 bis 1955, Fiats Modelle 600 und 1100 3, die kompakten Jaguar Limousinen, der Original Saab – sie alle waren 1969 mindestens 15 Jahre alt, wenn auch die Fiats und Jaguars zu der Zeit kurz vor dem Ende ihrer Karriere standen. Auch die Liste der Vertreter der Vorkriegszeit, die 1955 noch im Angebot waren, war beachtlich: der Citroën »Traction« (1934), der IFA F8 (der als DKW-Meisterklasse erstmalig 1935 auftauchte) und ein Quartett aus dem Jahre 1936, nämlich der Fiat 500, der Mercedes-Benz 170, der MG Typ T und der vierrädrige Morgan.

Mitte der sechziger Jahre ist eine Veränderung in der Funktion des Designers zu beobachten. Am Anfang lag die Aufgabe darin, die Lebensdauer einer aus der Mode geratenen Form zu verlängern oder sicherzustellen, daß das nächstjährige Modell dem Vorgänger nicht zu ähnlich sah. Die berühmten »Silberstreifen« von Pontiac, die noch 1956 anzutreffen waren, verdankten ihre Erfindung vor 22 Jahren eben gerade diesem Umstand. Aber als die Sicherheitsfanatiker den Ring betraten, kam ihm die Aufgabe zu, den sportlichen Touch beizusteuern, den man im mechanischen Teil nicht mehr verfeinern konnte.

Man konnte auch durch die geschickte Verteilung bestimmter Zubehörteile auf eine ganze Modellreihe erreichen, daß die Endprodukte sich im Äußeren unterschieden. Bis zu dem Zeitpunkt in den sechziger Jahren, als General

Die Sorgen eines Designers – oder das Ergebnis eines niedrigen Budgets. Die Form des Packard von 1951 war bei der Einführung des Modells durchaus auf dem neusten Stand und auch 1952 *(oben links)* noch akzeptabel. Aber diese Form mußte bis 1956 – dem Ende der technischen Selbständigkeit Packards – bestehen bleiben. Dieses Modell verfügte über einen Reihenachtzylinder-Motor mit stehenden Ventilen, und die nur drei Belüftungsöffnungen weisen es als eines der teuren 4,7 Liter 200-Typen aus. Bei diesem Modell stellte ein dreistufiges manuelles Getriebe die Standardausrüstung dar, aber über 85 % der Packard-Käufer (und das waren in diesem Jahr nicht ganz 63 000 Kunden) bevorzugten Packards Automatikgetriebe »Ultramatic« und die meisten davon ebenfalls die Bremshilfe. Reste des traditionellen Packard-Kühlers sind noch deutlich zu erkennen, gekrönt von dem stolzen Kormoran. Das Spitzenmodell des Jahrgangs 1954 war das »Caribbean«-Cabriolet *(unten links)*. Es hatte noch einen Reihenachtzylinder-Motor, dem man 212 PS bei einem Hubraum von 5,8 Litern entlockt hatte. Wie schon 1923 verfügte er über eine neunfach gelagerte Kurbelwelle. Das sportlich wirkende »Continental«-Reserverad war nicht das einzige Luxusattribut, es gab Kraftunterstützung für Bremsen, Lenkung, Verdeck, Sitze, Fenster und Antenne, und der Wagen verfügte über Automatikgetriebe, Scheibenwaschanlage und echte Speichenräder. Er kostete über 5 000 Dollar, und es gab genau 400 Käufer.

(Gegenüber, oben) Zeichen der Verzweiflung. Hudson hatte noch an der veralteten Walfisch-Form seines großen Wagenmodells zu leiden. So versuchte man es 1953 mit dem kompakten Modell »Jet« mit einem Radstand von 2,7 m. Der 3,3-Liter-Sechszylinder-Motor hatte jetzt zwar Druckschmierung, aber behielt stehende Ventile und brachte es nur auf 114 PS Leistung, auch mit Kompressor-Ausstattung. Der Verkauf von rund 35 000 Einheiten in zwei Jahren war nicht sehr ermutigend, und als Hudson und Nash sich zu American Motors zusammenschlossen, wurde das Modell »Jet« zugunsten des gut eingeführten Nash-Modells »Rambler« aufgegeben.

(Gegenüber, unten) Unfreundliche Kritiker bezeichneten diesen Wagen als »gestauchten« Ford Consul, den Fiat 1100-103 von 1953. Der selbsttragende Wagenkörper war rostanfällig und die auf das Getriebe wirkende Handbremse ein Anachronismus. Nichtsdestoweniger handelte es sich hier um eine der besten kleinen Limousinen jener Zeit. Sie schaffte 120 km/h und auf den italienischen Autobahnen eine Dauergeschwindigkeit von 112 km/h. Der Verbrauch lag bei 7,4 l/100 km. Er fuhr sich gut und zeigte sich flexibler als der Original-»Millecento«. Der zentral angebrachte Suchscheinwerfer weist diesen Wagen als aus der zweiten Serie von 1956/1957 stammend aus.

HUDSON
QNG 469

Motors mit den Modellen »Corvair« und »Toronado« daranging, etwas Besonderes auf den Markt zu bringen, lieferte man Familienlimousinen in fünf Ausführungen, angefangen mit dem Chevrolet am unteren Ende bis zum Cadillac am oberen Ende der Preisskala. Mitte der fünfziger Jahre erkannte man einen Cadillac an den Heckflossen, einen Buick an den Bullaugen in der Motorhaube und einen Oldsmobile am Raketenmotiv. Chevrolet hatte einen Querbinder als Markenzeichen und Pontiac die legendären »Silberstreifen«. Diese Erkennungszeichen hatten sich im öffentlichen Bewußtsein so stark verankert, daß niemand sich mehr darüber im klaren war, daß General Motors eigentlich nur drei verschiedene Karosserien anbot. Wenn es auch von Zeit zu Zeit Verschiebungen gab und es zu einem Austausch kam, so lautete das Prinzip doch, daß eine »A«-Karosserie für Chevrolet und Pontiac bestimmt war, eine »B«-Karosserie für Buick, Oldsmobile und die billigeren Cadillac, und eine »C«-Karosserie blieb Cadillac exklusiv vorbehalten. Für einen Oldsmobile konnte man eine Veränderung durch eine andere Führung der hinteren Kotflügellinie zulassen. Bis 1953 verfügte Buick als einziges Mitglied der Gruppe über einen Reihen-Achtzylindermotor und somit eine längere Motorhaube, was man sich zunutze machte. Am oberen Ende der Typenreihe rangierte der Cadillac »60 Special«, dessen Name ein Symbol stilistischen Fortschritts darstellte. So hatte er auch anders auszusehen. Im Jahre 1938 sah er weder wie »B« noch wie »C« aus, nicht so aber 1950. Jetzt erreichte man das andere Aussehen durch die Verlängerung des Hecks einer »C«-Karosserie und damit auch eine Vergrößerung des Gepäckraumes. Das war aber noch nicht alles. Durch die Verlängerung des Daches um 56 cm und das Hinzufügen eines weiteren Fensterpaares entstand eine weitere Cadillac-Institution, die langgestreckte Limousine vom Typ 75.

Amerika war die einzige Nation, die noch jedes Jahr einen Modellwechsel erwartete. Aber dies vollzog sich relativ schmerzlos und war fast eine Routine. Wenn die Finanzlage nicht gerade chaotisch war, wurden in dem einen Jahr Änderungen der Mechanik vollzogen und im nächsten Jahr im Karosserie-Styling, und so ging es in jährlichem Wechsel weiter. Nachdem Ford im Jahre 1950 mit der lange überfälligen, von Harold Youngren geschaffenen Karosserielinie erschienen war, behielt man sie bis 1952 bei. Dann erschien eine neue Karosserie, und bei der Mechanik ließ man es bei einem neuen Sechszylindermotor mit hängenden Ventilen bewenden; den eingeführten V-8-Zylinder ließ man, wie er war. 1953 gab es keine Änderungen, während 1954 der Technik galt, und 1955 waren wieder die Karosserien dran. 1957 wurde die Regel gebrochen. Zusammen mit der Einführung der Heckflossen gab es auch mechanische Änderungen. 1958 mußte wieder ein »Karosseriejahr« sein, und es erschien der etwas unglückliche »Thunderbird«.

Nach 1960 veränderten die neuen Typenreihen – alles von Kompaktwagen bis zu Muskelpaketen – die Situation gründlich. Es gab mehr Fahrgestell- und Karosserie-Kombinationen, um damit spielen zu können, und man konnte Styling-Proben gleichmäßig über sie verteilen. Die Typenreihe von Ford des Jahres 1964 bestand aus dem kompakten »Falcon« von 1960, dem mittelgroßen »Fairlane« von 1962 und dem neuen »Mustang« wie auch den normalen größeren Modellen und dem »Thunderbird«. Mit dem Erscheinen des »Mustang« ging eine Karosserieüberarbeitung des »Falcon« und »Thunderbird« einher und ein *facelifting* der anderen Modelle. Der »Fairlane« blieb bis 1966 unverändert, dem Jahr, in dem der »Falcon« zum letztenmal einer Änderung unterzogen wurde. 1967 war der »Thunderbird« dran, und so weiter und so fort.

Während unseres Betrachtungszeitraumes galten im Styling der Vereinigten Staaten gewisse Regeln. Kühlerverkleidungen galten als das am leichtesten zu ändernde Element. Die in den fünziger Jahren anzutreffenden »Zähne« hatten sich 1956 dem Aussehen von Eierkisten angenähert und bildeten nun eine Einheit mit Lampen und Stoßstangen. Die Scheinwerfer, schon seit 1950 in die Karosserie einbezogen, erhielten 1954 bis 1955 Blenden, und 1957 bis 1958 erschienen sie vierfach. Plymouth allerdings kehrte 1963 beim Modell »Valiant« zu einfachen Scheinwerfern zurück. Gewölbte Windschutzscheiben erschienen 1953 ohne die früher übliche senkrechte Mittelstrebe. Später wurden die Scheiben tiefer heruntergezogen, und die Pfosten wurden schmaler. Bis 1953 hielt man sich mit seitlichen Chromstreifen zurück, aber der Grund lag wohl auch in der durch den Koreakrieg hervorgerufenen Rohstoffknappheit. Zwischen 1954 und 1959 präsentierte sich Chrom allerdings in seinem ganzen Glanz, wohlgeformt auf den Karosserieseitenteilen verteilt und dem Rost gestattend, sich ungehindert darunter zu entwickeln. Am Ende unseres Betrachtungszeitraumes erschien er wiederum überraschend bescheiden. Das Chevrolet-Modell »Caprice« stellte die teuerste Limousinenausführung dar, teurer als die billigsten Buicks, und sie kam mit einem einzigen Chromstreifen und ansehnlichen Streifen über dem Radkasten aus.

Sechsfenstrige Limousinenkarosserien, die in den dreißiger Jahren in Ame-

rika die Norm darstellten und es bis 1948 blieben, tauchten zwischen 1955 und 1960 kurz wieder auf, nachdem der Cadillac »60 Special« von 1938 und der Packard »Clipper« von 1941 nicht mehr aktuell waren. Dieser Trend wurde 1965 von der britischen Rootes-Gruppe aufgenommen, nachdem Amerika schon lange wieder zu vier Seitenfenstern zurückgekehrt war. Heckflossen, seit 1948 das Erkennungszeichen von Cadillac, waren zwischen 1956 und 1961 in Mode, mit furchterregender Lichtinstallation. Chevrolets 1959er Modell mußte man sehen, um es zu glauben. Die hintere Panoramascheibe, eine »Erfindung« von Studebaker aus dem Jahre 1947, hielt sich zehn Jahre lang, bevor sie Platz machen mußte für eine Scheibe, die weniger Reflexe produzierte. Das rückwärtsgeneigte Heckfenster, wie man es zuerst 1957 bei Mercury sah, blieb eine Domäne der Ford Motor Company, allerdings fand man es auch an europäischen Erzeugnissen der Gruppe wie dem »Anglia« von 1959 und dem »Classic« von 1961.

Während sich die Designer mit Kleinigkeiten abgaben, beispielsweise die Stoßstangen weiter um die Karosserien herumzogen und die Seitenflächen mit allerlei Chrom verzierten, verfolgte der Konfektionär seinen eigenen unbequemen Weg. Seine Motive sind technischer und sentimentaler statt stilistischer Art. Wenn die Aufgabe darin bestand, drei Familienlimousinen unter drei verschiedenen Namen innerhalb der gleichen Gruppe zu verkaufen, war es billiger, sich verschiedene Kühlerverkleidungen und Innenausstattungen einfallen zu lassen und mit Zweifarblackierungen zu spielen als mit Motoren, Federungen und Karosserieformen. Die British Motor Corporation, der

Schwierigkeiten durch selbsttragende Bauweise. Die Rootes-Gruppe in Großbritannien konnte ihr populäres Modell »Minx« von 1949 bis 1952 ohne größere Änderungen der Frontpartie belassen; lediglich die Chromausstattung änderte sich geringfügig. Ansonsten wandte man sich leistungsfähigeren Motoren zu. Die neue Kühlerverkleidung *(oben)* fand von 1953 bis 1956 Verwendung, von 1955 an kam ein Motor mit hängenden Ventilen zum Einbau, und die Höchstgeschwindigkeit steigerte man von etwa 112 auf 130 km/h. Die Seitenansicht des »Minx« von 1955 *(gegenüber)* war die gleiche wie seit vielen Jahren, fast wie ein zusammengedrückter und verkürzter Plymouth von 1949. Das hier gezeigte Exemplar ist durch einen Chromstreifen am Vorderkotflügel und einen vergrößerten Kofferraum zu klassifizieren. Eine Wagenkategorie zeigte sich immun gegen alle Erscheinungen von Stil und Technologie: das Taxi. Jetzt mag man instinktiv an die Londoner Ausführung denken, aber auch andere Länder hatten ihre besonderen Ausführungen. Während der fünfziger Jahre war der alte Volvo PV 831/832 *(unten)* Schwedens Standardtaxi. Der 3,7-Liter-Sechszylinder-Motor mit stehenden Ventilen datierte schon von 1929, und der Stil von Ford/Amerika von 1942 erhielt nur geringfügige einheimische Retuschen. Wenn der Wagen auch als Privatwagen in den Katalogen erschien, so waren doch private Käufer im In- wie im Ausland gleichermaßen uninteressiert daran. Aber Volvo konnte zwischen 1950 und 1958 davon 4 135 Einheiten absetzen und dazu noch 2 081 Fahrgestelle sowie Militärversionen mit Allradantrieb.

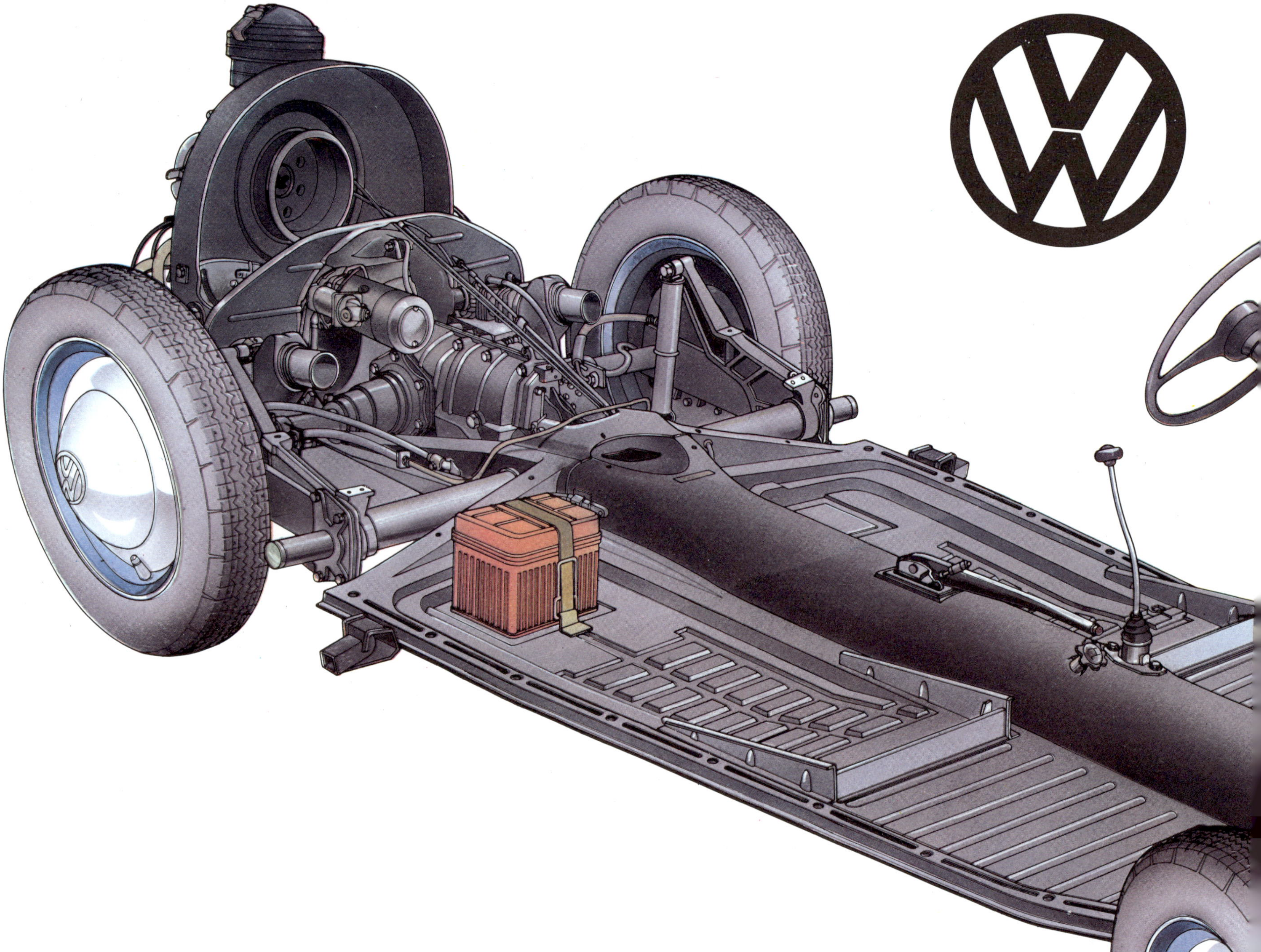

Wenn es einen Wagen gab, der als Symbol für die von uns betrachteten zwanzig Jahre angesehen werden kann, dann war es – zumindest in gesellschaftlicher, wenn auch nicht unbedingt technischer Hinsicht – der Volkswagen »Käfer«. Theoretisch erschien er 1939 auf dem Markt; mit einer sechsstelligen Verkaufszahl im Jahre 1951 erreichte er die erste Million im August 1955 und überschritt die Zehnmillionengrenze 10 Jahre später. Heckmotoren waren zu jener Zeit schon »aus der Mode« und die Luftkühlung nicht mehr sehr geschätzt.
Mag der Termin, an dem die Produktionszahl von Fords Modell T überschritten wurde, auch gewissen Deutungen unterliegen, Tatsache ist, daß Ende 1981 weltweit die Marke von 20 Millionen überschritten wurde. Hier *(oben)* wird ein 1958er Fahrgestell gezeigt, wie die internationale Bruderschaft der Bausatz-Liebhaber es sieht: Mittelrohrrahmen, Drehstabfederung, Zahnstangenlenkung und der bekannte Schalthebel für vier Vorwärtsgänge, von denen der untere allerdings erst zwei Jahre später synchronisiert wurde. Der luftgekühlte Boxermotor sieht noch genauso aus, wie Ferdinand Porsche ihn einst schuf, wenn auch mit einigen zusätzlichen Kubikzentimetern gegenüber 1939 (197 um es genau zu sagen) sowie 30 anstatt 23 PS. Die Höchstgeschwindigkeit bedeutete gleichzeitig auch Dauergeschwindigkeit, und sie betrug 112 km/h. Die Bremsen arbeiteten nach dem hydraulischen Prinzip, wenn auch bis 1962 noch eine Standardversion mit mechanischer Drahtseilbremse verfügbar war.
Die Schnittzeichnung des Wagens *(gegenüber, oben)* vermittelt dem Betrachter im Jahre 1980 ein Gefühl der Platzangst. Die Vorstellungen des Herstellerwerks über die Gepäckunterbringung scheinen auch etwas optimistisch. Die gleichmäßige Gewichtsverteilung resultierte in einer niedrigen Schwerpunktlage, und zur Erreichung einer ausreichenden Antriebskraft plazierte man den Motor auf der Hinterachse. Das Rückfenster war 1952 noch geteilt, 1954 dann ein einziges Oval und schließlich über die ganze Rückfläche ausgedehnt. Die Heckklappe hatte eine Überarbeitung erfahren, und die Lüftungsschlitze verliefen nun ohne Unterbrechung über die ganze Breite.
Der Motor von 1954 *(gegenüber, Mitte)* zeigt den großen Kühlventilator vor dem Motor mit dem dahinterliegenden Antriebsriemen. Zehn Jahre später war das Rückfenster noch größer, und die Motorklappe war mit Knopfdruck zu öffnen. Auch wurde das Gehäuse der Rückleuchten überarbeitet. Unter der Fronthaube blieb nicht viel Platz *(gegenüber, unten)* nach Unterbringung von Reserverad und Benzintank – aber »Dachgärten« standen als preiswertes Zubehör zur Verfügung.

schlimmste Übeltäter dieser Art, begann das Jahr 1956 noch mit vier unterschiedlichen Familienlimousinen der 1 500-ccm-Klasse. Sie verwendeten die gleichen Motoren und Getriebe, aber sie hatten drei vollkommen verschiedene Fahrgestell- und Karosseriestrukturen, und die Vorderradfederung folgte entweder dem Austin-Prinzip mit Schraubenfederung oder dem von Morris mit Drehstäben. Der einzige Unterschied zwischen dem originalen Austin »Seven« von 1959 und dem Morris »Mini-Minor« bestand in einem unterschiedlichen Kühlergrill, nämlich waagerecht bei Morris und geschwungen bei Austin, außerdem unterschieden sich die angebotenen Farben.

Es gab zwei Händlerketten und – zumindest in Großbritannien – für jede Marke loyale Käufergruppen. 1965 bot sich die Situation so dar, daß es bei der Modellreihe 1100/1300 mit Frontantrieb fünf verschiedene Motorstärken, drei verschiedene Formen der Innenausstattung und die unsinnigen Karosserieverschiebungen zwischen den einzelnen Marken gab. Die fehlende Flexibilität der selbsttragenden Bauweise beschränkte die Auswahl auf zwei- und viertürige Limousinen und einen Kombiwagen, aber nicht jede Marke bot auch jede Karosserieform an. Es konnte passieren, daß eine besondere Karosserievariante für den Export auf dem heimischen Markt nicht verfügbar war. Ein gewisser Grad an »Verschiedenheit« war also erreicht, aber für die Designer mußte es ein Schreckbild sein und noch mehr für die Produktionsingenieure, die zu gewährleisten hatten, daß alle diese Varianten am Ende auch vom Band kamen. Nach gewisser Zeit tauchten Zweifel auf, ob das tatsächlich so sein mußte.

Während der siebziger Jahre breitete sich diese Unsitte auch auf den Kontinent aus, wo es – neben anderen – Kreuzungen von VW/Audi und Peugeot/Citroën gab. Aber derart unkontrolliert wie in Großbritannien verlief die Entwicklung nicht. Eine Interessengemeinschaft zwischen Peugeot, Renault und Volvo brachte einen ausgezeichneten V-6-Motor hervor, den mit größter Wahrscheinlichkeit keiner der Beteiligten allein hätte entwickeln können. Dieser Motor kam bei drei vollkommen verschiedenen Wagen zum Einbau.

In Europa verlief die Entwicklung wie in Amerika. Versenkbare Scheinwerfer, die man vorher zuletzt 1942 bei de Soto gesehen hatte, kehrten 1963 beim britischen Lotus-»Elan«-Sportwagen wieder und erschienen ab 1965 bei verschiedenen Amerikanern, angeführt von Buick.

Die Linien europäischer Limousinen folgten im wesentlichen den amerikanischen Beispielen. Abweichler vom General-Motors- und Ford-Muster erschienen in den frühen Fünfzigern bei Alfa Romeo, Austin, Fiat, den britischen und deutschen Ford, Mercedes-Benz, Opel, den Erzeugnissen der Rootes-Gruppe, Rover und Vauxhall. Aber Mercedes und in geringerem Umfang auch Alfa Romeo behielten ihre traditionellen Kühlerverkleidungen bei. Hintere Panoramascheiben waren nicht so populär und fanden sich hauptsächlich bei amerikanisch kontrollierten Unternehmen wie Ford, Opel und Vauxhall, aber auch bei einigen Coupé-Versionen, von denen ein gelungenes Beispiel der Dreizylinder-DKW von 1954 war, der in seiner endgültigen Form auch eine Panorama-Windschutzscheibe zu bieten hatte.

Der europäische Beitrag zu der Manie der Doppelscheinwerfer umfaßte auch eine gelungene Variante, nämlich die senkrechte Kombination, die Facel-Vega ab 1954 verwendete. Unter den Nachahmern der amerikanischen Laune fanden sich 1961 Humber, der britische Ford, Jaguar und Lancia und überraschenderweise der japanische Prince und ein Jahr später auch Alfa Romeo. 1963 erlagen sogar der aristokratische Rolls-Royce und Alvis dieser Marotte, die noch 1969 von verschiedenen Fabrikaten unterstützt wurde. Heckflossen paßten nicht so recht ins Bild, die übertriebenen Formen aus Detroit kamen nicht über den Atlantik. Eine stark abgemilderte Form fand man bei Rootes und bei der letzten Ausführung des Simca-V-8 »Vedette«. Sehr kümmerliche Anklänge boten die 1959er Modelle des sportlichen Auto Union 1000 Sp – eine Art »Mini-Thunderbird« – und Daimler SP 250.

Neben den amerikanischen Nachklängen bestanden einige ältere Formen

(Gegenüber) Stilelemente als Markenkennzeichen. Verchromte »Silberstreifen« wurden von Pontiac zuerst 1934 kreiert. Ohne sie hätten zu viele Leute keinen Unterschied zum Modell von 1933 erkennen können. *(Links)* 1935 waren sie in die Gestaltung der Motorhaube und der Kühlerverkleidung einbezogen. Es wurde eine Verbindung zu dem exklusiven Diesel-Expreßzug »Silver Streak« (Silberstreifen) hergestellt, was sich als gute Werbemaßnahme erwies. Während der fünfziger Jahre wurden die Streifen *(rechts)* und der Name »Silver Streak« von niemandem mehr mit dem Begriff »Schnelligkeit« in Verbindung gebracht, vielmehr galten die Wagen jetzt mehr als Transportmittel für ältere Damen. So dauerte es nicht mehr lange, daß sie und auch die Kühlerfigur des Indianerhäuptlings Pontiac, die dreißig Jahre lang die Wagen zierte, nicht mehr verwendet wurden.

(Rechts) So macht man das beste aus einer Karosserie – oder wie die Designer von General Motors die Modelle 1951 von Oldsmobile *(oben)*, Buick *(Mitte)* und Cadillac *(unten)* behandelten. Für den Kunden waren das beileibe nicht die gleichen Wagen. Die Chromstreifen an den Seitenflächen verlaufen aufwärts bei Olds und abwärts bei Buick, während sie bei Cadillac in der Mitte der vorderen Tür enden. Die hinteren Kotflügel bei Cadillac haben ein Raketenmotiv, um sich dem Ornament des Kofferraums anzupassen. Bei Buick setzt sich die Ausformung der Gürtellinie nach hinten fort, und bei Cadillac fand man imitierte Lufteintrittsöffnungen. Buicks erkennt man an den »Bullaugen«, und bei Oldsmobile unterscheidet sich die Gestaltung der hinteren Seitenfenster von der der anderen Marken. Aber fabrikintern besitzen sie alle die gleiche »B«-Karosserie, und die Unterschiede lassen sich alle ohne allzu großen Aufwand erzeugen. Bei Buick gab es noch einen anderen Kummer *(unten)*. Die Wagen verfügten noch über einen Reihenachtzylinder-Motor, der zwar nicht überaus lang war, aber der monströse 5,2 Liter des Modells »Roadmaster« brachte die Gefahr, daß alles aus dem optischen Gleichgewicht kam. So kam es zu einem zusätzlichen »Bullauge«.

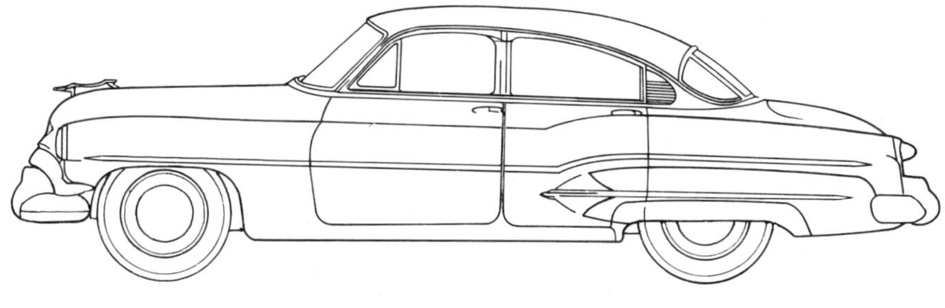

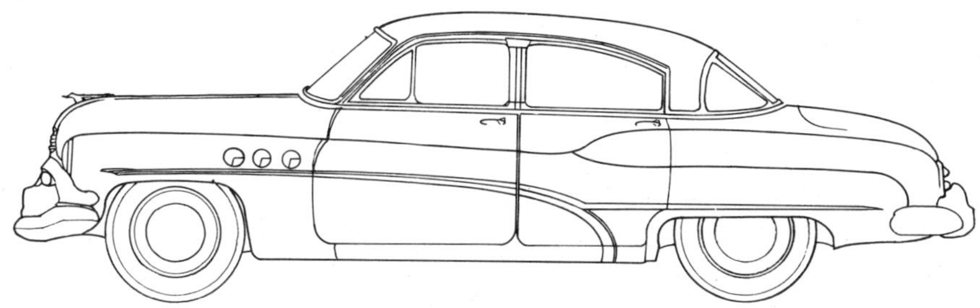

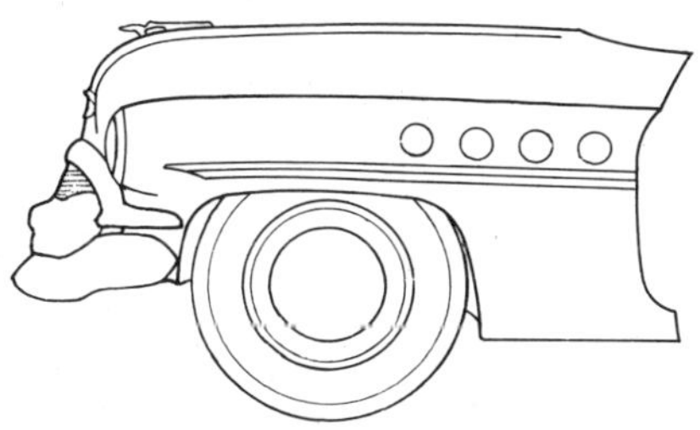

fort, besonders in Großbritannien. 1951 zeigten die Standardmodelle von Alvis, Citroën, Daimler, Lea-Francis, MG, Morgan, Riley, Rolls-Royce-Bentley und Singer bei den sportlichen Modellen sowohl eine traditionelle Form wie auch eine unverwechselbare Kühlerverkleidung. Etwas weniger ausgeprägt traf das auch auf Lancia-Limousinen zu. Bis 1955 baute Mercedes-Benz noch den guten alten 170, mit Trittbrettern, freistehenden Scheinwerfern und Stoßstangen, die wie ein nachträglicher Einfall aussahen. Die »Bereinigung« allerdings war schon nahe. Alvis akzeptierte schließlich hintere Radverkleidungen und teilweise eingebaute Scheinwerfer, und der letzte der traditionellen Jaguars, das Modell »Mark V«, wurde im Sommer 1951 zugunsten des »Mark VII« aufgegeben, der sich in Pontonform vorstellte. 1952 hatten auch die neuesten Modelle von Daimler und Lanchester eingebaute Scheinwerfer, wie schon vorher Lea-Francis. Ein Blick in die Kataloge von 1954 zeigt die Pontonform bei den Limousinen von Mercedes-Benz, MG und Riley. MGs neuer Sportwagen von 1956, der MG-A, verzichtete auf Trittbretter, unabhängige Kotflügel und den traditionellen Kühler. Sogar bei Morgan hielten gemäßigt stromlinienförmige Kühlerverkleidungen Einzug.

Auch einige der überlebenden »Traditionalisten« waren in Wirklichkeit nicht so traditionell, wie sie aussahen. Abgesehen von den in die Kotflügel einbezogenen Scheinwerfern hätte der Sechszylinder-Mercedes-Benz Typ 220 aus dem Jahre 1951 direkt von der Berliner Autoausstellung 1939 kommen können. Allerdings hatte die Motorhaube feste Seitenteile und war eine Alligatorhaube. Die nun durchgehende und hoch angesetzte Kotflügellinie ließ keine seitlich zu öffnende Motorhaube mehr zu, und der Autofahrer war gezwungen, sich mit der unangenehmen Alligatorhaube abzugeben. Bessere Zugänglichkeit versuchten Aston Martin und die nach 1958 erscheinenden Triumph-Modelle »Herald«, »Vitesse« und »Spitfire« zu bieten, indem sie die gesamte Motorhauben- und Kotflügeleinheit nach vorne klappten, wodurch auch die Vorderradfederung gut zugänglich war. Aber die Nachteile lagen darin, daß Straßenschmutz eindrang, daß sich Verwindungen einstellten und die Wagen gegen mangelnde Sorgfalt der Tankwarte sehr empfindlich war. Die Idee war nicht neu – bei luftgekühlten Tatras hatte man sie seit 1924 verwirklicht.

Aber wie immer die Form auch gestaltet sein mochte, es blieb die ewige Frage nach der Amortisation. Wie viele Wagen können produziert werden; wie lange wird es dauern, sie zu produzieren; und wird das ganze Konzept vielleicht schon überlebt sein, bevor das Produktionsziel erreicht ist? In den Dreißigern machten die Werkzeugkosten einen hohen Anteil aus. 1932 benötigte Chrysler 9 Millionen Dollar zur Reorganisation der Plymouth-Fertigungsanlagen. Das aber war nur ein Vorgeschmack auf den Übergang von Vier- auf Sechszylindermotoren. So verwundert es nicht, daß der gleiche Motor noch nach 26 Jahren produziert wurde. Daimler sah während der Jahre der Wirtschaftskrise ein, daß man sich nicht mehr allein mit der Herstellung von Chauffeurwagen befassen konnte und wendete 30 000 Pfund Sterling (etwa 180 000 Dollar) für die Einrichtung zur Produktion des kleinen 1,2-Liter-Lanchester auf, eines Modells übrigens, das sich gut bei pensionierten Offizieren und Rentiers verkaufen ließ.

Daimlers Finanzen waren durch und durch gesund. Man konnte von einer Produktion von 3 000 bis 4 000 Einheiten ausgehen, und die Käuferschaft war ausgesprochen konservativ. Sie begrüßte das Vorwahlgetriebe, zeigte sich aber wenig interessiert an ausgeklügelten Federungssystemen oder an irgendeiner Form von »Stromlinie«. Es ist überliefert, daß die ersten Wagen mit hydraulischen Bremsen Ladenhüter waren und man zu mechanischen Bremsen zurückkehrte. Mit einer umfangreichen Auswahl an Karosserien auf einem unkomplizierten Fahrgestell kam Daimler gut durch den Zweiten Weltkrieg, wenn auch für 1941 eine Modernisierung geplant war. Die präsentierte man dann als neues »Nachkriegsmodell« im Jahre 1945. Das reichte bis 1951. Der nächste Schritt aber bedeutete selbsttragende Bauweise und einige Ver-

Drei Karosserieformen der fünfziger Jahre. Der ursprüngliche Saab 92 *(gegenüber, oben)* stellt noch immer einen Triumph der Aerodynamik dar, den man von einem von Europas bedeutendsten Flugzeugherstellern allerdings auch erwarten durfte. Die Technik entspricht einer DKW-Fortentwicklung: 764 ccm wassergekühlter Zweizylinder-Zweitakt-Motor, Frontantrieb, synchronisiertes Dreiganggetriebe mit Freilauf, Zahnstangenlenkung und hydraulische Bremsen. Nachteile sind eine beschränkte Kopffreiheit und unzureichende Sichtmöglichkeit nach hinten. Alle Farben standen zur Verfügung, solange es dieses Grün war. Die Form und das Zweitaktprinzip sollten ein Leben von 30 Jahren vor sich haben. Der Fiat 500 C *(unten)* wurde 1955 aufgegeben, nachdem er 1936 erstmals gezeigt wurde. Mit hydraulischen Bremsen, angemessener Beinfreiheit, vollsynchronisiertem Vierganggetriebe und unabhängig aufgehängten Vorderrädern war der 500er *der* Kleinwagen der Vorkriegszeit und noch in der hier gezeigten Ausführung von 1950 absolut konkurrenzfähig, nicht zuletzt dank eines überarbeiteten Motors, der jetzt 16,5 PS bei einem Hubraum von 570 ccm leistete. Er übertraf im Verkauf den ursprünglichen Morris »Minor« von 1949 bis 1952 mit stehenden Ventilen, obwohl es sich bei ihm nur um einen Zweisitzer handelte und er jeden Hobbymechaniker zur Verzweiflung trieb. Alles sah so leicht zugänglich aus, aber die Finger waren nie klein genug. Ein anderer Schwede war der Volvo PV 444 *(gegenüber, unten)*, eine Fließheck-Limousine, deren Debüt 1944 war. 1957 konnte man das Alter aber auch an Details dieses Modells erkennen, so der Imitation des Ford-Stylings aus dem Jahre 1942 und dem Dreiganggetriebe mit dem langen, gebogenen Schalthebel nach Art des Jahres 1935. Allerdings hatte man der Leistung einige Pflege angedeihen lassen. Der Hubraum war von 1 414 ccm auf 1 583 ccm vergrößert worden, und mit einem zweiten Vergaser standen 85 PS Leistung zur Verfügung, die Höchstgeschwindigkeit lag bei 145 km/h. Der Beweis für die Güte dieses Modells wurde damit erbracht, daß ihm ein erfolgreiches Auftreten auf dem schwierigen US-Markt gelang.

FAT 375

Während der gesamten Sechziger konnten Briten und auch einige Exportkunden dieses etwas langweilige, aber zuverlässige Beispiel von Pininfarina-Design erwerben, und zwar mit 1,5-Liter-Motor (1,6 Liter ab 1961). Als Extra stand ein automatisches Getriebe zur Verfügung, Scheibenbremsen gab es nicht, aber für einige Exportländer stand die Basisausführung Austin/Morris mit Dieselmotor zur Verfügung. *(Rechts)* Hier sehen wir den Austin »Cambridge«, der bei Familienvätern und ländlichen Mietwagenunternehmern sehr geschätzt war. Bei dem Morris »Oxford« handelte es sich um das gleiche Auto, lediglich mit einem anderen Markenzeichen. Durch Hinzufügung einer traditionellen Kühlerverkleidung, eines erleuchteten Kühleremblems und von Holz und Leder im Innenraum erhielt man einen Wolseley *(unten)*. Weitere Veränderungen der Kühlerverkleidung und ein zusätzlicher Vergaser ergaben einen Riley oder einen MG. In Australien verlängerte man das alles und baute einen eigenen Sechszylinder-Motor ein, was dann als einheimischer Austin und Wolseley auf den Markt kam.

(Gegenüber) Über Scheinwerfer. Bei beiden Wagen handelt es sich um das Chevrolet-Modell »Camaro« von 1968, die verspätete Antwort von General Motors auf Fords Bestseller-Modell »Mustang«. Der Typ »SS« *(links)* hatte eine herkömmliche Scheinwerferanordnung, der Typ »Rallye Sport« *(rechts)* verfügte über versenkbare Scheinwerfer. Beim letztgenannten handelte es sich um eine »Persönlichkeits-Ausstattung«, erkennbar an Ausformungen der Radkästen und einem besonderen Schriftzug auf dem Benzintankverschluß. Wenn man tatsächlich etwas Sportliches haben wollte, mußte man einen der leistungsstarken V-8-Motoren ordern. Dagegen erschien der Typ »SS« serienmäßig mit 5,7- oder 6,5-Liter-V-8-Motor, der letztere mit einer Leistung von 325 PS. Mit diesem Motor erhielt man die Heckpartie schwarz lackiert, wahrscheinlich, um die Autobahnpolizei zu warnen.

besserungen am Getriebe, sprich Automatik. Nachteilig war, daß die in Aussicht genommene Größe von 1,6 Liter wenig Möglichkeiten ließ für die Austauschbarkeit von Teilen mit dem nächstgrößeren Modell, dem Sechszylinder mit 2,5 Liter Hubraum. Das bedeutete, daß zusätzlich zu dem Risiko einer nicht erprobten neuen Technik noch eine Investition von 500 000 Pfund Sterling erforderlich wurde, ohne die Garantie zu haben, bis zu dem Zeitpunkt, genug Wagen zu verkaufen, zu dem die Karosserieform aus der Mode sein würde. Das Limit schien bei 8 000 Einheiten zu liegen, denn der Markt der britischen gehobenen Mittelklasse war überfüllt und unberechenbar, und für den Export würde sich das Modell auch nicht eignen. So wurde, abgesehen von zehn Prototypen, aus dem Lanchester »Sprite« nichts. Die Kosten für jeden Wagen läßt man lieber unbeachtet.

Um sich ein Bild darüber zu verschaffen, was eine Produktionsumstellung an Mitteln erfordert hätte, seien zwei Zahlen genannt: Die nächste Neuorganisation bei Plymouth im Jahre 1955 erforderte 40 Millionen Dollar. Buick wandte 500 Millionen Dollar auf und peilte damit einen Ausstoß von einer Million Einheiten im Jahr an, der bis 1982 nicht erreicht wurde. Auch geringfügige Veränderungen erforderten einen tiefen Griff in die Taschen. Jaguar mußte 1968 allein 250 000 Pfund Sterling aufwenden, um den E-Typ mit den amerikanischen Sicherheits- und Abgasvorschriften in Einklang zu bringen. Der Aufwand konnte unter Umständen katastrophale Folgen haben. Klassische Beispiele dafür sind Kaisers Kompaktwagen »Henry I« aus dem Jahre 1950 und der Hillman »Imp«.

Nach wie vor verlangten die Kunden verschiedene Aufbauten. Den Herstellern bot sich aber keine Möglichkeit für Sonderausführungen, auch nicht in Fällen, in denen sie die Preßwerkzeuge selbst herstellten. Ford beschäftigte die Firma Carbodies in Großbritannien und Karosserie Deutsch in Deutschland, VW verband sich mit Karmann, Opel und Autenrieth, BMW und Auto Union arbeiteten mit Baur zusammen. Die britische Firma Jensen – ursprünglich Karosseriehersteller – ging dazu über, ihre kleinen Produktionszahlen damit zu kompensieren, daß sie zusätzlich Klappverdecke für BMC (Austin, Austin-Healey) und die offenen »Alpine« der Rootes-Gruppe baute sowie bis 1963 die P 1800-Coupés für Volvo.

Als »Opfer des Jahrzehnts« konnte man die Cabriolets bezeichnen. Auch das Vorhandensein eines gesonderten Fahrgestells erforderte Verstärkungen, um ein Verwinden auszuschließen. Selbsttragende Strukturen warfen da erhebliche Probleme auf. Citroën mußte das 1934 schmerzlich erfahren, als man bei den Vorderradantrieb-Typen einen Roadster anbot. Einen Ausweg bot das Rolldach, wie es in Deutschland sowohl bei Fahrgestell-Bauform wie auch bei selbsttragender Bauweise als Cabrio-Limousine schon lange existierte, bei der die Seitenwände Gewähr für ausreichende Festigkeit boten. Während unseres Betrachtungszeitraumes boten Fiat, Nash, Opel, Peugeot und Renault diese Version an, aber auch der Fiat 500, der ja ein traditionelles Fahrgestell besaß, konnte so geliefert werden. Es war zwar ein akzeptabler Kompromiß, aber die äußere Linienführung entsprach eben doch der einer Limousine. Dabei hielt sich die Nachfrage nach Cabriolets auch in Grenzen. 1955 zeigte der Anteil der Cabriolets an der Gesamtproduktion folgendes Verhältnis: Chevrolet 66 121/1 830 029, Ford 41 966/1 451 157, Plymouth 8 473/742 991. Der Markt wurde durch verschiedene Faktoren beeinträchtigt. In Amerika verkaufte sich das zweitürige »Hard top«-Coupé, mit allen Vorteilen und ohne die Nachteile des Cabriolets, weitaus besser – woran auch die Phrasen der Werbeabteilungen mit »Wind in den Haaren« nichts änderten, denn die Frauen legten keinen Wert darauf, sich für Autobahngeschwindigkeiten eine besondere Frisur zuzulegen. Sogar die sportlichen Wagen mit Klappverdeck wurden weniger. Das Werk, das Lancia begonnen hatte, wurde von anderen fortgeführt. Jaguar und Porsche boten beide Möglichkeiten bei ihren Wagen, verkauften aber größere Stückzahlen von den geschlossenen Versionen. Der daraus zu ziehende Schluß war schon klar, bevor sich die Sicherheitsapostel des Cabriolets annahmen.

Allerdings gab es am Ende unseres Betrachtungszeitraumes noch offene Sportwagen. 1969 behaupteten sich die Modelle »Spitfire« und TR 6 von Triumph, die Roadster-Ausführung des Jaguar E-Typs und der MG-B noch sehr gut. Genauso ging es den offenen Alfa Romeo und Fiats aus Italien. Der Abfall von Datsun und Porsche blieb allerdings nicht ohne Folgen. Das Cabriolet in nichtsportlicher Form verschwand. Modelle wie der Singer-Roadster der Jahre 1951 bis 1955 und der Austin »A 40 Sport« von 1951 bis 1953 verkauften sich in jenen Jahren schlecht und wären beispielsweise 1966 absolut unverkäuflich gewesen.

1960 hatten die bedeutenden Marken in Amerika und Deutschland diese Ausführungen noch im Programm, wie auch Fiat in Italien, BMC, Ford und Rootes in Großbritannien, Peugeot und Simca in Frankreich. Aber der Markt wurde schlechter. Bei der Verwendung selbsttragender Karosserien war es

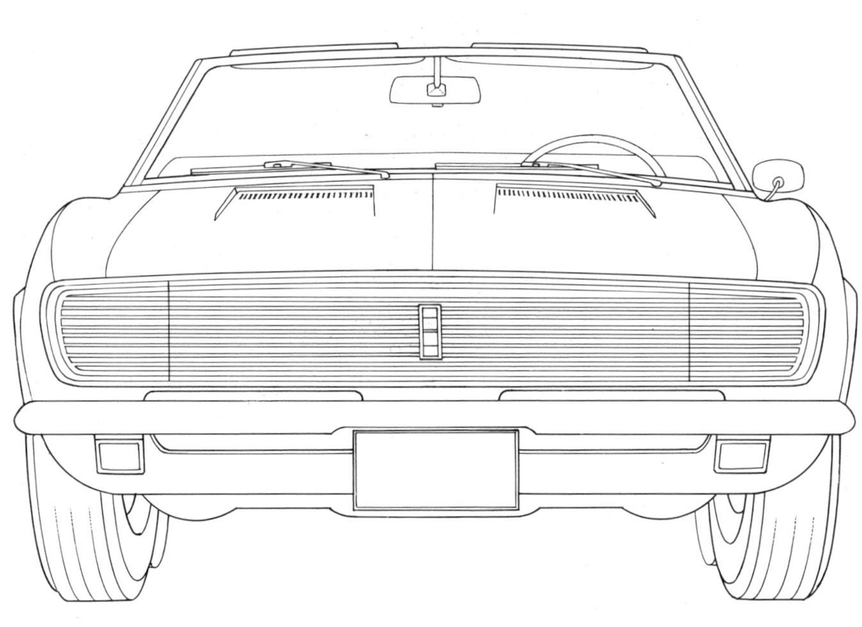

(Unten) Ford/Amerika im »New Look«. Das Mercury-»Club Coupé« mit unabhängiger Vorderradaufhängung an Schraubenfedern und Hypoid-Hinterachse. Das kreuzförmig verstrebte Fahrgestell zeigte mehr eine Lincoln- als eine Ford-Verwandtschaft. Die geteilte Windschutzscheibe und die ausladenden Kotflügel sehen schon etwas veraltet aus. Wo General Motors und Chrysler bereits V-8-Motoren mit hängenden Ventilen haben, gab es beim Mercury noch die veralteten stehenden Ventile, und die Leistungsausbeute liegt bei nur 110 PS bei 4,2 Liter Hubraum. GM verfügte auch bereits seit 11 Jahren über Automatikgetriebe, aber erst in diesem Jahr waren sie auch bei Ford und Mercury verfügbar.

(Gegenüber, oben) Eine stilistische Eleganz, die von Amerikanern nur selten erreicht wurde, zeigt sich hier bei Raymond Loewys gelungenem Studebaker-»Commander«-Coupé von 1953.
Das Modell 1954 ist von den früheren Modellen nur schwer zu unterscheiden. Chromverzierungen sind auf ein Minimum reduziert. Der V-8-Motor mit 3,8 Liter Hubraum und 120 PS Leistung war bescheiden, aber durchaus ausreichend. Der Erfolg schlug jedoch ins Gegenteil um, als Korrosionsprobleme auftauchten, eine unzureichende Qualitätskontrolle erfolgte und kostspielige Versuche mit einer Servolenkung unternommen wurden, die der »Commander« bei sechs Lenkradumdrehungen von Anschlag zu Anschlag erforderte.
Studebakers Absicht war es, dieses Coupé gewissermaßen als »Köder« zu benutzen, um die Kunden in die Ausstellungsräume zu locken und um ihnen dann Limousinen zu verkaufen. Als der Bedarf größer wurde, gab es nicht genug Coupés. Und 1955 zog auch ein übertriebener Chromzierat wieder ein.

(Gegenüber, unten) American Motors entfernte sich von ihrem »gesunden Menschenverstand« der sechziger Jahre. Dieses Modell »Marlin« (ursprünglich unter dem Namen »Rambler« erschienen) sollte ein Einstieg in die Klasse der »Individualistenwagen« sein. Das Aussehen dieses Modells von 1966 war individuell genug, aber es war ein großer Wagen mit 2,85 m Radstand, und die Gesamtlänge von 4,05 m ließ es neben Fords »Mustang« gigantisch erscheinen. Der Motor der Normalausstattung war ein gemütlicher stoßstangengesteuerter 3,8-Liter-Sechszylinder, aber mit dem auf Wunsch erhältlichen 5,4-Liter-V-8-Motor bot der »Marlin« eine respektable Leistung. Aber die walfischähnliche Form war sein stärkster Feind, und stetig fallende Verkaufszahlen sprachen eine deutliche Sprache. Während dreier Jahre fanden sich nur 17 500 Käufer für dieses Modell.

XKY-387

zweimal zu überlegen, ob sich die Werkzeugkosten für eine Cabriolet-Version lohnen würden. Es gab nur wenige, die das taten, und in Amerika war der Boom ohnehin vorüber. Chryslers Verkaufszahlen hielten sich während der sechziger Jahre einigermaßen konstant bei 4 000 bis 5 000 Einheiten pro Jahr. Aber Buick als Hauptherstellervon Cabriolets hatte einen Rückgang im Jahresausstoß von 41 528 im Jahr 1961 auf 22 616 im Jahr 1969 zu verzeichnen. Im letzteren Jahr hatte Ford zwar einen Absatz von 33 874 Einheiten, aber es war doch nur etwa die Hälfte des Absatzes von 1962. Sehr charakteristisch für das Absinken der Verkaufszahlen ist die Geschichte des Ford »Mustang«, eines Wagens, dem sich normalerweise die Freunde des »offenen, sportlichen Fahrens« zuwenden müßten. Im ersten vollen Produktionsjahr 1965 wurden 73 112 Cabriolets dieses Typs verkauft, aber nur etwa 15 000 Käufer fanden sich im letzten Jahr unseres Betrachtungszeitraumes. Das gleiche Bild ergab sich bei der europäischen Industrie. Bei den Typen Triumph »Herald/Vitesse« machten die Cabriolets etwa 11 Prozent der Verkaufszahlen aus, ohne in Großbritannien allerdings nennenswerte Konkurrenz zu haben. Bei Peugeot schloß der Anteil von 2 Prozent bei den Typen 204 und 404 sowohl Coupés als auch Cabriolets ein. Bei den Mercedes-Benz Sechszylindertypen machten sie bis 1965 6 Prozent der Gesamtproduktion der Typenklasse aus.

Zusehends größere Bedeutung kam den Farben zu. So konnte eine »Farbspritze« das Leben des alternden Hillman »Minx« von 1949 um ein Jahr verlängern. Hinzu kam das Zusammenspiel von Farbe und Chrom. Chromstreifen, geschwungene Linien und Chrom-Formstücke eigneten sich hervorragend dazu, zwei Farben voneinander zu trennen. In Großbritannien verwendete man viel Geschick, die häßlichen Pontonkarosserien durch Zweifarblakkierung ansehnlicher zu machen, so beim Austin A 105, Ford Mk. I »Zodiac« und Standard »Pennant« und »Vanguard«. Der gute Eindruck wurde hier häufig durch mangelnde Motorstärke wieder verwischt, oder sollte eine Anzahl von Zubehörteilen das wettmachen? Ford bot bei seinem »Zodiac« von 1954 Weißwandreifen, Heizung, Scheibenwaschanlage, Außenspiegel, Borduhr und Rückfahrscheinwerfer wie auch Zweifarblackierung. Der kleine Standard »Pennant« erhielt eine breitere Kühlerverkleidung und Scheinwerferblenden.

Vieles konnte man auch mit Rädern anstellen, die praktisch ausschließlich Scheibenräder waren, sofern die Kühlung der Bremsen nicht eine andere Ausführung verlangte. Eines der bevorzugten Zubehörteile der vierziger Jahre war der lackierte oder verchromte »Zierring« für die Räder. Ursprünglich stammte diese Errungenschaft aus den USA, und zwar aus einer Zeit, in der Weißwandreifen noch schwer erhältlich waren. Speichenräder waren sehr teuer, und eine Verchromung trug zur Schwächung der Speichen bei. So erfand man in Amerika Mitte der Fünfziger die aufsteckbare Drahtspeichenattrappe. Beim Buick »Skylark« von 1953 allerdings gab es serienmäßig »40 individuell eingebaute, verchromte Speichen«, womit auch erklärt wurde, daß der Wagen 1 000 Dollar teurer war als andere in dieser Klasse – und damit wiederum erklären sich die nur geringen Verkaufszahlen. Ebenso kamen die gegossenen Magnesium-Speichenräder neu heraus, die man in den späten fünfziger Jahren hauptsächlich bei Wettbewerbsfahrzeugen antraf. Besonders in den siebziger Jahren hielten sie ihren Einzug, fanden sich aber schon von 1967/68 beim MG »Midget« und einigen anderen.

Der britische Ford »Zodiac« und seine Klassenbrüder waren für einen anderen Trend der sechziger Jahre verantwortlich. Wenn sich auch das Angebot an Karosserien auf Limousinen und Kombiwagen beschränkte, so konnte man doch eine größere Vielfalt anbieten, indem man eine Reihe von Ausstattungsvarianten schuf, teilweise noch angereichert durch Motorvarianten. Wenn man einem Wagen das Schild »GT« anklebte, war man dazu verpflichtet, auch dem Motor eine gewisse Behandlung angedeihen zu lassen. Größe-

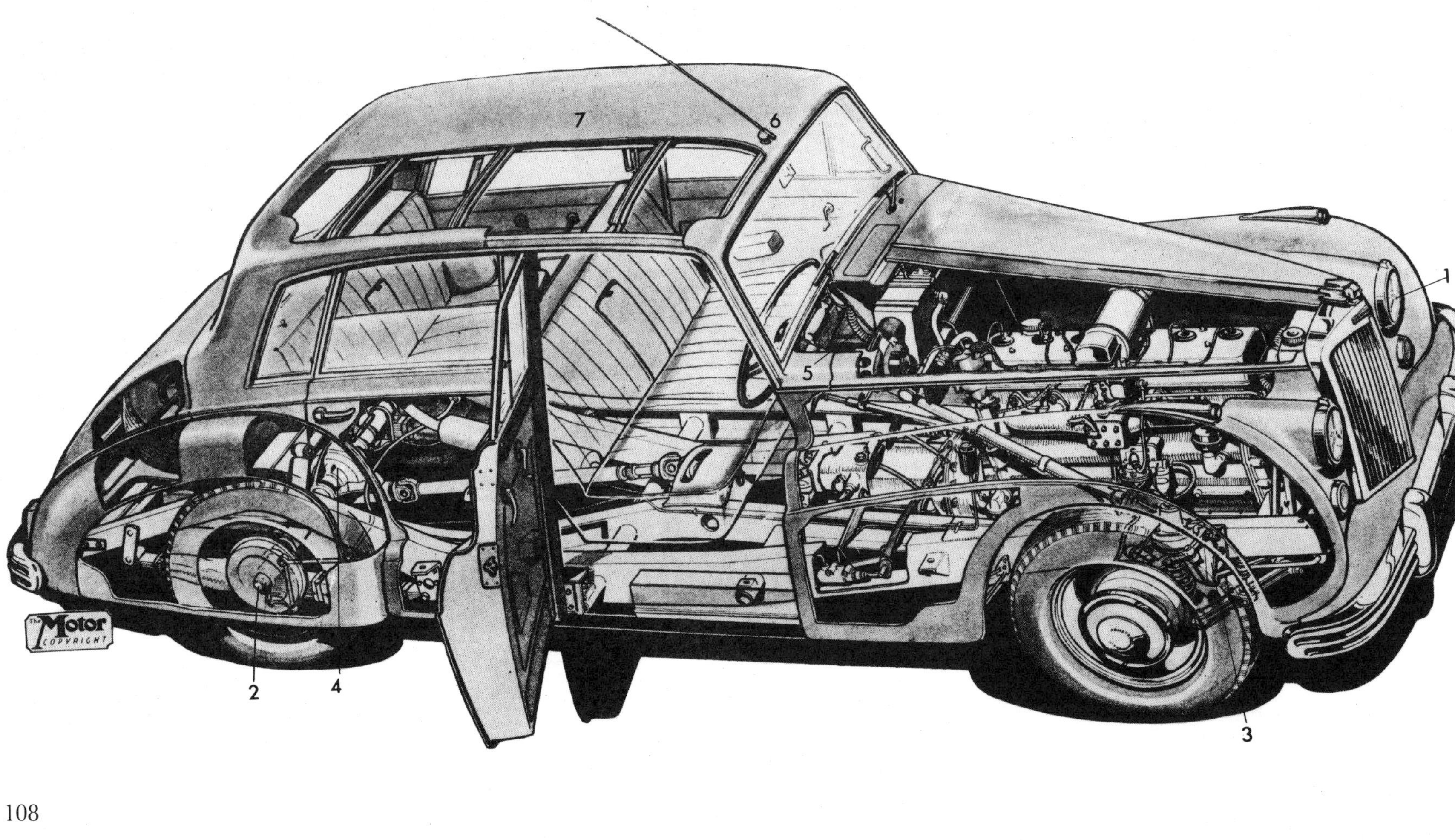

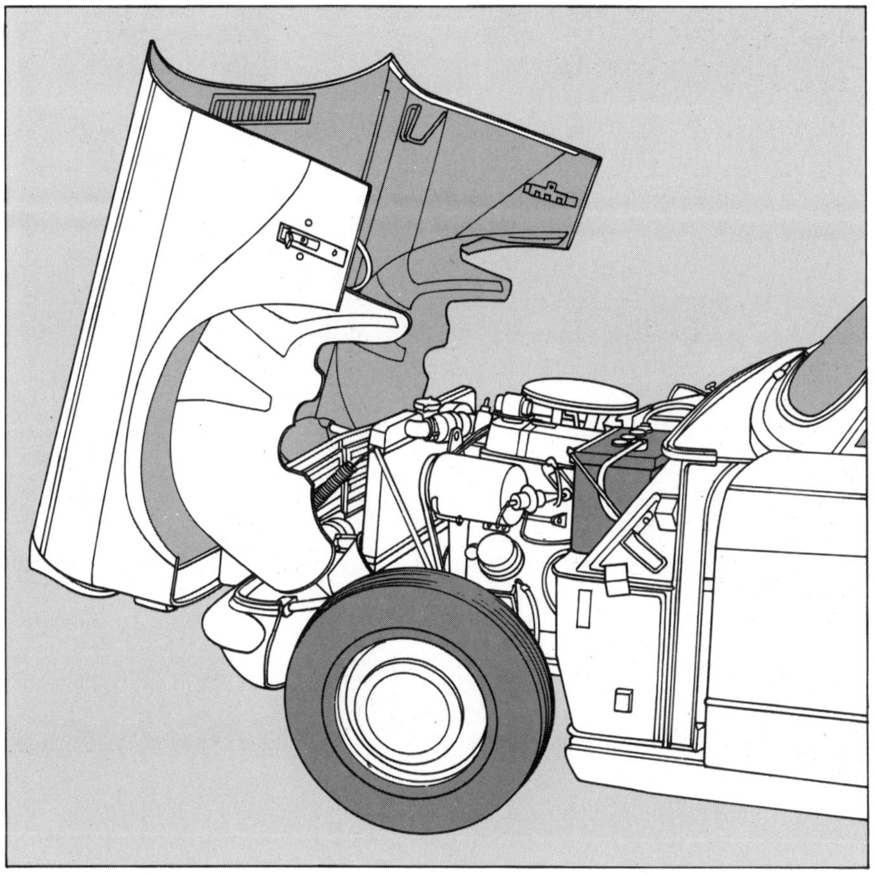

(Gegenüber) Denkt man sich die eingebauten Scheinwerfer (1), die hydraulischen Bremsen (2) und die unabhängige Radaufhängung an Schraubenfedern (3) weg und ersetzt die Hypoid-Hinterachse (4) durch herkömmliche Spiralkegelräder, so könnte man sich in das Großbritannien des Jahres 1938 zurückversetzt fühlen, wenn man diesen Armstrong-Siddeley »Sapphire« betrachtet, der von 1953 bis 1958 produziert wurde. Der Sechszylinder-Motor allerdings verfügt über hemisphärische Brennräume und quadratische Zylinderabmessungen von 90 × 90 mm, und gemessen an Vorkriegsmaßstäben war seine Leistung von 120 PS ganz beachtlich.Betrachtet man das Komfortzubehör, so findet man Heizung (5) und Rundfunkantenne (6), aber nicht eine Schiebeöffnung im Dach (7), die bei fast allen britischen Wagen der dreißiger Jahre eine Selbstverständlichkeit war. Außerdem gab es eine stufenförmige Wischerschaltung, Benzin-Reserve-Einrichtung, ein Leselicht und Ausstattung mit Holz und Leder. Das besondere Armstrong-Siddeley-Vorwählgetriebe gab es nach wie vor als Alternative zum manuellen Getriebe, nur erfolgte die Gangwahl jetzt elektrisch. Ab 1955 stand auch ein Automatikgetriebe zur Verfügung. Aber Marken wie beispielsweise Rover, Jaguar und Mercedes-Benz waren die Feinde dieser Kleinserienhersteller. Armstrong-Siddeley unternahm 1955 noch einmal einen Versuch mit einer siebensitzigen Limousine, bei der Radio und elektrisch versenkbare Trennscheibe zur Normalausstattung gehörten. Aber es gab nicht genügend Bürgermeister und Generaldirektoren, die die Auftragsbücher füllen konnten, und Beerdigungsunternehmer deckten sich auf dem Gebrauchtwagenmarkt ein.

(Oben, links) Der Triumph »Herald« von 1959 bot zwar durch die nach vorn klappbare Einheit von Haube und Kotflügeln eine gute Zugänglichkeit, aber das nutzte nicht nur dem Mechaniker, sondern auch dem Staub. Dagegen ist die Einheit beim Dyna-Panhard von 1954 nach oben zu klappen *(oben, rechts)*, wie es beim tschechischen Tatra schon 20 Jahre früher praktiziert wurde. Bei einem Frontantriebswagen ist das ein wahrer Segen. Dieser bemerkenswerte kleine Wagen hatte eine selbsttragende sechssitzige Aluminiumkarosserie, verfügte über eine Höchstgeschwindigkeit von 120 km/h, und der Verbrauch war mit 7 l/100 km als außerordentlich gering anzusprechen – und das alles bei einem Zweizylinder-Motor mit 850 ccm Hubraum. Allerdings lagen die Herstellungskosten hoch, und 1957 ging man zu Stahlkarosserien über. Das Ergebnis des größeren Gewichts war ein Abfall in der Fahrleistung. Es war ein lauter, kleiner Wagen, und Ende der fünfziger Jahre betrug der Verkauf 30 000 Einheiten im Jahr, aber für einen billigen Familienwagen war das nicht genug. 1955 erfolgte die Übernahme durch Citroën, was aber nur das Vorspiel war für die vollständige Aufgabe dieser Marke zwölf Jahre später.

ren Variantenreichtum schuf man sich mit der Adoption französischer Kürzel. Da gab es die Ausführung »Grand Luxe« (GL) und »Grand Luxe Special« (GLS), um nur einige zu nennen. Die Berechtigung des Zusatzes »Sport« mußte man in vielen Fällen erst durch einen Blick in den Katalog herauszufinden suchen. Beim frontgetriebenen Simca 1100 von 1968 bot die GL-Ausstattung rückwärtige Stoßstangenhörner, zwei Spiegel statt einem, Armstützen vorn und hinten, eine Hutablage, kindersichere Schlösser, eine zweifelhafte Mischung von Sicherheit und Luxus. Das GLS-Zeichen bescherte einige Verzierungen, entsprechende Schriftzüge vorn und hinten, vordere Liegesitze, Radblenden, Ventilation, Thermometer, Uhr, hintere Aschenbecher, Garderobenhaken, verschließbares Handschuhfach und Teppiche statt Gummimatten.

1961 kamen dann die Vinyl-Dächer in Mode; sie sollten eine normale Limousine aussehen lassen wie ein »hardtop«. Beim 1965er Humber »Imperial« gehörte das Vinyl-Dach zur Standardausrüstung und hatte vornehmlich den Zweck, ihn vom billigeren, aber sonst absolut identischen Modell »Super Snipe« zu unterscheiden. Beim Dodge »Charger« konnte man das Vinyl-Dach außer in Schwarz auch in »Altweiß« und »Altgrün« erhalten. Es handelte sich hierbei um eines der zahlreich angebotenen Extras. Da der Dodge mit Motorleistungen von über 400 PS angeboten wurde, überwogen die Extras mit sportlichem Einschlag, so einem Drehzahlmesser, »groß genug, um ihn auch erkennen zu können«, Radblenden im »Magnesium-Look« und »freche, kekke Hummelstreifen« (was immer man darunter verstehen konnte) am Heck. Eine besondere Attraktion stellten die Lenkräder in »imitierter Holzmaserung« dar, gab es echte Holzlenkräder zu jener Zeit doch nur bei Maserati und ähnlichen Exoten.

Das »Paket«-Geschäft zeigte sich bei den sportlichen Fords in besonders deutlicher Form, beim amerikanischen »Mustang« und dem deutsch-englischen »Capri«, Diese »Pakete« waren nicht mit normalem Zubehör zu verwechseln, das in jedem Fall gesondert zu bestellen war. Sie umfaßten viel-

(Links) Amerikanischer Einfluß. Beim Vauxhall »Cresta«, der von 1958 bis 1960 auf dem Markt war, findet sich ein 2,3-Liter-Sechszylinder-Motor mit hängenden Ventilen, und außerdem blieb man der seit 1938 gepflegten selbsttragenden Bauweise treu. Die Stilisten hatten noch eine Panorama-Windschutzscheibe hinzugefügt, angedeutete Heckflossen und eine dreiteilige Heckscheibe, wie man sie sonst nur bei den 1957er Buick fand. Die PA-Typenreihe lief bis 1962, und während dieser relativ kurzen Produktionszeit kamen zwei verschiedene Reifengrößen und drei unterschiedliche Kühlerverkleidungen zur Anwendung; 1961 wurden Heckflossen wie auch Motor vergrößert. Inzwischen hatten auch Overdrive und Automatikgetriebe ihren Einzug gehalten.

(Gegenüber, unten) Das britische Ford-»Consul«-II-Cabriolet, wie es von 1956 bis 1962 hergestellt wurde – das hier gezeigte Exemplar stammt von 1959 –, wirkt »in natura« weit weniger aufregend als in den Katalogen des Herstellers. Die teureren Modelle »Zephyr« und »Zodiac« hatten Reihensechszylinder-Motoren mit 2,6 Liter Hubraum, das Modell »Consul« nur einen Vierzylinder mit 1,7 Liter. Ford bot sogar ein Cabriolet in selbsttragender Bauweise an, wobei Carbodies aus Coventry die erforderlichen Arbeiten ausführte. Bei den billigeren Vierzylindern wurde das Verdeck von Hand betätigt, bei den Sechszylindern übernahm die Elektrizität einen Teil der Arbeit. Zu erwähnen bleibt, daß sich die Sechszylinder besser verkauften als ihre kleineren Brüder.

(Gegenüber, oben) Das letzte Jaguar-Modell mit Fahrgestell, die Mark-IX-Limousine von 1958. Äußerlich gab es gegenüber dem Mark VII von 1950 nur ein einziges Unterscheidungsmerkmal, die einteilige Windschutzscheibe; gegenüber dem Mark VIII von 1957 keines. Aber während acht Jahren erfolgte eine Leistungssteigerung um 40 % auf 220 PS, in der Höchstgeschwindigkeit um 10 % auf 179 km/h und bei der Beschleunigung von 0 auf 100 km/h um 20 %. Hinzu kamen Scheibenbremsen an allen vier Rädern und Servolenkung; es entstand ein Luxuswagen, der sich mit dem amerikanischen Wettbewerb messen konnte. Vom Mark IX verkauften sich in drei Jahren 10 000 Stück, was als absolut zufriedenstellend angesehen wurde. Außerdem verfügte das Unternehmen über einen erfolgreichen Kompaktlimousinen-Typ und den XK-150-Sportwagen, der dann 1961 vom E-Typ abgelöst werden sollte.

(Rechts) Ein Hauch von Pininfarina war die einzige Zutat zu Austins kleiner, herkömmlicher Limousine, die auf den Ausstellungen des Jahres 1958 erschien, ein Jahr vor dem Debüt des Mini. Die Mechanik des A 40 ist typisch britisch: Vier Zylinder, 948 ccm (1 098 ccm ab 1961) Hubraum, stoßstangengesteuerte Ventile, synchronisiertes Vierganggetriebe, selbsttragende Karosserie, vordere Schraubenfedern und hintere Halbelliptikfedern. Die Zweifarb-Lackierung wie auch der bescheidene Benzinverbrauch von 7 l/100 km machten etwas wett von dem dem kleinen Austin fehlenden »Charakter«. Es handelte sich hierbei um die erste BMC-Konstruktion, die in Italien durch Innocenti in Lizenz hergestellt wurde.

mehr eine große Anzahl von Motor-Getriebe-Kombinationen (in Deutschland allein sechs) und verschiedene kosmetische Ausstattungsstücke. Orderte man die XL-Ausstattung, erhielt man Liegesitze, einzelne Rücksitze, einen zusätzlichen Rückfahrscheinwerfer und einen blendsicheren Rückspiegel. Beim XLR-Paket kam ein lederumwickeltes Lenkrad dazu, eine Leselampe, und der Knopf des Schalthebels erhielt einen Überzug aus Kunstleder. Diese Ausstattungsvarianten mußten wohl ausreichend Entschädigung dafür sein, daß der »Capri« nun einmal Gleicher unter Millionen Gleichen war, die über die gleiche Karosserie, den gleichen Radstand und notwendigerweise auch die gleichen Instrumente verfügten.

Auch Italien hatte ein blühende »Extra«-Industrie, obwohl sie gegenüber dem seit den frühen Fünfzigern vorherrschenden italienischen Einfluß im Karosserie-Design nur zweitrangige Bedeutung hatte. Bis 1950 galt Amerika als Trendsetter für den Großserienwagen. Bei den Chauffeurwagen konnte man seit 1935 einen gewissen englischen Einfluß mit der »Rasiermesser«-Linie feststellen; die Deutschen waren bekannt für ihre qualitativ hochwertigen Cabriolets mit gewissen Auswirkungen auf Schweden und die Schweiz; die rassigen – wenn auch unpraktischen – sportlichen Roadster mit fließenden Kotflügellinien und briefkastenschlitzgroßen Windschutzscheiben entstanden in Frankreich. Sobald man aber die preiswerten Limousinen betrachtete, stellte man amerikanisches Gedankengut fest, wenn auch etwas verfälscht durch kürzeren Radstand und kürzere Motorhaube. Italiens Einfluß machte sich vornehmlich deutlich in offenen, sportlichen Karosserien. Bis 1936/37 setzte Zagatos herrlicher Alfa Romeo »Gran Sport« von 1929 für diese Stilrichtung den Maßstab.

Das »Blech« der Vierziger und frühen Fünfziger zeigte noch eine enge Anlehnung an Detroit. Singer nahm sich Kaiser als Vorbild, wie es auch Volvo bei einem V-8-Prototyp tat, der allerdings nie in Produktion ging. Standard und Rootes empfingen ihre Anregungen von zwei aufeinanderfolgenden Generationen von Plymouth. Der erste Austin A 40 war ein nachempfundener Chevrolet von 1940. Der deutsche Borgward 1500 war eine Mischung von amerikanischen und deutschen Ideen. Renaults »Frégate« und Fiats 1400 hatten zwar keine erkennbaren Vorbilder, ließen aber doch deutlich ein nichtamerikanisches Konzept erkennen. Ironischerweise machte dann Hudson für sein unglückliches Kompaktmodell »Jet« von 1953 eine Anleihe bei Fiat. Volvo mischte eine General-Motors-Kühlerverkleidung, vordere Kotflügel von Ford und die Karosserieform von Chrysler zu einem erstaunlichen Verschnitt. Eine vernünftige Form wurde daraus erst beim Modell 144 von 1967. Auch das erfolgreiche und beliebte Modell 120 von 1956 an hatte eine sehr stark an den Chrysler von 1955 erinnernde Frontpartie.

Als Resümee kann gesagt werden, daß man durch Vielfalt wettzumachen suchte, was an Eleganz und Schlüssigkeit fehlte. Bis zu dem Zeitpunkt, zu dem der italienische Einfluß stärker wurde, war beispielsweise der britische »Rasiermesser«-Stil prägend, der speziell auf den angelsächsischen Geschmack zugeschnitten war. Mit freistehenden Kotflügeln und Scheinwerfern und einem den Namen noch verdienenden Kühler präsentierte man den Briten preiswerte Wunder, wie beispielsweise die großen Triumph-Limousinen von 1946 bis 1954. Als aber die selbsttragende Bauweise überhandnahm, gab es dann solche Unglücke wie den 1,3-Liter »Mayflower«, den eine unfreundliche Journalistin mit der Bemerkung »Oben wie Queen Anne, unten wie Mary Anne« abwertete, der obere Teil des Wagens also in aufwendiger, geradezu opulenter Gestaltung, während der untere Teil eher Erinnerungen an arme, mittellose Dienstmädchen aufkommen ließ.

Angeführt von Pininfarina, vollzogen die Italiener den Rückzug von der Einheitlichkeit der Buggestaltung. Einige der frühen Versuche waren schlicht furchtbar, denn man orientierte sich an den Kühlerverkleidungen von Buick, Lincoln und Studebaker. Die V-förmigen Kühlermasken, die von Ghia und Pininfarina gleichermaßen und ohne große Unterschiede für Alfa Romeo, Lancia und Fiat in den Jahren 1937 bis 1939 verwendet wurden, fanden sich als Standardausstattung bei den größeren Fiat-Modellen 508 C »Millecento«

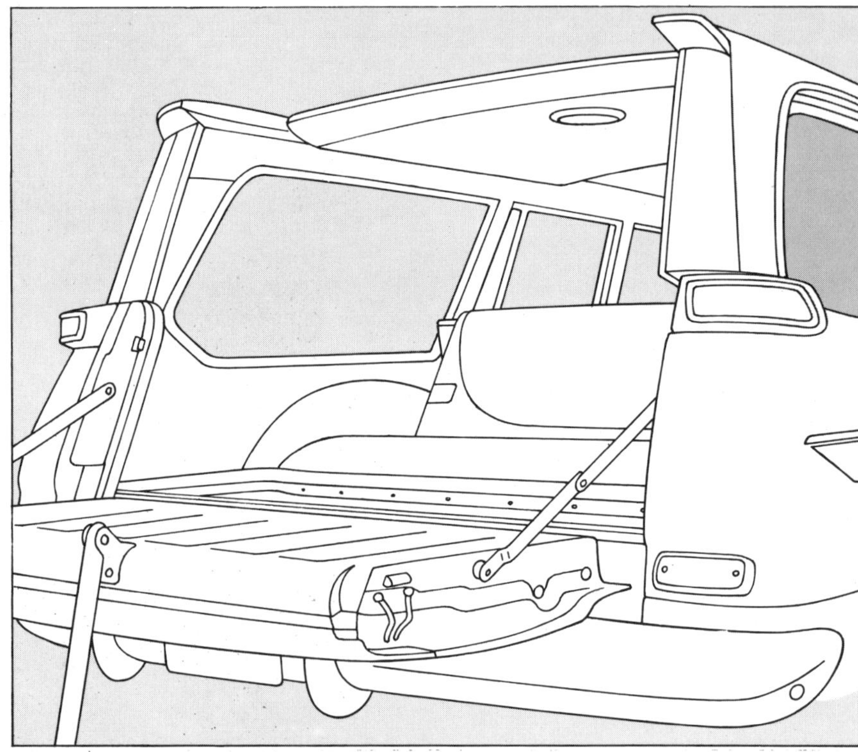

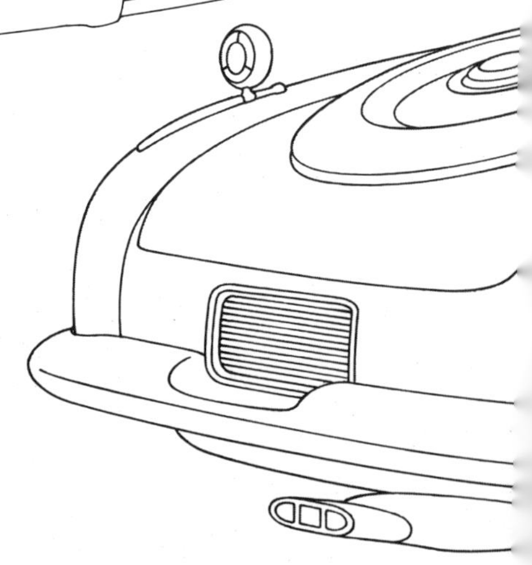

(Oben) Verfeinerung der Kombiwagen. Der Studebaker »Lark Wagonaire« hatte in der Normalausführung eine einteilige Hecktür. Zu den Extras gehörten eine Klappleiter als Zugang zum Dach, ein elektrisch betriebenes Heckfenster und das Sonnendach, das sich übrigens auch zur Verladung unteilbarer Güter sehr bewähren sollte. Ein Dachgepäckträger war genauso verfügbar wie einzeln klappbare Rücksitze.

Der Kult mit dem »Continental«-Reserverad. Es wirkte harmonisch am ursprünglichen Mark I Lincoln »Continental«, der von E.T. Gregoire für Edsel Ford entworfen und während der Jahre 1940 bis 1948 hergestellt wurde. Bestimmend für die Wiedergeburt war die Ausführung von Nash *(oben)*.
Hier wird es beim in Großbritannien hergestellten Modell »Metropolitan« von 1954 gezeigt. Als dann Lincoln in die Nostalgiewelle einstieg und das Modell »Continental« Mark II im Jahre 1956 *(gegenüber, Mitte)* lancierte, degenerierte das »Reserverad« zu einer entsprechenden Ausformung im Kofferraumdeckel. Chrysler *(unten)* näherte sich dem Thema von der sportlichen Seite und schuf eine nicht unattraktive Form beim K 310 »Traumwagen«, der 1952 von Ghia geschaffen wurde. Dieses Modell stand kurz vor der Produktionsaufnahme, wenn auch Zweifel erlaubt sein müssen, ob das Unternehmen die Kosten für Speichenräder hätte aufbringen können, wohlgemerkt echte Speichenräder, nicht aufsteckbare Attrappen. Das einzige konkrete Ergebnis war dann 1957 der berüchtigte »Mülltonnendeckel« des Kofferraumes, den Chrysler allerdings vorzog, »Sporthaube« zu nennen.

bis Anfang 1953. Doch solange es noch einen Verkäufermarkt gab, hatten die Italiener nur geringe Chancen, ihre Fähigkeiten auch bei ausländischen Herstellern unter Beweis zu stellen. Sie konnten weder deren Fahrgestelle importieren noch ihre Karosserien exportieren, es sei denn, es konnte später ein Re-Export in Länder mit harter Währung vorgenommen werden. Vor 1951 wurden nur Karosserien von Touring und Pininfarina auf britischen Bristol-Fahrgestellen bekannt, die beide in etwas veränderter Form von Bristol auf den Markt gebracht wurden.

Die Türen öffneten sich 1951 mit Pininfarinas neuer Karosserie für den häßlichen angloamerikanischen Nash-Healey-Sportwagen, was zu dem Auftrag führte, auch die Karosserien der Nash-Modelle zu überarbeiten. Als Serienfabrikat existierten die Ergebnisse allerdings nur in der Pressemitteilung. In großem Stil wurden die Ideen nicht in die Praxis umgesetzt. Aber es stellte doch für Nash eine ausgezeichnete Werbung dar – und für die Italiener in noch größerem Maße. Während der nächsten Jahre kamen sie mit ganz Europa ins Geschäft. Pininfarina schloß 1954 einen Vertrag mit Peugeot, und das Ergebnis waren die Limousinen Typ 403 und 404. Der nächste Kunde war die British Motor Corporation, die ihre rasiermesserscharfen Linien zuerst beim Austin A 40 anwendete und danach bei der überarbeiteten Form der 1,5-Liter-Limousine. Für Austin entwickelte sich daraus ein Geschäft besonderer Art, denn Innocenti erwarb eine Lizenz zur Produktion des Modells A 40 in Italien, eine Transaktion, die in den dreißiger Jahren – auch ohne Mussolinis antienglische Einstellung – undenkbar gewesen wäre.

Gegen Ende der Sechziger hatte sich der Einfluß Pininfarinas bis nach Argentinien ausgedehnt; er entwarf das Fiat-Sechszylinder-Coupé für IKA. Pininfarina war aber beileibe nicht der einzige Italiener, der ausländischen Wagen seinen Stempel aufdrückte. Die 1956 auf dem Markt erscheinenden sportlichen Coupés und Cabriolets von Volkswagen wurden nach Entwürfen von Ghia bei Karmann in Osnabrück hergestellt. Ghia konnte auch eine lange Zusammenarbeit mit Chrysler verzeichnen, für den er eine ganze Generation von »Traumwagen«-Prototypen schuf, die die Serienmodelle der kommenden Jahre beeinflussen sollten. In kleiner Serie wurden das Dual-Ghia-Coupé und das Cabriolet auf Chrysler-Basis sowie einige (90 Stück von 1957 bis 1960) extrem teure Limousinen auf verlängerten Imperial-Fahrgestellen gebaut. Boano war nicht unbeteiligt an dem Renault-Modell »Dauphine« von 1956. Michelotti von der Firma Vignale arbeitete ergiebig mit der britischen Firma Standard-Triumph zusammen, wo er mit einer Überarbeitung der Standard-Vanguard von 1956 begann und sich dann der Typenreihe »Herald-Vitesse« zuwandte. Der italienische Einfluß drang sogar bis Japan vor, wo Michelottis Handschrift am Hino »Contessa« von 1964 zu erkennen war, einem Lizenzbau des Renault 4 CV mit Heckmotor. Genauso zeichnete er für die späteren DAF-Modelle verantwortlich.

Neben diesen internationalen Verbindungen begnügte sich Italien mit Variationen zum Thema Fiat, einem sicheren Geschäft auf einem Markt, auf dem Importe bis 1960 streng beschränkt waren und auf dem – zumindest in den ersten Jahren unseres Betrachtungszeitraumes – 90 Prozent der zugelassenen Wagen auf eine einzelne Marke entfielen. Diese Variationen waren genau das, was das Wort besagt: Man nahm einen normalen Fiat und »jazzte« ihn auf mit Chromstreifen und einem neuen Armaturenbrett oder – im Falle der Heckmotortypen 600 und 850 – mit mehr Türen, als dies Fiat selbst für gut befand. Man konnte auch über die reine Verschönerung hinaus gehen, wie beispielsweise Abarth, der den Typen 600 und 850 eine erstaunliche Behandlung angedeihen ließ. Diese kleinen Coupés mit ihren Höchstgeschwindigkeiten von 145 bis 155 km/h erschienen bald unter einer eigenen Marke – hier dann als Typ 850 TC (auf der Basis des Typs 600), mit einem von 633 auf 847 ccm aufgebohrten Motor und einer von 24,5 PS auf 80 PS gesteigerten Leistung, niedriggelegter Federung, härterer Kupplung, besonderem Auspuffsystem und Gürtelreifen. In seiner endgültigen Form verfügte der 850 über einen Motor mit doppelter obenliegender Nockenwelle, einer gegenüber dem ursprünglichen Hubraum verdoppelten Kapazität, einem Kühler, der ei-

(Links) Die französiche Dyna-Panhard-Limousine in der Ausführung von 1954 stellte fast das genaue Gegenteil von Dante Giacosas Kleinwagen-Philosophie dar. Er plazierte bei Fiat einen Reihenvierzylinder-Motor im Heck, beim Dyna-Panhard trieb ein Zweizylinder-Boxermotor mit 850 ccm die Vorderräder. Sechs Sitzplätze, eine Höchstgeschwindigkeit von 120 km/h, 42 PS Leistung und ein Gewicht von 710 kg waren beachtliche Daten. Dabei betrug der Benzinverbrauch nur 7 l/100 km. Das Geheimnis lag in der selbsttragenden Aluminiumkarosserie, der einzige stählerne Bestandteil war ein Rohrträger im Bug. Schwachstellen waren hohe Geräuschentwicklung, unzureichende Petroleumheizung und die hohen Kosten für die Leichtmetall-Karosserie.

(Gegenüber, oben) Die Versuche von BMW während der fünfziger Jahre mit Mercedes in Wettbewerb zu treten, erwiesen sich als finanziell ruinös, trotz der wunderschönen V-8-Motoren mit hängenden Ventilen, die dabei herauskamen. Die Limousinen erhielten modernisierte Karosserieformen der 1936er Modelle und sahen damit etwas schwülstig aus, wobei allerdings dieses Cabriolet vom Typ 503, das von 1956 bis 1959 produziert wurde und dem Mercedes 300 S Konkurrenz machen sollte, eine Ausnahme darstellte. Beide Rivalen verfügten über ein vollsynchronisiertes Vierganggetriebe mit der von den Deutschen so geliebten Lenkradschaltung. BMW blieb bei einer hinteren Starrachse und gab Vergasern den Vorzug, während Mer-

cedes Benzineinspritzung verwendete. So lag die Leistung mit 140 PS bei einem Hubraum von 3,2 Litern niedriger als beim 300 S mit seinem Sechszylinder-Reihenmotor mit obenliegender Nockenwelle. Auf dem deutschen Markt war der BMW allerdings billiger, und die Verkaufszahlen lagen etwa auf gleicher Höhe.

(Gegenüber, unten) Peugeot unterliefen während unseres Betrachtungszeitraumes nur wenige Fehler. Der unerschütterliche Typ 403 verkaufte sich zwischen 1955 und 1967 in insgesamt 1 100 000 Exemplaren, wobei auch der ältere 1 290-ccm-Motor und eine Diesel-Ausführung eingeschlossen waren und außer der Limousinen-Version auch Cabriolets, Kombiwagen und eine Reihe leichter Nutzfahrzeuge. Wenn er auch unter Rostbefall zu leiden hatte, so erwies er sich doch als außerordentlich zuverlässig. Der Karosserieentwurf stammte – genau wie der des Typs 404 – von Pininfarina, behielt aber eine typisch französische Note. Die ging dann leider bei späteren Modellen verloren, die auch leicht als Fiat oder Austin durchgehen konnten.

(Rechts) Der von Pininfarina entworfene Alfa Romeo »Spider« ist bekannt, ungewöhnlicher jedoch der viersitzige GTC von 1965, eine der letzten Schöpfungen von Touring in Mailand. Nur 1 000 Exemplare wurden hergestellt. Zum Einbau kam der berühmte 1,6-Liter-Motor mit obenliegender Nockenwelle, vollsynchronisiertem Fünfganggetriebe und servounterstützten Scheibenbremsen an allen Rädern. Das Ergebnis war kostspielig – 2 395 000 Lire gegenüber 1 570 000 Lire für die Limousine. Aber es konnte sich sehen lassen und bereitete grenzenloses Fahrvergnügen.

nem Jagdflugzeug alle Ehre machte, einer Höchstgeschwindigkeit von 211 km/h, und er konnte bis zu 160 km/h in der Beschleunigung mit einem Jaguar E-Typ Schritt halten.

Der nächste Schritt bestand in Überlegungen, wie man für eine Spezialkarosserie das Problem lösen konnte, wenn kein Fahrgestell mehr zur Verfügung stand. Käuflich war ein kompletter Satz der Mechanik, bestehend aus Bodenblech, Motor, Kraftübertragung, Bremsen und Federung, und man konnte dann ein Auto darum herumbauen. Diese Praxis wandten Abarth, Siata, Lombardi, Moretti und einige andere an. Abarth befaßte sich auch mit dem französischen Simca. In Frankreich entwickelte sich ein ähnliches Gewerbe auf der Basis des Panhard. hier war die Firma D. B. der Hauptakteur. Renault-Versionen erschienen bei Alpine, und 1967 bildete Simca die Basis für das Unternehmen CG. Was dabei herauskam, konnte ungewöhnlich sein. Am Beginn unseres Betrachtungszeitraumes stellte Siata einen Wagen her, der einem konventionellen MG nicht unähnlich war und auf einem Fiat 1400 basierte. Dem Konzept blieb man bis zur Produktionseinstellung 1970 treu, nur stellte später der Fiat-Typ 850 mit Heckmotor die Basis dar. Der offene Lombardi, ebenfalls mit Heckmotor, hatte gewisse Morgan- und Lotus-Anklänge, aber es gab auch ein kleines Sport-Coupé. Extremer in der Idee war das Ghia-»Vanessa«-Einkaufs-Coupé, das sich an die Damen wandte und über ein automatisches Getriebe verfügte.

In Großbritannien und Amerika diente der neue Werkstoff Kunststoff im wesentlichen dazu, neue und billige Karosserien für ältere Fahrgestelle zu ermöglichen. Abgesehen von Fords Versuchen der frühen vierziger Jahre mit Kunststoffen auf Soja-Basis (die sich nie in Automobilkarosserien niederschlugen), waren Kunststoffkarosserien eine Erscheinung der Nachkriegszeit, und 1950 entstanden in Südkalifornien die ersten Karosserien. Normalerweise erschienen diese frühen Schöpfungen auf älteren Ford-V-8-Fahrgestellen. Aber auch in die Kataloge der etablierten Automobilhersteller hielten sie Einzug, erstmalig 1953 bei dem »Corvette«-Sport-Roadster von Chevrolet. Ihm folgte ein Jahr später Jensen in Großbritannien mit der zweitürigen Limousine des Typs 541. Die Pioniere der selbsttragenden Kunststoffbauweise waren – wie bereits erwähnt – Berkeley und Lotus in den Jahren 1956 beziehungsweise 1957.

Kunststoff empfiehlt sich aus verschiedenen Gründen für kleinere Serien, denn die niedrigeren Werkzeugkosten wiegen die höheren Kosten per Einheit auf. Formen für ungewöhnliche Linienführung sind billiger als komplizierte Blechpressen, und dieses Herstellungsverfahren machte auch das Problem des Punktschweißens an schwierigen Stellen gegenstandslos. Kunststoffkonstruktionen sind sehr widerstandsfähig gegen Schläge, und bei einer durch einen Unfall hervorgerufenen Beschädigung kann man den beschädigten Teil herausschneiden und ohne Schwierigkeiten ersetzen. Es gibt Kunststoffe in feuersicherer Ausführung, und man kann ihn beliebig einfärben, so daß die Prozedur eines mehrschichtigen Farbauftrags entfallen kann. Dieser Vorteil besteht allerdings nicht mehr in vollem Umfang, seitdem es seit 1964 widerstandsfähige Acryl-Zellulose-Lacke gibt. In der Türkei und in Israel wurden Kunststoffkarosserien mit großen Erfolg hergestellt; allerdings überschreiten die Produktionszahlen hier kaum 4 000 Einheiten im Jahr.

Gegen dieses System spricht die relativ kurze Lebensdauer der Formen. Das Limit kann hier bei einigen tausend liegen, und kleine Firmen, die die Formen eingegangener Unternehmen übernommen hatten, mußten häufig unangenehme Erfahrungen machen. Man kann auch eine durchgefärbte Kunststoffkarosserie nicht neu spritzen, wie man es vielleicht möchte, wenn die Farbe sich verändert. Bei einigen Kunststoffen mußte man auch die unangenehme Erfahrung machen, daß die Farbe darauf nicht haftete. Das passierte unter anderem bei den amerikanischen Cord Replika von 1966. Auch ergaben sich häufig Schwierigkeiten, einzelne Teile paßgerecht zu anderen zu fertigen. Dieser Nachteil machte sich bei offenen Wagen häufig bei den Türöffnungen bemerkbar. Beim Lotus »Elan« von 1963 war es erforderlich, die Kunststoffteile durch eingelassene Streben zu versteifen. So blieb die Verwendung von Kunststoff im Großserienbau auf bestimmte Teile beschränkt, wie die Dächer bei der Citroën-Serie D, der Motorhaube beim Singer »Hunter« von 1955 und der Kofferraumhaube bei den Honda-Kleinwagen ab 1968. Allerdings waren Kunststoffe seit den späten dreißiger Jahren für Armaturenbretter absolut nichts Ungewöhnliches.

Immerhin wurden 1963 Kunststoffkarosserien von 19 Herstellern angeboten und im Jahre 1969 von 26. Aber nur wenige von ihnen waren Großserienhersteller, und waren welche darunter, so verwendeten sie Kunststoff doch nicht für ihre Bestsellermodelle. Die höchste Produktionsrate mit etwa 30 000 Einheiten erreichte Chevrolet mit dem Modell »Corvette«, aber diese Zahl nimmt sich natürlich als Tropfen im Ozean aus, wenn man die Gesamtproduktionszahl von Chevrolet mit 2 Millionen Einheiten im Jahr dagegenstellt. Von anderen Herstellern ist Studebaker zu nennen, dessen aufsehenerregendes »Avanti«-Coupé von 1962 eine Kunststoffkarosserie hatte; jedoch fehlte das Geld zur Weiterentwicklung. Saab leistete seinen Beitrag zu diesem Thema durch das kurzlebige und nur in geringer Stückzahl entstandene Modell »Sonett«. Dazuzuzählen ist auch die britische Marke Reliant, Hersteller von Dreiradfahrzeugen wie auch von Sportwagen. Hersteller in Automobil-Entwicklungsländern, wie beispielsweise Anadol in der Türkei und Sabra in Israel, verwendeten Kunststoffkarosserien. Das taten übrigens auch eine große Anzahl von Herstellern von Bausatz-Autos, die zur Verwendung der mechanischen Teile von British Leyland, Ford, General Motors, Renault, Rootes und VW konzipiert waren. Hiervon stellte Großbritannien den Großteil, aber Hersteller fanden sich auch in den USA, in Belgien, Deutschland, Frankreich, und schließlich ist noch ein griechischer Kleinwagen zu erwähnen, der Alta, der auf dem deutschen Fuldamobil basierte.

Das Cabriolet befand sich auf dem Rückzug, und 1969 war die Situation derart, daß nur noch ein europäischer Hersteller, Volkswagen, eine namhafte Produktion verzeichnen konnte. Die bei Karmann hergestellte einfache Cabriolet-Version konnte immer auf höhere Produktionszahlen verweisen als das Modell Karmann-Ghia mit seiner sportlicheren Linienführung. Elektrisch betätigte Verdecke waren in Amerika eine Selbstverständlichkeit, für die einfacheren europäischen Modelle bedeutete das jedoch nur eine unnötige Komplizierung. Austin bot diese Möglichkeit bei den großen Vierzylindermodellen »Atlantic« und »Hereford« der Jahre 1949 bis 1952. Spätere Daimler und britische Ford verfügten über ein System, bei dem die Hydraulik nur bewirkte, daß das Dach halb aufgerichtet wurde. Das viertürige Cabriolet war weitgehend verschwunden. Die Version von Kaiser hielt sich nur bis 1951, und als einzige andere Wettbewerber stellten sich der Mercedes-Benz 300, der praktisch während der ersten Hälfte unseres Betrachtungszeitraumes zur Verfügung stand, und der große Lincoln, von dem zwischen 1961 und 1967 weniger als 15 000 Einheiten hergestellt wurden.

Einen ungewöhnlichen Kompromiß zwischen einem Coupé und einem Cabriolet versuchte Ford im Jahre 1957. Bei dieser Ausführung ließ sich das gesamte Stahldach in den Kofferraum versenken. Der Verlust an Gepäckraum und Beinfreiheit auf den Rücksitzen war noch ein kleines Übel, wenn man dagegen die insgesamt 1 800 Meter Kabel, zehn Relais, zehn Schalter, acht Unterbrecher und sieben Elektromotoren betrachtete, die zur Betätigung dieses Wunderwerks erforderlich waren. Diese Ausführung wurde nach drei Jahren abgesetzt, obwohl ein respektabler Absatz von 48 000 Wagen erreicht wurde. Eine ungewöhnliche Lösung, die noch in die siebziger Jahre hinein aktuell blieb, war der Porsche 911 »Targa« von 1966, ein Coupé, bei dem lediglich das Dachoberteil demontierbar war. Der verbleibende Dachteil gab dem Wagen die erforderliche Stabilität und diente außerdem als Überrollbügel. In einer sicherheitsbewußten Welt handelte es sich hierbei um einen notwendigen Kompromiß. Man sollte aber auch beachten, daß Porsche 1982 zu echten Cabriolets zurückkehrte.

Der Kombiwagen setzte seinen Siegeszug in beiden Jahrzehnten fort. Er wurde ohne Schwierigkeiten dem Konstruktionsprinzip der selbsttragenden Bauweise angepaßt, zur fünftürigen Mehrzwecklimousine entwickelt und ver-

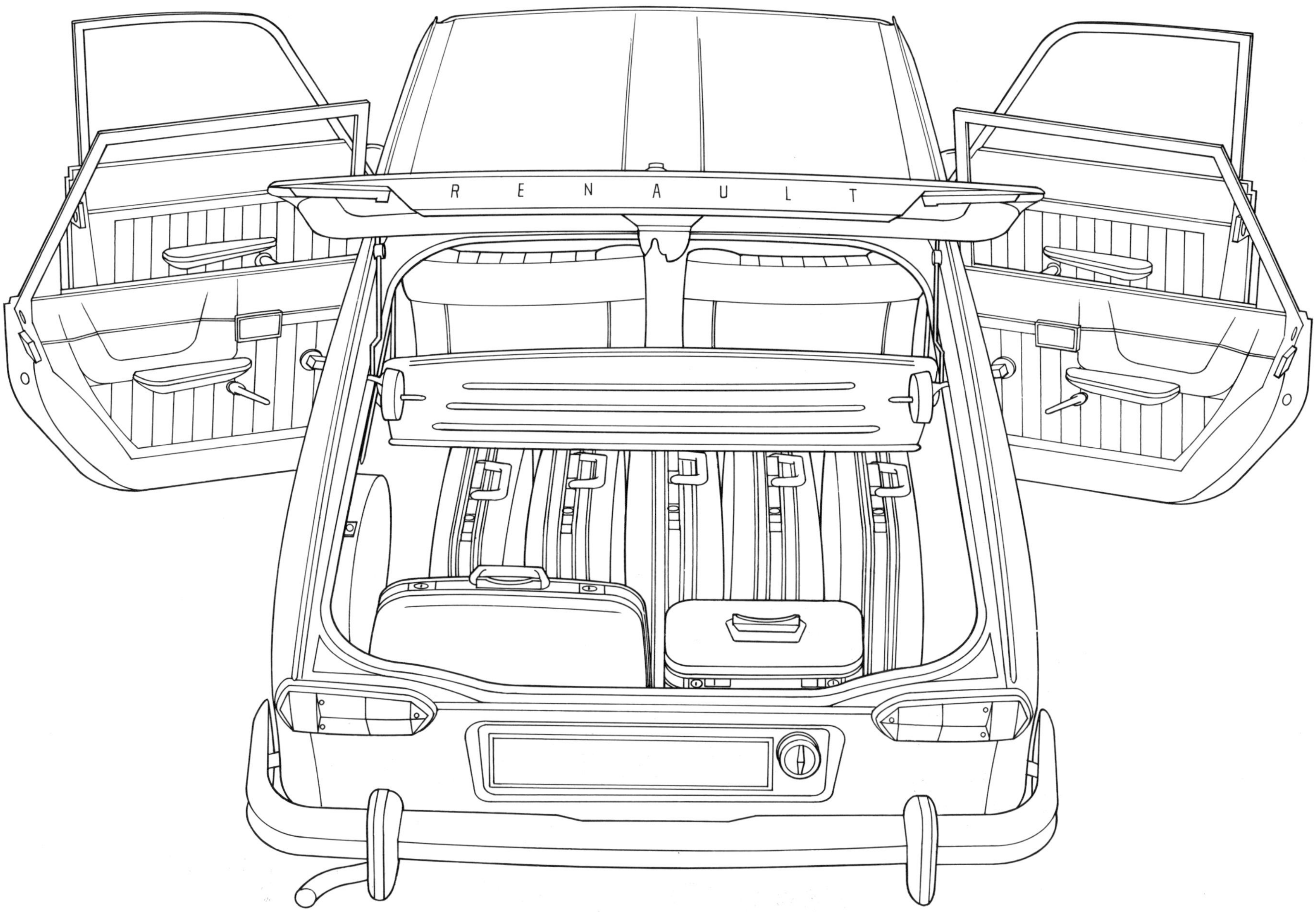

Das »Klappheck« erscheint. Renault nutzte bei seinem Modell 16 von 1965 die durch den Frontantrieb möglich gewordene niedrige Ladehöhe durch den Einbau einer Heckklappe. Das Innere konnte beliebig genutzt werden, sei es als Schlafgelegenheit für zwei Personen oder als Gepäckraum für eine ausgewachsene Expedition. Und sogar als viertürige Familien-Limousine bot sie ausreichend Platz für Gepäck, das bequem zugänglich war. Der zur Verfügung stehende Platz wird hier im Normalfall gezeigt *(oben)*; durch Umklappen von Sitz und Rückenlehne konnte der Raum etwa verdoppelt werden *(unten links)* und durch eine weitere Veränderung *(unten rechts)* konnte der Raum zum Schlafen genutzt werden. Die Sitzverstellung erfolgte durch handbetätigte Hebel. Eine schwere Hecklast führte nicht zu einem aufwärts gerichteten Scheinwerfer; dieser war durch einen Schalter entsprechend einzustellen.

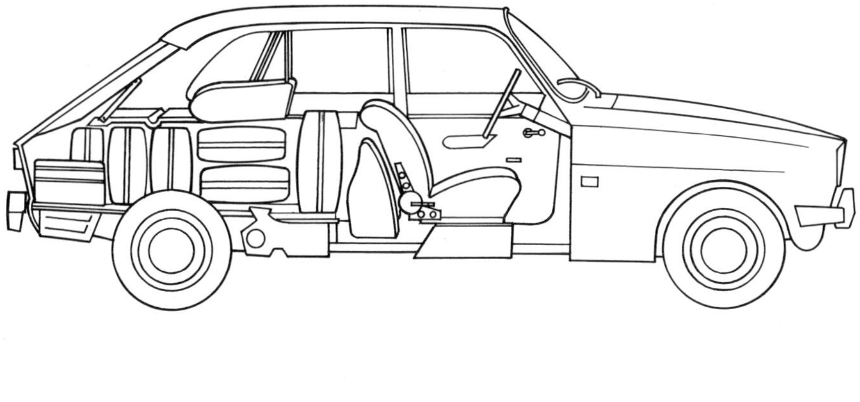

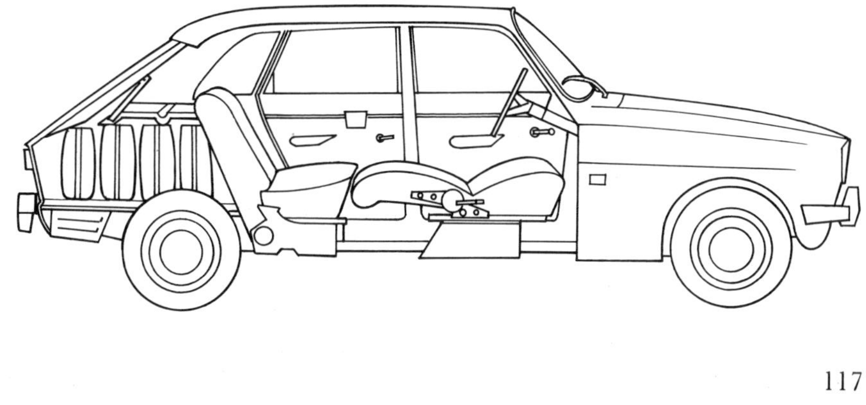

(Oben) Amerikanischer Normaltyp – eines der 128 582 Chevrolet »Bel Air« Hardtop-Coupés von 1956. Das war eine Produktionszahl, die die meisten europäischen Hersteller nicht für ihre gesamte Modellpalette in Anspruch nehmen konnten – in Deutschland wurde sie in jenem Jahr nur von Volkswagen und Opel überschritten. Der 4,3-Liter-V-8-Motor war mit 165 bis 170 PS nicht besonders leistungsstark, konnte mit allen leistungssteigernden Extras aber auf 205 PS gebracht werden. Auf Wunsch standen Automatikgetriebe und Lenkhilfe, Servobremsen, elektrisch verstellbare Sitze und Fenster, Klimaanlage und erstmals in jenem Jahr auch Anschnallgurte zur Verfügung.

(Gegenüber, oben) Außer Mercedes-Benz und einigen Modellen von Kaiser-Frazer war während des von uns betrachteten Zeitraumes Lincoln der einzige Anbieter von viertürigen Cabriolets. 1939 gab es noch eine große Angebotsvielfalt von General Motors, Chrysler und Ford. Der Lincoln von 1961 verfügte über eine selbsttragende Karosserie und einen riesigen 7-Liter-V-8-Motor. Das elektrisch zu betätigende Verdeck war eine Notwendigkeit, was jedermann bestätigen wird, der sich je mit einem deutschen oder englischen Cabriolet-Verdeck der zwanziger oder dreißiger Jahre geplagt hatte.

(Gegenüber, unten) Farbe zur Auflockerung der großen Karosserie-Seitenfronten. Das war beim kleinen »Metropolitan« 1500, der von Austin für American Motors hergestellt wurde – hier wird die Ausführung von 1961 gezeigt –, sicherlich sehr nützlich. Vergleiche mit neapolitanischem Eis drängten sich auf, aber es war keine leichte Aufgabe, eine 4,9 m lange Limousine auf 3,8 m Länge zu verkleinern. Was bei einem Reihenachtzylinder von 1933 in Ordnung war, wirkte mit der kürzeren Motorhaube eines Sechszylinders verkümmert. Aber 95 000 Amerikaner verfielen dem kleinen Anglo-Amerikaner, und auch in Großbritannien verfügte er über eine treue Gefolgschaft.

BOB 971

265 TPG

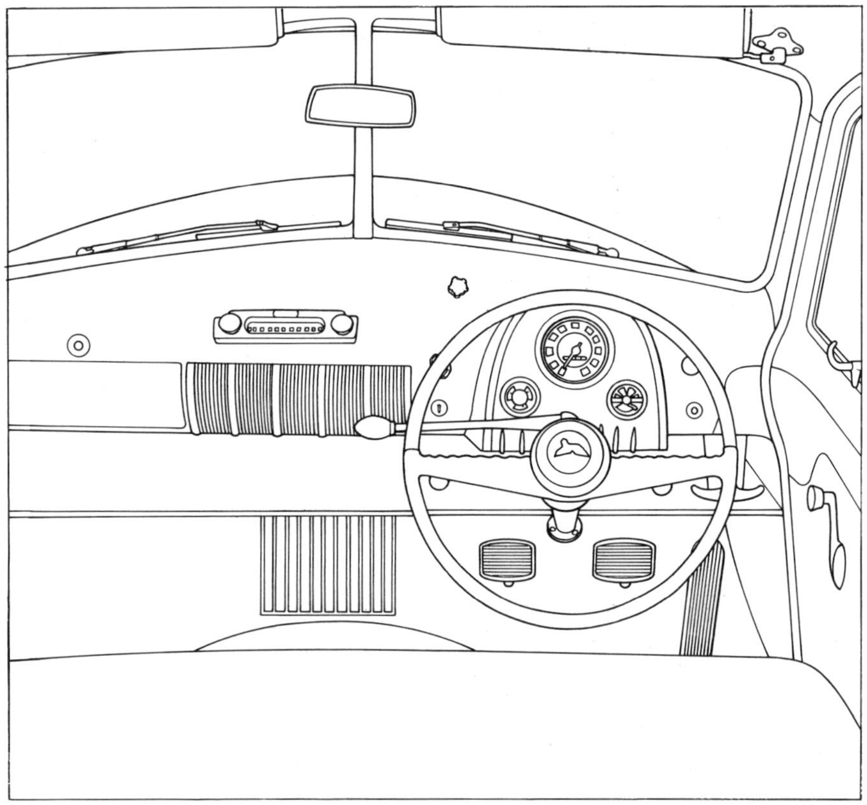

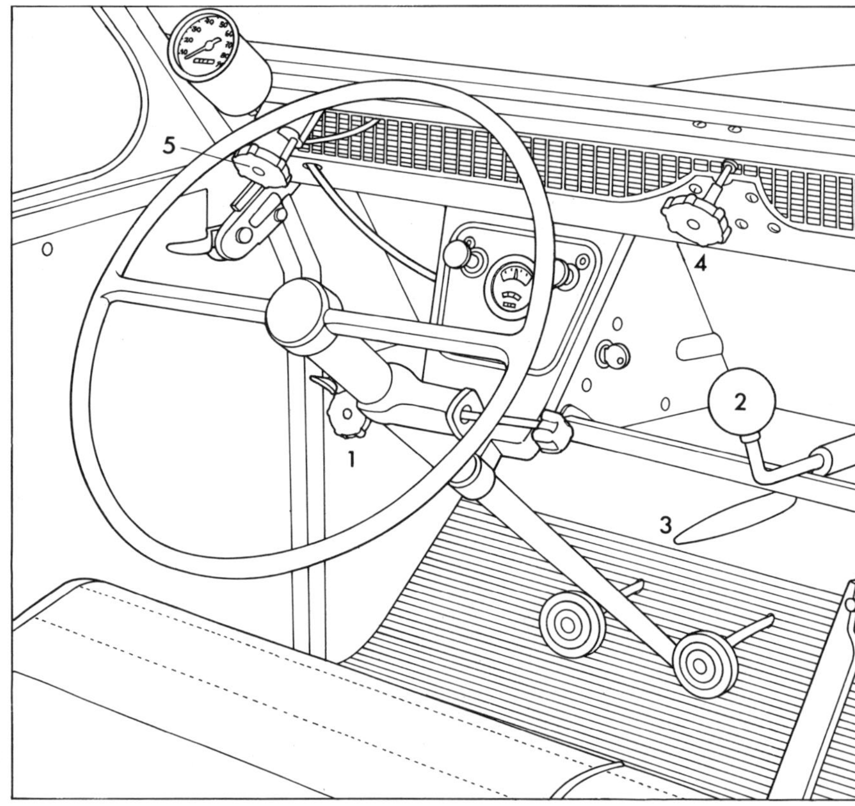

lor auch den Ruf als »des Klempners bester Freund«. Kombiwagen gab es allerdings in einer breiten Skala von Ausführungen, angefangen bei einer mageren Form der französischen »commerciales« – mit zusätzlichen Sitzen und sonst nichts – bis zu den luxuriösen Neunsitzern von Buick oder Oldsmobile. Noch 1970 bot der britische Bedford »Beagle« eine äußerst dürftige Ausführung an, bei der es sich um eine Version des leichten Lieferwagens handelte, dem man die Mechanik des Vauxhall »Viva« verlieh und Sitze sowie zusätzliche Fenster eingebaut hatte, aber die ganze Karosserieform stammte von 1964, und für die Geräuschdämpfung tat man gar nichts. Die Kombination einer modernen Maschine mit einer hochübersetzten Hinterachse und absolut ungenügenden Trommelbremsen machte das Fahren bei Nässe zu einem aufregenden Erlebnis.

Der Anteil von Kombiwagen am amerikanischen Markt lag beständig bei etwa 11 Prozent, und diese Ausführung wurde zu einem notwendigen Bestandteil im Programm eines jeden Herstellers. Das Angebot des Jahres 1951 war noch bescheiden und rekrutierte sich aus Austin, Hillman und Standard in Großbritannien, Ford und Opel in Deutschland, Peugeot in Frankreich, Fiat in Italien und Skoda in der Tschechoslowakei. Bei allen, mit Ausnahme der letzten beiden, handelte es sich um Fahrzeuge auf Basis der Lieferwagenausführungen. Der französische Citroën 2 CV, der offiziell als Cabriolet-Limousine bezeichnet wurde, stellte tatsächlich ein Mehrzweckfahrzeug dar. 1955 hatte sich das Angebot ausgeweitet auf Borgward, DKW, Morris, Renault, Simca und Volvo und Citroën, Humber und Vauxhall folgten bald. Der »Woody«, ein Kombiwagen in Holzbauweise, gehörte der Vergangenheit an und wurde in den USA seit 1953 nicht mehr angeboten. Auch von der Tendenz »Lieferwagen mit Fenstern« entfernte man sich zusehends, nur in Japan hielt man bis zum Ende der sechziger Jahre noch daran fest. Die Karosserien waren noch lieferwagenmäßig, die hinteren Sitze waren unbequem, und viele Hersteller hielten zwei Türen und eine Heckklappe für ausreichend.

Allmählich setzte sich dann die Tendenz einer Limousine mit einer zusätzlichen Heckklappe durch. Rambler war 1957 der Trendsetter in den USA. Studebakers 1963er Modell mit Sonnendach fand keine Nachahmer, genausowenig wie Saabs zusätzliche Rücksitzbank beim Modell 95, deren Passagiere nach hinten sahen. 1966 wurden in den USA Hecktüren oder Heckklappen angeboten, und die »Kraftbetätigung« hielt ein Jahr später ihren Einzug. Am Ende unseres Betrachtungszeitraumes konnte jeder aus einem großen Angebot seine Wahl treffen, vom kleinen Mini (der für Traditionalisten noch eine Ausführung mit Holzfachwerk bot) bis zu den kolossalen Neunsitzern von Ford, Buick, Oldsmobile und Pontiac, 5,5 Meter lang, 200 km/h schnell und 6,5 Liter Hubraum des V-8-Motors.

Von hier war es nur noch ein Schritt zu den echten »Kombinationswagen«. Diese Bezeichnung rief Erinnerungen wach an die *camionettes normandes* (Bauern-Tourenwagen), die von Citroën und anderen in den zwanziger Jahren angeboten wurden. Citroën hatte in der Tat mit seinem Modell 2 CV im Jahre 1948 einen ähnlichen Weg beschritten, indem die Sitze leicht demontierbar waren und das einteilige Segeltuchdach hinten bis zum Boden herunterreichte. So ergab sich eine doppelte Einsatzmöglichkeit als Personenwagen und als Lieferwagen. Mit heruntergerolltem Dach bot der Transport einer Standuhr keine Probleme mehr. Limousinen mit Heckklappe wurden von Chrysler und Kaiser bereits in den frühen Fünfzigern angeboten. Eine einteilige Heckklappe verwandelte Citroëns letztes »Traction«-Modell mit langem Radstand in einen *commerciale* alten Stils, wenn auch einen recht schwerfälligen. Ein weiterer Schritt war der von Pininfarina entwickelte Austin A 40 von 1959. Er hatte in seiner Limousinenausführung zwar kein Schrägheck, denn das Heckfenster war fest, aber durch die Kofferraumhaube bestand Zugang zum rückwärtigen Innenraum; nur bei der späteren »Countryman«-Ausführung öffnete sich die gesamte Heckpartie. Der wahre Durchbruch erfolgte dann mit solchen Wagen wie dem Renault 16 (1965) und dem Austin »Maxi« (1969), bei denen die Auslegung als fünftürige Limousine voll zur Anwendung kam. In beiden genannten Fällen ermöglichte der Frontantrieb einen ebenen Boden im hinteren Karosserieteil. Das stellte den Beginn einer Entwicklung dar, der sich 1982 29 Hersteller in sieben europäischen und asiatischen Ländern angeschlossen hatten, indem sie sowohl drei- als auch fünftürige Kombiheck-Ausführungen wie auch zwei- und viertürige Limousinen im Angebot hatten; in einigen Fällen auch nur die Kombiheck-Ausführungen.

Chevrolet und Pontiac hatten bereits 1955 sportliche zweitürige Kombiwagen angeboten, fanden aber nicht viel Zuspruch. Die wirklich »sportliche«

Ausführung erschien erst 1969 mit dem häufig imitierten Reliant »Scimitar«. Aber diese Entwicklung gehört in die siebziger Jahre. Nun aber war der lieferwagenähnliche Kombiwagen beileibe nicht tot, er erschien aber in vollkommen neuer Dimension. Der Volkswagen-Transporter von 1950 und Fiats »Multipla« von 1955 nutzten die Heckmotor-Bauweise voll aus, indem sie bei kürzestem Radstand ein Maximum an Ladekapazität und außerdem eine Auslegung als Frontlenker anboten. Nach geraumer Zeit erschien eine Parallelentwicklung von Chevrolet auf der Basis des »Corvair«. Der 1965er »Chevyvan« folgte dem gleichen Prinzip, allerdings mit einer Wiedereinführung des wassergekühlten, vorn angeordneten Motors. Wenn auch viele Wagen dieser Klasse als Kombiwagen genutzt wurden, so sollte diese Bauweise doch zu einem wesentlichen Einsatzbereich bei den Mobilheimen werden.

Große Chauffeur-Limousinen, Landaulets und Stadtcoupés waren auf dem Rückzug. Die wohlhabenderen Autobesitzer wandten sich den serienmäßig angebotenen großen Limousinen von Cadillac, Jaguar, Mercedes-Benz und anderen zu oder, wenn sie selbst fahren wollten, der neuen Generation von »Gran Turismo«-Wagen und sportlichen Coupés. Chauffeur-Limousinen wurden 1951 noch von 14 Unternehmen angeboten, nur sieben Anbieter gab es noch 1960. 1969 hatten diejenigen, die nicht selbst fahren wollten und Wert auf eine Glastrennwand und Notsitze legten, nur die Wahl zwischen Cadillac, Daimler, Rolls-Royce und Mercedes-Benz und hatten dafür die entsprechenden Preise zu zahlen. Der Rolls-Royce »Phantom VI« wurde nur auf Bestellung und in Handarbeit gefertigt, und auch der Mercedes 600 mit 6,3-Liter-V-8-Motor war beileibe nicht ab Ausstellungsraum lieferbar; 1969 wurden nur 336 Exemplare ausgeliefert.

Unter den Zubehörteilen blieb das Reserverad die ständige Quelle von Schwierigkeiten. Die seitliche Anbringung hatte sich längst überlebt, und die offene Anbringung am Heck sah man nur noch an einigen traditionellen Sportwagen, dem MG von 1956, dem Morgan und am Lotus »Seven«. Ein merkwürdiges und zähes Überbleibsel war das vertikale hintere Reservard des Lincoln »Continental«. Bis 1934 gehörte es bei Lincoln einfach dazu, dann fand man es wieder in den Jahren 1940 bis 1948. Und 1952 wurde es zu einem Kult. Zubehörhersteller boten »Continental-Bausätze« für fast jeden amerikanischen Wagen an. Kaiser und Nash nahmen es in die Serienausstattung einiger Modelle auf, letzterer auch bei dem kleinen Nash »Metropolitan«. Alle drei großen Hersteller boten die Befestigungsmöglichkeit als »Extra« an. Der Kult dehnte sich auch auf Großbritannien aus, wo Ford sich an der Verbreitung derartiger Auswüchse beteiligte, wenn auch nicht als fabrikmäßiges Extra.

1959 war das alles vorbei, aber es hatte doch noch einige merkwürdige Nebenerscheinungen. Lincoln wärmte das Thema 1956 wieder auf, brachte aber das Reserverad nicht mehr außen an, sondern unter der Kofferraumhaube; aber das Vorhandensein wurde durch die von außen deutlich sichtbare Ausformung des Deckels dokumentiert. Schlimmer war die sogenannte »Sportklappe« bei Chrysler, eine Verirrung, die meistens als Extra, in einigen Fällen aber auch als Standard bei den Modellen 1957 bis 1961 angeboten wurde. Auch hier fand sich eine Ausformung im waagerecht verlaufenden Kofferraumdeckel, nur sah es hier dem Deckel eines Mülleimers zum Verwechseln ähnlich. Die dritte Überarbeitung von Lincolns »Continental«-Coupé von 1968 bot ein fast surrealistisches Bild, letztes Aufblühen einer Ge-

Die Armaturenbretter der fünfziger Jahre waren kein gutes Beispiel für die Anordnung der Instrumente. Der ursprüngliche australische Holden von 1948 bis 1953 *(gegenüber, links)* gab sich sehr amerikanisch. Die Rundinstrumente waren typisch. Mit einem Minimum an Anzeigen mußte der Fahrer eines Citroën 2 CV *(gegenüber, rechts)* in der Urform auskommen (hier wird ein Modell von 1953 gezeigt). Es gab nur Ampèremeter und Tachometer. Der Schalter für die Scheinwerfer-Verstellung (1) war erforderlich, um die Scheinwerfer der niveauregulierenden Federung anzupassen. Der Schalthebel (2) entspricht der traditionellen Anordnung am Armaturenbrett, wo auch der Handbremshebel (3) angebracht ist und auch die Federungseinstellung (4). Doppelte Scheibenwischer (5) stehen zur Verfügung, die beim Versagen des Antriebs auch von Hand betätigt werden können.

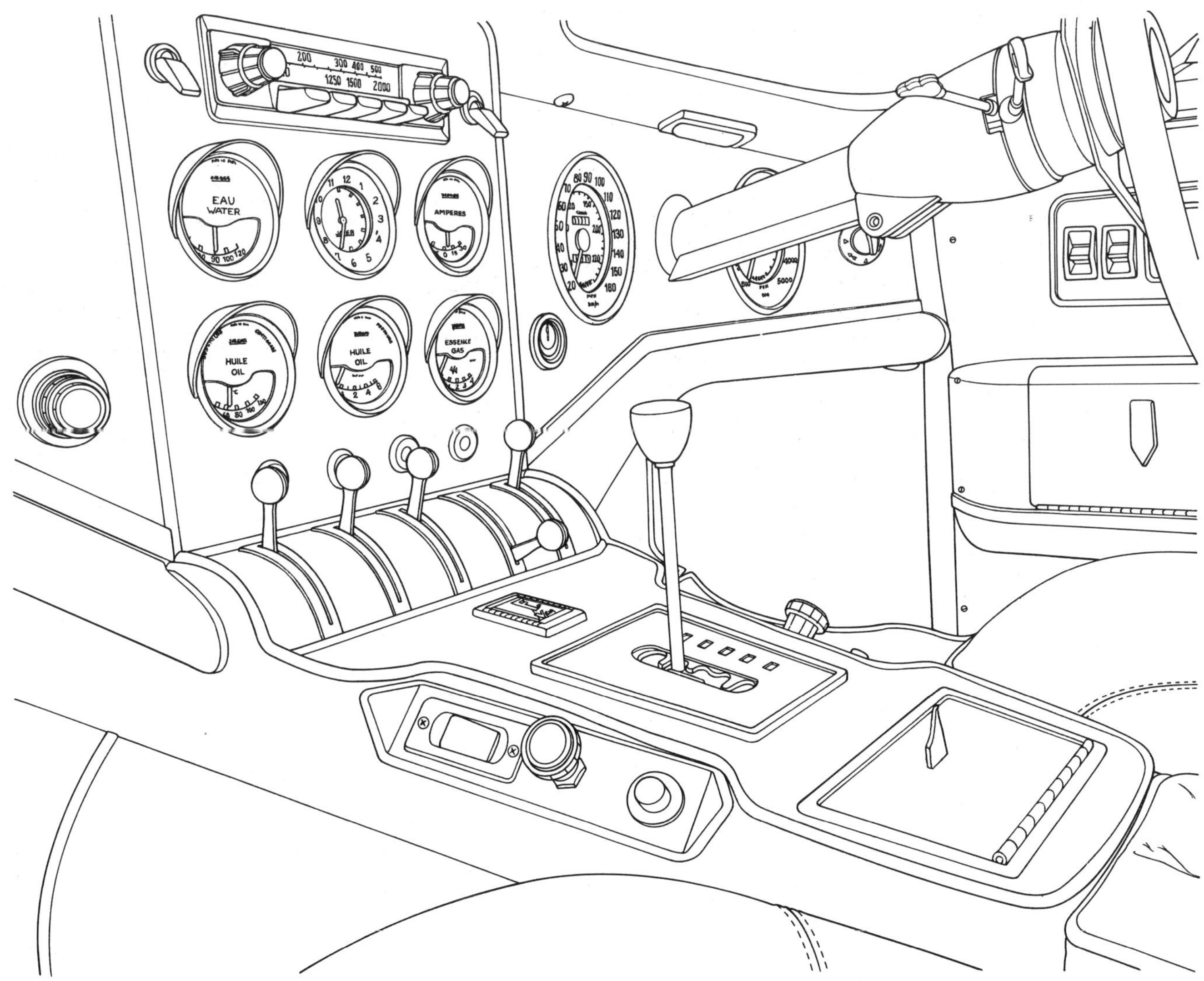

(Rechts) Die Geburt der Mittelkonsole. Hier gezeigt ist die Ausführung 1962 des Facel Vega mit 6,3-Liter-Chrysler-Motor, anstelle des ersten Typs von 1954, bei dem die Mittelkonsole erstmals erschien. Die Anordnung erinnert etwas an den Flugzeugbau. Tachometer und Drehzahlmesser lagen im Blickfeld des Fahrers, die übrigen Anzeigen und das Radio befinden sich in der Mitte und etliche Kippschalter darunter. Auf der Mittelkonsole ist der Schalthebel für das Automatikgetriebe bzw. das manuelle Vierganggetriebe untergebracht, und daneben befinden sich sechs Kontrollanzeigen. Rechts neben dem Fahrer sind bei diesem Rechtslenkerwagen die Hebel für die elektrische Fensterbetätigung. Nicht alles allerdings, was nach Walnuß aussieht, ist auch tatsächlich aus Holz.

Stiländerungen. Der Lancia »Appia« von 1953 – hier ist der Typ 1957 »Berlina« gezeigt *(oben)* – und der Sechszylindertyp »Flaminia« von 1960 *(links)* hatten beide eine selbsttragende Karosserie. Beide hatten sie auch den V-Motor mit engem Gabelwinkel, der seit 1925 für Lancia typisch war. Beim »Appia« behielt man die in Hülsen gekapselte Schraubenfederung bei, während beim »Flaminia« eine konventionelle Schraubenfederung zur Anwendung kam. Bei diesem populären Vierzylinder versuchte man die Kosten zu drücken, indem man auf das komplizierte Transaxle-Getriebe verzichtete wie auch auf die innenliegenden hinteren Bremsen; ein konventionelles vollsynchronisiertes Viergang-getriebe trat an dessen Stelle, und außerdem ging man zu Halbelliptikfedern über. Türpfosten gab es nicht, und Gewichtsverminderung wie auch Rostfreiheit erreichte man durch die Verwendung von Leichtmetall für die Türen, den Kofferraumdeckel und die Motorhaube. Der Wagen hatte den Fiat »Millecento« zum Rivalen, und es dauerte 10 Jahre, um 100 000 Einheiten zu verkaufen. Das Modell »Flaminia« war mit 2,5- oder 2,8-Liter-Motor erhältlich, und – abgesehen von den ersten Ausführungen – es gehörten Scheibenbremsen zur Standardausrüstung. Aber Italien war kein Markt für größere Familien-Limousinen, und auf dem internationalen Markt war Lancia keine Konkurrenz für Mercedes-Benz und Jaguar oder den komplizierten Citroën. Die Verkaufszahl von 3 386 Limousinen zwischen 1957 und 1970 spricht für sich, obwohl die sportlichen »Flaminia« mit verkürztem Fahrgestell etwas besser abschnitten.

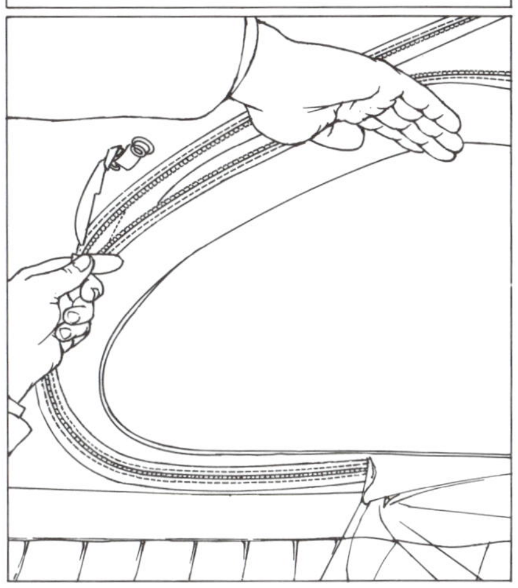

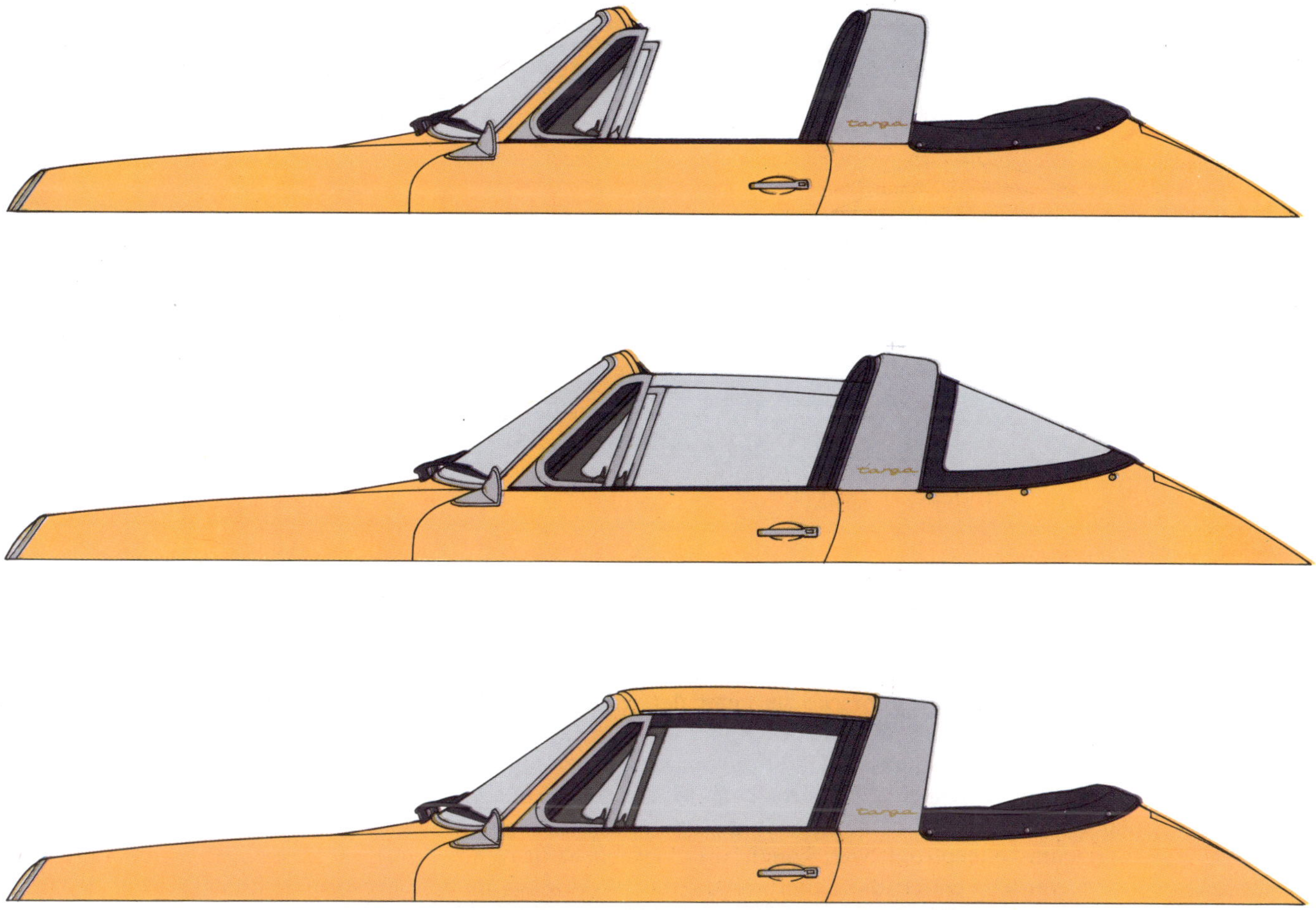

(Oben) »Vier in einem« war das Motto des Porsche-Kataloges für das neue Modell 911 »Targa« von 1967. Das Dach und die Heckscheibe waren versenkbar, und die Seitenscheiben ließen sich selbstverständlich versenken. Den Fahrgästen boten sich somit die Alternativen von frischer Luft mit Sicherheit, Sonne ohne Zugluft, frische Luft ohne Regenwasser oder einfach das schützende Dach einer Limousine. Wohin mit den demontierten Teilen? Das gefaltete Dach verschwand im vorderen Kofferraum, und das Reißverschluß-Rückfenster lag auf der hinteren Gepäckablage. Was im Falle eines plötzlichen Schauers zu tun war, stand nicht im Katalog.

(Rechts) Dieses Bild zeigt den Porsche des Jahres 1972, als der Sechszylinder-Boxermotor einen Hubraum von 2,3 Litern hatte und in verschiedenen Leistungsstufen von 130 bis 190 PS erhältlich war, mit Doppelvergasern oder Benzineinspritzung.

Es ist ergonomisch, wenn es der Werbeabteilung gelingt, den Kunden davon zu überzeugen, daß es ergonomisch ist. So war es auch mit einigen Armaturenbrettern der sechziger Jahre. Ein Beispiel für einen sportlichen Italo-Amerikaner ist das Iso-»Rivolta«-Coupé von 1966 *(links)* mit einem Chevrolet-V-8-Motor, das sich leicht für Links- oder Rechtslenkung einrichten ließ. Die Anzeigen mit schwarzen Ziffer-

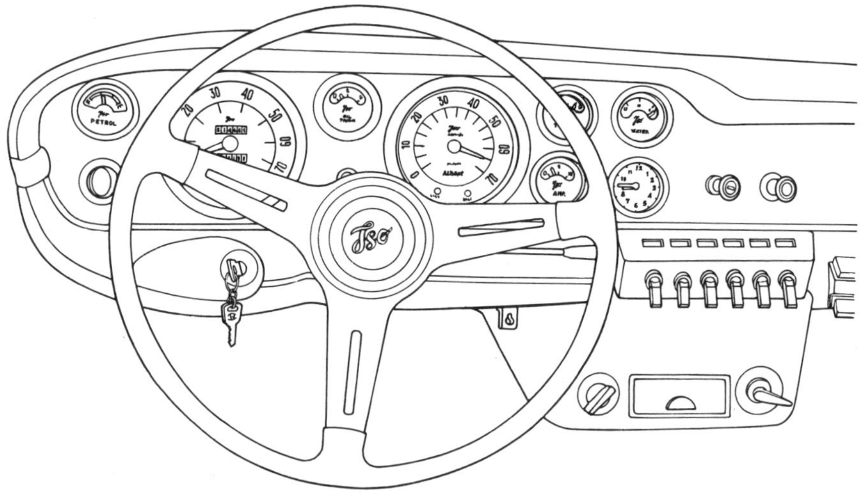

schmacksverirrung. Ansonsten blieben Reserveräder in Kofferräumen, mit Ausnahme beim Wagen mit Heckmotor, wo sie unter der vorderen Haube dazu beitrugen, den ohnehin knapp bemessenen Raum für Gepäck noch zu verringern. Es gab auch ungewöhnliche Unterbringungsmöglichkeiten, so beim Bristol innerhalb der Kotflügel oder oberhalb des Motors beim frontgetriebenen Citroën der D-Serie und beim Renault 16. Da der zur Verfügung stehende Raum ohnehin vollgepfropft war, konnte die Zugänglichkeit nicht mehr verschlechtert werden. Durch die Unterbringung des Werkzeugs im Rad gewann man sogar etwas Platz. Honda beanspruchte für sich, mit der Reseveradunterbringung die Fahrzeuginsassen zu schützen. Der Gedanke einer getrennt zugänglichen Unterbringung unterhalb des Kofferraums wurde Anfang der fünfziger Jahre wieder aufgegeben, da sich in diesen Gefachen mit Vorliebe Rost ansiedelte. In einigen Fällen konnte sich dieses Konzept bis zum Ende unseres Betrachtungszeitraumes ebenso halten wie auch in den Fällen, bei denen das Resevard senkrecht im Kofferraum angeordnet wurde. Ein wenig glücklicher Einfall von General Motors plazierte das Reservard in einer Mulde am vorderen Ende des Kofferraumes. Das ließ ausreichend Platz für Koffer, erforderte aber die Fähigkeiten eines Schlangenmenschen, um es herauszuholen. Glücklicherweise bescherte uns eine fortschrittliche Reifentechnologie weniger Reifenpannen ...

Das »Wohnlichmachen« des Autoinneren wurde ernst genommen, wie beispielsweise der Zubehörkatalog von Chevrolet aus dem Jahre 1953 zeigt. Heizung und Defroster waren immer noch Extras und sollten erst etwa zehn Jahre später allgemein zur Standardausrüstung gehören. Aber es gab Sitzbezüge, Radio (mit oder ohne rückwärtigen Lautsprecher), Kofferraumbeleuchtung, Scheibenwaschanlage, Blendschutz, automatische Abblendvorrichtung, elektrische Uhr, Zigarrenanzünder, Wischtuchspender und elektrischen Rasierapparat. 1958 boten die Kataloge eine wirkliche Neuerung – Klimaanlage – und auch ausgesprochenen Unfug, einen Saugaschenbecher (»Die in diesen Aschenbecher abgelegte Zigarette verschwindet auf magische Weise.«). Heizungen entsprachen in den meisten Fällen dem Frischluftprinzip; die luftgekühlten Panhard erschienen mit einer bezingefeuerten Anlage zweifelhaften Nutzens.

Eine den Namen verdienende Klimaanlage erschien bei Packard schon 1941. Bei dem System von Nash handelte es sich mehr um eine kontrollierte Ventilation. Das Packard-System wurde nach dem Krieg im Jahre 1953 von Cadillac wiederbelebt, der Preis lag bei 619 Dollar. Die anderen amerikanischen Hersteller folgten bald. Rolls-Royce war 1956 der erste Anwender in der Alten Welt. Jaguar führte es bei den Prestige-Limousinen 1965 ein. In den meisten Ländern Europas galten derartige Einrichtungen als überflüssig, und noch 1969 waren sie nur bei den teuren Wagen, wie beispielsweise Ferrari und Mercedes-Benz, als Extra erhältlich.

Ein Blick auf weiteres Zubehör zeigt, daß Nash bei den 1930er Modellen bereits Liegesitze anbot, und 1950 fand man Jalousetten für das Heckfenster in den Listen des Extrazubehörs. Seit Anfang der sechziger Jahre fand man Liegesitzeinrichtungen auch bei Rücksitzen vor und gegen Ende des Jahrzehnts auch bei einigen teureren europäischen Modellen. 1950 sah man eine Scheibenwaschanlage noch als ausgesprochenes Sonderzubehör an, zehn Jahre später galt sie als selbstverständlicher Standard, und Autofahrer wunderten sich, wie sie je ohne sie hatten auskommen können. Die elektrische Betätigung trat an die Stelle des »Gummiballs« (bei dem sich die Ladung bei zu energischer Betätigung auch an die Knie des Fahrers ergießen konnte), und etwa 1966 fanden sich bei besseren Wagen auch »Wisch-Wasch-Kombinationen«.

Auch Schiebedächer stellten sich gegen Ende der sechziger Jahre wieder ein, eine Folge des Rückgangs der Cabriolets. Es handelte sich dabei ursprünglich um eine britische Domäne. Der einzige europäische Hersteller von Rang, der sie übernahm, war Peugeot. General Motors machte in Amerika 1939 bis 1940 einen Versuch, fand aber keine Käufer. Einige britische Firmen nahmen Schiebedächer nach dem Krieg wieder auf, aber in Exportländern schätzte man sie nicht so sehr, denn bei Monsumregen und Staub zeigten sie sich nicht sehr zuverlässig. Man unterwarf sich der Notwendigkeit des Exports und verzichtete darauf. Sogar Rolls-Royce trennte sich 1955 davon. Das Golde-Schiebedach aus Segeltuch erfreute sich in Deutschland großen Zuspruchs. Bei einigen Modellen (so dem Zweizylinder-Fiat 500 von 1957) stellten sie einen Kompromiß zwischen der Cabrio-Limousine und dem Schiebedach dar. Nachdem Volkswagen 1964 zum Metallschiebedach zurückkehrte, war diese Entwicklung – mit oder ohne elektrischer Betätigung – vorgezeichnet. BMW, Ford/Europa, Peugeot und Renault boten 1969 handbetätigte Ausführungen, bei Mercedes-Benz gab es Kraftunterstützung.

Cadillac bot schon 1953 elektrisch betätigte Fensterheber. 1957 gab es beim Mercury »Turnpike Cruizer« etwas Ausgefallenes: Beim Ausschalten der Zündung bewegte sich der Sitz rückwärts, beim Einschalten der Zündung kehrte er in die alte Stellung zurück. 1963 bot Cadillac automatische Sitzverstellung in sechs Positionen und Ende der Sechziger elektrische Türschlösser, Kofferraumdeckel und Lüftungsklappen, wenn auch als Extras. Derartiges

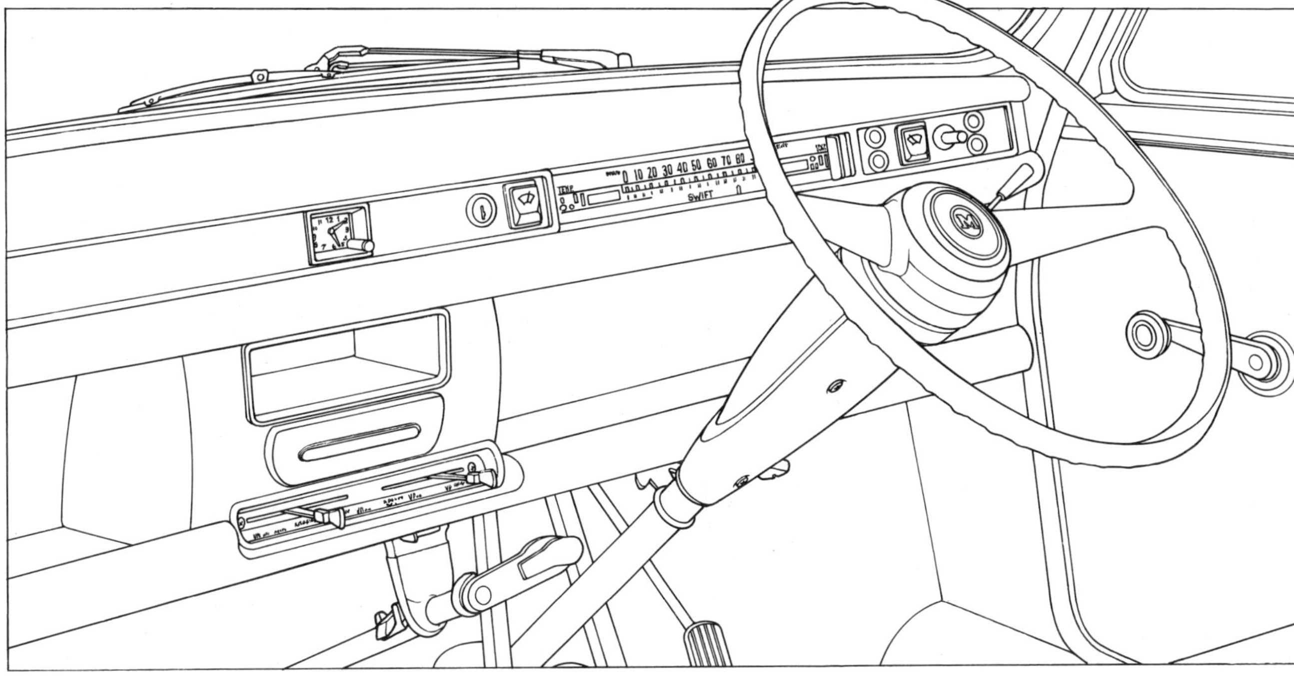

blättern sind gut angeordnet, aber es gibt keine klaren Hinweise auf die Funktion der sechs Kippschalter am unteren Rand des Armaturenbretts (für Scheinwerfer, Armaturenbeleuchtung, Innenbeleuchtung, Heizventilator, Heckfensterlüfter und Nebellampen). Bei den Anzeigen sind die großen für Geschwindigkeit und Umdrehungszahl besser zu erkennen als die kleinen (Zeituhr, Wasser- und Öltemperatur, Öldruck, Ampèremeter und Benzinstand). Das Armaturenbrett war gepolstert, wie das auch beim BMW 1800 ti *(Mitte)* der Fall war, bei dem der Schalthebel »bequem zur Hand liegt«. Typisch deutsch ist der Hupenring, und bei dieser verhältnismäßig billigen Limousine wird sogar Holz simuliert. Holz-Imitate gab es auch bei den frontgetriebenen Austin/Morris 1800 von 1968 *(rechts)* mit in der Mitte angeordneter Zeituhr, Aschenbecher und Radio. Weniger geglückt sind der lineare Tachometer und das Überbleibsel der vierziger Jahre, die »Schirmgriff«-Handbremse. Wie diese Armaturenbretter zeigen, hatten einfache Wagen zweifellos ihre Vorteile, indem das Gesichtsfeld das Fahrers durch weniger Zutaten weniger beeinträchtigt wurde.

fand man vereinzelt auch in Europa, aber hier war es durchweg der Luxusklasse vorbehalten. Elektrische Fensterheber gab es beispielsweise bei Iso, Jaguar und Rolls-Royce. Beheizte Heckscheiben, aus der Sicht der frühen achtziger Jahre eine absolute Notwendigkeit, standen zwar 1961 schon zur Verfügung, begannen sich aber 1969 gerade von den Wagen der höheren Preisklassen – wie beispielsweise BMW und Rover – zu lösen und sich auch bei niederen Klassen einzubürgern, wenn auch immer noch als Sonderzubehör. Von der Zeit, in der man einen europäischen Ford mit Scheinwerfer-Waschanlage, Stereo, gefärbten Fenstern und elektrischen Fensterhebern kaufen konnte, waren wir da noch weit entfernt.

Allgemeine Einführung und Akzeptanz eines Details führte häufig zu einer langweiligen Uniformität. Aber es gab etwas im Automobil, wo diese nie stattfand, obwohl sie dort am allernötigsten wäre: Gemeint ist das Armaturenbrett. Es kann einen nichts so verbittern wie kleine Hebelchen, die bei Betätigung etwas bewirken, womit man nicht gerechnet hat. In der Zeit zwischen den Kriegen gab es einige Merkwürdigkeiten, so bei Buick und Dodge in den zwanziger Jahren und bei einigen Wolseley in den Dreißigern: das gegenüber der Normalanordnung umgekehrte Schaltschema. Die französischen Mehrzweckschalter für Licht und andere Funktionen waren außerhalb ihres Heimatlandes praktisch unbekannt. Die Blinkleuchten waren in Ländern, in denen sie nicht vorgeschrieben waren, häufig geradezu irrsinnig. In einigen Bundesstaaten Australiens waren sie verboten, so schaffte Holden sie nach kurzer Zeit gänzlich wieder ab. Sogar Starter waren häufig schwer zu finden, wenn sich auch die fußbetätigten »Pedomatic«, die die Amerikaner in den Dreißigern so liebten, auf dem Rückzug befanden. Das Starten durch den Zündschlüssel – von Chrysler 1949 »erfunden« – war 1961 weit verbreitet und stellte sechs Jahre später praktisch die Norm dar.

Die Armaturenbretter näherten sich ganz allmählich den ergonomischen Erfordernissen. Die schwachsinnigen rechteckigen Instrumente der vierziger und frühen fünfziger Jahre, ein Designer-Mißgriff, waren 1960 schon wieder seltener geworden. Nach 1959 kehrten die runden Anzeigeinstrumente wieder, und zu Beginn der sechziger Jahre bürgerten sich schwarze Zifferblätter ein. Der lineare Tachometer allerdings hatte noch immer seine Anhänger. Gegen Ende unseres Betrachtungszeitraumes fand man ihn bei etlichen amerikanischen Wagen wie auch bei Modellen von Leyland, Renault, Simca und Skoda. Gegenüber den weißen, bogenförmigen Instrumenten gewisser Rootes-Modelle in den frühen und mittleren Fünfzigern bot dieses System allerdings noch Vorteile. Auch die Anordnung der Instrumente im Blickfeld des Fahrers setzte sich allmählich durch. Sogar der Mini schloß sich 1969 dieser Tendenz an.

Welche Instrumente fand man auf dem Armaturenbrett? Es gab zwei Strömungen, einmal nämlich den Wunsch nach Einfachheit und zum anderen die Notwendigkeit, einer wissenderen Generation von Fahrern mehr Information zu vermitteln. In gewissem Umfang deckte sich die gewünschte Information nicht mehr mit den Ansprüchen der dreißiger Jahre. Damals waren Thermometer und Öldruckanzeigen zu beachten, beides Warner vor unliebsamen – und letztlich teuren – Geräuschen. Versiegelte Kühlsysteme und kräftigere Kurbelwellen hatten die Lage jedoch verändert. Ein Umdrehungszähler zeigte sich häufig nützlicher, vor allem bei kleineren Motoren, denen bis zu 6 000 U/min ohne weiteres zugemutet werden konnten. Bei einem Wankelmotor war das sicherlich erforderlich, denn er gab keine hörbare Warnung, wenn er sich seiner Leistungsgrenze näherte. Amperemeter waren manchmal noch notwendiger, seitdem die elektrisch betriebenen Hilfseinrichtungen schneller eingebaut wurden als leistungsfähigere Generatoren. Amperemeter, Thermometer und Öldruckanzeiger fanden sich zwar weiterhin bei den teureren Wagen der fünfziger und sechziger Jahre, und das Thermometer war das letzte, was verschwand, als der Zwang zur Rationalisierung einsetzte. Umdrehungsmesser fanden sich gewöhnlich bei Sportwagen, allerdings auch bei Limousinen, wenn man sich für das Schild »GT« entschieden hatte, und waren Bestandteil der »Leistungspakete« bei amerikanischen Wagen.

Bei den billigen Modellen waren die Armaturenbretter fast nackt. Der Volkswagen bot ausschließlich einen Tachometer, der Citroën 2 CV verfügte zusätzlich über ein Amperemeter, und bei dem antiquierten britischen Ford »Popular« der Jahre 1954 bis 1959 gab es noch eine Benzinuhr. Simcas Modell »Aronde« hatte einen »Öldruck-Indikator«, von dem man annehmen konnte, daß es weniger sei als ein Meßinstrument, aber er hatte Warnleuchten für zu niedrigen Öldruck, niedrigen Kraftstoffpegel und Lichtmaschinenleistung. Frühe Minis verfügten über ein einzelnes zentrales Instrument mit zusätzlichen Warnleuchten. Diese waren ab Mitte der fünfziger Jahre in größerer Zahl wie auch Komplexität zu finden. Ein ziemlich teures Modell von 1962, der Alfa Romeo 2600, hatte Warnleuchten für Starterklappe, Lichtmaschine, Kraftstoffreserve, Zündung und Beleuchtung. Mercedes-Benz und andere brachten zusätzlich eine Warnleuchte für die Handbremse; beim Rover 2000 zeigte die gleiche Leuchte auch ein Absinken der Bremsflüssigkeit an. Das Extrem bei diesen »Idiotenlampen« steuerte Fiat beim Modell 2300 S Coupé von 1961 bei, dem »Ferrari des kleinen Mannes«. Er hatte eine Batterie von

SAT 3

Entwicklung des »Thunderbird«. *(Gegenüber, oben)* Die Ausgabe 1956 von Fords ursprünglichem zweisitzigen »Individualistenwagen« in Cabriolet-Ausführung mit dem berühmten »Continental«-Reserverad. Genau wie Chevrolets »Corvette« handelte es sich um nicht mehr als einen verkürzten Standardtyp. Aber man studierte sehr sorgfältig das menschliche Komfortbedürfnis. Ein Automatikgetriebe war nicht zwangsweise vorgeschrieben, aber Servo-Bremsen und Servo-Lenkung gehörten dazu. Die spätere Automatik-Version hatte dann auch erstmals den in der Mitte angebrachten Wählhebel. Der ursprüngliche 4,8-Liter-»Thunderbird Special«-V-8-Motor wurde besonders für dieses Modell geschaffen, war aber auch im Mercury erhältlich, wie auch die 5,1-Liter-Version von 1956, die aber nur mit Automatikgetriebe erhältlich war. *(Gegenüber, unten)* 1963 war dieser Typ zu einem der vielen amerikanischen großen Wagen degeneriert, war mit Hardtop oder Stoffverdeck erhältlich, hatte aber keineswegs die Eleganz des Buick »Riviera«. Eine Sonderversion jenes Jahres war dieser »Sport Roadster« mit Drahtspeichenrädern und Rennwagen-Kopfstützen. Es gab nur eine Plastik-Abdeckung für die hinteren Sitze. Nicht viele Kunden waren bereit, dafür zusätzliche 650 Dollar zu zahlen. Als Normalausstattung kam der 6,4-Liter-V-8-Motor mit 300 PS Leistung zum Einbau, und nur ein Automatikgetriebe stand zur Wahl.

(Unten) Man kann das Buick-»Skylark«-Cabriolet von 1953 nicht gerade als Sportwagen bezeichnen, trotz echter Speichenräder und der 188-PS-Version des neuen 5,2-Liter-V-8-Motors. Der Wagen war allerdings mit Zubehör beladen, das normalerweise nur auf der Extraliste stand: Lenkunterstützung, Servobremsen, Radio-Antenne, getönte Scheiben und Weißwandreifen. Mit 5 000 Dollar lag der Preis auch ungefähr doppelt so hoch wie für das normale »Roadmaster«-Cabriolet mit dem gleichen Motor, allerdings in leistungsschwächerer Ausführung. Vom »Skylark« und der weniger attraktiven Version von 1954 wurden insgesamt 2 526 Exemplare verkauft.

zehn Warnleuchten und außerdem zwei Klingeln, die ein Überhitzen des Motors und eine Überschreitung der Drehzahl auf über 2 000 U/min bei gezogenem Choke anzeigten. Von hier aus war es nur noch ein Schritt zu Summern, die sich bei Nichtanlegen des Sicherheitsgurtes meldeten.

Durch Unterdruck betriebene oder mit der Nockenwelle gekoppelte Scheibenwischer hatten sich noch in die sechziger Jahre hinübergerettet, besonders bei den Amerikanern, aber der elektrische Wischer stellte doch die normale Ausführung dar, ebenso die Ausstattung mit zwei Wischarmen – die Ausführung mit dreien sollte noch kommen, zusammen mit dem Erscheinen großer Panoramascheiben an Mittelmotor-GTs. Die Zweigangmechanik bürgerte sich ebenfalls ein.

Eine der guten Ideen unserer Zeit war es, eine Konsole unterhalb des Armaturenbretts anzubringen, die das Übermaß von Zubehör aufnehmen konnte. Hier zeigte sich der französische Facel Vega von 1954 als Pionier, dessen Instrumentation mit der eines »Privatflugzeuges von Klasse« verglichen wurde. Die groß dimensionierten Tachometer und Umdrehungszähler waren unmittelbar vor dem Fahrer angeordnet, so blieb die Mitte des Armaturenbretts frei für die übrigen Instrumente und das Radio. Auf der Konsole befanden sich eine Reihe von Schaltern für Beleuchtung und Scheibenwischer (damals schon zweistufig), der Schalthebel und die Raucherutensilien. Andere übernahmen diese Neuerung.

Nirgendwo in Europa waren Anschnallgurte vorgeschrieben, wenn auch in Großbritannien und einigen anderen Ländern seit 1967 die Ausstattung damit zwingend war. Während langer Zeit war »eingebaute« Sicherheit kein Thema. Schon 1952 gab es zwei amerikanische Wagen mit eingebauten Anschnallgurten, und zwar bei Nash und dem obskuren Muntz, und bei letzterem gehörten sie zur Serienausstattung, wie auch gepolsterte Armaturenbretter und Dächer. Aber die Zahl von 394 verkauften Muntz während dreier Jahre hinterließ keine wirksamen Spuren, auch nicht im heimatlichen Kalifornien. Genau-

so wenig Erfolg hatte 1956 Fords »Sicherheitspaket« mit Gurten und gepolsterten Armaturenbrettern. Die Idee hatte einen in die entgegengesetzte Richtung gehenden psychologischen Effekt, und so verschwand diese Sonderausstattung schnellstens wieder. Eine 1966 in England durchgeführte Untersuchung ergab, daß nur 26,7 Prozent aller Wagen mit Anschnallgurten ausgerüstet waren,und nur 17,7 Prozent der Autofahrer benutzten sie auch. Einige davon legten sie auch nur bei Fahrten auf den Autobahnen an.

Doch der Fortschritt machte sich bemerkbar. Die neuen Modelle des Jahrgangs 1968 bis 1969 waren fast alle mit gepolsterten Armaturenbrettern ausgestattet, von denen allerdings ein Kritiker behauptete, sie seien teilweise härter als die herkömmlichen Ausführungen aus Walnußholz. Es gab auch Beispiele für eingelassene Instrumente, aber die Umgebung war häufig hart und enthielt die notwendigen Teile, um den Wagen für Links- oder Rechtssteuerung auszurüsten. Die Sicherheitsbestrebungen ließen auch hellere Farben aufkommen. Zu lange hatten eintönige Farben die Szene beherrscht. Citroën hielt an dem gleichförmigen Schwarz seiner »Traction«-Typen bis 1952 fest. Der Fiat 600 stand in vier Farben zur Verfügung: grün, hell- und dunkelblau und grau. In Großbritannien wurde die Ausführung »schwarzer Lack und braunes Leder« der späten vierziger Jahre von verwaschenen Pastellfarben abgelöst. Nur Sportwagen und teurere Amerikaner erschienen in helleren Farben. Jetzt gab es im Zuge der Sicherheitsbestrebungen und besseren Sichtbarkeit dunkelgelbe Fiats, hellgrüne Renaults und Hillmans in leuchtendem Blau.

Das alles war natürlich gar nichts gegen das, was Detroit anstellen konnte, wenn es wollte. Die American Motor Company AMC bot die leistungsfähigen Modelle »Javelin« und das AMX-Coupé mit 6,4-Liter-V-8-Motoren an. Sie waren mit Sicherheit vollgepackt, Anschnallgurte, tiefgelegte Steuerradnabe, energieabsorbierende Lenksäule, gepolstertes Armaturenbrett. Die Liste des Sonderzubehörs umfaßte einen Achtspur-Kassettenrecorder, gefärbte Scheiben und Rallyestreifen, die sich über Motorhaube und Dach zogen. Und wer konnte den Farben der Saison wiederstehen: leuchtend-orange, leuchtendblau und leuchtend-grün?

4. Kapitel

HABEN *SIE* EINEN TIGER IM TANK?

»Er ist flott, klebt auf der Straße, ist aufregend zu fahren, hat ein atemberaubendes Styling, ist hervorragend verarbeitet und fährt sich wie ein Sportwagen.«

»Er ist ein Wagen, den man zu fahren nie müde wird, ist extrem lebendig und wirtschaftlich, eine Freude wegen seiner ausgezeichneten Manövrierfähigkeit.«

Hier wird zweimal der gleiche Wagen beschrieben. Aber die Behauptung »klebt auf der Straße« ruft den Eindruck eines niedrigen Cabriolets hervor und die Behauptung der »ausgezeichneten Manövrierfähigkeit« Erinnerungen an die zwanziger Jahre, als man sich mit einem Ford T durch abwechselndes Treten der Pedale für Vor- und Rückwärtsfahrt aus engen Parklücken befreien konnte.

Der erste Text ist amerikanisch und zieht die Wirkung der Wahrheit vor. Der andere Text ist britisch (und stammt vom Hersteller Austin) und versucht einem Wagen – dem »Metropolitan« – Rang und Eigenschaften zu verleihen, die er nicht rechtfertigen konnte. Das fortschrittliche Image von Nash wurde durch die Tatsache geprägt, daß es das erste Unternehmen in den USA war, das das Prinzip der selbsttragenden Karosserie anwendete. Nash wurde nun auch der erste, der einen Angloamerikaner auf den Markt brachte, und zwar das bei Austin hergestellte Modell »Metropolitan«.

Das Angebot Austins in den Nachkriegsjahren umfaßte einen »Arme-Leute-Bentley« in Form der »Sheerline«-Limousine von 1947, ein verunglücktes Mini-Pontiac-Cabriolet (den »Atlantic« von 1949) und nach 1932 erstmals wieder einen echten Sportwagen, den Healey 100. Die Tatsache, daß schon 1947 die erste Nachkriegsentwicklung vorgestellt wurde, verschaffte Austin gegenüber dem sonst fortschrittlicheren Konkurrenten Morris einen Vorsprung, und Austin war gewillt, ihn zu halten. In der späteren British Motor Corporation übernahm Austin die Rolle des Seniorpartners. Ihren Kampf gegen das unsportliche »Familienkutschen«-Image führte sie jedoch nicht immer sehr geschickt. Ihre Schlagworte stellten eine Gefahr dar, indem sie beispielsweise ein Image festigten, das nicht mehr bestand. Packards Spruch »Fragen Sie den, der einen besitzt« und DeSotos »Der Wagen, der für Sie entworfen wurde«, hatten 1956/57 einen merkwürdigen Beigeschmack bekommen. Denn im Falle Packard hatte niemand Interesse, einen aufgepäppelten Studebaker zu bekommen, und im anderen Fall wurde nach und nach offensichtlich, daß es der Hersteller selbst nicht mehr recht ernst damit meinte. MGs »Safety Fast« (»Schnell und Sicher«) paßte besser zu der von Nader in Amerika verbreiteten Stimmung als in das England der zwanziger Jahre. Vauxhall wurde mit dem Spruch »Jedermann fährt besser in einem Vauxhall« nicht ganz glücklich, denn er erschien zu einer Zeit, als Vauxhalls diesbezügliche Eigenschaften auf einem Tiefpunkt angelangt waren.

Das geflügelte Rad von Austin setzte seine Karriere beharrlich fort, und Lord Stokes verordnete 1972, daß der Name für die Frontantriebswagen von Alec Issigonis reserviert werden solle. Der Codename ADO 15 (Austin Design Office) war die offizielle Bezeichnung für den Mini. Versuche, ihn 1959 traditionsgemäß »Austin Seven« zu taufen, scheiterten am Widerstand derjenigen, die an den alten »Seven« mit Kinderwagendach dachten und an die älteren Ladies am Steuer. Der Morris-Name »Mini-Minor« bürgerte sich ein. Sogar der »Austin-Healey«, der absolut keine Verwandtschaft zu Morris aufwies, erhielt in seinem späteren Leben ein Morris-Markenzeichen, wenn auch in Form des MG-Achtecks. In dem Augenblick, in dem dieses Zeichen 1958 dem kleineren 948-ccm-»Sprite« aufgedrückt wurde, kletterten die Verkaufszahlen – und er erhielt den Spitznamen »Spridget« (eine Mischung aus »Sprite« und »Midget« = Zwerg). Durch Konzerneinfluß wurde die alte Bezeichnung 1971 aufgegeben.

American Motors gratulierte sich selbst zu dem Spruch »Ich habe nicht gedacht, daß Du so ein Auto bist«, und das Lob ging wohl mehr an die Anzeige als an das Auto. Sechs Jahre früher hatten sie sich mit einem Comic strip beschäftigt, in dem ein 2 Meter großer Basketballspieler schließlich das für ihn passende Auto fand.

Noch schlimmer war es mit Pontiac. Ursprünglich handelte es sich dabei um die billigere Ausführung der General-Motors-Mittelklassemarke »Oakland«. Aber der Wagen hatte von Anfang an (1926) mehr Erfolg als Oakland, überlebte dessen Tod im Jahre 1931 und rangierte danach glücklich unter den »Oberen Sechs«, nach 1935 sogar unter den »Oberen Fünf«. Aber ihm fehlte ein eigenes kennzeichnendes Image. Die berühmten Chrom-»Silberstreifen« (»Silver Streaks«) erschienen zuerst 1934 und erstreckten sich ein Jahr später bis zur Motorhaube, und als ein stromlinienförmiger Diesel-Expreßzug mit gleichem Namen Schlagzeilen machte, zahlte es sich aus. Von Beginn an zierte auch der Indianerkopf von Häuptling Pontiac den Kühlerverschluß. Aber 1950 hatten Eisenbahnen keinen Reklamewert mehr, und der Indianerkopf langweilte die Leute in einer Zeit, in der Oldsmobile alles, was zu erreichen war, mit Raketenmotiven verzierte. Cadillacs Heckflossen erinnerten an Lookheeds P-38-Jagdflugzeug aus dem Zweiten Weltkrieg, und das Wort »Jet« fand man im Zusammenhang mit allem möglichen, so auch bei Automatikgetrieben und mehrdüsigen Vergasern. Pontiac blieb auch bis 1954 mit seitengesteuerten Motoren hinter der Entwicklung zurück und pflegte noch den letzten Reihenachtzylinder, nachdem alle anderen sich schon vorübergehend dem Sechszylindermotor zugewendet hatten oder schon V-8-Motoren mit hängenden Ventilen einbauten.

Anfang der fünfziger Jahre war ein neuer Wagen in Europa entweder ein Traum oder etwas, was man nur durch die Scheibe des Ausstellungsraumes hindurch bewundern konnte. Selbst Vorführwagen waren knapp, und nach 14 Tagen wurden sie zum nächsten Händler weitergereicht. 1949 waren selbst in Amerika die Restbestände an Aufträgen noch nicht aufgearbeitet. Bei dieser Situation gab es weder Zeit, noch bestand die Notwendigkeit, viel Zeit für

Space and comfort

By way of introduction—the clean, classic lines
of the Ford convertible range ... Long, low, splendidly
luxurious, perfectly proportioned, with
just the right amount of chrome and sparkle.

(Gegenüber, oben) Das Spiel mit der Perspektive. Das Innere der Austin-»Westminster«-Limousine war in Wirklichkeit nicht so geräumig, wie es dieses Werbebild vermuten läßt.

(Gegenüber, unten) Vorsicht, Verlängerer am Werk. Auf der Kofferraumklappe scheint ausreichend Platz für einen Hubschrauber-Landeplatz zu sein, und der Illustrator verlieh dem Wagen sogar Heckflossen, die es am fertigen Objekt nie gab. Auch die Vorderansicht aus der Froschperspektive spiegelt einen enorm großen Wagen vor, und der sparsame Text lenkte nicht von dem Bild ab. Es handelt sich hierbei um den Katalog von Fords Topmodell von 1960, dem »Zodiac«-Cabriolet, einem bescheidenen Sechszylinder mit 2,5 Liter Hubraum. Mit geschlossenem Verdeck sah der Wagen bei weitem nicht so vorteilhaft aus, so erscheint er in dieser Form mit nur einer Abbildung.

(Rechts) Deutsche Werbung im von der Schweiz in den sechziger Jahren favorisierten Stil mit Farbe vor schwarzem Hindergrund. Hier gelang es, die kastenförmigen Linien der Simca-1500-Limousine von 1965 zu verbergen und ihr Schönheit und Individualität zu verleihen, die man beim fertigen Produkt vergeblich suchte. Der französische »Chic« beruhte auf einer italienisch inspirierten Linienführung, einer von Pininfarinas weniger glücklichen Eingebungen, die in ähnlicher Form auch bei Fiat, Peugeot und der British Motor Corporation auftauchte. Der Texter erwähnt die Vorteile des Wagens, ohne in den Stil der Aufzählung rein technischer Daten zu verfallen, und er vermied so, dem Leser die Gewöhnlichkeit des Wagens zu deutlich vor Augen zu führen. Diese Taktik bewährte sich. Simca verkaufte zwischen 1963 und 1976 von der Typenreihe 1300/1500 immerhin über 1 300 000 Stück; in Deutschland wurden Mitte der sechziger Jahre jährlich etwa 15 000 Einheiten abgesetzt. Es ist bemerkenswert festzustellen, wie auch durch die Übersetzung ein alter Werbespruch zu neuem Leben erweckt wird. 1939 bemerkte Wolseley »Der Wagen, der keine Grenzen kennt« und unterstrich dies durch die Ansicht des Wagenhecks mit einem deutlich sichtbaren GB-Nationalitäten-Kennzeichen. Dadurch wurde allerdings auch deutlich, daß der Wagen mit einem Triptique die Grenze überquert hatte und nicht mit einer Import-Lizenz. Nur wenige Europäer kauften vor dem Zweiten Weltkrieg britische Wagen.

die Gestaltung von Katalogen aufzuwenden. Aber es war notwendig, sie jetzt in fremden Sprachen zu verfassen. Sogar eine kleine Firma wie Lea-Francis brachte Kataloge in Französisch heraus, eine Aufgabe, die sich bisher nur die Großen zutrauten. MG veröffentlichte 1933 einen Katalog in Deutsch für die Kunden in der Schweiz, und alle britischen und amerikanischen Firmen taten es in Flämisch und Holländisch. Französisch gehörte häufig nicht zu den starken Seiten, und man konnte den Eindruck gewinnen, daß die Übersetzer noch nie ein Auto gesehen hatten. Die Schwierigkeiten, unter denen die Welt seit dem Turmbau zu Babel lebt, wurden auch auf dem Gebiet des Automobils immer wieder offenkundig, wo es eine Sprachverwirrung nicht nur beispielsweise zwischen Deutschland, Frankreich und England gibt, sondern auch zwischen England und den Vereinigten Staaten. Und damit nicht genug, auch die kontinentaleuropäischen Maße und Gewichte unterschieden sich von denen ihrer angelsächsischen Brüder zu beiden Seiten des Ozeans. Manches unschuldige Auto fand sich da mit erstaunlichen Maßen bedacht.

Vier Faktoren beherrschten die Werbung früherer Jahre: Anerkennungsschreiben berühmter Kunden, Wettbewerbserfolge und technische Daten bis ins Detail. Nichts von alledem eignete sich für die Nachkriegszeit. Anerkennungsschreiben gab es nicht mehr, denn man setzte voraus, daß Autos einwandfrei funktionierten. Allenfalls schrieb man Reklamationen. Aber es gab wirkungsvollere Mittel. War man unzufrieden, schrieb man an die Art von Fachpresse, die sich durch kritische Berichterstattung auszeichnete, oder an die Verbraucherorganisation, letzteres zu Beginn der sechziger Jahre vornehmlich in den USA, bevor sich diese Institution auch in Europa bildete.

In unserer demokratischen Zeit, in der die Maharadschas abgeschafft waren und die indische Regierung die Autoimporte kontingentierte, fiel ein Kreis illustrer Käufer aus. Ein Cadillac mit Klimaanlage sah genauso aus wie ein anderer, man konnte ihn nicht sehr werbewirksam verwenden, wenn die Lieferung an einen Prominenten erfolgte. Allenfalls fand sich mal eine Notiz in einer Pressemitteilung.

Es gab noch eine abgemilderte Form von hochrangiger Werbung, die man mehr für Manager als für Angehörige des Adels machte. Lincoln und Cadillac pflegten dieses Gebiet und auch Lancia (»Ein Name steht über allen anderen«). Es gab auch noch Sonderversionen, allerdings waren sie mehr eine Erscheinung der siebziger Jahre. In Zeiten wirtschaftlicher Stagnation erwiesen sie sich häufig als »Verkaufsknüller«. American Motors brachte 1967 ihre Kombiwagen mit drei unterschiedlichen Ausführungen der Seitenfronten heraus: die »Briarcliff«-Version für den Osten, die »Mariner«-Ausführung für die Küstenstaaten und den »Westerner« für den Mittelwesten und Südwesten der USA. Insgesamt wurden 1 500 Wagen in diesen Ausstattungen hergestellt, mit einem Übergewicht beim »Mariner«; man ging davon aus, daß in den Feriengebieten das Interesse am stärksten sein würde. Ein anderes Gebiet für Kleinserien sollten das Nostalgieauto und die »Replikas« sein, aber sie sollten, wie sich noch zeigen wird, keinen großen Einfluß ausüben.

Es bedurfte keiner Kunstgriffe, um den DeSoto »Fireflite Sportsman« von 1957 darzustellen. Die Fotografie stammte von der Presseabteilung. Von reiner Technik war nicht die Rede, dagegen stellte man den niedrigen Schwerpunkt heraus. Die Länge von 5,5 Meter erwähnte man nicht. Was zur Standardausrüstung gehörte und was es als Extra gegen Aufpreis gab, war nicht klar erkennbar. Eine Prise »Snob-Appeal« wurde in dem Ausspruch »Im Preis gerade über den Niedrigsten« deutlich.

FIREFLITE SPORTSMAN BY DE SOTO, GOWNS BY I. MAGNIN

es make the '57 DE SOTO the ng car in the world today!

level as a table top, even from s. Positively no nose-dive!

et? A completely new suspen- ombines torsion rods, super-soft -Sphere control joints, outrider gs, and a rubber-cushioned nsion.

sion-Aire ride is *standard equip-* ry 1957 De Soto.

r-powered V-8 engines. '57 ngine designs are the most n the industry! These deep- iants respond instantly for safer passing, loaf quietly at superhighway speeds. Here's "take-charge" perform- ance that won't take a back seat to anything on the road.

There are three new and powerful DeSoto V-8's to choose from...with higher- than-ever horsepower for safer passing!

New *4-Season* air conditioner. This advanced and compact unit—mounted out of the way under the dash—*cools* in summer, *heats* in winter. It filters out dirt and sneezy pollen . . . wrings moisture from muggy summer air. One flick of a simple set of controls keeps the interior of your new De Soto ideally comfortable and quiet every mile you drive.

New interior features. Each '57 De Soto interior features exciting new fab- rics with smart accenting trim, and a beau- tiful new flight-styled instrument panel.

Your choice of every advanced power feature: Full-Time power steering— Feather-Touch power brakes—6-Way power seat—Electro-Lift power windows. See the most exciting car in the world to- day at your De Soto-Plymouth dealer's.

De Soto dealers present **Groucho Marx** in "You Bet Your Life" on NBC radio and TV

1966 übernahm auch Rolls-Royce die selbsttragende Bauweise, die auch bei den Limousinen und Coupés des American-Motors-Typs »Ambassador« Anwendung fand. Dieses Modell verfügte zweifellos über den gehörigen »Schwung«. Aber es ist auch festzustellen, daß Rolls-Royce seinen Prestigewagen mit V-8-Zylinder-Motor noch 1982 baute, während AMC den Typ »Ambassador« Ende 1974 auslaufen ließ.

Einen anderen Versuch, sich die Gunst der Wohlhabenden zu verschaffen, stellte Jaguars Motto von »Grace, Space and Pace« (»Würde, Platz und Leistung«) dar, eine Kombination, die MG 1936 für ihre großen Sechszylinder schon einmal in ähnlicher Form bemüht hatte. Der wahre Vorgänger, »The Car of Grace that sets the Pace«, aber war der Vauxhall 30/98, der Würde und Leistung gleichermaßen anzubieten hatte, wenn auch mit einem kolossalen Vierzylindermotor.

Snobistische Elemente ließen sich in der Werbung der sechziger Jahre noch vielfach finden. Ford bot beispielsweise das 1965er Modell »Falcon« als »Erster Klasse zu Economy-Preisen« an, eine Andeutung mit Blick auf ein Düsenflugzeug und eine Erinnerung daran, daß zwischen dem normalen Sechszylinder und dem V-8 »Hardtop« mit verschiedenen Extras eben doch ein Unterschied lag. 1965 wurde Rolls-Royce bemüht, als man für sich in Anspruch nahm, daß das Topmodell LTD leiser als ein »Silver Cloud« liefe. American Motors ging noch einen Schritt weiter. Ihr Modell »Ambassador« verfügte über viel Gemeinsamkeiten mit einem »Silver Shadow« der späten sechziger Jahre, der ungefähr sechsmal so viel kostete: unabhängige Schraubenfederung, Klimaanlage, einzeln zu betätigende vordere Liegesitze, selbsttragende Karosserie und besondere Rostschutzbehandlung. Alle diese Eigenschaften konnte man bei zahlreichen Wagen der mittleren und der Luxusklasse nicht als ungewöhnlich ansehen, aber man konnte sich eines Seitenhiebes gegen General Motors doch nicht enthalten: »Der Rolls-Royce hat weniger Kopffreiheit als der Cadillac. Der ›Ambassador‹ hat mehr.« Fords britisches Meisterstück erschien 1967 mit der Frage: »Würden Sie Ihre Tochter einen Ford-Fahrer heiraten lassen?« Hier gelangen wirklich »7 auf einen Streich«. Bei dem in Frage stehenden Ford handelte es sich um den in geringer Zahl angebotenen Fast-Rennwagen GT 40, von dem in der Straßenversion nur 31 Stück hergestellt und zu £ 7 540 angeboten wurden. Die Antwort gab die Ford-Werbeabteilung: »Sollten Sie über ihren zukünftigen Schwiegersohn etwas erstaunt sein, dann denken Sie nur an den Wert bei einer Inzahlungnahme: 5 Escorts + 3 Cortina Kombiwagen + 1 Corsair 200. Sie könnten die erste Familie mit 9 Wagen in Ihrer Straße sein.«

In den fünfziger Jahren gaben Wettbewerbserfolge noch etwas her, und während der Sechziger fanden sie sich auch noch in der mehr sportbezogenen Presse. Bei sportlich orientierten Käufern in Großbritannien und Italien konnte so etwas verkaufsfördernd wirken. Außerdem halfen sie, den Verkauf in den Vereinigten Staaten anzukurbeln. Ein australischer Mini-Katalog von 1963 widmete den Sporterfolgen dieser Marke eine ganze Seite. Aber Spezialisierung und Professionalismus forderten ihren Zoll. Wenn die Firma Bentley während der zwanziger oder Alfa Romeo in den frühen dreißiger Jahren einen Sieg in Le Mans verkündeten, wußte der Kenner, daß er – ein entsprechendes Bankkonto vorausgesetzt – einen ähnlichen Wagen kaufen konnte, auch wenn er damit nicht unbedingt die 24 Stunden gewinnen konnte – oder wollte. Aber nach dem Sieg eines Delahaye im Jahre 1938 gab es keinen Sieg eines normalen Straßensportwagens mehr. Ein Jaguar D-Typ konnte zwar auf der Straße gefahren werden, aber der einzige Grund, es zu tun, konnte in der Ersparnis des Transportfahrzeugs liegen.

Man schreibt das Jahr 1967. 11 Jahre lang zierten nun weder der »Silver Streak« noch der Indianerkopf die Pontiac-Kühler. Jetzt hieß »Leistung« die Parole, und die Kombination von Graphik und Fotografie benutzte man zum Verkauf, weniger ein Modell, sondern mehr ein Leistungspaket. Die Länge des Wagens betrug 5,3 Meter, hier erübrigte sich also jegliche Übertreibung.

In den Jahren 1953 bis 1954 war Hudsons großer Sechszylinder »Hornet« sehr erfolgreich in amerikanischen Stock-Car-Rennen. Aber die Verkaufszahlen sanken, und jedermann wußte, daß es eben ein Sechszylinder und kein V-8 war und daß die Karosserie genauso wie die des Modells von 1948 aussah. Auch Porsche-Wagen wurden keineswegs wegen ihrer Erfolge in Wettbewerben gekauft. Das Modell RSK, das große Rennerfolge verbuchen konnte, war genau so viel oder so wenig eine Standardausführung wie ein Jaguar D-Typ. Panhard und Renault dienten als Basis für andere Le-Mans-Fahrzeuge, aber hier und anderswo errungene Erfolge mündeten allenfalls im Verkauf einiger Teile für die Herstellung dieser Wagen durch einige Spezialisten.

Bei Talbot in Frankreich und Lancia in Italien führte die Rennbeteiligung zur Vergrößerung ihrer finanziellen Schwierigkeiten. Bugattis Formel-1-Wagen mit querliegendem Reihenachtzylinder des Jahres 1956 war ein vorprogrammierter Schritt in Richtung Niedergang, der auch deutlich wurde durch den Verkauf von gerade nur zehn Exemplaren des Nachkriegstyps 101. Mercedes-Benz und Jaguar, die es sich beide leisten konnten, gaben in dem Moment wieder auf, in dem sie bewiesen hatten, was sie beweisen wollten: ein Wiederauferstehen aus den Trümmern von 1945 im ersten Fall und der »schnellste fahrplanmäßige Verkehr auf der Strecke von Le Mans« (wie es Lord Montagna ausdrückte) im zweiten. Aston Martin gab auf, nachdem er 1959 die Weltmeisterschaft der Konstrukteure errungen hatte. Sogar auf dem Gebiet des Rallye-Sports galt der Spruch des »Überlebens der Gesündesten«. Rechtfertigen positive Ergebnisse die Existenz einer teuren Sportabteilung, und ließen sich damit zusätzlich Autos verkaufen? Nach 1960 begann der Rallyesport an Publikumswirksamkeit einzubüßen. In einer Zeit, in der Amateure mit ihren in Heimarbeit vorbereiteten Wagen noch eine Chance hatten, gewannen die Marken Delahaye, Allard, Ford, Lancia, Sunbeam, Jaguar, Renault und Citroën (in dieser chronologischen Reihenfolge) die Rallye Monte Carlo. Bei den meisten der Wagen handelte es sich mehr oder minder um Serienwagen, auch bei Sydney Allards Typ P1-Limousine, dem Siegerfahrzeug von 1952. Es war eine Ironie des Schicksals, daß der Erfolg dieser kleinen und ums Überleben kämpfenden Firma, für die der Reklameerfolg des Siegers lebensnotwendig war, von der Trauer um den verstorbenen König Georg VI. überschattet wurde.

Das war alles vorüber. Profitum zog ein, der Zirkusbetrieb begann, und das Fernsehen trat auf. Jedermann wußte, daß Carlssons Saab oder Hopkirks Mini so wenig der Serienausfertigung entsprachen, wie es das Reglement gerade noch eben zuließ. Die meisten Firmen, die im Rallyesport aktiv waren, boten zwar auch Tuningzubehör an. Aber es war nicht zu erwarten, daß sie alle Geheimnisse preisgaben, die ihre Wagen zu Siegern machten. Etwas Geld konnte noch in Wettbewerben wie der East African Rallye, der einmal ausgetragenen Fahrt London – Sidney oder den Australien-Rallyes gemacht werden. Hier bereiteten die Japaner 1957 und 1958 ihre »Eroberung« des Commonwealth vor, indem Toyota 1957 einen dritten Platz erreichte und Datsun ein Jahr später in der Ein-Liter-Klasse über die Morris »Minor« und Renault »Dauphine« triumphierte. Die Fahrt Lüttich – Rom – Lüttich, die von den Fahrern als härteste Prüfung angesehen wurde, war ein Unternehmen, dessen

A Most Unusual 'Ten'

"The roomiest, best-sprung 'Ten' I've sat in!"

Your comfort is well catered for in this new Lanchester 'Ten.' It is excellently sprung. All occupants sit well within the wheelbase. There is no roll or sidesway. The interior dimensions are more than ample; upholstery and fittings are excellent; luggage space is liberal. Yet the Lanchester is by no means 'over-bodied.' Its performance alone — 55 m.p.h. cruising and a capacity for 65 m.p.h. — proves this.

LANCHESTER 'TEN' with the Daimler Fluid Transmission

BY APPOINTMENT
MOTOR CAR MANUFACTURERS

(LICENSED UNDER VULCAN SINCLAIR AND DAIMLER PATENTS)

THE LANCHESTER MOTOR COMPANY LIMITED · COVENTRY AND LONDON

(Links) Werbung im englischen Stil für einen Wagen der gehobenen Mittelklasse. Diese Anzeige für den Lanchester »Ten« von 1946 ist ein Beispiel für den in Großbritannien bis Mitte der Fünfziger gepflegten Stil. Der Künstler beschränkte sich darauf, das Heck des Wagens etwas ansehnlicher darzustellen, als es in Wirklichkeit war.

(Gegenüber, oben) Gekonnte Einfachheit des großen E. W. Rankin von Jaguar, der 1951 den damals neuen Jaguar Mark VII vorstellte. Da das Modell ausschließlich für den Export bestimmt war, ist der Hintergrund unzweifelhaft ausländisch. Aber ein Zeichen des Optimismus ist erkennbar: der Wagen ist mit Rechtslenkung versehen. Auf den »weltberühmten XK-120-Motor« verwies man besonders stolz, hatte dieses Modell doch gerade seinen ersten Le-Mans-Sieg errungen.

(Gegenüber, unten) Beim Angebot eines Prestige-Wagens ist es zu empfehlen, die erste Seite des Katalogs für die wichtigsten Dinge freizuhalten. Der Wolseley 6/90 von 1958 hatte die gleiche Karosserie wie ein Paralleltyp von Riley, und der 2,6-Liter-Sechszylinder-Motor fand sich in allen Spitzenmodellen der British-Motor-Corporation-Limousinen. Aber man konnte Personen in Abendgarderobe vor einem Palladio-Portal wirkungsvoll in Erscheinung treten lassen. Aus dem gewählten Blickwinkel zeigte der Wolseley seine vornehmen Eigenschaften, wie die doppelten Nebellampen und eine traditionelle Kühlerverkleidung mit Anklängen an das Jahr 1932.

siegreiches Bestehen einige Enthusiasten in Richtung auf Jaguar (ein Sieg) oder Mercedes-Benz (vier Siege) bewegen konnte, aber es war eine unsichere Spekulation.

Technische Einzelheiten bis ins Detail waren in der Werbung nicht mehr gefragt, obwohl die Briten während der fünfziger Jahre an dieser Art der Werbung standhaft festhielten. »Der große Kofferraum im Heck des Standard ›Vanguard‹ bietet 14 Kubikfuß Raum für Gepäck. Werkzeug und Reserverad sind in einem besonderen Fach untergebracht, und die mit Federkraft versehene Klappe umschließt und verschließt beides.« Das stand in einer Farbanzeige, nicht etwa im Katalog. Diese Praxis wurde später nur noch von den Herstellern von Selbstbauautos angewandt, um den Kunden klarzumachen, daß sie alle Bestandteile eines »richtigen« Autos erhielten. Die Hersteller des Lightburn »Jeta«, »Australiens eigenem Zweitwagen«, widmeten vier Seiten ihres Katalogs den technischen Einzelheiten und brachten eine vollständige Beschreibung des Villiers-Zweitaktmotors, mit dessen Arbeitsweise Commonwealth-Bewohner nicht vertraut waren. Die Philosophie erhielt eine neue Dimension. Während technische Daten nur noch am Rande behandelt wurden, erhielten technische Skizzen einen stärkeren Rang. Die Amerikaner entdeckten die photogenen Fähigkeiten von Motoren. Die Sechszylinder sahen immer aus wie ein Haufen Eisen, aber die V-8-Motoren stellte man – befreit von ihrer ganzen blechernen Umgebung – sehr eindrucksvoll dar. Der potentielle Käufer wurde darüber im unklaren gelassen, daß in der Praxis viele der gezeigten Einzelteile für ihn gar nicht erreichbar sein würden, falls er überhaupt den Wunsch verspüren sollte. Und er blieb auch darüber im unklaren, daß er für diese Pracht kräftig draufzahlen mußte, beim Kauf und bei jedem Besuch einer Tankstelle.

In einer Zeit, in der das allgemeine Publikum sich von den einander zum Verwechseln ähnelnden Karosserien gelangweilt fühlte, war es gut, daß man noch das Fahrgestell zeigen konnte und damit bewies, daß es noch vorhanden sei. Eine der erfolgreichsten Anzeigen von Triumph zeigte nur ein Fahrgestell, komplett mit Nummernschild und Versuchsfahrer, neben einem vollständigen Wagen und bemerkte, »der Rahmen ist so stark und stabil, daß man einen Lastwagen damit bauen kann«. Das Fahrgestell war auch ein wichtiger Punkt für die Beschreibung der technischen Einzelheiten, angefangen von den Scheibenbremsen vorn bis zum Rollstabilisator hinten. Das blieb allerdings meist dem Katalog vorbehalten, soviel Kleingedrucktes wirkte in Anzeigen nicht.

Phantomzeichnungen waren manchmal irreführend. So zeigte Honda sein Modell N 360 im Jahre 1968 ohne Dach und bemerkte, »der geräumige Innenraum gewährleistet bequeme Fahrt«. Nur handelte es sich bei den Insassen um vier kleine Japaner, ausgewachsene Europäer fanden die Fahrt nicht so bequem. DAFs vereinfachte technische Darstellung des Riemenantriebs sollte Kunden damit vertraut machen, daß Riemen eine Lebensdauer von 50 000 km haben, und sollte mit den Vorstellungen der älteren Generation aufräumen, die derartige Details noch von Motorrädern der automobilen Frühzeit kannten. Im allgemeinen wurde jedoch jede Erinnerung an Überbleibsel aus der alten Zeit vermieden. Man muß schon in unabhängigen technischen Abhandlungen blättern, um zu entdecken, daß beispielsweise der Oldsmobile »Toronado« von 1966 einen Primärantrieb durch Kette besaß und damit Gedanken an Motorräder hervorrief. Auch machte sich ein demokratisches Element bemerkbar. Wurde man früher zum Kauf einer einfachen Familienlimousine beschworen, weil auch der Adel sie benutzte, so ermunterte Ford 1954 zum Kauf des mager ausgestatteten Ford »Popular« mit den Worten: »Es ist ein richtiges Arbeiterauto, ein vollwertiges Auto, das gerade in Deine Garage paßt oder auf das Stück Straße vor Deinem Haus.« Während der sechziger Jahre wäre diese Art der Ansprache nicht mehr sehr passend gewesen, denn die Straßen waren verstopft, und die städtischen Behörden beobachteten das Straßenparken sehr argwöhnisch. Mit technischen Einzelheiten konnte man aber auch werben. Willys erwähnte beim »Aero« von 1952 den geringen Benzindurst und wies darauf hin, daß der Fahrer alle vier Kot-

THE TOTAL PERFORMANCE FALCON FUTURA HARDTOP

Falcon flies you First Class —at low economy fares!

First class? Falcon's ride is the plushest in the compact class. Smoother, too–thanks to its lively new standard Six. *Economy?* There's Falcon's low initial cost, easy twice-a-year (or 6,000-mile) service schedule. And, when you couple its standard 170 cu. in. Six to a 3-speed Cruise-O-Matic option, Falcon delivers up to 15% more gas savings. Take a test drive. Find out how beautiful economy can be.

Best year yet to go Ford!
Test Drive Total Performance '65

FORD

MUSTANG · FALCON · FAIRLANE
FORD · THUNDERBIRD

(Gegenüber) Auf der Woge des Jet-Zeitalters. Während der dreißiger Jahre bevorzugten die Deutschen aeronautische Hintergründe, und hier weckt Ford nostalgische Erinnerungen an sein berühmtes dreimotoriges Flugzeug, das in den Jahren 1927 bis 1931 hergestellt wurde. Mit ihrem Thema befanden sie sich absolut auf aktuellem Stand. Bei der teuersten Version der Typenreihe »Falcon«, dem »Futura«, war das Automatikgetriebe viel beliebter als das manuelle Getriebe, und die meisten Kunden gaben dem gegen Aufpreis erhältlichen V-8-Motor den Vorzug.

(Rechts) Wie ein schwedischer Hersteller 1966 um Käufer warb: Einen Saab fuhr man zur Freude, und eine lange Reihe von Rallye-Erfolgen stellte dieses unter Beweis. Hinzu kam die Person Erik Carlsson, einer der bedeutendsten Rallyefahrer der Zeit nach 1945. Das Design wirkte aber doch etwas veraltet. Die Form blieb zwar im Prinzip noch weitere zwölf Jahre erhalten, nicht aber der Dreizylinder-Zweitakt-Motor. Die Leistung des letzten Monte-Carlo-Wagens mit drei Vergasern und 55 PS lag bei 145 km/h, eine deutliche Verbesserung gegenüber den ersten Saab-Wagen mit etwa 100 km/h, erkauft allerdings mit einem Benzinverbrauch von 13 l/100 km, der mit den Angaben des Prospekts nicht unbedingt in Einklang zu bringen war. Trotzdem überzeugte das neue Modell in Metallicfarben die Kunden, die die Wahl hatten zwischen dem Typ 96 (mit einem Vergaser) oder dem Kombinationswagen Typ 95.

vassare... sportigare...

Ni kanske tycker att SAAB-ägarna är alltför kategoriska i sitt lovordande av det egna märket. Men dra Er inte för att lyssna – det kan löna sig. Ni får då höra om hur trivsam bilen är att köra, om framhjulsdriftens fördelar och mycket annat. En stund bakom ratten på nya SAAB 1966 övertygar Er om att det var fakta Ni hörde. Nya SAAB 1966 har fått trippelförgasare för ännu bättre acceleration. Nya färger: malmgrått och gult. Besök närmaste SAAB-ANA-återförsäljare och se på alla nyheterna. Be samtidigt att få närmare fakta om 2/5-garantin – marknadens mest prisvärda – och om hur billigt det är att köra SAAB. De exceptionellt låga milkostnaderna framgår av ett flertal opartiska tester. Välkommen!

SAAB

flügel sehen konnte (was ja nicht selbstverständlich war) und daß die Sitze 1,69 m breit seien. Dazu gab es einige technische Skizzen im Stil von 1939, und es fehlte nicht der Hinweis, daß Willys auch Hersteller des Jeep sei. Rover, mit Ambitionen als höherwertiges Erzeugnis, hätte niemals den Landrover in die Werbung für seine Limousinen des Typs P 4 einbezogen.

1960 war Ford nicht mehr darauf bedacht, den »leeren Platz vor dem Haus« zu füllen. Die meisten Leute hatten jetzt ein Auto, und die Verstopfung der Straßen war zu einem Problem geworden. Aber Ford verfügte noch über ein »Sonderangebot« im Programm in Form des Modells »Anglia« 100 E, das in den Rang des »Popular« zurückversetzt worden war – und es gab das neue Modell »Anglia«. Dieses pries man mit den Worten: »Eine neue Form, jetschlank vom Scheinwerfer bis zum Heck, eine neue geräumige Dimension in der Konstruktion leichter Wagen.« Er sollte seinem Fahrer »den Reiz zurückgeben, den Du schon vergessen hattest«. Das vierstufige Getriebe – das erste, das Dagenham bei einem Privatwagen überhaupt auf den Markt brachte – erhielt von vornherein das Prädikat »magisch«, wogegen das dreistufige Getriebe des »Popular« nur beiläufig erwähnt wurde.

Mit dem »Popular« und seiner Werbung lernen wir auch eine besondere Art Leute kennen. So beispielsweise die Braut, die sich nicht nur ein Auto leisten, sondern auch eine Hypothek aufnehmen konnte und – wenn man den Bildern glauben darf – sich auch nach der neuesten Mode kleidete. Oder den grauhaarigen Senior, der verlautet: »Vor vielen Jahren kaufte ich als junger Doktor meinen ersten billigen Ford. Jetzt brauche ich zwei Wagen, einen für meine weitverzweigte Landpraxis und einen für meine Frau.« Das war alles sehr demokratisch, und auch vom Junior kam schon ein Hinweis in die richtige Richtung: »Dad fährt jeden Tag mit dem Zephyr ins Geschäft, und Mum setzt uns auf ihrem Weg zum Einkaufen an der Schule ab.« Die Zwei-Ford-Familie war also geschaffen, und die Aussicht auf ein Sechszylindermodell mit Overdrive war schon eingewebt.

Volkswagen zeigte Käfer in Wüsten, Flüssen und Polarregionen und fragte seine Kunden: »Suchen Sie auf diesen Fotos nach Straßen? Tun Sie es nicht, Sie finden keine, weil es keine gibt.« Citroën stopfte einen 2 CV mit Garderobe aus der Zeit der Jahrhundertwende voll und einer Standuhr aus Großvaters Zeiten, und die Werber konnten sicher sein, ein ähnliches Bild anzutreffen, führen sie nur einige Kilometer über eine der Nationalstraßen. Ein Katalog des Jahres 1975 – sicherlich noch unter dem Eindruck der Energiekrise – pries die Vorzüge der »Unabhängigkeit des Automobils für weniger als den Gegenwert einer Busfahrkarte«.

Amerikanische Werbung stellte sich verfeinert dar und ging bis ans Unterbewußtsein heran. Lincoln-Mercury waren die Hauptvertreter der Richtung »Du hast nicht gelebt, hast Du nicht unser Auto gefahren«. Ponycars waren »das Losungswort für ›Action‹ in den Siebzigern. Die Stimmung ist hochgepusht. Der Geist ist ungezähmt. Der Wagen heißt ›Cougar‹.« Das gleiche Muster ließ sich auch auf die Umgebung von Wall Street übertragen, wie sich 1956 feststellen läßt. »Guter Geschmack und ausgeprägtes Urteilsvermögen sind für den Mann ausschlaggebend, für den wir den ›Continental Mark II‹ konstruierten und bauten. So ein Mann lehnt von Natur aus alles Gewöhnliche ab.« Hier fühlte man sich an die Tage von Duesenberg erinnert. Es war fast etwas enttäuschend, daß der Wagen nicht vor einer imposanten Toreinfahrt gezeigt wurde, wie es Rolls-Royce in den dreißiger Jahren gern tat, es in den Sechzigern aber auch noch von Alvis und Lancia praktiziert wurde. Der Lincoln selbst mußte im Bild erscheinen, denn sein Hauptvorteil lag darin, daß es sich bei ihm nicht um einen vergrößerten Ford handelte.

In Europa war auf dem Gebiet der Werbung zweifellos Volkswagen der tüchtigste. »Der Wagen, der der Welt den Kopf verdrehte«, war eins der Glanzstücke aus den fünfziger Jahren, wie auch das Beispiel der Qualitätskontrolle, wo ein Wagen mit unzähligen Handzeichen versehen war, die die vielen Kontrollinstanzen symbolisieren sollten, die ein Käfer zu durchlaufen hatte. Ebenso berühmt war der eisüberzogene Kühler (den es bei VW natürlich nicht gab), was schon die härtere Form der Werbung darstellte, zumal der

gezeigte Kühler unschwer als Erzeugnis einer bekannten britischen Marke de dreißiger und vierziger Jahre zu erkennen war.

Man mußte auch beginnen, international zu denken und durfte nicht nu Wortspiele in der jeweiligen Sprache betreiben. Slogans wie auch Daten muß ten übersetzbar sein. Die andauernde Schlacht zwischen Kubikzentimeter und Kubikzoll grenzten an Unverständlichkeit. Die Briten, die sich Fuß un Zoll noch 1969 eng verbunden fühlten, dachten in diesen Maßeinheiten, ga ben den Hubraum eines Motors aber in Litern an. So kam es, daß sich häufi drei und vier Dezimalstellen in den technischen Angaben fanden. Amerika ner benutzten die Literangabe nur, um ausländisch zu erscheinen – 1965 wa der größte Ford eben ein »Siebenliter«. Dagegen bezeichnete ein Europäe häufig gern den beispielsweise 4,7-Liter-Motor eines Ford »Mustang« m »289«, worunter der Hubraum in Kubikzoll zu verstehen war – wenn e jemand verstand. Reifenabmessungen wurden einheitlich überall in Zoll ar gegeben, und ein Wort wie »Overdrive« führte sich überall ein.

Aber nicht alle Schlagworte – und meistens die besten – ließen sich über setzen. Renault schaffte es zu seinen Glanzzeiten, mit Detroit zu konkurrie ren, in Französisch, das Englisch war zu nüchtern. Der locker gestaltete Kata log für das 1960er Modell »Floride« stand unter dem Titel »Ils s'aimaient« un ließ einen Hauch maskuliner Dominanz verspüren, während das englisch »They were in love« ebensogut in einem Filmvorspann erscheinen konnte Die Sprache amerikanischer Pressestellen war schlicht unübersetzbar, un glücklicherweise bestand auch selten die Notwendigkeit, abgesehen von gele gentlichen Ausflügen in Quebec-Französisch und Spanisch.

(Gegenüber) Technische Daten auch in Amerika. Der Aero-Willys war ein durchschnittliches Auto einer Firma, die seit 1933 bescheidene Vierzylinder anbot, in den Jahren 1941 bis 1951 zu beschäftigt mit der Herstellung von Jeeps war und keine andere Wagen herstellen konnte. Ein etwas einfallsloses Styling und nicht im entferntesten die Aussicht auf einen V-8-Motor ließen es verständlich erscheinen, daß die Werbeabteilung bei Willys-Overland sich mit weniger wirkungsvollen Einzelheiten abgeben mußte.

(Rechts) Hier hatte die Werbung mit Wettbewerbserfolgen eine Berechtigung. Der Mini gewann 1964 die Rallye Monte Carlo, nach 1956 der erste Erfolg für einen britischen Wagen. Die Tatsache, daß der Siegerwagen in Minsk startete, blieb unerwähnt. Es bestand wenig Hoffnung, Minis auch in Rußland zu verkaufen.

(Unten) Technische Daten im Stil von 1968. Die Londoner Firma Industria versuchte ein relativ unbekanntes Fabrikat aus der DDR zu lancieren. Zweitakter waren in England nicht sehr beliebt, und die Marke Wartburg konnte sich auch nicht auf die Abkunft von DKW berufen, denn dieser Markenname war von der Auto Union belegt, und die hatte ihren Sitz in der Bundesrepublik. Auch die nostalgische Besinnung auf das Jahr 1898 konnte nicht sehr hilfreich sein, denn hier handelte es sich um die Lizenzproduktion des französischen Decauville; die Briten kauften aber immer das französische Original. In diesem Zusammenhang sei daran erinnert, daß der erste Wagen von Henry Royce ein Decauville war, aus dem sich dann manches entwickelte.

Der Internationalismus beschränkte sich nicht auf gedruckte Mitteilungen. Neue Modelle mußten vorgestellt werden, und das blieb nicht auf die Vorstellung amerikanischer Wagen in New York, britischer in London oder deutscher in Frankfurt – das Berlin nach Kriegsende abgelöst hatte – beschränkt. Die jährliche Vorstellung neuer Modelle gehörte weitgehend der Vergangenheit an. Neue Wagen wurden auf den Weg gebracht, wenn sie fertig waren, und man wartete nicht unbedingt bis zur nächsten nationalen Ausstellung. Das Ausstellungsjahr begann im Januar in Brüssel und verlief dann über Genf (März), New York (April), Frankfurt (September) und London und Paris (Oktober) bis Turin (November). Bei Produkten, die besonders den nationalen Markt ansprachen, wie beispielsweise bei Opel und Vauxhall, schienen die heimischen Ausstellungen der richtige Platz zur Vorstellung zu sein. Hatte man mehr internationale Ambitionen, boten sich Brüssel und Genf an, Plätze in Ländern also, die über keine eigene Autoindustrie verfügten. Amerikaner gaben Brüssel den Vorzug, denn Belgien ist der beste europäische Markt für sie. Genf beispielsweise erlebte die Debüts solcher Wagen wie des Austin »Sheerline« (1947), des Fiat 600 (1955) und des Jaguar E-Typs (1961). Auch Mercedes-Benz wählte die Schweiz für das Modell 230 SL (1963), wie auch Renault für den Typ 16 (1965) und Ferrari für die endgültige Version des Mittelmotormodells »Dino« im Jahre 1969.

Ein Jahr später reihte sich die revolutionäre Citroën SM-Limousine unter den Genfer Debütantinnen ein. Paris wurde von Mercedes-Benz für die große 6,3-Liter-V-8-Limousine im Jahre 1963 der Vorzug gegeben, und Rolls-Royce gedachte dort zwei Jahre später mit der Vorstellung des neuen »Silver Shadow« der Tatsache, daß Paris der Ort war, an dem überhaupt erstmals ein Rolls-Royce vorgestellt wurde; das war 1904. Die Schweiz erwies sich als außerordentlich vorteilhaft. 1957 gab es dort Verkaufsniederlassungen für Wagen aus Österreich, der DDR und der Tschechoslowakei genauso wie für die Wagen allgemein bekannter Hersteller. 1969 reichte die Auswahl alphabetisch von Abarth bis Wolseley, und darunter befanden sich Länder wie die Niederlande, Japan und die UdSSR. Es gab allerdings das linguistische Schreckgespenst der Dreisprachigkeit in der Schweiz, und die internationalen Teilnehmer waren froh über die Existenz der englischen Sprache. Es gab aber auch welche, die sich davon nicht schrecken ließen. Chrysler veröffentlichte alljährlich einen Wegweiser für die Presse in Englisch, Französisch, Deutsch, Italienisch, Spanisch und Arabisch.

Für diejenigen, die nicht bis zu einer Ausstellung warten wollten, gab es die Alternative einer internationalen Pressevorstellung, möglichst vor einem wirkungsvollen Hintergrund. Während der sechziger Jahre gehörten derartige Vorstellungen zur Routine, zu denen Renault 1956 den Vorreiter gemacht hatte, und zwar anläßlich des Erscheinens der neuen »Dauphine«. Die Vorserienfahrzeuge wurden über 3 Millionen Kilometer getestet, in den Schweizer Bergen, in den USA und der Arktis wie auch im tropischen Afrika – und dann fand die große Schau auf der Insel Korsika statt. So ersetzten die »Fahre-Selbst-Vorstellungen« schnell alles, was man von früher kannte.

Häufiger wurde die Allgemeinheit auch durch fleißige Schnüffler oder undichte Stellen »vor«-informiert, trotz großer Geheimnistuerei der Industrie. Vauxhall benutzte falsche Kühlerverkleidungen, Jaguar veränderte die Karosserien durch Plastikteile, und der Prototyp des Rover 2000 trug deutlich den Schriftzug »Talago«. Maskierbänder wurden reichlich verwendet, aber die Öffentlichkeit war selten zu täuschen. Der Autor erinnert sich an die Fahrt in einem Hillman-»Imp«-Prototyp im Winter 1962/63. Trotz größter Vorsicht wurde er von einigen NSU-Besitzern gesichtet, die dahinter einen Prototyp »ihres« Fabrikats witterten. Bei Anlaufen einer sehr einsam gelegenen Tankstelle fragte der Tankwart, ob es sich um den »Apex« handele, und das war der ach so geheimgehaltene Codename dieser Entwicklung.

Die »langsame Enthüllung« war besser. Oftmals war es vorteilhaft, einen Prototyp offen zu zeigen, wie es mit den Nash NXI 1950 geschah, dem ersten amerikanischen Kleinwagen nach dem Crosley von 1939, der trotz des Einbaus eines leistungsfähigen kleinen Vierzylindermotors mit obenliegender Nockenwelle und einer Frühform von Scheibenbremsen nach dem Kriege nur ein kümmerliches Leben fristete. Der Ford »Edsel« von 1957 ging in die Geschichte als schlimmstes Beispiel einer mißlungenen Marktuntersuchung ein, obwohl viel Geld in seine Entwicklung und Namensgebung geflossen war. Pontiac veröffentlichte eine Anzeige in der »Saturday Evening Post« als Vorschau auf das 1957er Programm, aber ein Blick nur auf das Wageninnere war nicht sehr aussagekräftig. Dasselbe konnte für Chryslers Bemühen im Jahre 1958 gelten, wo gefragt wurde: »Kann dies der Plymouth von 1959 sein?« Man sah eigentlich nur eine riesige Heckflosse, und die erwartete ohnehin jeder.

Das Testen von Autos wurde eine ernsthafte Beschäftigung, sogar in Amerika. Es war vorbei mit höflichen Floskeln statt ernsthafter Kritik an Fehlern der Konstrukteure oder langweiliger Normalität. Als Beweis für die Verände-

Gefälligkeit für die Welt, 1967er Stil – und mehr als nur ein Stil. Ägypten *(unten)* und Deutschland *(gegenüber)* mögen einige tausend Kilometer voneinander entfernt sein, Lichtjahre aber trennen sie in ihren Werbemethoden. Die Präsentation durch ein Bild erinnert einen an amerikanische Zeichnungen von der geheiligten Sonne der Pharaone, und das Auto wirkte größer als es in Wirklichkeit war: Die gezeichneten Proportionen paßten mit den Daten im selben Katalog nicht zusammen. Dieser Umstand, verbunden mit dem ungenannten Preis und der sehr vagen Herstelleradresse (»Automobilfabrik, Wüstenstraße«), macht aber deutlich, *was* eigentlich in solchen Ländern einen Wagen wie den Volkswagen verkaufte: die photographische Präzision und die technische Überzeugungskraft, die Vermittlung einer klaren, neuen und praktischen Note, während das Produkt selbst ja keine neuen Innovationen beinhaltete.

Dieser Wagen kostet nur 4485 Mark.

Aber das allein ist kein Grund, 4485 Mark für ihn auszugeben.

Der Preis allein sagt Ihnen noch garnichts. Solange Sie nicht wissen, was Sie dafür bekommen.

Und das ist beim VW 1200 eine ganze Menge.

Zum Beispiel eine Menge Komfort. Sie bekommen tiefgepolsterte Sitze, die mit luftdurchlässigem Kunstleder bezogen sind. Und eine Fußraumverkleidung aus Noppenteppich. Und Gummifußmatten. Und einen abwaschbaren Kunststoffhimmel. Eine pneumatische Scheibenwaschanlage. Drehfenster vorn und eine Extraheizung hinten. Und noch einiges mehr.

Weiter bekommen Sie eine Menge Sicherheit: Die Sicherheits-Lenksäule, die sich bei einem Aufprall ineinanderschiebt. Das Sicherheits-Lenkrad aus ungewöhnlich elastischem Material. Die neuen Scheinwerfer mit senkrechter Streuscheibe. Sicherheits-Türgriffe und -Fensterkurbeln. Und die Schraubanschlüsse für Sicherheitsgurte, an denen alle Gurtsysteme angebracht werden können.

Und schließlich bekommen Sie alles, was den VW 1200 zum VW macht. Den unverwüstlichen, luftgekühlten Motor mit Startautomatik. Die einzeln aufgehängten, einzeln gefederten 15-Zoll-Räder. Und die stabile Karosserie mit durchgehender Bodenplatte.

Der günstige Preis ist also nur ein Vorteil unter vielen.

Aber auch nicht zu verachten.

Diese Werbung der britischen Ölgesellschaft National Benzole von 1963 konkurrierte mit dem Tiger von Esso. Die daraus ersichtliche Euphorie war echt, denn noch gab es in Großbritannien keine generelle Geschwindigkeitsbegrenzung, und ein Jaguar E-Typ, der 240 km/h fuhr, kostete unter 2 000 Pfund Sterling. Typisch amerikanisch waren die Weißwandreifen und die verchromten Speichenräder, eine Kombination, die kein Brite gekauft hätte.

Pale sunrise and purple evening . . . getaway hours! Sleek, beckoning roads and away-from-it places . . . getaway playgrounds! Put your right foot down! Relish the power of Super National. Getaway people get Super National.

GETAWAY PEOPLE GET SUPER NATIONAL

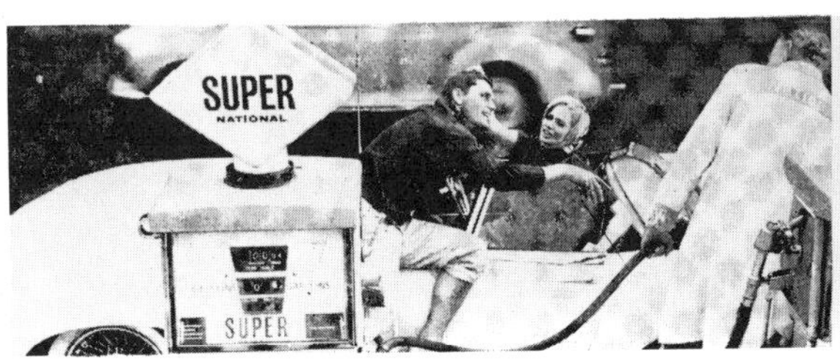

rungen allein in den zwei von uns betrachteten Jahrzehnten ziehen wir die Beurteilung des Jaguar »Mark VII« von 1952 und seines direkten Nachfahren, des »Mark X«, heran, die elf Jahre später in der gleichen Zeitung erschien. 1952 galten als Kritikpunkte die Übersetzung der Steuerung (mit der Einschränkung, daß 4,75 Steuerradumdrehungen von Anschlag zu Anschlag für Amerika akzeptabel seien), leichtes Bremsflattern, geringes Bremsfading (»aber der Leistungsverlust war von außergewöhnlich geringem Umfang«) und geringes Spiel in der Gangschaltung. Trotz seiner Lenkunterstützung und einer Höchstgeschwindigkeit von fast 200 km/h wurde das Modell »Mark X« bedeutend härter beurteilt. »Die dekorative Holzverkleidung ist nur hauchdünn«, war nur ein Teil der Kritik. Es wurde bemängelt, daß die stark ausgebuchteten Seitenflächen nur in dicken Türen resultierten, nicht in zusätzlichem Innenraum. Die Sitze boten keinen seitlichen Halt, und Heizung und Belüftung waren schlechter als bei einem Wagen, der nur ein Drittel kostete. Die manuelle Schaltung, noch ohne Synchronisation im untersten Gang, wurde als veraltet in der Konstruktion und unpassend in einer derart luxuriösen Umgebung bezeichnet. Aber das Leid der Hersteller war damit nicht beendet.

Wo bisher nur eine Probefahrt von etwa 400 km absolviert wurde, standen jetzt Langstreckentests an. Dabei spielten auch Ländergrenzen keine Rolle mehr. Britische Tester führten Hochleistungswagen mit Vorliebe zu einem kontinentalen Ereignis, zum Genfer Salon beispielsweise oder zu einem Großen Preis. Und ein Leistungstest auf der Rennstrecke von Jabbeke in Belgien wurde genausogern eingeschoben wie eine Fahrt über holländisches Straßenpflaster zur Erprobung der Federung oder eine Paßfahrt in den Alpen, die über die Zuverlässigkeit der Wasserpumpe mehr aussagte als eine Fahrt in Londons Rush-hour. Stellten sich Mängel ein, mußte die Fabrik sie beseitigen, und danach ging's weiter. Aufmerksame Leser konnten aus dem Erscheinen zweier verschiedener Fahrzeuge in den Illustrationen unschwer den Schluß ziehen, daß die Testfahrt mit einem Ersatzfahrzeug beendet worden war.

Für Langzeittests wurde ein Fahrzeug gekauft und verschiedenen Mitgliedern der Redaktion zur Verfügung gestellt. Die Wartung erfolgte auf Kosten der Zeitschrift. So konnten die Leser an der Entwicklung von Rost am Wagen teilhaben, Service-Qualitäten kennenlernen und herausfinden, welche Kosten für Ersatzteile dem Kaufpreis hinzuzufügen waren. Die Zeitschriften »Motor Trend« in den USA und »Motor Sport« in Großbritannien veranstalteten Eigentümerbefragungen bei Bestsellermodellen. Volkswagen kam gut dabei weg, 85 Prozent der Eigentümer gaben an, sich wieder einen Käfer kaufen zu wollen. Dem Mini erging es nicht so gut, er litt an Kupplungsmängeln. 44 Prozent bemängelten die schlechte Synchronisation der Gänge, und nur 64 Prozent optierten für einen zweiten Mini. Von den Verneinern wollten sich allerdings etliche nach oben orientieren, und zwar zum Hochleistungs-Mini-Cooper.

Auch Händler gerieten unter Beschuß. Die Markenloyalität war noch stark ausgeprägt, und es hieß, daß das Erscheinen der BMC-Modelle unter verschiedenen Marken ein ausdrücklicher Wunsch der Händlerschaft war. Sicherlich gab es sonst auch keinen anderen einleuchtenden Grund für den Fortbestand der Marken Riley nach 1956 und Wolseley nach 1965. Ein gutes Händlernetz war der Schlüssel zum Erfolg, besonders auf einem ausländischen Markt. Darin lag die Ursache für den Erfolg von VW auf dem amerikanischen Markt und den Mißerfolg britischer Marken. Schlechter Service und ein dünnes Händlernetz hatten auch ungünstige Preise bei der Inzahlungnahme zur Folge. Hierin liegt der Grund, daß General Motors und Ford immer den höchsten Wiederverkaufswert hatten und daß Studebaker schon lange vor dem Ausscheiden aus dem Markt im Jahre 1966 am Ende der Liste rangierte.

Eine neue Marke wie auch ein neuer Markt warfen gravierende Probleme auf. Es wurde gesagt, daß Volkswagens schneller Erfolg in Deutschland, wo sie vor dem Krieg nicht ein einziges Fahrzeug verkauften, teilweise auf die Tatsache zurückzuführen sei, daß sie das Händlernetz von Adler übernahmen, nachdem diese Firma den Automobilbau nicht wiederaufgenommen hatte. Auf dem Auslandsmarkt hatten die ansässigen Händler jeden Vorteil, und die Vertretung nur einer Marke oder Gruppe war die Regel. In einer kleineren Stadt in England waren die BMC- und die Ford-Vertretungen im Besitz eines Unternehmens, und die Wartungsarbeiten erfolgten diskret unter einem Dach. Aber es gab zwei getrennte Buchführungen und zwei Ausstellungsräume, um sich nicht den Unwillen der beiden Unternehmen zuzuziehen.

Es ergaben sich aber auch verwickelte Situationen. Die British Motor Corporation lieferte hierfür die besten Beispiele. Als 1951 die Gruppen Austin und Nuffield (Morris) fusionierten, gab es zwei völlig voneinander unabhängige Händlernetze mit einer zusätzlichen Komplikation dadurch, daß die vorher von Nuffield erworbenen Marken Wolseley und Riley nach wie vor ebenfalls ihre eigenen Händler hatten, die die anderen Erzeugnisse der Gruppe nicht anboten. Da Austin-Kunden normalerweise keine Morris-Wagen kauften und umgekehrt, ergaben sich keine allzu großen Schwierigkeiten bis zu dem Zeitpunkt, als man über eine Typenbereinigung nachdachte. Es hatte außerden den Vorteil, daß BMC in vielen Städten über zwei Verteiler verfügen konnte, während Hauptwettbewerber Ford nur über eine Vertretung verfügte.

Aber der Umstand, daß ein Austin-Kunde keinen Morris kaufen und der Austin-Händler keinen verkaufen wollte, ergab sich auf die Dauer eine unhaltbare Zweigleisigkeit, die bis 1968 anhielt. Vom Standpunkt der Händler aus gesehen, verschlimmerte sich die Lage, als BMC die künstliche Prestige-Marke Vanden Plas erfand und alle Händler zwang, diese Marke zu führen. Danach wurde der Fabrik eine Produktionsrate von 100 Einheiten pro Woche der Prestige-Limousine »Princess R« mit Automatik und 4-Liter-Rolls-Royce-Motor verordnet, die sich aber nicht absetzen ließen.

Der Verkauf unter verschiedenen Marken beschränkte sich allerdings nicht auf Großbritannien. In Kanada gab es zahlreiche Kreuzungen zwischen Ford/Mercury, Chevrolet/Pontiac und Dodge/Plymouth, mit denen man auf einem kleineren Markt als den USA erreichen wollte, für jeden potentiellen Kunden das für ihn passende Modell anbieten zu können.

Am Ende unseres Betrachtungszeitraumes, und in großem Umfang auch schon 1951, hatte sich die »Oldtimer-Bewegung« etabliert. Hierbei handelte es sich keineswegs um eine neue Entwicklung. Der »Veteran Car Club of Great Britain« entstand 1930, und die zwei maßgeblichen Clubs der USA (Antique Automobile Club of America, Horseless Carriage Club of America) hatten sich bis 1941 gegründet. Aber sie alle kümmerten sich um die bis zum Ersten Weltkrieg hergestellten Fahrzeuge. Der britische »Vintage Sports Car Club« dehnte die Grenze auf 1930 aus. Aber die Entwicklung breitete sich aus. 1949 waren bestimmte Marken bis zum Baujahr 1939 zugelassen, und der neue »Classic Car Club of America« erklärte sich zuständig für die Baujahre 1925 bis 1940. Sie entschieden weiter, daß alle Lincoln »Continental Mark I« bis zum Baujahr 1948 zugelassen sein sollten.

So öffneten sich die Tore. Auch wenn 1969 noch keine Klassifizierung für Wagen der Nachkriegsproduktion bestand, so wurden doch gewisse Fahrzeuge – Jaguar XK 120, frühe Ferrari, Mercedes-Benz 300 SL Coupé – als »sammelnswert« anerkannt. Der Citroën »Traction« wurde in Frankreich und Holland zu einem Kultobjekt. Für Hersteller ergaben sich teilweise vollkommen neue Aspekte. Wo bisher ein Wagen im Laufe von zehn Jahren langsam von »neuwertig mit niedrigem Kilometerstand« bis zu einem »Gelegenheitskauf« entwertete und dann auf den Schrott wanderte, konnte es jetzt durchaus passieren, daß ein Fahrzeug gar nicht erst in die letzte Reihe des Ausstellungsraums verbannt wurde, sondern schon vorher als Sammlerfahrzeug einen Liebhaber fand.

Dies war mehr eine Entwicklung der siebziger als der sechziger Jahre. Aber es erhob sich die Frage, wer für Wartung und Ersatzteilbeschaffung zuständig sein sollte. In den USA gab es keine Probleme. Wie berichtet wurde, soll es 1965 noch eine Viertelmillion Ford A-Wagen aus der Zeit 1928 bis 1931 gegeben haben, und es gab zahlreiche Firmen, die all das an Ersatzteilen anboten, was auf Schrottplätzen nicht mehr zu finden war. Für europäische Hersteller war die Lage schlechter. Die Anzahl der überlebenden Fahrzeuge war weitaus geringer, der Bedarf dementsprechend niedriger und Lagerraum teurer. Nostalgie verkauft keine Autos. So bemühten sich die Hersteller, Ersatzteile ausgelaufener Modelle zu Spezialfirmen oder Markenclubs abzusetzen. Selbst Rolls-Royce verfuhr so mit allen Teilen für vor 1940 hergestellte Wagen. Alvis dagegen bot noch bis 1967 Teile für alle hergestellten Wagen an (und die Produktion begann 1920) und konnte in den meisten Fällen auch liefern.

Und da die Autofabrikanten sich mit Teilen veralteter Modelle nicht mehr abgeben wollten, hatten sie auch in der Werbung mit ihrer Vergangenheit nichts mehr im Sinn. Derartige Werbung fand man vereinzelt bei der Zubehörindustrie. So startete Lockheed eine hervorragende Kampagne unter dem Titel: »Wir bremsten das alles«, in der alte Anwender hydraulischer Bremsen zu Wort kamen. Lancia widmete hin und wieder eine Katalogseite ihrer Vergangenheit und erinnerte daran, daß sie Väter und Großväter solcher Entwicklungen wie der selbsttragenden Karosserie sind wie auch der unabhängi-

Noch 1968 wurde das Thema »Sex« sehr zurückhaltend behandelt. Einige Männer umstehen den Austin-Healey »Sprite«, aber weibliche Wesen dominieren. Der »Sprite« hatte noch drei Jahre vor sich und wurde ein Opfer der rückläufigen Tendenz bei jenen Marken, deren Identität allein im Markenemblem lag. Sein anderes Ich, der MG »Midget«, blieb noch bis Ende der siebziger Jahre in Produktion.

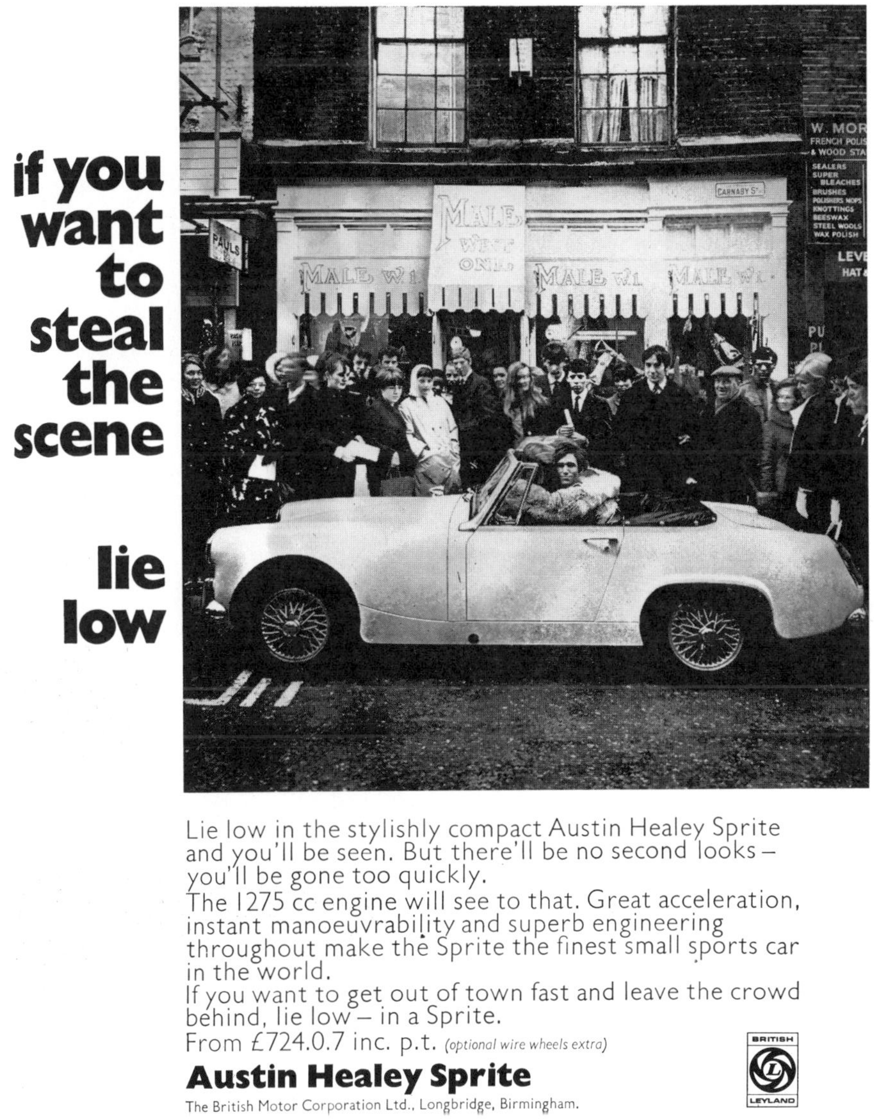

gen Vorderradaufhängung, der V-4-Motoren mit engem Gabelwinkel und des GT Coupés neueren Verständnisses. Ford zog die ausgezeichneten Bestände seines Museums heran und zeigte im Hintergrund seiner neuesten Schöpfungen einen Ford A oder ein Flugzeug mit Ford-Motor. Firmen wie AC, American Motors und Citroën wie auch Mercedes-Benz und Fiat veröffentlichten ausgezeichnete Firmengeschichten.

In Jowetts Veröffentlichung zum goldenen Firmenjubiläum wurde hoffnungsvoll von »den nächsten 50 Jahren« gesprochen – man ahnte nicht, daß dem Unternehmen nur noch drei Jahre beschieden sein sollten.

Manchmal konnte man den Glanz vergangener Tage auch durch feine Umschreibungen wieder lebendig werden lassen. 1967 erinnerte Dodge daran, daß »der Name beim Kenner in den Vereinigten Staaten wie auch im Ausland den Gedanken an fortschrittliche Konstruktionen mit den Bestreben nach absoluter Detailgenauigkeit« verbindet. Das klang besser als »Dodge ist die Marke für Dich, wenn Du aus Deinem Plymouth herausgewachsen bist und Dir keinen Chrysler leisten kannst«.

Es gab einen Aspekt, besonders in den Sechzigern, in dem die Werbung

Qualität, die es gar nicht gab. Jeder, der diese Werbung Renaults aus dem Jahre 1967 studiert, wird der Meinung sein, daß der praktische R4 über ein gesondertes Fahrgestell verfügte sowie über ausgezeichnete Bremsen. Tatsächlich gab es weder das eine noch das andere, und als diese Werbung erschien, war es das einzige Renault-Modell ohne Scheibenbremsen an allen vier Rädern. Und keinen interessierte die Bremsbelag-Fläche, schon gar nicht einen Franzosen, dem viel Raum zur Beförderung von Personen und Gepäck das wichtigste war. Und dafür garantierte der R4, ein Kombiwagen-ähnliches Gefährt mit Frontantrieb und einem zuverlässigen Vierzylinder-Motor mit 845 ccm Hubraum. Als er 1961 angekündigt wurde, handelte es sich um Renaults ersten Versuch mit Frontantrieb, der 1973 zur Standardausführung aller Modelle wurde. Anders als BMC und Peugeot war der Motor bei Renault längs eingebaut. Der R4 verfügte somit nicht über eine kompakte Bauweise, war aber nichtsdestoweniger nur 16 cm länger als der Citroën 2CV. Auf dem nationalen Markt füllte er eine Marktlücke. Der erste Eindruck über den Wagen war, daß er mit Wasserkühlung und doppelt so vielen Zylindern komplizierter war als der Citroën, und seine Verkaufsaussichten betrachtete man nicht überaus positiv. Trotz dieser Vorhersage verkaufte er sich noch 1983. Die Ausführung »Parisienne« konnte sich nur ein französischer Hersteller erlauben. Die Seitenflächen waren mit imitiertem Korbgeflecht versehen.

427 cm² de garniture! voilà pourquoi

Elle obéit... au pied et à l'œil, la Renault 4! Ses nouveaux freins - encore plus puissants - répondent au quart de seconde. Et elle s'arrête pile, bien en ligne: un répartiteur de freinage «dose» l'effort sur les roues de façon à conserver une adhérence maximum à chacune d'elles. Quelle que soit la vitesse, la violence du coup de frein, le poids supporté, la Renault 4 freine en toute sécurité.

Et la Renault 4 «67» ne vous offre pas seule la sécurité de ses nouveaux freins. Pour vous être agréable, elle est devenue plus jolie, avec son nouvel habillage intérieu encore plus confortable avec ses sièges gar de drap mousse de jersey; encore plus prati avec sa tablette arrière amovible (en option). Venez vite découvrir toutes ses nouveautés. Elle vous attend chez tous les concessionnaires et agents Renault.

Renault 4 freine si bien

Moteur 4 CV
(30 chevaux réels)
ou moteur 5 CV - Traction avant.
Plus de 110 km/h chrono,
5,5 l aux 100 km.
Intérieur drap
ou simili cuir au choix
Toit ouvrant optionnel (120 F)
3 versions : Luxe, Export, Parisienne,
à partir de 5 580 F*

RENAULT 4
c'est Renault qu'il vous faut

On the way:

Can this be the new 1959 Plymouth? Believe it or not, it is and it's just a sample of the all-around newness you have to look forward to in the 1959 cars from Chrysler Corporation.

Cars that can do what they look like they can do

—and they look like they can do more than any other cars on the road

New 1959 Cars of The *Forward* Look from Chrysler Corporation

PLYMOUTH • DODGE • DE SOTO • CHRYSLER • IMPERIAL

(Gegenüber) Eine Chrysler-Anzeige aus dem Jahre 1958 für Plymouth. Sie machte sich bezahlt, im Gegensatz zu der aufwendigen Werbekampagne für den Ford »Edsel«. Chrysler, Dodge und Imperial konnten ihre Verkäufe im Jahre 1959 steigern, die von Plymouth hielten sich konstant.

(Oben) Auf dieser Katalogseite von 1964 wird weder das Fabrikat noch das Modell genannt, aber die Botschaft ist deutlich: Warum mehr als rund 3 000 Dollar für ein V-8-Cabriolet bezahlen, wenn der Chevrolet »Imapala SS« – aus diesem Blickwinkel – sich von einem Cadillac mit ähnlicher Karosserie, aber zu 6 600 Dollar, doch nicht wesentlich unterschied?

sich positiv entwickelte, man hielt sich mehr an die Tatsachen. Der Zusatz DIN (Deutsche Industrie-Norm) hinter der Leistungsangabe garantierte Wahrhaftigkeit. Es war vorher – besonders in den USA – üblich, daß die Leistungsangaben aus den Presseabteilungen stammten und man statt eines angegebenen Leistungsanstiegs von 180 auf 200 besser 150 auf 170 las, der Leistung an der Bremse nämlich.

Die neue Lenkhilfe – in kursiver Schrift gedruckt – war sicherlich ein Extra und stand außerdem womöglich nur für die teuren Modelle zur Verfügung. Der kleine unscheinbare Stern an der Verbrauchsangabe klärte einen darüber auf, daß dieser Wert nur für die Ausrüstung mit dem »automatischen Overdrive gegen Aufpreis« gelte. Die Überschrift »Dodge sagt Ja zu Lenkhilfe und Bremshilfe« des Jahres 1967 sagte exakt die Wahrheit, verschwieg aber, daß das zusätzliche 200 Dollar auf der Rechnung ausmachte. Es war manchmal empfehlenswert, das Kleingedruckte dreimal zu lesen, um zu begreifen, worum es ging. Die Lincoln des Jahres 1951 waren nur mit Automatik lieferbar, aber sie galt als Extra. Die Erklärung war so einfach wie unpassend. Fords neue Automatik war noch nicht fertig, und Lincoln war gezwungen, das Hydramatic-Getriebe des Erzrivalen General Motors einzubauen. Aber niemand konnte verlangen, daß man zugab, daß dies die einzige Möglichkeit war.

Dann gab es auch Augenblicke erstaunlicher Offenheit. Beim Pontiac GTO verzichtete man auf jede Tarnung und warnte: »Sein einziger Lebenszweck ist, Ihnen die völlige Entwicklung Ihres fahrerischen Könnens zu ermöglichen. Die Federung ist hart, ausgelegt für die offene Straße, nicht für das Schwimmen auf holprigen Stadtstraßen. Der doppelte Auspuff ist nicht dafür geschaffen, beim Flüsterwettbewerb einen Preis zu gewinnen. Wenn Sie unsere 3.08-Übersetzung wählen, dann wird Sie der Benzinverbrauch nicht gerade zur Freude reizen.« Damit hatte man also die alten Damen aus Pasadena vergrault, und man schloß: »Wenn Sie das alles erschrecken sollte, dann sind Sie reif für eines unserer 27 anderen Pontiac-Modelle.«

Pontiac war nicht der einzig Ehrliche. Ford/England bezeichnete den Verbrauch des GT 40 als »sündhaft« und den Kofferraum als »lächerlich«. DAF gab freudig zu, daß man einen guten Anteil synthetischen Materials verwendete, und das in einer Zeit, in der die Journalisten in Abwandlung eines bekannten Werbespruches witzelten: »Es ist nicht alles Leder, was atmet.«

In den fünfziger und sechziger Jahren war alles für die Werbung geeignet. Die Komödien der dreißiger Jahre – Daimlers Versuch, sowohl die entweder durch Heranziehen oder durch Wegschieben zu betätigenden Handbremsen zu rechtfertigen wie Chryslers Verteidigung der Getriebebremse mit dem Hinweis, daß die Radbremsen dann nur ihrem eigentlichen Zweck zu dienen hätten – nahmen sich ganz normal aus gegen die werbliche Unterstützung von allem und jedem, was zum Verkauf stand. Nehmen wir das automatische Getriebe und die Art, wie Oldsmobile es 1941 anging: »Der Hebel, den Sie sehen, ist kein Schalthebel. Es ist der Hebel für Vor- oder Rückwärtsfahrt. Stellen Sie ihn auf HI und belassen Sie es dabei. Die Gänge schalten sich selbsttätig in allen vier Stufen. Das Kupplungspedal, das Sie nicht sehen, ist ein für allemal passé. Mit Hydramatic-Getriebe gibt es keine Kupplung zu treten, für Ihren linken Fuß gibt es nichts mehr zu tun.«

1951 hatte ganz Amerika begriffen, wie dieses System arbeitete, und es waren nur wenige, die sich noch daran erinnern konnten, wie man mit einem manuellen Getriebe umzugehen hatte. So dachte sich Studebaker bei Einführung der Automatik etwas Neues aus und meinte: »Die Automatik nimmt Ihnen die physischen Anstrengungen des Autofahrens ab.« Das war schon etwas unsinnig, aber es ging weiter mit: »Ein Triumph von nahezu 15 Jahren Entwicklungsarbeit durch die fähigsten Konstrukteure der Automobilindustrie.« Das war zwar richtig, nur: diese Konstrukteure saßen nicht bei Studebaker, sondern beim Getriebehersteller Borg-Warner. Die Europäer kannten die Wirkungsweise, aber wenn jemand eine Fabrik zur Herstellung von Automatikgetrieben baute, dann mußten die Autofahrer auch zum Kauf motiviert werden. Opel versuchte das 1968 mit dem Spruch: »Haben Sie etwas gegen das automatische Getriebe, weil es schneller schalten kann als Sie?«

Save the Cost of Changing Automobile Body Styles Every Year

Studebaker's beautiful modern style doesn't need yearly styling changes. The money saved is passed on to you, in added comfort and quality, and in continuing engineering improvements. And, because Studebaker styling won't become obsolete, your car will look new year after year. See your dealer. Now!

Studebaker

THE COMMON-SENSE CAR

(Gegenüber) Wenn man nichts Neues anzubieten hat, kann man auch das Argument einer günstigen Inzahlungnahme nicht wirkungsvoll verwenden. Die Nachfrage nach Studebakers war mäßig, besonders nachdem die Marke in die Rolle eines Importwagens (aus Kanada) geraten war, in den ein Chevrolet-Motor zum Einbau kam. Die Produktion wurde 1966 eingestellt.

(Oben) Auch in Fällen, in denen der Wagen sich vom Vorjahresmodell absolut nicht unterschied, konnte man eine Illustration verwenden, die das Auge fesselte. Triumph versuchte es mit technischen Einzelheiten, wie der Umschlag des Kataloges für das Modell »Spitfire Mk. III« aus dem Jahre 1967 zeigt. Sechs Männer unter einer nach vorne geöffneten Motorhaube haben etwa die gleiche Werbewirksamkeit wie neun Erwachsene, die sich in einen 2-Liter-Kombiwagen hineinzwängen. Die eifersüchtige Blondine stellt eine willkommene Abwechslung zu der sonst üblichen weiblichen Insassin eines Sportwagens dar.

Es gab eine ganze Reihe neuer Wortschöpfungen, wie beispielsweise Hydrolastic oder Sportomatic. Aber wie so häufig verbarg sich hinter dieser Sprache manche Neuigkeit, die gar keine war. Fords »K-Rahmen« von 1955 erschien aufregend, bis man durch das beigefügte Bild dann erkannte, daß es die Wiederbelebung eines Themas der dreißiger Jahre war, als man die kreuzweise Verstrebung des Fahrgestells mit einem zusätzlichen K-geformten Träger versteifte. Die Bezeichnung »X-K«-Typ wurde schon vor dem Krieg verwendet, jetzt aber hatte Jaguar sie wieder hervorgeholt. Die Fahrt »in lautlosem Luxus und mit stetig frischer Luft« in einem Datsun des Jahres 1968 bedeutete nicht mehr als das Vorhandensein eines längst von anderen verwendeten Ventilationssystems.

Neuer Stil oder nicht? Der Werbeabteilung machte das nichts aus. 1965 kamen Oldsmobiles neue Modelle heraus und »hatten keine Anleihen beim Vorjahresmodell gemacht«, was ihnen zu 140 000 zusätzlichen Verkäufen verhalf. Studebaker, bei denen der Etat der Styling-Abteilung genauso knapp war wie der der Werbeabteilung, machten aus der Not eine Tugend und meinten: »Unser schönes und modernes Design bedarf nicht der alljährlichen Änderung. Das ersparte Geld kommt Ihnen zugute, in Form von zusätzlichem

Komfort und andauernder technischer Fortentwicklung.« Eine Erklärung, warum man gerade die Fertigung eigener Motoren eingestellt hatte und nun von Chevrolet kaufte, vermied man geflissentlich. Aber es gab keine Regel, daß Fremdaggregate als solche auszuweisen waren. Checker aus Kalamazoo, deren Hauptgeschäft in der Herstellung von Taxen bestand und die keine Verwendung für Heckflossen hatten, gingen noch weiter. Ihre Wagen hatten »keinen unnützen vorderen oder hinteren Überhang, und der ganze zur Verfügung stehende Platz wird für den Innenraum genutzt«. Das erinnert an einen von Dodges bevorzugten Werbesprüchen aus den Jahren 1949 bis 1950: »Außen niedrig, innen hoch – außen kurz, innen lang.« Chromzierat wurde als Plus oder Minus angesehen, je nachdem, ob welcher vorhanden war oder nicht. 1955 machte Ford viel her mit der »Tiara-Linie« von der »Crown Victoria«, ausgedehnten Chromflächen an der Karosserie. 14 Jahre später meinte Dodge über sein »Charger«-Coupé, daß der Wagen »keine Chromverzierungen braucht, um neu auszusehen.« Auch die Briten konnten große Töne machen, wenn es um den Verkauf ihrer Produkte ging. 1963 sprach Riley von einem »Wagen mit Charakter und unzähmbarem Schwung, klarem und gediegenem Design, außergewöhnlicher Ausgestaltung des Inneren und großer Sicherheit«, alles in allem »ein brillanter, würdiger Anwärter auf einen großen Namen«. Der Hinweis auf den »unverwechselbaren Riley-Kühler« war notwendig, denn alles andere war rein BMC und stammte von Farina und war deshalb von vier anderen Marken nicht zu unterscheiden. Für Amerikaner waren Anzeigeleuchten eine Selbstverständlichkeit, und sei es als Beigabe zu einem »Leistungspaket« oder »Dekor-Set«. Anders war es in Großbritannien. Rover ließ sich 1962 vernehmen: »Warnleuchten zeigen an, daß der Öldruck zu niedrig ist, daß der Choke wieder hineingeschoben werden muß, daß die Handbremse noch angezogen ist oder daß die Bremsflüssigkeit aufgefüllt werden muß.« – Mit anderen Worten: Rover kümmert sich um dein Auto.

Auch typographisch erhielten Anzeigen ein anderes Gesicht. Anfang der fünfziger Jahre bestand die Neigung, den ganzen zur Verfügung stehenden Platz zu nutzen, zwar nicht mit fortlaufendem Text, sondern mit »Kästchen« für technische Daten, kleine Detaillillustrationen und häufig Wettbewerbserfolgen. AC veränderte seinen Vorkriegsslogan »Der erste leichte Sechszylinder und noch immer der beste« in »Der beste Sechszylinder der Welt«, Austin brauchte zwei Anzeigenseiten, um sein Typenprogramm vorzustellen, Citroën hielt es mit technischen Daten. Zeichnungen hatten gegenüber Fotos ein Übergewicht, besonders wenn Farbe im Spiel war. Dabei kamen dann wieder die »Verlängerer« auf ihre Kosten und ließen Tantes Rover so lang aussehen wie einen Cadillac und machten aus Humbers Pullman-Limousine fast einen Omnibus. Auch mit Einführung der Farbfotografie etwa 1958 starb diese Tendenz nicht aus. Es war erstaunlich, was aus einer großen amerikanischen Limousine werden konnte, wenn sie von einem erhöhten Standpunkt aus als »3/4-Frontansicht« aufgenommen wurde. Die Farbfotografie machte die Verlängerer brotlos und trug dazu bei, daß Kataloge wie auch Anzeigen einen höheren Qualitätsstandard erhielten. Hier sei an British Leylands »Autos, die auf der Straße kleben«, von 1968 erinnert, die Nahaufnahme eines angetriebenen Vorderrades bei hoher Geschwindigkeit.

Radio- und Fernsehwerbung war noch eine rein amerikanische Angelegenheit; nicht so aber die Musik, wie jeder Besucher von Autoausstellungen feststellen konnte. Während DAF das »Van der Valle«-Thema benutzte, hatte Lotus sich »Land of Hope and Glory« gesichert, und es war erholsam, dann zu dem Chrysler-Stand zu entkommen, wo der Verkauf australischer Wagen in Großbritannien mit einem lebenden Känguruh angekurbelt werden sollte. Dann gab es noch das Dreifach-Thema Sex, Sicherheit und Euphorie, von denen letzteres zweifellos am beliebtesten war. Sex erschien damals noch sehr diskret. Frauen übernahmen das Steuer erstaunlicherweise langsamer, als man erwarten konnte. Nur in Japan dominierten weibliche Autofahrer. Aber die Damen wurden umworben. Sekretärinnen sollten »die Hemmungen, die alten Gewohnheiten ablegen und mitmachen«, in einem sportlichen Oldsmobile »Cutlass«, Buick bot sechs Top-Mannequins auf, um die Vorteile der 1967er Modelle herauszustellen. Um die mittels der Bremshilfe so minimale Pedalkraft darzustellen, wurde immer ein zarter Frauenfuß bemüht. Der Triumph »Herald« meinte, er sei ein »maskuliner Wagen, den Frauen mögen«. 1964 empfahl Cadillac, »das schönste Kompliment für eine Frau ist, ihr einen Cadillac als Begleiter mitzugeben«. Der Wagen »befriedigt durch seine Einfachheit, seine niedrigen Unterhaltungskosten und seinen weltweit anerkannten guten Ruf«. 1930 hatte Chrysler den Vierzylinder-Plymouth den Damen empfohlen, »um mehr auf der Straße zu sein als in der Werkstatt«. Die Damen rückten sichtbar an die Spitze vor.

Man versuchte den Mädchen einzureden, daß sie in einem Triumph am besten führen: sie posierten auf der Kühlerhaube, aber nur selten übernahmen sie auch das Steuer. Die Einstellung gegenüber dem zarten Geschlecht war aber nach wie vor »etwas von oben herab«. So nannte Porsche 1960 sein leistungsschwächstes Modell »Dame«, und Daimlers »Damenmodell« von 1956 verfügte über vereinfachtes Werkzeug und besonders bezeichnete Hebel und Knöpfe. Panhard veranlaßte einen jungen Mann, »seiner Frau galant die Tür ihres 24 GT Coupés zu öffnen«, verschweigt aber, daß dieser Sportwagen nicht unbedingt geeignet ist, von ihr gefahren zu werden. »Sie scheint die Leistung des Wagens zu schätzen, obwohl hohe Geschwindigkeiten sie meistens erschrecken.« Wenn sie selbst fahren möchte, wechselt der Texter schnell das Thema.

Mercury war der vollkommenste Meister der Euphorie und machte in Männlichkeit. »Die Freundschaft zwischen einem Mann und seinem Auto ist eine besondere Sache, ist der Hang zum Abenteuer, einer lockenden Straße, die Fahrt wird zum Erlebnis.«

Aber Anadol aus der Türkei ist durch nichts zu überbieten. »Männer, macht Euch keine schlaflosen Nächte, wenn Eure Frau fahren kann. Bei Schaffung des Anadol dachten wir an Sicherheit. Er verfügt über ein kräftiges Stahlfahrgestell unter der Plastikhaut, Scheibenbremsen vorn und Trommelbremsen hinten, eine Belüftung, um Schläfrigkeit wegzublasen. Alles zusammengenommen trägt dazu bei, daß Du Dich darauf verlassen kannst, sie aus allen Schwierigkeiten sicher herauszuhalten.« Es ist gewiß keine werbliche Meisterleistung, aber der Beweis dafür, wie man in einer Anzeige sowohl Technik, männlichen Chauvinismus wie auch das 1967 aktuelle Thema Sicherheit mit wenigen Sätzen in einer einzigen Anzeige unterbringen kann.

»Der Himmel scheint näher und freundlicher, wenn Du ohne Schwierigkeiten die Landstraße bergauf fährst«, in einem 1956er »Sun Valley« von Mercury natürlich, weil er einen Glaseinsatz im Dach hatte, durch den die Insassen die Berge sehen konnten. Die Aufforderung: »Steig ein in den Austin-Healey und sieh zu, was Du rausholen kannst«, wäre sicherlich wirkungsvoller gewesen, wenn man sie nicht auch für den bürgerlichen Austin verwendet hätte. Für den australischen Mini warb der Surferruf YABBADABBADOO, und die Wagen trugen natürlich ein Surfbrett auf dem Dach. Oldsmobiles 1970er »Fluchtmaschine« war das Mittel, »aus dem täglichen Einerlei, dem Büro, der Fabrik, der Küche« zu entfliehen. Der Renault »Dauphine« brach-

Internationale Denkweise 1965. Man nehme ein gutes Foto des Wagens aus der günstigsten Perspektive und füge die Schrift im Grotesk-Stil hinzu. Die Sprache ist dabei nicht von Bedeutung, nur muß man bedenken, daß Deutsch und Französisch beispielsweise mehr Raum beanspruchen als Englisch. Die Proportionen der Wagen sind heute ausgewogener, so wird die Kunst der »Verlängerer« nicht mehr benötigt. Hier wird gezeigt, wie Opel sein Modell »Kadett« auf dem italienischen Markt anbot, und zwar in der Darstellung des Wettbewerbs mit Fiat, bei dem es nicht viele Unterschiede gab. Die Hersteller kleinerer deutscher Wagen gingen mit Türen sparsam um. So stellte ein »Kadett« mit vier Türen eine Neuheit dar, die man beim Fiat »Millecento« bereits ab 1937 kannte. In dem Slogan »la 1000 che va forte« steckt mehr als nur ein Hinweis auf die Art von Leistung, die Italiener mögen. Die Bezeichnung des Wagens als Typ »1000« läßt vermuten, daß der Wagen in eine kleinere Kategorie als der Fiat einzuordnen ist. Wenn man allerdings den kleingedruckten Text studiert, stellt man fest, daß ein sich auf die Besteuerung auswirkender Unterschied nicht besteht, der deutsche Wagen hatte einen Hubraum von 1 087 ccm, der italienische Rivale 1 089 ccm.

La nuova Opel Kadett

una macchina buona divenuta ottima adesso anche a 4 porte

La Kadett ha fatto suo lo stile delle sorelle Opel più grandi: frontale, coda, fiancate. È il nuovo profilo Opel: moderno e dinamico.

Ed è divenuta più potente, veloce, sicura. Aumentato a 1078 cc. il motore: 60 CV nella versione potenziata, disponibile su tutti i modelli; 55 CV nella versione normale. Velocità massima, rispettivamente: 138 km/h e 130 km/h. Fino a 146 km/h col motore potenziato sul Coupé.

Freni a disco anteriori a richiesta. Impianto elettrico da 12 volts. Aumentati carreggiata e passo: migliore tenuta di strada. L'abitacolo è più ampio in larghezza e in lunghezza.

Un vasto assortimento di colori, rivestimenti, accessori, fa della Kadett la vettura su misura per ogni automobilista, ora più che mai con l'aggiunta di un modello a 4 porte.

La Kadett è una vettura «Made in Germany», per le nuove esigenze del Mercato Comune.

Kadett Berlina a 2 e 4 porte: accelerazione da 0 a 80 km/h in 11,5″ con motore potenziato, in 13,5″ nella versione normale.

Kadett Lusso a 2 e 4 porte e Caravan Lusso offrono ben 30 extra in più, tra cui: tappeti in moquette, faro di retromarcia, rostri gommati ai paraurti, dischi copriruote, accendisigari, orologio elettrico.

Kadett Caravan e Caravan Lusso: pianale di carico lungo m. 1,57, largo m. 1,25. Carico utile: 340 kg. Capacità di carico: 1,57 m^3.

Kadett Coupé: coda filante aerodinamica. Cambio sportivo a cloche con leva corta. Una vera 5 posti con spazio abbondante anche per i 3 passeggeri sui sedili posteriori e capacissimo vano portabagagli posteriore.

Prezzo a partire da L. 975000* franco sede Concessionario in condizioni di marcia, compresi dazio e I.G.E.

*Prezzo suggerito

Chiedete una documentazione completa sulla Kadett ai Concessionari Opel o direttamente alla General Motors Italia S.p.A., Milano, Via Tito Speri 8

Opel Kadett

la 1000 che va forte

Un prodotto della General Motors GM

Sie finden 38 neue Ideen in den großen Sechszylindern von Mercedes-Benz

Die neue Form ist nur eine davon

Gestrecktes Profil, niedrige Gürtellinie, größere Fenster für bessere Sicht (12% mehr Glasfläche) und noch mehr Raum für die Fahrgäste.

Dazu 37 weitere Neuerungen und Verbesserungen: Hochleistungsmotoren von 130, 150 und 170 PS, 7fach gelagerte Kurbelwelle, Scheibenbremsen an allen Rädern, neue Heizungs- und Lüftungsanlage. Weiterentwicklung aller wichtigen Aggregate. Aber das ist nur ein kurzer Blick auf die neuen großen Sechszylinder von Mercedes-Benz. Fahrsicherheit, Fahrkomfort und die ungewöhnliche Fahrruhe dieser Wagen können Sie nur selbst erleben. Auf einer Probefahrt.

Die Mercedes-Benz Klasse

Das wird Sie interessieren: die Mercedes-Benz Dokumentation

Typ 200 4-Zylinder, 2 Vergaser, 95 PS bei 5200 U/Min., Spitze ca. 160 km/h

Typ 200 D 4-Zylinder Diesel, 55 PS bei 4200 U/Min., Spitze ca. 130 km/h

Typ 230 6-Zylinder, 2 Solex-Vergaser, 105 PS bei 5200 U/Min., Spitze ca. 170 km/h

Typ 230 S 6-Zylinder, 2 INAT-Vergaser, 120 PS bei 5400 U/Min., Spitze ca. 175 km/h

Typ 250 S 6-Zylinder, 2 INAT-Doppel-Register-Vergaser, 130 PS bei 5400 U/Min., Spitze ca. 180 km/h

Typ 250 SE 6-Zylinder, 6-Stempel-Einspritz-Pumpe, 150 PS bei 5500 U/Min., Spitze ca. 190 km/h

Typ 250 SE Cabriolet 6-Zylinder, 6-Stempel-Einspritz-Pumpe, 150 PS bei 5500 U/Min., Spitze ca. 190 km/h

Typ 250 SE Coupé 6-Zylinder, 6-Stempel-Einspritz-Pumpe, 150 PS bei 5500 U/Min., Spitze ca. 190 km/h

Typ 300 SE 6-Zylinder, Einspritz-Motor, 170 PS bei 5400 U/Min., Spitze ca. 185 bis 200 km/h

Typ 300 SEL 6-Zylinder, Einspritz-Motor, 170 PS bei 5400 U/Min., Spitze ca. 185 bis 200 km/h

Typ 300 SE Cabriolet 6-Zylinder, Einspritz-Motor, 170 PS bei 5400 U/Min., Spitze ca. 185 bis 200 km/h

Typ 300 SE Coupé 6-Zylinder, Einspritz-Motor, 170 PS bei 5400 U/Min., Spitze ca. 185 bis 200 km/h

Typ 230 SL 6-Zylinder, 6-Stempel-Einspritz-Pumpe, 150 PS bei 5500 U/Min., Spitze ca. 200 km/h

Typ 600 8-Zylinder, Einspritz-Motor, 250 PS bei 4000 U/Min., Spitze ca. 205 km/h

Typ 600 Pullman 8-Zylinder, Einspritz-Motor, 250 PS bei 4000 U/Min., Spitze ca. 205 km/h

MERCEDES-BENZ

Ihr guter Stern auf allen Straßen

Die Verfeinerung eines bewährten Konzepts und Werbung im neuen Stil, dargestellt an zwei Beispielen des Jahres 1965: Mercedes-Benz *(gegenüber)* und Ford »Mustang« *(rechts)*. Aus dem Text ist eine größere technische Raffinesse des Mercedes gegenüber dem Ford nicht ohne weiteres erkennbar. Das ist vielleicht ein Grund dafür, daß Stuttgart eine Frontansicht zeigt und Dearborn ein ausgewähltes Szenarium bevorzugt. Die unmittelbaren und spektakulären Verkaufserfolge des »Mustang« bewiesen, daß sich hier ein geglücktes Styling, ein kurzer Radstand und eine zweisitzige Karosserie mit zwei Notsitzen miteinander verbanden und den individuellen Geschmack vieler trafen. Der »Mustang« war vielgestaltig; jeder machte ihn zu dem, wozu er ihn bestimmte, von einem Einkaufswagen bis zu einer Leistungsbombe mit V-8-Motor, mit dessen Beschleunigung man einen Jaguar ausstechen konnte. Scheibenbremsen werden in dieser Anzeige nicht erwähnt, denn sie waren noch nicht verfügbar. An das Ford-Modell T erinnerte die Zeile »Mehr für Dein Geld«. Daimler-Benz wandte sich an die Beständigen. Ihre Familien-Limousinen zeigten eine seit 1932 bestehende Kontinuität in der Konstruktion, und die 1965er Modelle waren Fortentwicklungen dessen, was seit 1954 vom Band lief. Das Design spielte in Stuttgart nicht die bestimmende Rolle, es ging in »einer der 38 neuen Entwicklungen der Sechszylindermodelle« unter. An dem »guten Stern« auf der Kühlerverschluß-Attrappe konnte jeder die Markenzugehörigkeit erkennen. Während man bei Ford das Modell »Mustang« durch Ausstattungsvarianten zu individualisieren trachtete, wurde in Stuttgart auf blumige Worte verzichtet. Man erhielt eine Übersicht über die gegenwärtige Modellpalette – in der einiges unverändert geblieben war –, um zu zeigen, daß für alle Kunden etwas im Angebot zu finden sei, angefangen vom Mittelklasse-Sektor bis hin zu den Bedürfnissen von Petro-Dollar-Millionären, was Preisen von 11 000 bis 65 000 Mark entsprach. Die Anzeige wurde nicht konzipiert, um sportliche Wagen der SL-Klasse zu verkaufen oder das Modell 600 oder Taxen mit Dieselmotor, sie erinnerte aber daran, daß das Programm nicht nur aus Familien-Limousinen bestand.

1965 Mustang hardtop on "Main Street" of a Western town, U.S.A.

Meet America's most successful new car Mustang by Ford—a spectacular four-seater at an unexpectedly low price.

With the all-new four-passenger Mustang—Ford springs the most exciting surprise ever wrapped in steel! Hours after its American introduction, it had taken the country by storm! Come closer, see why.

The styling is distinctive, lean, swift. Even at rest, Mustang seems to plead for an open road . . . to anywhere. But Mustang is more than motion. It is practicality, too. The unexpectedly low price proves it. So does Mustang's fabulous wealth of *standard features:* Like deep-foam bucket seats, wall-to-wall carpeting, padded instrument panel, floor-mounted shift, 200 cubic inch Six, ample trunk, sports steering wheel, wheel covers, courtesy lights, even more, and it's all standard!

But it is *choice* that makes Mustang practically magic. There are three models—hardtop; convertible; and the 2+2 fastback with a rear seat that folds down to create extra loadspace. In the equipment department, Mustang options are all but endless. There is a special "Rally Pac," red line sports tires and styled steel wheels, two different V-8 engines, vinyl roof covering, 3-speed automatic and 4-speed manual transmissions, console, power brakes and power steering, even air conditioning!

So make of Mustang what you will—a practical family car—a high-performance sports car—a personal luxury car. Mustang can be any of these. And Mustang can be yours at an unexpectedly low price. See it at your local Ford Products Dealer today!

Ford

You get more for your money in any Ford-built product

MATRA EST DANS LA COURSE !

Riche de l'enseignement tiré de ses succès en compétition (1er à Reims, 2e à Rouen, 1er à Cognac...) MATRA-SPORTS met à votre disposition, avec la "DJET", un ensemble de solutions techniques qui ont fait leurs preuves. * **Le moteur central,** placé en avant de l'essieu arrière, représente une sécurité exceptionnelle : tenue de route inégalée, freinage progressif et équilibré par la juste répartition des charges, réaction neutre aux effets latéraux. * **Un aérodynamisme étudié :** l'avant profilé englobant les phares, la ligne surbaissée, l'arrière tronqué, permettent à la "DJET" de rouler plus vite que toute autre voiture de puissance égale. Sécurité et performance font de la "DJET" une voiture étonnante à un prix sans concurrence sur le marché. Certains modèles dépassent le 200 km/h et vous pourrez vous offrir une "DJET" à partir de 16.900 Francs ! D'un prix intéressant, la "DJET" est économique à l'usage : 9 à 10 l. aux 100 kms avec la sécurité d'une mécanique de grande diffusion. * **Demandez à votre concessionnaire un essai... vous serez stupéfié !**

Um die Gunst des gallischen Jet-Set bewarben sich 1965 die einheimische Marke Matra *(gegenüber)* und der Import Alfa Romeo *(rechts)*. In der Werbung bedeutet der bekannte Weg nicht allemal auch den richtigen Weg. Jeder Franzose kennt die Marke Alfa Romeo, und Kenner denken beschämt daran, daß diese Marke in den frühen dreißiger Jahren viermal hintereinander in Le Mans siegte. Und sie wissen auch, daß ein Alfa mit dem spritzigen Doppelnockenwellenmotor ein Auto ist, das Männer von Kindern scheidet. Daran ändert auch nichts, daß das Alfa-Styling manchmal nicht gerade vom Stuhl zu reißen vermag. Sex bedurfte keiner Erwähnung, die zwei Herren, die den Eigentümer ausfragen, sind bereits auf dem Weg zum nächsten Händler (von denen es über 250 in Frankreich gibt, und es ist nicht notwendig, wegen Ersatzteilen mit Mailand zu telefonieren). Im Falle des Matra verfügte die Öffentlichkeit über weniger Information. Der Name spricht sich hart aus, und die Rennerfolge bestätigen, daß diese Art von Motor sich für den Straßenverkehr nicht eignet. Auch die Geschichte ist etwas unklar. Die Marke hatte während 15 Jahren zwei Vorgänger, DB und René Bonnet, und was mit einem Zweizylinder-Boxermotor von Panhard und mit Frontantrieb begann, hatte jetzt einen Mittelmotor von Renault und Antrieb der Hinterräder. Interessant ist die Feststellung, daß auf 75 produzierte Alfas ein Matra entfiel. Die Werbung zeigt ein Paar, das dem Wagen entsteigt (die Beinparade wäre in den Dreißigern unmöglich gewesen) und endet mit einer Aufzählung der Händler, was ungefähr so ernüchternd ist, als läse Jean-Paul Satre aus dem Pariser Telefonbuch vor.

non, cette tranquille assurance ne s'achète pas...

Cette confiance en soi, cette manière d'être à la fois passionné et sage, cette décontraction naturelle, cet art de rire à la vie... C'est le «savoir-vivre-Alfa» que nous regrettons de ne pouvoir vous vendre!

Nous ne vendons que la voiture. Pas le style!

Sinon, comment expliquer qu'une Alfa Romeo puisse allumer une lueur d'envie dans les yeux de ceux dont la voiture coûte autant et parfois plus. Non, on ne devient pas conducteur d'Alfa comme on devient chauffeur, en s'asseyant au volant de n'importe quelle voiture. En fait, il faut être né comme ça!

Parmi ceux qui ont cette chance, certains ont une Alfa dès le début, d'autres restent insatisfaits jusqu'au jour où par hasard, ils essaient une Alfa...

Peut-être êtes-vous de ceux-là...

Pour vous permettre de vous «découvrir», nos concessionnaires tiennent une Alfa Romeo à votre disposition : ne vous refusez pas le plaisir d'un essai!

GIULIA SUPER Berline 4 portes - 5/6 places - moteur 1570 cc - 4 cylindres en ligne à double arbre à cames en tête - 9 cv fiscaux - 112 cv SAE - 5 vitesses synchronisées (+ marche arrière) - 4 freins à disque assistés - poids à vide: 1.000 kg - vitesse maximum : plus de 175 km/h.

alfa romeo

Sté Française Alfa Roméo - Magasin d'exposition : 150 Champs Elysées - Centre d'essais : 25 rue Cardinet - Tél. 267 31-00 + - 250 points de vente et service en France 1200 en Europe.

Glamorous new quality-built Mercury Park Lane 4-door Hardtop Cruiser—the liveliest, most luxurious Mercury.

Wider doors, softer seats, more leg room —Mercury's style is planned for people

MERCURY PROVIDES 6 INCHES MORE ENTRANCE ROOM. It's easy to keep hips and knees at a dignified level when stepping in or out. See how Mercury's cornerpost is moved out of your way. Mercury prices won't cramp your style either—easily fit the new-car budgets of two out of three. Why wait?

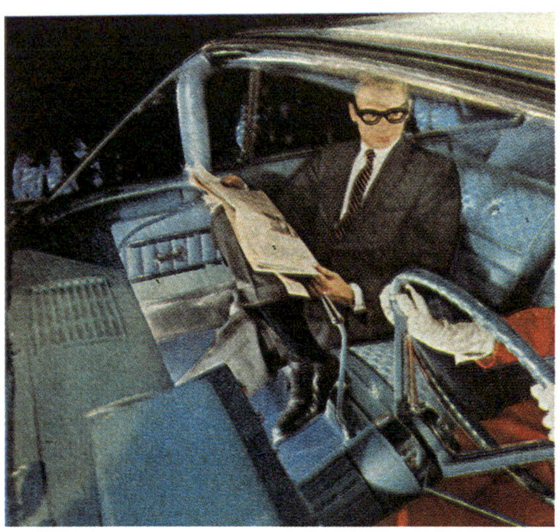

MERCURY REMEMBERS PEOPLE HAVE KNEES—and legs, hips, heads and shoulders, too.

You step, *not crawl*, into a Mercury. You sit up, *not crouch*, in your seat. It carries six people, *not four*, comfortably.

There's more room before you, beside you, beneath you. Nine inches more knee room up front. Almost double the foot room and cushioning in the middle because Mercury cut the floor hump in half (while other cars made it bigger than ever). There's even more room *behind* you (34½ cubic feet!) in a wide, open, easy-to-get-at trunk.

Now look again at the styling. What other '59 car offers you so much beauty—and without sacrificing comfort!

'59 MERCURY

Planned for People

SEE IT—DRIVE IT—

AT YOUR MERCURY DEALER'S

(Gegenüber) Mercury stellte seine Erzeugnisse nicht immer als »Männerwagen« heraus, hier wird gezeigt, wie man 1959 um die Damen warb. Der wohl einzige Vorzug der herumgezogenen Panoramascheiben wurde hier herausgestellt. Dagegen wurde kein Versuch gemacht, die zweifelhaften Heckflossen mit irgendwelchen Phrasen herauszustellen.

(Oben) 1970 umwirbt Oldsmobile das zarte Geschlecht. Die Behauptung »Du kannst die Fahrtrichtung genauso schnell ändern wie Deine Meinung« ist wohl etwas zu wohlwollend, und der männliche Chauvi, der hinter dem Laden steht, dürfte General Motors gepriesen haben. Bemerkenswert ist, daß das zweite Mädchen von rechts eine Schwarze ist, ein Umstand, der noch drei Jahre vorher unmöglich gewesen wäre.

te einem den »Frühling, jahrein, jahraus«. Der Plymouth »Valiant« versprach, einen immer dahin zu bringen, »wo die Freude zu Hause ist, und immer noch ein Plus obendrauf zu setzen«. Pontiac wandte sich 1965 an diejenigen, die sich nicht vorstellen können, »daß Kombiwagen hübsch aussehen und Spaß beim Fahren bereiten«, pries aber auch den »gegen kleine Füße unempfindlichen Bezugsstoff«.

Aber alles ließ sich noch übertreffen, und Buicks Prosa von 1967 erinnerte an den großen Edward S. Jordan. »Dies sind die Töne zu unserer Cabriolet-Rhapsodie. Die ersten zärtlichen Strahlen der Sommersonne, das gewölbte Dach des Sternenhimmels, die windbewegten Bäume, das rhythmische Geräusch rollender Reifen auf warmem Pflaster, die Vorfreude, wenn Du das erstemal in Dein neues Buick-Cabriolet einsteigst und das Verdeck herunterklappst. Es ist ein herrliches Gefühl von Freiheit, das man erlebt haben muß. Es ist ein Erlebnis, das eine Saite in Dir zum Klingen bringt.« Das sollte genügen, um einen aus dem Büro zu locken und den Wagen in Richtung der nächsten Autobahn zu lenken. Diese hohen Fähigkeiten entwickelten sich in Europa nicht. 1959 ermunterte Borgward seine Kundschaft, sie würde ihr »Isabella«-Coupé »gleichermaßen bewundern und sich daran erfreuen, besonders bei Bergfahrten«. Aber wenn man sich gerade sorgenfrei durch den Schwarzwald oder den Jura fahren sah, holten sie einen in die Realität zurück mit »13-Zoll-Rädern und niedrigerem Schwerpunkt«. Der Zauber war verflogen. Von dieser Form von Euphorie gelangen wir nun zum Geist des Tigers in den frühen sechziger Jahren, als Esso die Autofahrer dazu ermunterte: »Pack den Tiger in den Tank.« Panhards Hochleistungs-Zweizylinder-Boxer wurde zum »Tiger«, und bald danach wurde Pontiacs GTO in der Radiowerbung als der »absolute Tiger« angepriesen, und zwar von einer Stimme, der man sonst nur in Geistergeschichten begegnen würde. Das Tigerthema wurde weitergepflegt. Fords Bestseller hörte auf den Namen »Mustang«, Dodge erschien mit einem mittelalterlichen »Schlachtroß« (Charger), Plymouth versuchte es auf dem maritimen Sektor mit »Barracuda«. Mercury hielt es mit den Katzen und

Die Anpassung der Werbung an nationale Erfordernisse – oder, wie man ein holländisches Auto *(links)* an Schweden oder ein italienisches *(gegenüber)* an Franzosen verkauft. 1966 bestand keine Notwendigkeit mehr, seitenverkehrte Klischees für Schweden herzustellen, denn dort stand die Einführung des Rechtsverkehrs bevor. In Frankreich folgte man dieser Regel seit eh und je, aber Lancia baute bis zu *dem* Zeitpunkt Autos mit Rechtslenkung, wo man den Export nach den USA aufnahm. DAF spekulierte mit dem Markt der Stadtwagen. Ihr großer Vorteil war, daß sie nicht nur den kleinsten Wagen mit Automatik anbot, sondern diese als einzige auch wirklich stufenlos arbeitete. Die einheimischen Saab boten überhaupt keine Automatik an, und Volvo begann gerade, sich damit zu befassen. Die Überschrift »ohne Gangschaltung« hatte also entscheidende Wichtigkeit, wenn sie auch bei einem Kaufinteressenten in England, Frankreich oder Deutschland nicht die Beachtung gefunden hätte. Besonders hervorgehoben werden die guten Fahreigenschaften bei Schnee und Eis und die dreijährige Rost-Garantie. Die kleine Zweizylinder-Limousine wird hier in der De-Luxe-Ausführung gezeigt, mit zweifarbiger Lackierung und Weißwandreifen, in allem der perfekte Einkaufswagen für die Dame. Lancia brauchte sich um sein Image in Frankreich keine Gedanken zu machen. Schon in den dreißiger Jahren betrieben sie eine Montagefertigung in Frankreich. Die Modelle »Augusta« (»Belna«) und »Aprilia« (»Ardennes«) erfreuten sich großer Beliebtheit. Hier versucht man den Begriff »Klasse« in den Vordergrund zu stellen, St. Moritz und das Cresta-Rennen sollen die Verbindung zum sportlichen Supermann herstellen. Das Design von Pininfarina wurde ebenfalls herausgestellt, denkende Betrachter allerdings kamen zu dem Schluß, daß man diesen Anspruch seit 1954 auch schon mit einem Peugeot kaufen konnte. Die angegebenen Leistungsdaten waren nur mit der gegen Aufpreis erhältlichen Benzineinspritzung zu erhalten. Es war zwar alles etwas kompliziert und auch rostanfällig, aber man erhielt ein bemerkenswert zu handhabendes Auto mit einem leistungsfähigen 1,8-Liter-Boxermotor, Scheibenbremsen an allen Rädern und Vorderradantrieb.

brachte den »Cougar« (Puma) – und konnte sogar ein lebendes Exemplar dazu überreden, sich, auf dem Kofferraumdeckel sitzend, fotografieren zu lassen. Anfang 1970 folgte de Tomaso aus Italien mit dem »Pantera«-Coupé, das von Lincoln-Mercury auf dem amerikanischen Markt vertrieben wurde.

Dann kam die nächste Welle. Jowett hatte schon 1951 bei seinem Modell »Javelin« (Speer) gemahnt, »passen Sie gut auf, wenn er vorbeifährt«. Der »›Mustang‹ nimmt Dich gefangen, regt Dich auf, schafft ein neues Du«. Mercurys »Cyclone« reflektierte »den Hochgeschwindigkeitsgeist von Daytona«, und allein der Anblick des Pontiac GTO würde das »unbezähmbare Verlangen erwecken, sich hinter das Steuerrad zu setzen«. Der »Cougar« riet zur Vorsicht, wenn man sich für das Modell »Eliminator« mit 7 Liter Hubraum und 345 PS entscheiden sollte, denn »Spoiler halten ihn unten, aber nichts hält ihn zurück«. Man konnte kaum glauben, daß Chrysler zwölf Jahre vorher »Goodbye Rock and Roll« gesagt und damit die neue Torsionsstabfederung der Vorderräder begrüßt hatte.

Aber die Zeiten änderten sich. Die gleiche »Cougar«-Werbung enthielt das Bild eines Fahrers mit Sicherheitsgut. Jetzt hieß das Thema »Sicherheit«, und Cabriolets, Sex und Euphorie gehörten der Vergangenheit an. 1967 postulierte Mercedes-Benz: »Sicherheit ist die vordringlichste Forderung auf der Straße.« DAF und Honda behaupteten, daß die Unterbringung des Reserverades unter der Motorhaube den vorne sitzenden Passagieren zusätzliche Sicherheit gäbe. Fords »Highway-Pilot« im Modell »Thunderbird« besaß eine Anschnall-Warnleuchte, und der »Mustang« wies nicht weniger als 30 neue Sicherheitseinrichtungen auf. Rover bemerkte, daß alle Schalter und Hebel auch erreicht werden könnten, wenn der Fahrer ordnungsgemäß angeschnallt sei.

Sex spielte nach der Euphorie erst die zweite Rolle. Hausfrauen wurden mit Liegesitzen, Lenkhilfen und »magischen Heckflossen« für ihre Kombiwagen konfrontiert. Es war die Frau, die den Ausschlag gab, »wenn wir uns zusammen einen Morris aussuchen«. Um Liebende kümmerte man sich nicht; innerhalb weniger Jahre sollte man »es« sogar in einem MG machen können (»You can do it in an MG«), aber 1969 war einem mehr daran gelegen, den »alten Zauber wiederzugewinnen«, und das durchs Fahren und nichts anderes. Die Mädchen mochten zeitweise noch so knapp bekleidet sein, aber es waren immer Ehefrauen und Verlobte. Das einzige Zeugnis der Emanzipation war der Katalog für Renaults »Floride«-Cabriolet von 1960 unter dem Titel »Ils s'aimaient« (Sie liebten sich), mit der netten Geschichte eines Wochenendes, das sich durch gewisse Umstände »außerehelich« abspielte.

Die Hautfarbe spielte keine Rolle; die Amerikaner begannen 1969/70 weiße wie auch schwarze Modelle für ihre Erzeugnisse werben zu lassen. Die Japaner leisteten sich allmählich »westliche« Hintergründe, und zwar in den USA für Fahrzeuge mit Linkslenkung, in Australien für solche mit Rechtslenkung. 1981 veröffentlichte Mazda sogar einen Katalog in japanischer Sprache vor einem schweizerischen Hintergrund.

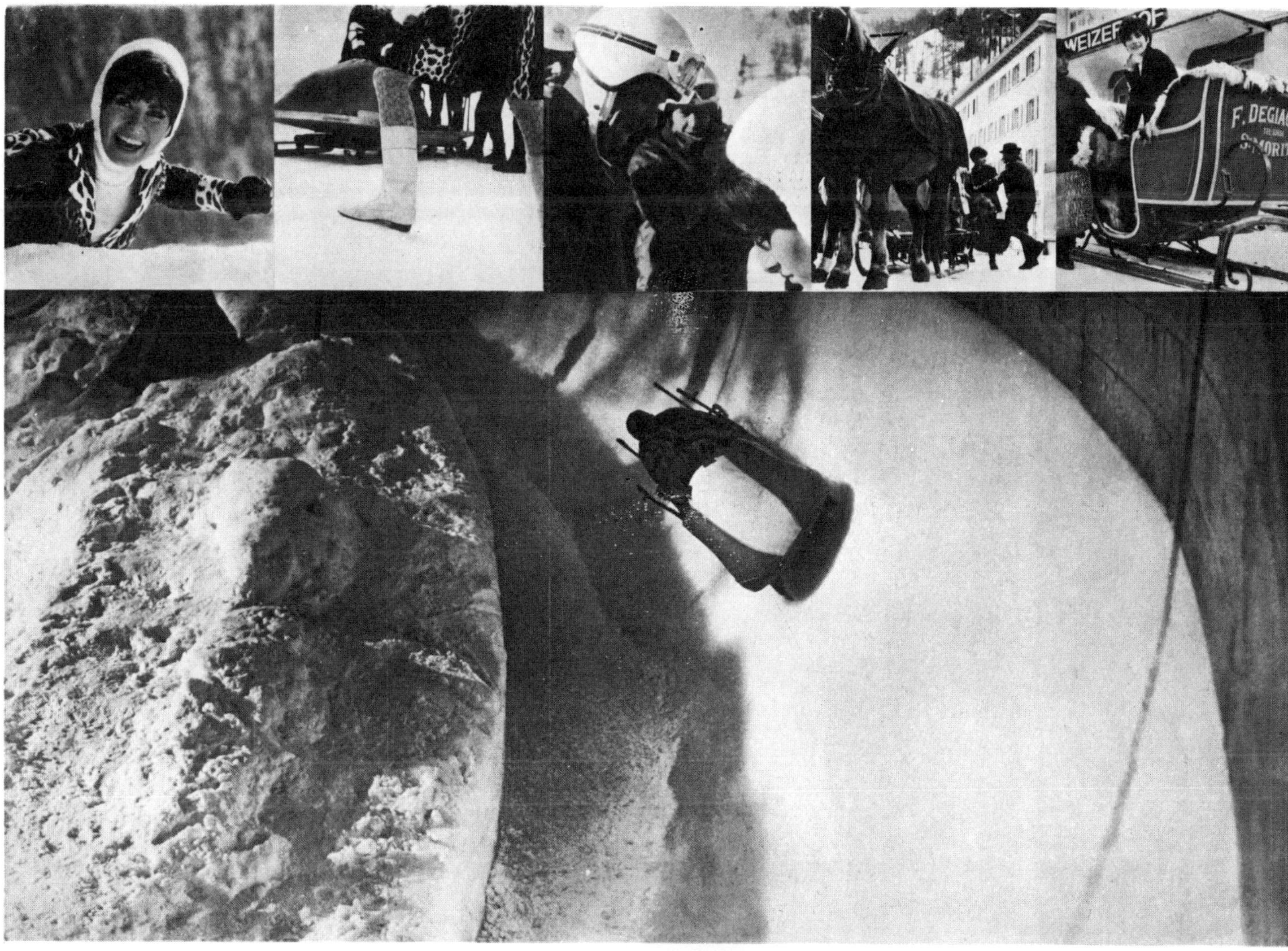

LE COUPÉ FLAVIA PININFARINA EN STYLE DE VAINQUEUR

Entre deux murs de glace, rien que le froissement de l'acier. Plaisir pur des reflexes aiguisés par la vitesse. Sur la route, à 185 à l'heure. Le silence du coupé LANCIA Une mécanique racée pour des hommes d'élite.

COUGAR XR-7
...ITS INTERIOR THE PURIST'S DELIGHT.

Cougar's proud pedigree is evident at a glance in the lavishly fitted cockpit of the XR-7 hardtop or convertible. You see it in tawny tones of warmly burled walnut vinyl appliqués on instrument panel and sporty steering wheel. In hi-back bucket seats tailored in vinyl with accents of richly grained leather. In the authoritative layout of rocker switches and instruments, replete even to tachometer, trip odometer and clock with elapsed time indicator. All standard in XR-7, as are the left hand remote-control racing mirror . . . distinctive XR-7 wheel covers . . . rear seat armrests . . . seat-back map pockets . . . map and courtesy lights . . . the visual check panel with lamps that signal low fuel or door ajar . . . deep-loop carpeting wall-to-wall.

XR-7 instruments include tachometer and trip odometer, cove-inset to permit extra legibility.

A center pod houses rocker switches for map, panel and courtesy lights, defogger or convertible top.

Diese Mercury-Werbung stammte von 1970, konnte aber ebensogut aus der Mitte oder dem Ende der sechziger Jahre herrühren. Es wurde etwas geboten: die attraktive Blondine, die körpergerechten Sitze, die Cabriolet-Karosserie (aus dem Blickwinkel weniger Begüterter in ihrer normalen Limousine) und sogar Handschuhe und Sonnenbrille. Die Landschaft war berauschend, und es konnten die Rocky Mountains genauso sein wie Adirondacks oder Palm Beach, beileibe aber nicht so etwas wie Coney Island.

KANGAROOS...

don't need Datsun

Kangaroos have their own built-in means of getting places fast—so why should they care about cars.

But Australia is a good deal more than kangaroos.

Most of all, it's a lot of forward-looking, down-to-earth practical people, plus a good many bustling cities surrounded by plenty of wide-open space where people are building and growing.

That's why we're not at all surprised to see the folks from Down Under calling for more and more DATSUN Bluebirds—the choice of practical people in more than 70 nations, besides being Japan's most popular passenger car.

To Australians, as well as to practical people everywhere, the charm of the DATSUN Bluebird is its all-encompassing compatibility.

It's trim, solid and compact but with sleek, low big-car lines that give just the right touch of dynamic beauty.

An extra-efficient, highly economical engine plus the unitized body and well-balanced suspensions provides 5 comfortable passengers with new dimensions in stability, maneuverability and all-round motoring satisfaction—in crowded city streets, on the open highway, on country backroads.

Long admired for their practical approach to transportation, the kangaroos probably aren't the least bit surprised to see more and more practical people rolling by in the DATSUN Bluebird the compatible compact.

Even the sheep seem to be showing interest in these sleek and snappy newcomers.

DATSUN

Bluebird

Japan's Largest Exporter of Automobiles
NISSAN MOTOR CO., LTD./Tokyo, Japan

Der Datsun von 1965 *(gegenüber)* stammt nicht aus Australien, man wollte vielmehr die Anpassungsfähigkeit des Modells demonstrieren. Das Commonwealth war der beste Platz dafür, und hier ist die Umgebung absolut authentisch Australien, sogar mit Nummernschildern von New South Wales. Das macht sich alles sehr gut, um ein vollkommen gewöhnliches Auto vorzustellen, das über einen stoßstangengesteuerten Vierzylinder-Motor mit 1,2 Liter Hubraum mit einer Leistung von 60 PS verfügte und eine Höchstgeschwindigkeit von 125 km/h erreichte. Anders wie in Amerika würde in Australien niemand Weißwandreifen bestellen oder das Auto mit einer Antenne bestücken. Wodurch sich die Werbung datieren läßt, abgesehen von der Form des »Bluebird«, ist der bescheidene Hinweis der Nissan Motor Company, daß sie der größte Auto-Exporteur Japans sei – und das mit gerade 100 000 exportierten Einheiten, woran man erkennen kann, daß das Land der aufgehenden Sonne sich noch nicht unter die Großen eingereiht hatte. Bei Bertones Versuch von 1967 mit einem Fiat 850 *(rechts)* handelte es sich um ein Beispiel, einen Karosseriebauer seine Schöpfungen selbst auf den Markt bringen zu lassen. Der Hersteller konnte sich so ungestört auf die Fertigung der Limousinen in Großserie konzentrieren. So gibt es keine Hinweise auf technische Daten, und man beschränkt sich auf die Erwähnung der Höchstgeschwindigkeit. Bertones Zuversicht in die eigene Schöpfung wird deutlich an der Tatsache, daß der Wagen mit aufgesetztem Hardtop abgebildet wird. Es fehlt auch nicht der Hinweis, daß der Wagen von Fiat anerkannt ist und somit durch das Fiat-Händlernetz betreut werden kann. Das war nicht bei allen »Exoten« der Fall, und bei einigen traf das nur für Italien zu, wie mancher Käufer leidvoll erfahren mußte.

(Links) Hier begegnet uns Chevrolets Slogan von 1929 wieder: »Ein Sechszylinder zum Preis eines Vierzylinders.« Die Deutschen allerdings sind genauer und bis auf die Haut ehrlich. Hier handelt es sich um den billigsten Sechszylinder der Modellreihe 1965. Der nächste Wettbewerber war der Opel zu DM 9 310, und beim Mercedes-Sechszylinder gab es auf 12 000 Mark kein Wechselgeld heraus, Borgward existierte nicht mehr, und BMW hatte zu jener Zeit nur Vierzylinder. Alles was Ford/Köln getan hatte, war, einen V-6-Motor an den Platz zu setzen, wo vorher ein Reihenvierzylinder saß und wo jetzt normalerweise ein V-4 mit 1,5 oder 1,8 Liter Hubraum seinen Platz fand. Die Frontansicht machte deutlich, daß das deutsche Produkt jetzt stilistisch eine Nasenlänge Vorsprung vor den Produkten aus Dearborn und Dagenham hatte. Genau wie in Amerika bot man eine persönliche Ausstattung an. Das Modell 20 M war mit Drei- oder Viergang-Getriebe oder Automatik verfügbar, mit Lenkradschaltung oder herkömmlicher Anbringung des Schalthebels, Einzel-Vordersitzen oder Sitzbank und in vier Karosserie-Varianten, der zwei- oder viertürigen Limousine, des attraktiven Sportcoupés und des seltenen Cabriolets, das die Karosseriefirma Deutsch fertigte. Gegen Ende unseres Betrachtungszeitraumes wurde der deutsche Ford leider zu einem in Deutschland lediglich hergestellten, aber nicht entworfenen Ford. Der Escort von 1968 war mit dem britischen Gegenstück praktisch identisch, und nicht anders war es mit dem Capri.

(Gegenüber) Es ist überraschend, was ein geschickt gewähltes Schriftbild bewirken kann. Fiat verwendete ein eigenes, das hier in einem Katalog für die Fiat-Limousine von 1969/1970 wirbt. Eine erstklassige Wiedergabe und ein klar gegliedertes Layout der technischen Daten ersetzen vollkommen die sonst häufig anzutreffenden Mätzchen. Der Katalog selbst bot einige geschickte Details. Wenn man ihn einmal aufklappte, bot sich dieses Bild; beim weiteren Aufklappen wurde das Innere mit dem Platzangebot für fünf Personen sichtbar; danach eröffnete sich der Blick auf den Motor und den Vorderradantrieb, und nach dem letzten Auseinanderfalten hatte man ein Poster von etwa ½ Quadratmeter Größe des »Wagens für eine sich verändernde Welt«.

4 doors
2 doors

overall length: *12 ft. 7 13/16 in. (3.85 m). Nearly 4 in. (10 cm) shorter than the Fiat 1100.*
visibility: *all round, from a very low waistline.*
tyres: *145 x 13 radial ply.*
protection: *compact and rigid passenger compartment, highly resistant to longitudinal and transverse loads. Front and rear structures designed for differential deformation to absorb the effects of possible impact.*
door locks: *three way locks plus safety catches.*

Wenn wir gegenüber Sex auch unduldsam waren, so waren wir es doch nicht gegenüber dem Rauchen. Ein zusätzlicher Zigarren- (niemals Zigaretten-)Anzünder war eine erwähnenswerte Bereicherung, und bei einem französischen Wagen genügte das, ihn von der Version GL in die Klasse GLS emporzuheben. Und 1967 erwähnte Volvo ganz stolz den Aschenbecher in Übergröße. Begründung: »Die Sitze sind dafür vorgesehen, daß man lange darin sitzt.« Mit allen Zutaten dieses speziellen Wortschatzes hat es die Werbung jedoch nie fertiggebracht, ein Auto zu »töten«. Das blieb der Semantik vorbehalten. 1963 lief der letzte »Standard« in Coventry vom Band, die Marke wurde aufgegeben, weil der Name seinen Sinn verloren hatte. Die Qualität der Marke spielte eine untergeordnete Rolle in einer Zeit, in der »Standard« gegenüber »de Luxe« etwas Minderwertiges darstellte.

5. Kapitel

LUXUS – AUCH OHNE CHAUFFEUR

1939 fuhr der Krösus in einem Cadillac 75, Maybach »Zeppelin«, Delage D-8-100, Lancia »Astura« oder »Phantom III« von Rolls-Royce, entsprechend seiner Nationalität oder politischen Einstellung. Der Präsident der Vereinigten Staaten gab der Marke Lincoln den Vorzug, der Präsident der französischen Republik einem Acht-Zylinder-Renault, während der englische König – wie seine drei Vorgänger – der Marke Daimler treu blieb und die Größen des Dritten Reiches in Deutschland den monströsen 7,7-Liter »Großen Mercedes« mit Kompressor bevorzugten. Welcher Wagen es auch immer sein mochte, der Radstand betrug mindestens 3,40 Meter, und die Ausstattung entsprach der eines Chauffeur-Wagens. Keiner der Großen und auch nicht ihre wohlhabenden Untertanen setzten sich selbst an das Steuer; die einzigen, die diese Staatskarossen wirklich fuhren, waren entweder angestellte Fahrer oder wissensdurstige Journalisten.

Daß Krösus auch 30 Jahre später einen Cadillac fuhr, erschien sehr unwahrscheinlich. Der hatte eine Länge von 6,20 Meter und beanspruchte viel zuviel Parkraum. Der internationale Geschäftsmann benutzte einen Lear Jet oder Piper Twin Comanche. Und am Boden fuhr er selbst – in einem Porsche 911, Aston Martin DBS, Lamborghini »Miura« oder Ferrari »Daytona«.

Auch 1939 hätte er natürlich sein eigener Chauffeur sein können, wenn er harte Arbeit nicht scheute. Die Fahrgestelle waren massiv, und die Aufbauten stammten von einem exklusiven Karosserieschneider. Die französischen »grandes routières« stellten sich in ihrem Heimatland verhältnismäßig billig (etwa 3 500 Dollar) und hatten ein erträgliches Gewicht. Das konnte man von dem britischen Lagonda V-12 gerade nicht sagen, er brachte fast zwei Tonnen auf die Waage. Der großartige Mercedes-Benz 540 K repräsentierte nur durch seine unabhängige Radaufhängung die Avantgarde. Er sah wunderschön aus, und niemand konnte von dem Reiz des zurückgesetzten V-förmigen Kühlers unbeeindruckt bleiben – aber es war ein riesiger Wagen, 5,35 Meter lang und gut 2,5 Tonnen schwer und dabei doch nur ein Zweisitzer mit Notsitzen. Auch die Leistung konnte nicht unbedingt beeindrucken. Die Höchstgeschwindigkeit lag bei 165 bis 170 km/h mit Kompressor, der aber nicht länger als eine halbe Minute eingeschaltet sein sollte. Dafür benötigte man einen Reihen-Achtzylinder mit 5,4 Liter Hubraum mit einer Leistung von 180 PS bei 3 400 U/min.

Man konnte den 540 K nicht mit seinem Nachfolger von 1954, dem 300 SL, vergleichen. Es handelte sich dabei um einen geschlossenen Zweisitzer, der 235 km/h aus 3 Liter Hubraum, nur sechs Zylindern, beachtlichen 215 PS und ohne die Unterstützung eines Kompressors hergab. Das entsprach 70 PS/Liter im Vergleich zu 30 PS (oder ohne Kompressor 22 PS) je Liter Hubraum beim 540 K. 1969 stellte der Ferrari »Daytona« das Optimale dar, V-12-Motor, 4,4 Liter, 350 PS, 80 PS/Liter, Höchstgeschwindigkeit 280 km/h. Solche »Selbstfahrer« vertraute man nicht einem Chauffeur an. Der Rückgang in der Branche der Karosseriebauer wurde bereits angesprochen. Zuerst waren die Hersteller von Sonderkarosserien für Wagen mittlerer Preisklasse betroffen, denn diese Wagen verfügten nicht mehr über gesonderte Fahrgestelle.

Die Haute Couture der Branche überlebte etwas länger, aber ein Ende ließ sich absehen. Außerhalb Italiens schlossen sie ihre Tore oder verbündeten sich mit einem »Fahrgestell«-Produzenten, so Mulliner und Park Ward mit Rolls-Royce, Vanden Plas in London mit Austin, Tickford mit Aston Martin-Lagonda. Thrupp and Maberley, die schon lange zur Rootes-Gruppe gehörten, gaben den Karosseriebau auf, um sich nur noch Aufgaben im eigenen Konzern – der Herstellung der Humber-Limousinen – zu widmen. Abbot spezialisierte sich auf den Umbau von Ford-Limousinen in Kombiwagen, und Martin Walter stellte Mobilheime her. Die verbleibenden – wie Rippon in Hudersfield und Vicent in Reading – warfen sich auf Verkauf und Wartung.

Diese Entwicklung in Großbritannien lief anderswo parallel ab. In Deutschland gab es nur noch Kleinserien für die großen Hersteller. Spohn beschäftigte sich mit der »Verschönerung« von Cadillacs für amerikanische Soldaten und 1955 für die Marke Gaylord. Mitte der fünfziger Jahre war in Frankreich alles vorüber, in den USA hatte der Prozeß schon vor dem Kriege ein Ende gefunden. 1969 arbeiteten nur noch Derham und einige kleinere Firmen in Kalifornien. Derham beschäftigte sich vorwiegend mit der »Aufwertung« großer Limousinen in »Staatskaleschen« und mit Restaurierungsarbeiten älterer, klassischer Wagen. Die Karosseriefirmen der Schweiz, angeführt von Hermann Graber, zeigten sich in den Sechzigern noch aktiv. Graber hielt seine Firma durch die Produktion eines Aufbaus für das 3-Liter-Chassis von Alvis in Gang. Alvis selbst wollte diese Karosserien ab 1958 selbst in Großbritannien herstellen.

Aber das alles hatte sich überlebt, hatte schon 1939 den Todeskeim in sich. Die Hauptursache lag im Fehlen eines Fahrgestells. Dazu kam auch der Mangel an geeigneten Fachkräften. Während des Krieges arbeiteten sie in der Flugzeugfabrikation, und die erworbenen Kenntnisse eigneten sich besser für die Massenfabrikation. In Italien erbrachte allerdings Touring den Beweis, daß man auch Aluminiumformen über einem Gitterrahmen herstellen konnte. Als sich die Zeit der Materialknappheit dem Ende zuneigte und das Geld wieder etwas reichlicher wurde, statteten auch die Großserienhersteller ihre Erzeugnisse etwas reichlicher aus. Wenn auch Leder zu teuer war und poliertes Holz zu empfindlich bei Klimaextremen, so wurden doch Radio, Heizung, Liegesitze, elektrische Fensterheber und andere neuzeitliche Errungenschaften von den Käufern dankbar aufgenommen.

Der »klassische« Wagen ohne sportlichen Anstrich stand ebenfalls auf dem Aussterbeetat. Bei Kriegsausbruch wurden Qualitätswagen, die nicht den Ehrgeiz hatten, nur Enthusiasten anzusprechen, in Großbritannien von Alvis, Armstrong-Siddeley, Daimler und Rolls-Royce hergestellt, in den USA von Buick, Cadillac, Chrysler, Lincoln und Packard, in Deutschland von BMW

CAR 535

(Gegenüber) Der unsterbliche Flügeltüren-Mercedes, eines der 1400 von Mercedes-Benz in den Jahren von 1954 bis 1957 hergestellten Exemplare des zweisitzigen 300-SL-Coupés. Seine Eigenheiten lagen im Gitterrohrrahmen, dem schräg eingebauten Sechszylinder-Motor mit Benzineinspritzung und der Türanordnung, die einer strukturellen Notwendigkeit entsprach. Im vierten Gang lag die Höchstgeschwindigkeit bei 216 km/h. Am besten sahen die Wagen in silberner »Werkslackierung« aus, die an den ungeheuren Eindruck erinnerte, den die Prototypen während der Rennsaison 1952 hinterließen.

(Unten) Die Limousinen-Ausführung des Mercedes-Supermodells 600, das 1963 vorgestellt wurde, sieht aus diesem Blickwinkel gar nicht so gewaltig aus, obwohl es über eine Länge von 5,50 Meter und ein Gewicht von 2 440 kg verfügte; die Höchstgeschwindigkeit lag bei 205 km/h. Interessant ist der Vergleich mit dem Spitzenmodell von 1939, dem »Großen Mercedes«, der mit einem Reihenachtzylinder-Motor ausgerüstet war. Er benötigte einen Kompressor, um aus 7,7 Liter Hubraum eine Leistung von 230 PS herauszuholen, mit anderen Worten: 32 % weniger Leistung aus 20 % mehr Hubraum. Das Gewicht konnte bis zu 3 400 kg betragen, und so bedeutete das Fahren bei 170 km/h harte Arbeit.

(Rechts) Handgeschneidert für Staatsoberhäupter und Ölmillionäre: Das Innere eines Mercedes 600 in Pullman-Ausführung von 1966. Zu erkennen sind die Notsitze entgegen der Fahrtrichtung und die Ausstattung, die an ein Erster-Klasse-Abteil aus der Blütezeit der Eisenbahnen erinnert. Für dieses Nonplusultra in chauffeurgefahrenen Wagen mit einem V-8-Motor von 6,3 Liter Hubraum mit Benzineinspritzung und mit Lenkunterstützung, automatischem Getriebe und Luftfederung verwendete der Hersteller einen übernormalen Radstand von 3,9 Meter Länge, was zu einer »Länge über alles« von 6,2 Meter und einem Gewicht von 2 630 kg führte. Zwischen 1964 und 1981 wurden insgesamt 2 677 Einheiten des Mercedes 600 in allen Varianten hergestellt.

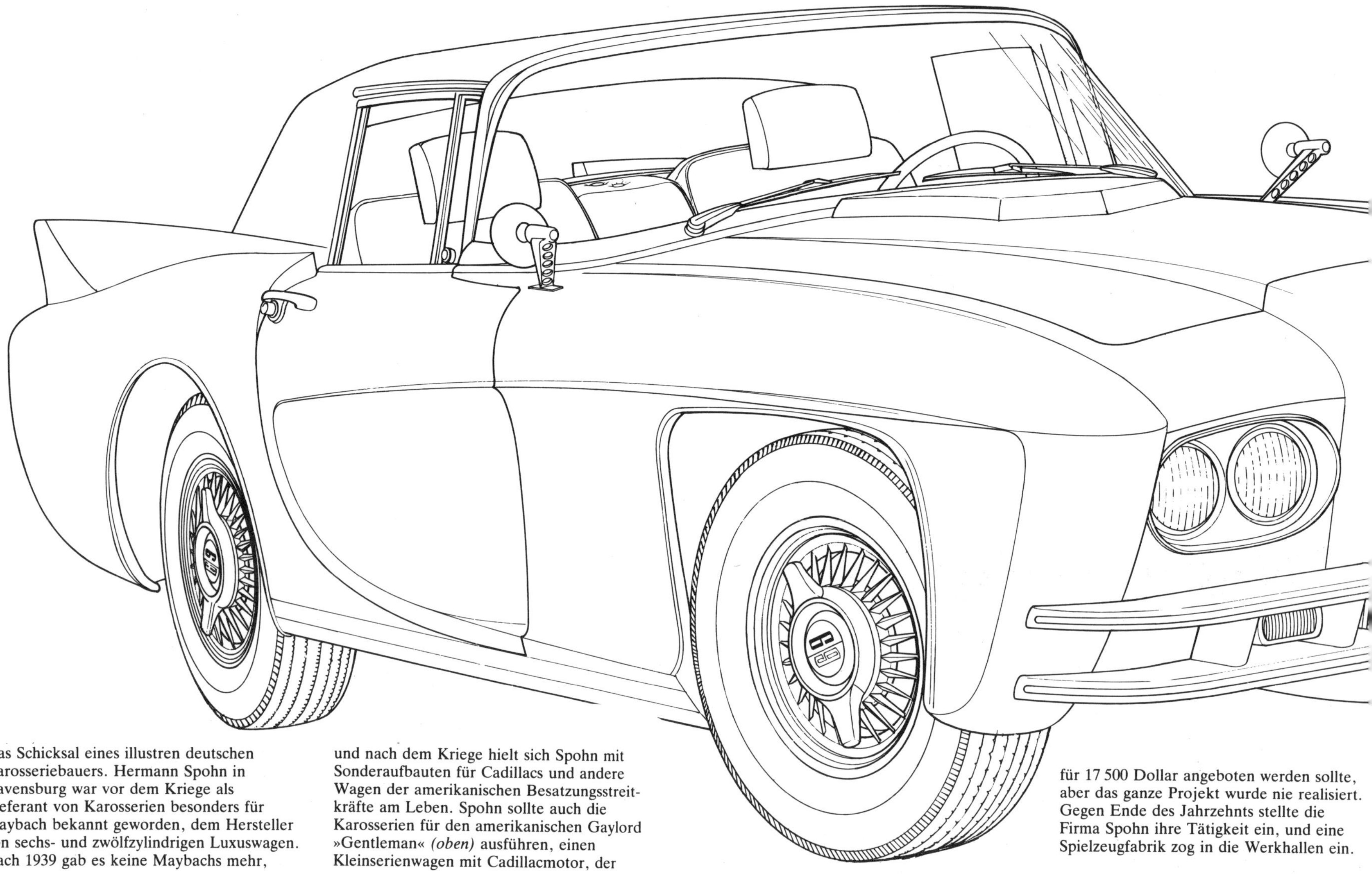

Das Schicksal eines illustren deutschen Karosseriebauers. Hermann Spohn in Ravensburg war vor dem Kriege als Lieferant von Karosserien besonders für Maybach bekannt geworden, dem Hersteller von sechs- und zwölfzylindrigen Luxuswagen. Nach 1939 gab es keine Maybachs mehr, und nach dem Kriege hielt sich Spohn mit Sonderaufbauten für Cadillacs und andere Wagen der amerikanischen Besatzungsstreitkräfte am Leben. Spohn sollte auch die Karosserien für den amerikanischen Gaylord »Gentleman« *(oben)* ausführen, einen Kleinserienwagen mit Cadillacmotor, der für 17 500 Dollar angeboten werden sollte, aber das ganze Projekt wurde nie realisiert. Gegen Ende des Jahrzehnts stellte die Firma Spohn ihre Tätigkeit ein, und eine Spielzeugfabrik zog in die Werkhallen ein.

(der neue Typ 335), Maybach, Horch, Audi und Mercedes-Benz, in Frankreich von Delage und Delahaye sowie in Spanien von Hispano-Suiza. Zwölf Jahre später gehörten Maybach, Horch und Audi nicht mehr zu den Anbietern, die Werksanlagen von Hispano-Suiza gehörten nun Pegaso, Delage und Delahaye waren kurz vor dem Ende, und die deutschen Überlebenden hatten sich von Zerstörung und Enteignung noch nicht wieder erholt. Konzernpolitik siedelte Buick jetzt tiefer auf der Prestigeskala an. Aber es gab auch einen neuen Mitbewerber: Austin. Deren großer Vierliter erschien zuerst 1947 in Genf, ein »Arme-Leute-Bentley«. Die weitere Entwicklung war voraussehbar. Alvis entwickelte sich bis zum Produktionsende 1967 mehr und mehr in sportliche Richtung. Echte Packards gab es ab 1956 nicht mehr, und Armstrong-Siddeley ereilte dieses Schicksal vier Jahre später. BMW bemerkte nach einem Zwischenspiel mit V-8-Motoren, daß man damit kein Geld verdienen konnte. Daimler fand sich im Wettbewerb mit Rover, Jaguar und Rolls-Royce. Bei Daimler war die Produktion von ausgesprochenen Prestigewagen immer sehr klein gewesen (205 Einheiten des 5,5-Liter-Modells mit Reihen-Achtzylinder von 1946 bis 1953). 1968 war alles mit der gewellten Kühlermaske – dem traditionellen Daimler-Kennzeichen – echt Jaguar. Chrysler verlieh seinem Spitzenmodell »Imperial« 1955 zwar den Status einer selbständigen Marke, aber sie konnte nie den entsprechenden Rang von Individualität erreichen. 1969 hatten Rolls-Royce in Großbritannien, Cadillac und Lincoln in den USA und Mercedes-Benz den Markt unter sich aufgeteilt, letztere als Prestige-Marke Westeuropas wie auch als Repräsentationswagen neuerstandener Staaten der Dritten Welt. Die mächtigen russischen ZIL-Limousinen galten als Statussymbole und waren nicht käuflich wie auch der ähnliche Hong-Qi in China. Was die großen V-8-Limousinen von Nissan und Toyota betrifft, so sah man sie im heimatlichen Japan selten und anderswo nie; als besonders beeindruckend konnte man sie auch nicht bezeichnen. Der Toyota »Century« mit 3-Liter-Motor und 2,86 Meter Radstand war ein Massenprodukt.

Aber nicht immer trat der Sportwagen als großer Wettbewerber auf. Als Leichenbestatter von Alvis, Armstrong-Siddeley, Hotchkiss und den anderen konnte man nicht Ferrari und Maserati ansehen, die für den Allgemeingebrauch wenig Eignung zeigten, und auch nicht die problemloser zu handhabenden Jaguar XK-Modelle. Es waren vielmehr die neuen Hochleistungslimousinen, darunter die Jaguar mit doppelter obenliegender Nockenwelle, die im Wettbewerb standen mit Modellen von Mercedes-Benz mit einer obenliegenden Nockenwelle, und daneben gab es noch andere. Rovers P 4 von 1950 bis 1964, ein schwerfälliger Zeuge britischer Tradition unter einer modernen Haut, leitete im Rover-Werk in Solihull zum Bau von Hochleistungswagen über, und zwar zuerst mit dem 3-Liter-Sechszylinder, dann mit dem Modell 2000 im Jahre 1964 und seit 1967 mit dem noch aktuellen 3,5-Liter-V-8-Modell. Wenn auch Alfa Romeos Modell 2600 von 1962 keine rundum ermutigende Erscheinung und außerdem rostanfällig war, so stellte das Unternehmen doch eine Größe dar, mit der man nach wie vor zu rechnen hatte, besonders als preiswerte sportliche Coupés auf dem Markt erschienen. BMW

(Rechts) Die Entwicklung eines Tourenwagens: Das viersitzige BMW-Coupé 2800 CS von 1969 *(oben)* mit siebenfach gelagerter obenliegender Nockenwelle, dessen Sechszylinder-Motor 170 PS bei 6 000 U/min leistete. Die Verwendung von zwei Zenith-Vergasern anstelle einer Benzineinspritzung weist diesen Wagen als ein Erzeugnis der sechziger Jahre und nicht der siebziger aus. Schon vor dem Zweiten Weltkrieg konnte man bei einem Qualitätswagen aus Deutschland unabhängige Radaufhängung erwarten. Und so war auch dieser Wagen damit ausgerüstet, unter Hinzuziehung der nun gebräuchlichen McPherson-Federbeine für die Vorderräder: Schraubenfedern und Schräglenker taten ihre Arbeit an den Hinterrädern. Bremsunterstützung und Servolenkung waren willkommenes Zubehör. Die Leistung im Vergleich zum 1955er Mercedes-Benz 300 SL weist beim BMW 207 km/h aus, und in der Beschleunigung auf 80 km/h mit 6,4 Sek. ist er günstiger als der Mercedes, und die magischen 100 Meilen (160 km/h) erreichte er in 24,3 Sekunden. Der Verbrauch lag bei 12 bis 15 l/100 km. Das Innere *(Mitte)* eines Modells mit Rechtslenkung zeigte eine übersichtliche Instrumentenanordnung, herkömmliche Anordnung des Schalthebels für das Vierganggetriebe, gut geformte Schalensitze und die schon gewohnte überreichliche Ausstattung mit Funktionshebeln für die Geschwindigkeitsregelung der Scheibenwischer, weiterhin Zigarrenanzünder und elektrische Fensterheber, die in der Konsole untergebracht sind. Der Kofferraum *(unten)* ist reichlich bemessen, das Reserverad in einem gesonderten Fach untergebracht. Die reichlich bemessene Werkzeugausstattung ist etwas ungewöhnlich, findet man sie in dieser Reichhaltigkeit doch sonst nur bei russischen Wagen.

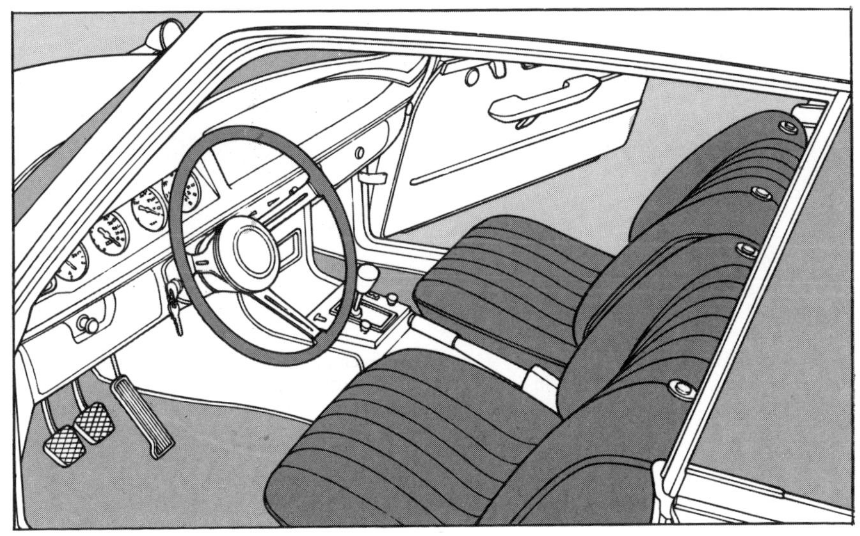

und Volvo waren andere Wettbewerber, die 1967 bzw. 1969 auch mit sportlichen Sechszylindern aufwarteten. Die Produktionszahlen waren beachtlich. Mercedes-Benz lieferte von seiner Version 220 zwischen 1951 und 1965 insgesamt 455 000 Einheiten aus mit Produktionszahlen von 65 000 in einem guten Jahr. Jaguar bewegte sich auf einer bescheideneren Ebene und brachte in den Jahren von 1951 bis 1970 145 000 seiner Kompaktwagen und 71 500 ausgewachsene Limousinen heraus. Volvos Gesamtproduktion stieg ständig von 118 464 im Jahre 1964 auf 181 500 im Jahre 1969, alle mit einer Motorgröße von 1,8 Liter an aufwärts, und befand sich damit immer am Markt. Sogar BMW hatte als Spätzünder am Ende unserer Periode immerhin 75 000 Sechszylinder in Umlauf gebracht.

Am unteren Ende der Skala befanden sich die ausgesprochenen Massenprodukte der bescheideneren Mercedes, BMCs Luxuslimousinen und die Fords mit Reihen-Sechszylinder oder V-6-Motoren aus Dagenham und Köln. Frankreich, benachteiligt wie seit eh und je durch steuerliche Maßnahmen, war ein steiniger Boden für einen Anti-Jaguar, aber für den wohlhabenderen Bürger standen die De-Luxe-Ausführungen von Citroëns D-Serie zur Verfügung. 1969 erhielt der schon etwas angejahrte, aber immer noch moderne Wagen eine entsprechende Maschine: 2,2 Liter, kurzhubig, 115 PS und mit hemisphärischem Verbrennungsraum. Zur schon bekannten »Kraftunterstützung für alles« kamen nun noch schwenkbare Scheinwerfer hinzu sowie eine beheizbare Heckscheibe, aber kein Automatikgetriebe. Auch der Renault 16 entwickelte sich zu einem luxuriösen Fahrzeug.

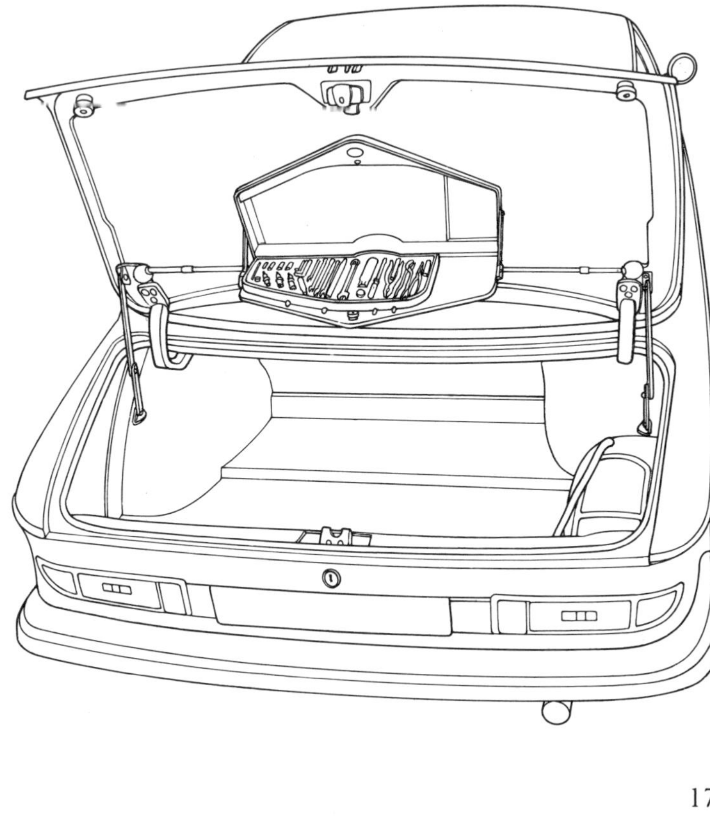

(*Links*) Nach dem Flügeltüren-Mercedes 300 SL Coupé stellt der Bentley »Continental« Typ R von 1952 bis 1955 wohl den sammelnswertesten Klassiker der fünfziger Jahre dar, von dem nur 207 Exemplare hergestellt wurden, die fast alle mit der ansprechenden zweitürigen Fastback-Karosserie von Mulliner ausgestattet waren. Mechanisch war es mit dem bekannten Rolls-Royce-Sechszylinder-Motor ausgerüstet, der über ein vollsynchronisiertes Viergang-getriebe mit links angebrachtem Schalthebel verfügte. Die Höchstgeschwindigkeit lag bei etwa 185 km/h, die Reisegeschwindigkeit bei etwa 160 km/h und der Benzinverbrauch bei rund 13,5 l/100 km. Der Preis von 5 000 Pfund wirkte allerdings etwas ernüchternd – immerhin schrieb man erst das Jahr 1953.
Die Frontansicht des Bentley (*unten links*) zeigt die Geschicklichkeit, mit der der traditionelle Kühlergrill in die Karosserie eingefügt wurde. Italienische Karossiers versuchten die Markenidentität weitgehend zum Verschwinden zu bringen. Die hoch angeordnete Kotflügellinie ermöglicht eine nur schlechte Zugänglichkeit zum Motor, aber man erwartete von einem Bentley-Eigentümer auch nicht, daß er selbst in diese Verlegenheit kam. Die Seitenansicht läßt eine erstaunliche Kopffreiheit auf den Rücksitzen erkennen, dank der Hypoid-Hinterachse. Die Rücksitze (*unten rechts*) waren außergewöhnlich bequem. Wenn nicht ausgerechnet zwei übergroße Insassen auf den Vordersitzen saßen, war die Kniefreiheit hinten ausreichend. Besonders angenehm fiel auf, daß selbst bei einer Geschwindigkeit von 145 km/h praktisch keine Windgeräusche zu hören waren.

(Oben) Der Letzte einer berühmten Marke, der Armstrong-Siddeley »Star Sapphire« von 1959, der dem von der Firma gepflegten Stil des V-förmigen Kühlers folgte. Das Emblem einer Sphinx thront auf der Motorhaube, und zusätzlich zur britischen Ausstattung in Holz und Leder gab es ein Automatikgetriebe, servounterstützte Scheibenbremsen und Lenkhilfe. Äußerlich unterschied die lackierte Kühlerumrahmung dieses 4-Liter-Modell vom älteren 3,4-Liter-Modell der Jahre 1953 bis 1958. Armstrong-Siddeley konnte jedoch im Wettbewerb gegen Jaguar und Rover nicht bestehen, und im Sommer des Jahres 1960 entschied der Eigentümer Hawker-Siddeley, sich auf die Flugzeugproduktion zu beschränken.

(Mitte links) Holz und Leder für die Briten, wie hier beim Humber »Imperial« von 1965, dem Spitzenmodell der Rootes-Gruppe. Quadratische Scheinwerfer gehörten dazu wie auch Lenkhilfe, automatisches Getriebe, elektrisch kontrollierte hintere Stoßdämpfer und ein Vinyldach zur Unterscheidung vom billigeren Modell »Super Snipe«. Bei den amerikanischen Zeitgenossen des »Imperial« gab es Servounterstützung bei den vorderen Scheibenbremsen nur als Extra, obwohl Amerikaner einen V-8-Motor anstatt eines altmodischen Reihensechszylinders erwarteten. 160 km/h waren möglich, aber der große Humber machte sich alarmierend bemerkbar, wenn er bis dahin beansprucht wurde.

(Mitte rechts) Der 3-Liter-Alvis wurde auf dem Genfer Salon 1950 vorgestellt und war ein Beispiel für traditionellen britischen Automobilbau, den das Unternehmen noch bis 1967 aufrechterhielt. Zu dieser Zeit war der Alvis mit einer von Graber, Bern, entworfenen Karosserie ausgestattet, hatte Scheibenbremsen, fünfstufiges manuelles Getriebe oder Automatik nach Wahl, und der kurzhubige (84 × 90 mm) Sechszylinder-Motor leistete 150 PS. Außerhalb seines Heimatlandes war er wenig verbreitet und hatte wenig zu bieten, was ein Jaguar nicht auch aufwies, mit Ausnahme des Seltenheitswertes. Die Nachkriegsproduktion von Alvis belief sich auf nur 7 072 Einheiten. Das hier gezeigte Cabriolet von 1965 stellte die Karosseriefirma H. J. Mulliner/Park Ward, ein Rolls-Royce-Tochterunternehmen, her.

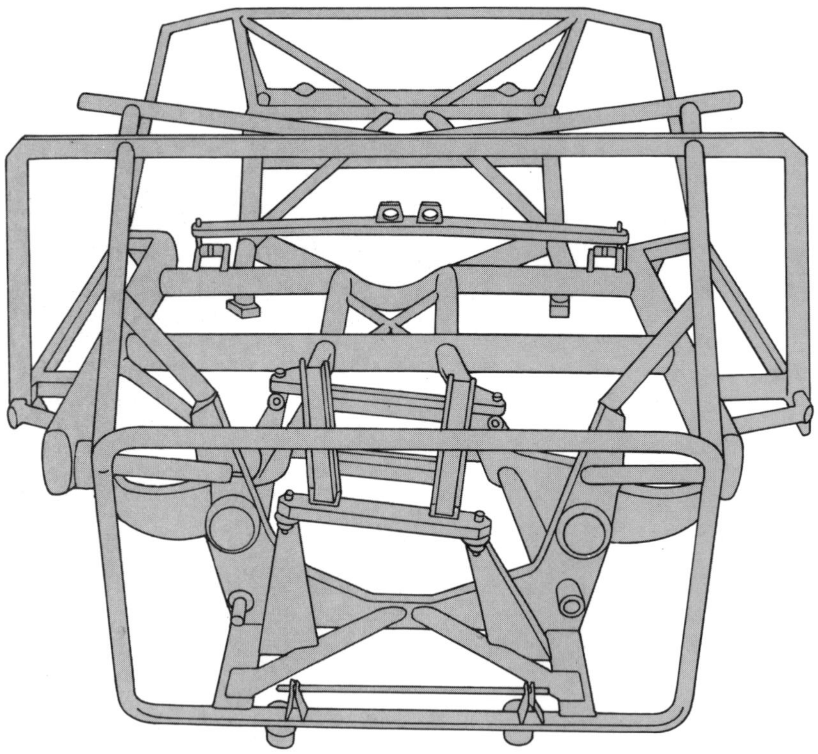

Aufweichungserscheinungen machten sich Ende der vierziger Jahre auch bei der Konstruktion von Sportwagen bemerkbar. Es mußten nicht länger offene Wagen sein. Die »Berlinetta« von Alfa Romeo mit Sechs- und Achtzylindermotoren mit Karosserien von Touring und die Fiat 1100 S hatten das bereits vor dem Kriege aufgezeigt. 1951 befand sich das »Granturismo«-Modell von Lancia »Aurelia« in Produktion. Es war die Geburtsstunde des neuen GT-Begriffs, wie wir ihn heute noch verstehen.

Die Vergewaltigung des GT-Begriffs vom Beginn der sechziger Jahre an stellte den Versuch dar, die Aufmerksamkeit vom Gegenstand der Diskussion auf etwas anderes zu lenken. Jetzt wurde der Begriff in Zusammenhang mit Familienlimousinen genannt, die vollgepackt waren mit einem Übermaß an Luxus und entsprechenden Schriftzügen. 1955 wußte man noch, was gemeint war: ein Wagen sportlicher Auslegung und Fahrcharakteristik mit einer geschlossenen 2+2-Sitzer-Karosserie. Es spielte dabei keine Rolle, inwieweit die Notsitze auch tatsächlich als »Sitze« anzusehen waren. So qualifizierten sich der Lancia, alle Porsche und die Jaguar-Modelle XK 140 und XK 150, nicht aber der Jaguar E-Typ, da er bis 1966 ausschließlich über nur zwei Sitze verfügte. Aber auch außerhalb der GT-Kategorie war zu beobachten, daß alle Sportwagen ein festes Dach erhielten, wenngleich häufig auch Klappverdecks zur Verfügung standen. Der Facel Vega, der Jaguar E-Typ, der DB-Aston-Martin, der Mercedes 300 SL und der Maserati 3,5 Liter fallen alle darunter. Der rare amerikanische Cunningham von 1951 bis 1954 wurde in Wettbewerben offen gefahren, an Kunden aber als Coupé von Vignale verkauft. Nicht ganz so exotisch war das »Aceca«-Coupé von AC, das parallel zum »Ace«-Roadster produziert wurde. Lotus wurde international bekannt durch das »Elite«-Coupé, bevor der offene »Elan« erschien. Der »Scimitar« von Reliant, ein »Kombi-Coupé«, fand eine weitaus bessere Aufnahme als das früher erschienene offene Modell »Sabre«, wenngleich das wohl auch mehr an der etwas eigentümlichen Federungsgeometrie lag. Der TVR war von Anfang an geschlossen, und auch die Großserienhersteller merkten allmählich, daß nicht jedermann Geschmack daran fand, sich den Wind durch die Haare wehen zu lassen.

Abnehmbare »Hardtops« gab es seit 1952/53. MG bot seit 1957 eine Coupé-Ausführung seines A-Typs an und acht Jahre später in der B-Reihe ein echtes GT-Coupé. Triumphs GTG, eine geschlossene Ausführung mit »Spitfire«-Abstammung, erschien 1967. 1961 stellte Volvo das Modell P 1800 vor, den ersten Sportwagen aus Schweden, der zu einem geschäftlichen Erfolg wurde; in offener Form gab es ihn jedoch nie. Daß das schwedische Klima einen Hindernisgrund darstellte, ist keine ausreichende Erklärung, denn das Fabrikat Volvo hatte sich damals in den USA, einem potenten Markt für offene Wagen, bereits gut eingeführt. Die amerikanische Nachfrage trug zu Jaguars Produktionsziffern wesentlich bei, die bei den offenen Sechszylindertypen mit 48 456 im Vergleich zu den geschlossenen Versionen mit 39 211 lagen. Bei den offenen Wagen gab es in jenen Jahren noch zwei verschiedene Versionen, Roadster und Cabriolet. Das Bild bei Alfa Romeo sah so aus, daß sich Coupés gegenüber dem Spider im Verhältnis von 3 : 1 verkauften.

Die Sportwagenentwicklung war der allgemeinen Entwicklung durchweg um ein bis zwei Schritte voraus. So erschienen das »limited slip«-Differential 1951, Brennstoffeinspritzung 1954, Scheibenbremsen 1956, Gürtelreifen Anfang der sechziger Jahre und Transistorzündung 1968. Am Ende unserer zwei Jahrzehnte bot Citroëns Modell SM – ein echter GT – Besonderes. Unter der Haube befand sich ein V-6-Motor aus Aluminium mit vier obenliegenden Nockenwellen, hergestellt von Maserati. Der Frontantrieb erfolgte über ein fünfstufiges Getriebe, die Lenkhilfe verfügte über unterschiedliche Übersetzungen, die bei zunehmender Geschwindigkeit abnahm und damit ein bessers Gefühl für die Lenkung gab. Bei der Federung fand das ja schon bekannte hydropneumatische System Anwendung. Das alles zusammengenommen reichte zur Beförderung von vier Personen bei einer Höchstgeschwindigkeit von 218 km/h und einer Beschleunigung auf 160 km/h in 26 Sekunden. Für GT-Verhältnisse war der Wagen geräumig, ja bequem für vier erwachsene Passagiere.

Unabhängige Hinterradaufhängung fand sich bei allen Mercedes-Benz, bei Fiats Versuchsmodell 8 V von 1952 und ab 1961 bei Jaguar. Ferrari verwendete dagegen bis Mitte der Sechziger Starrachsen. DeDion-Achsen wurden von Aston Martin, Pegaso, Iso und Gordon-Keeble eingebaut. Allgemein eingeführt waren 1961 Scheibenbremsen, die sich bei Wagen mit Geschwindigkeiten über 200 km/h an allen vier Rädern fanden. Die meisten verfügten noch über ein gesondertes Fahrgestell, Ausnahmen bildeten der Gitterrohrrahmen von Mercedes-Benz und die Monocoque-Bauweise bei Lancia und den späteren Jaguars.

Bei den Getrieben gehörten Ferrari und Pegaso zu den frühen Verwendern fünfstufiger Auslegungen (ohne Synchronisation). Alfa Romeo folgte 1954/55, und gegen Ende unseres Betrachtungszeitraumes hatten alle anderen großen Italiener nachgezogen, auch Fiat für seine Sporttypen mit doppelter obenliegender Nockenwelle. Bei Aston Martin gehörte es zur serienmäßigen Ausstattung, bei Mercedes-Benz und Porsche standen sie auf Wunsch zur Verfügung. Lamborghini leistete sich sogar den Luxus eines synchronisierten Rückwärtsgangs. Die Euroamerikaner blieben beim Vierganggetriebe, denn die Getriebe wie auch die Motoren stammten aus Detroit. Eine Nachfrage nach automatischen Getrieben bestand praktisch nicht. Mercedes-Benz bot das erste vollautomatische Getriebe ohnehin erst 1962 an. Jaguar aber blickte immer mit einem Auge auf die amerikanischen Kunden und bot so schon Ende 1956 das Modell XK 140 mit Automatik an. Aston Martin folgte ein Jahr später, die Italiener hielten sich noch zurück.

Man konnte sagen, daß es sich bei den Superwagen um weitaus interessantere und erfreulichere Erscheinungen handelte als bei den langhubigen Wagen der dreißiger Jahre. 1969 schafften die Wagen 240 km/h. Allerdings hatten sie ihren Preis. Bei Jaguar begann es mit 31 280 DM (E-Typ 2+2), Aston Martin 60 000 DM (DBS), Maserati 53 000 DM (»Mistral«) und Lamborghini 52 200 DM (»Islero«). Bei Ferrari war man ab 56 600 DM dabei. Ein VW-Käfer kostete damals gut 5 000 DM, und einen Citroën DS 21 bekam man für 15 000 DM.

Die Benzinpreise stellten zu der Zeit kein Kriterium dar, und man konnte wohl ohnehin davon ausgehen, daß ein Lamborghini-Besitzer sich auch noch einen Mercedes für die Familie und einen Mini für Stadtfahrten leisten konnte. Mercedes begnügte sich mit sechs Zylindern und einer obliegenden Nokkenwelle, Aston Martin, Jaguar und Maserati hatten davon zwei, Ferrari und Lamborghini vertraten allein die V-12-Klasse. Der Pegaso und alle Euroamerikaner verwendeten V-8-Motoren. Obenliegende Nockenwellen fand man bei Ferrari, Lamborghini, Pegaso und den »schärferen« Porsche-Typen.

Inmitten all dieser kultivierten Erscheinungen konnte man eine fremde, fast rückschrittliche Tendenz beobachten – die Rückkehr zum »konfektionierten« Wagen; das allerdings nicht im modernen Sinne, sondern eher wie in den zwanziger Jahren und mit Gedanken an Marken wie Clyno und Jordan. Der Unterschied lag in der Art der Fahrzeuge. Kleinen Firmen mangelte es an Mitteln und fabrikatorischen Möglichkeiten, wesentliche mechanische Elemente herzustellen. Firmen wie Jaguar, Mercedes-Benz und Alfa Romeo waren groß genug, um sich unabhängig zu machen. Aber Aston Martin und die italienischen Spezialfirmen brachten es auf 500 Einheiten im Jahr, und sie kosteten dementsprechend. Das Problem zeigte sich weniger akut, wenn es sich um einfache und bescheidene Wagen handelte. Morgan kaufte Motoren von Standard-Triumph, Ford und Rover, Lotus von Coventry-Climax und aus anderen Quellen, und Frazer-Nash und AC wurden von Bristol bedient. Das fertige Produkt war individuell genug, um nicht als »Zusammenbau-Wagen« klassifiziert zu werden. Den Schöpfern dieser Versionen erging es besser als 1959 den Leuten von Facel Vega in Frankreich, denen ein 1,6-Liter-Motor

(Gegenüber) Maserati stellte seit 1926 Renn- und Sportwagen her, nahm aber erst 1958 ernsthaft die Herstellung von straßentauglichen Wagen auf, und zwar mit dem Modell 3500 GT. Das war ein Auto! Es hatte einen Sechszylinder-Motor mit 3 485 ccm Hubraum, doppelter obenliegender Nockenwelle und einer Leistung von 220 PS bei 5 500 U/min. Ursprünglich verfügte es über ein vollsynchronisiertes Vierganggetriebe und Trommelbremsen, später kamen ein weiterer Gang hinzu sowie Benzineinspritzung und Scheibenbremsen. Vom Basistyp wurden bis 1964 etwa 2 000 Stück hergestellt. Sechszylinder-Modelle gab es aber bis 1969, und zu jener Zeit betrug die Leistungsausbeute 275 PS bei 4 Liter Hubraum. Danach erschienen V-8-Motoren mit vier Nockenwellen. Alle Sechszylinder verfügten über hintere Halbelliptikfedern. Auf dem linken Foto sieht man das Fahrgestell aus Ovalrohr, rechts eines der von Touring karosserierten Coupés mit einem enormen Motorraum unter der Haube.

(Rechts) Hardtops für Roadster. Hier wird ein Kunststoff-Hardtop aus den Jahren 1956/57 für den Austin-Healey gezeigt. Trotz der in den späten sechziger Jahren erfolgenden Hinwendung zu geschlossenen Sportwagen und dem Kompromiß in Form des Porsche »Targa« überlebten die Hardtops.

(Unten) Für das meisterliche Styling Pininfarinas ist der Alfa Romeo 1600 Spider von 1966 ein deutlicher Beweis. Die erwähnenswerte Technik bestand aus dem Vierzylinder-Motor mit doppelter obenliegender Nockenwelle, Vierganggetriebe und Scheibenbremsen.

(Rechts) Beim zweisitzigen Bristol 404 handelt es sich nicht um einen ausgesprochenen GT. Für Familien geeigneter waren das zweitürige Modell 403 oder das viertürige Modell 405, letzteres mit einteiliger gewölbter Windschutzscheibe. Das Reserverad war in der linken Radverkleidung untergebracht. Mechanisch handelte es sich beim Bristol um eine modernisierte Ausführung des BMW 327/328 mit 80 PS von 1938/1939 mit dem gleichen Sechszylinder-Motor mit 2 Liter Hubraum und hängenden Ventilen, aber 105 PS. Wenn man bereit und in der Lage war, 3 543 Pfund für ein Auto auszugeben, so gab es nur ganz wenige Wagen, die ein angenehmeres Fahrvergnügen mit 160 km/h bieten konnten. Nur für den amerikanischen Markt bot die Firma Arnolt für 4 250 Dollar eine offene, von Bertone geschaffene Version an.

(Links) Das »Froschaugen«-Auto, der Austin-Healey »Sprite« in seiner ursprünglichen Form von 1958. Hier verbanden sich der BMC-Zweivergaser-Vierzylinder-Motor vom Typ A mit einer Leistung von 43 PS, Viergangetriebe, Trommelbremsen, hintere Viertelelliptikfedern und eine einfache selbsttragende Karosserie. Alles zusammen wog der Wagen rund 660 kg, und 130 km/h galten als durchaus beachtlich. Das Fahrverhalten war etwas hart, die Richtungsstabilität nicht so wie sie sein sollte, und das Verdeck mußte man am Rahmen befestigen, bevor man es aufstellte, aber konnte man für nur 679 Pfund mehr erwarten? Etwa 49 000 Käufer beantworteten diese Frage eindeutig.

(Rechts) Die Mailänder Karosseriefirma Touring war für die Aston-Martin-DB4-Limousine von 1959 verantwortlich, ein 2 + 2-Sitzer, dessen 3,7-Liter-Sechszylinder-Motor mit doppelter obenliegender Nokkenwelle für 225 km/h gut war. Für diejenigen, die noch mehr erwarteten, gab es noch die GT-Version mit kürzerem Radstand, drei Weber-Vergasern, größeren Scheibenbremsen, Sperrdifferential und einer Leistung, die man von zusätzlichen 62 PS erwarten konnte. Noch aggressiver, wenn auch für den Straßengebrauch tauglich, war die Ausführung von Zagato aus den Jahren 1961/62, die hier im Bild gezeigt wird. Es war ein reiner Zweisitzer, und die Gesamtproduktion lag bei nur 25 Exemplaren.

Der vielleicht erfreulichste kleine Italiener der fünfziger Jahre und Vorfahr der Alfa Romeo der folgenden zwei Jahrzehnte war das von Orazio Satta geschaffene Coupé »Giulietta Sprint«. Bertone zeichnete für das Styling verantwortlich, die Mechanik folgte mit dem 1 290-ccm-Motor mit doppelter obenliegender Nockenwelle klassischem Alfa-Vorbild; mit einer Leistung von 65 PS und erstklassigen Bremsen sowie ausgezeichnetem Fahrverhalten waren alle Alfa-Vorzüge vorhanden. Weniger erfreulich waren allerdings die Neigung zum Rostbefall, der »Regenschirmgriff« der Handbremse und für britische Kunden der Umstand, daß für die ersten Jahre keine rechtsgelenkten Fahrzeuge angeboten wurden.

(Rechts) Wann ist ein Fiat ein Fiat? Sicherlich in dem Fall, wenn das in Österreich geborene Tuning-Genie Karl Abarth sich mit der Bodengruppe des Heckmotor-Modells 600 beschäftigt und eine von Zagato geschaffene strömungsgünstige Karosserie daraufsetzt. Dieser Abarth 1000 war ein volkstümlicher kleiner Sportwagen der frühen sechziger Jahre. Die Federung stammte von Fiat, war allerdings tiefergelegt; alle anderen Fiat-Teile wurden entsprechend verstärkt. Das Original war 1,40 Meter hoch, Abarth brachte es auf nur 1,10 Meter Höhe. Wie schnell diese Wagen waren, hing von dem Grad des Tuning ab: 170 km/h mit Stößelstangen und einem Vergaser, aber 210 km/h mit doppelter obenliegender Nockenwelle und zwei Doppelstromvergasern von Weber. Scheibenbremsen waren eine absolute Notwendigkeit.

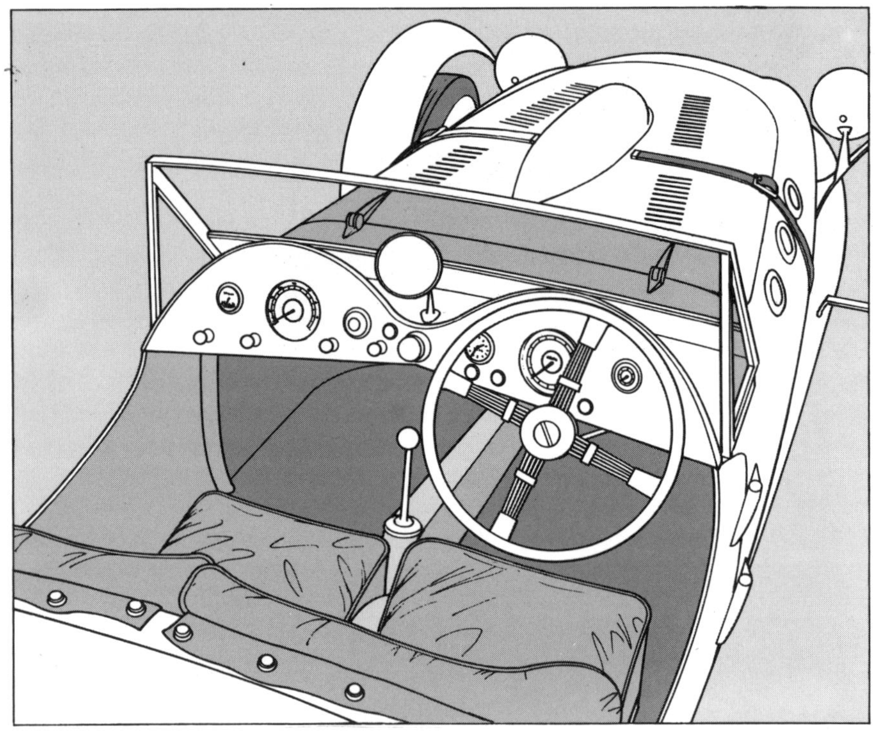

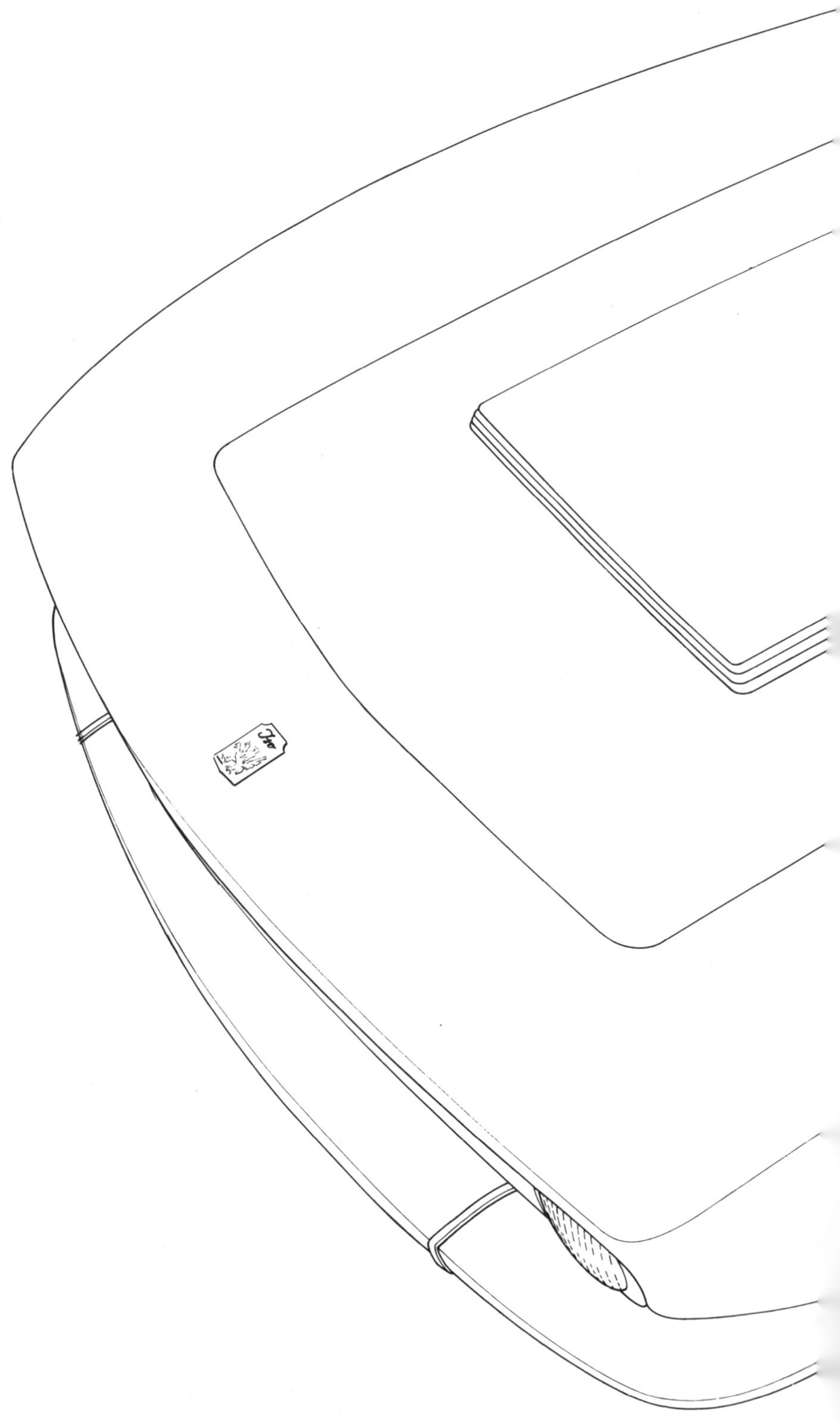

vorschwebte, den sie selbst herstellen mußten. Das gelang ihnen nicht zufriedenstellend, und es galt als schwacher Trost, daß so etwas auch Unternehmen wie MG (mit dem Zweinockenwellen-Motor) und Fiat (mit dem 500 S) passierte, nur: Diese konnten sich einen solchen Fehler leisten, Facel aber nicht. Als sie es einsahen und sich dem zuverlässigen Motor von Volvo zuwandten, ließ sich das Schicksal des Unternehmens nicht mehr beeinflussen. Facels Versuch zur Wiederbelebung des französischen »grand routière« von 1954 folgte einem sicheren Weg und hatte einen gewissen Erfolg. Motor und automatisches wie auch manuelles Getriebe stammten von Chrysler aus Amerika. Das bedeutete fast die Wiedergeburt der angloamerikanischen »Sportmischungen« der dreißiger Jahre, wenn auch jetzt mit französischem Vorzeichen. Die Schwierigkeiten, die sich beispielsweise Railton 1935 boten, der bei Motoren nur geringe Auswahl hatte, stellten sich Jean Daninos von Facel nicht. Die neuen amerikanischen V-8-Motoren waren billig und leistungsstark und erfuhren auch laufend neue Leistungssteigerungen. In Großbritannien verwendete Sidney Allard für seine Wagen britische Ford-V-8-Motoren, verschiffte seine Autos aber auch ohne Motor in die Vereinigten Staaten und ließ dort die neuesten V-8-Motoren mit hängenden Ventilen von Cadillac, Oldsmobile und Chrysler einbauen. Weniger erfolgreich sollten Versuche sein, amerikanische Motoren und kontinentaleuropäische Fahrgestelle zu vereinen, so im Falle eines frontgetriebenen Rosengart im Jahre 1946 und bei Italmeccania 1950. Healey baute ab 1950 Roadster mit Nash-Motoren für den amerikanischen Markt. Der Facel markierte nur eine kurze Periode. Fahrgestell und Styling waren unzweifelhaft europäisch. Für Facel ergab sich aber anfangs die Notwendigkeit, manuelle Vierganggetriebe selbst herzustellen, da sie bei den Amerikanern erst später zur Verfügung standen. Facels Nachfolger hatte es also leichter. Gordon-Keeble, sicherlich einer der besten Euroamerikaner, konnte auf die Dauer auch nicht bestehen, aber es gab noch drei weitere britische Wettbewerber: AC, Bristol und Jensen. In Italien folgten drei Unternehmen – Bizzarini, Iso, de Tomaso – diesem Rezept, und auch der Schweizer Monteverdi fand Gefallen daran. Er sowie Jensen und Bristol hatten sich für einen Chrysler-Motor entschieden, während die übrigen sich an Chevrolet und Ford hielten. Ihre Fertigprodukte reichten dann vom spartanischen AC Cobra bis zum luxuriösen Bristol, konservativ in der Linienfüh-

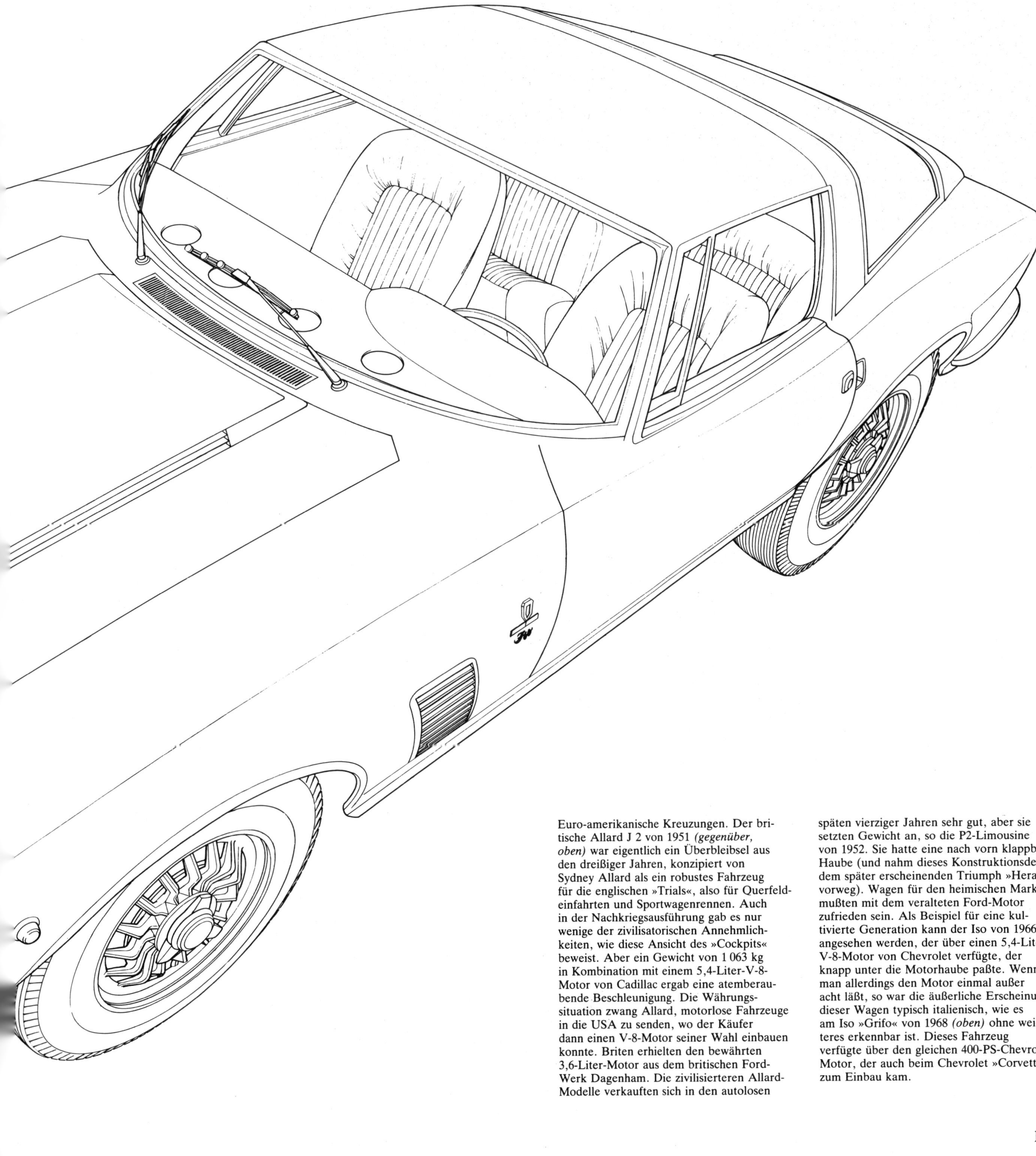

Euro-amerikanische Kreuzungen. Der britische Allard J 2 von 1951 *(gegenüber, oben)* war eigentlich ein Überbleibsel aus den dreißiger Jahren, konzipiert von Sydney Allard als ein robustes Fahrzeug für die englischen »Trials«, also für Querfeldeinfahrten und Sportwagenrennen. Auch in der Nachkriegsausführung gab es nur wenige der zivilisatorischen Annehmlichkeiten, wie diese Ansicht des »Cockpits« beweist. Aber ein Gewicht von 1 063 kg in Kombination mit einem 5,4-Liter-V-8-Motor von Cadillac ergab eine atemberaubende Beschleunigung. Die Währungssituation zwang Allard, motorlose Fahrzeuge in die USA zu senden, wo der Käufer dann einen V-8-Motor seiner Wahl einbauen konnte. Briten erhielten den bewährten 3,6-Liter-Motor aus dem britischen Ford-Werk Dagenham. Die zivilisierteren Allard-Modelle verkauften sich in den autolosen späten vierziger Jahren sehr gut, aber sie setzten Gewicht an, so die P2-Limousine von 1952. Sie hatte eine nach vorn klappbare Haube (und nahm dieses Konstruktionsdetail dem später erscheinenden Triumph »Herald« vorweg). Wagen für den heimischen Markt mußten mit dem veralteten Ford-Motor zufrieden sein. Als Beispiel für eine kultivierte Generation kann der Iso von 1966 angesehen werden, der über einen 5,4-Liter-V-8-Motor von Chevrolet verfügte, der knapp unter die Motorhaube paßte. Wenn man allerdings den Motor einmal außer acht läßt, so war die äußerliche Erscheinung dieser Wagen typisch italienisch, wie es am Iso »Grifo« von 1968 *(oben)* ohne weiteres erkennbar ist. Dieses Fahrzeug verfügte über den gleichen 400-PS-Chevrolet-Motor, der auch beim Chevrolet »Corvette« zum Einbau kam.

(Links) Ein Musterbeispiel für die neue Generation der Euro-Amerikaner war das Facel-Vega II Coupé von 1964, für das die vertikal untereinander angeordneten Scheinwerfer kennzeichnend waren und die Speichenräder mit Zentralverschluß. Die kantige Dachlinie garantierte gute Sicht nach allen Seiten. Der Chrysler-V-8-Motor war mit seinem normalen »Torqueflite«-Automatikgetriebe lieferbar oder einem vollsynchronisierten manuellen Getriebe aus eigener Fertigung. In der letzteren Ausstattung standen 390 PS zur Verfügung. Aber die Finanzierung machte große Schwierigkeiten, und während drei Jahren wurden nur 184 Facel II hergestellt.

(Rechts) Italien hatte seine speziellen Fiat-Versionen, Frankreich seine Sportwagen auf Renault-Basis. Die Verbindung zwischen Alpine und Renault war etwa mit dem Verhältnis Fiat-Abarth zu vergleichen. In einer Reihe von Ländern wurden die Alpine-Fahrzeuge durch die Renault-Verkaufsorganisationen vertrieben. Die Coupés von Jean Rédélé basierten auf verschiedenen Renault-Modellen mit Heckmotor. Typisch waren die Ausführungen Mitte der sechziger Jahre, wie dieser Alpine A 110, bei dem im wesentlichen die R-8-Mechanik Verwendung fand. Servounterstützte Scheibenbremsen, unabhängige Radaufhängung und Zahnstangenlenkung gehörten zur Standardausrüstung. Vier- oder Fünfganggetriebe gab es nach Wunsch, und die Motoren waren mit einem Hubraum von 1 100 bis 1 300 ccm und einem Leistungsvolumen von 65 bis 120 PS zu haben. Die 1 255-ccm-Version brachte 205 km/h, und die Marke Alpine war eine potente Kraft in der internationalen Rallye-Szene der späten sechziger Jahre.

(*Rechts*) Nach 1963 gab es von Mercedes-Benz keine ausgesprochenen Sportwagen mehr, nur noch eine Reihe schön aussehender Roadster mit Sechszylinder-Motor mit obenliegender Nockenwelle. Vom ursprünglichen 230 SL ging die Entwicklung 1967 zum 250 SL und gegen Ende unserer zwei Jahrzehnte zum 280 SL. Zur Standardausrüstung gehörte Benzin-Einspritzung; die Eingelenk-Pendelachse beseitigte etliche der Schwierigkeiten, die beim Handling früherer Modelle auftraten. Alle diese Modelle waren mit Lenkhilfe und Automatik lieferbar. Die Höchstgeschwindigkeit lag bei 185 bis 195 km/h. Die Verkaufszahl in den Jahren 1963 bis 1971 lag bei 44 312 Einheiten.

(*Links*) Euro-amerikanisches Kraftpaket: Der AC-Shelby »Cobra« 427 von 1967. Die Karosserie ist die des AC »Ace« von 1954, und zur Verwendung kommt auch der gleiche Doppelrohrrahmen, aber eine unabhängige Radaufhängung an Schraubenfedern trat an die Stelle der früheren Querfeder-Anordnung. Mit dem AC-2-Liter-Sechszylinder-Motor schaffte der Wagen etwa 160 km/h, mit Fords 7-Liter-V-8-Motor und 425 PS bewegte man sich bei 240 km/h, und es dauerte nicht lange, das zu erreichen. Etwa 1 500 »Cobras« aller Typen (frühere Ausführungen hatten 4,3- und 4,7-Liter-Motoren) wurden zwischen 1962 und 1969 hergestellt. Dieses Modell sollte zu einem bevorzugten Objekt der Replika-Hersteller in den achtziger Jahren werden.

(*Rechts*) Zweckmäßigkeit in jeder Linie: Der Lamborghini »Espada« von 1968 sieht schon im Stand so aus, als wäre er 240 km/h schnell, und er war auch in der Lage, diese Geschwindigkeit zu erreichen. Es wurde das bestverkäufliche Modell des Unternehmens, bis 1975 fanden 1 277 Exemplare einen Käufer. Die Notwendigkeit von vier Sitzplätzen schrieb eine konventionelle Motorunterbringung vor, und der V-12-Motor mit 3,9 Liter Hubraum verfügte über vier obenliegende Nockenwellen, und die sechs Vergaser wurden durch zwei elektrische Pumpen gespeist. Er verfügte über fünf Vorwärtsgänge und einen synchronisierten Rückwärtsgang.

rung, qualitativ hochwertig gefertigt und nur mit Automatikgetriebe erhältlich.

Leistung war auch ausreichend vorhanden. Unter den sieben europäischen Wagen des Jahres 1966, deren Leistung mit 300 PS oder mehr genannt wurde, verfügten vier (zwei Modelle von AC, Bizzarini und Iso) über amerikanische Motoren, wobei der 7-Liter-AC mit 425 PS die Spitze einnahm und den stärksten Ferrari mit 400 PS noch überbot. Und wenn auch auf dem Papier niemand den Ferrari mit einer Höchstgeschwindigkeit von 280 km/h überbieten konnte, so brachten es doch AC, Bizzarini und Iso Grifo ebenfalls auf 240 km/h. Preislich waren sie ebenfalls wettbewerbsfähig. 1963 stellte sich in der Schweiz der AC Cobra nur unwesentlich teurer als der Jaguar E-Typ und kostete mit 28 000 Franken effektiv weniger als der Chevrolet Corvette. 1969 war der Iso mit Chevrolet-Motor mit 44 500 Franken unter den viersitzigen Sportwagen auf dem Schweizer Markt billiger als der kleine 2-Liter-Heckmotor-Ferrari »Dino«.

Auf die Dauer konnten diese handgefertigten Schöpfungen gegen Ferrari nicht bestehen, und besonders die Energiekrise von 1973 wie auch die kleiner werdenden amerikanischen Motoren machten ihnen zu schaffen. Ein großer V-8-Motor mit einem vollsynchronisierten Vierganggetriebe konnte »italienische« Leistung bringen, nicht so aber sein müder Nachfolger mit zweifelhaften 150 PS und Automatikgetriebe. Nur Bristol und De Tomaso boten 1982 noch Euroamerikaner an – und brachten es zusammen auf etwa 250 Einheiten.

Der Frontantrieb konnte sich bei den echten Sportwagen nicht durchsetzen, sieht man einmal ab vom Panhard »Junior Sport«, seinem engen Verwandten D. B. und einigen anderen französischen Verwendern der gleichen Aggregate. Die modische, kleine sportliche Limousine der Jahre 1962 bis 1969 war der Mini, genauer gesagt als Cooper-S-Version mit 1,3-Liter-Motor. Er brachte es auf 160 km/h mit der gewohnten Mini-Fahrweise und mit dem BMC-Service. Viele Leute hatten sich eine Weiterentwicklung als MG vorgestellt, und es gab auch Prototypen. Aber zu einer Produktion kam es nicht, statt dessen schloß die Fabrik Abingdon im Jahre 1980.

Ganz anders war es mit dem Heckmotor, der über eine stattliche Gefolgschaft verfügte – auch schon bevor 1966 der Mittelmotor aufkam. Das lag sicherlich daran, daß den Spezialisten für ihre Arbeit drei bewährte Basiskonstruktionen zur Verfügung standen: Fiat, Renault und Volkswagen. Der unsterbliche Porsche kam 1948 zuerst praktisch als VW-Spezialversion auf den Markt. Sein technisches Konzept beruhte auf dem Käfer, und das blieb so bis zur Produktionseinstellung des Typs 356 im Jahre 1965. Der Erfolg dieses Konzepts läßt sich leicht an den Produktionszahlen ablesen. 1950: 335 Wagen; 1956: 5 000 Wagen; 1964: 10 000 Wagen. Danach erschien der neue Typ 911 mit Sechszylinder-Boxermotor.

Mit Anbringung des Motors über der Achse und eines Gewichtsanteils von etwa 60 Prozent im hinteren Teil des Wagens zeigte sich der Porsche als ein außerordentlich schneller Kurvenfahrer, wenn auch bei überhöhter Geschwindigkeit die Übersteuerungstendenz alarmierend wurde. Nach Erreichen eines gewissen Punktes machte der Wagen, was er wollte. Ein Porsche-Katalog Mitte der fünfziger Jahre zeigte einem den Weg: Man begann mit einem zahmen 44-PS-»Dame«, der 145 km/h brachte, und steigerte sich – vorausgesetzt, das Bankkonto war dementsprechend – zum äußerlich gleichen »Carrera«, der aber über einen Viernockenwellen-Motor mit 2,2 Liter Hubraum verfügte. In den richtigen Händen waren damit 200 km/h möglich. Porsche blieb dem Boxermotor treu und brachte 1969 den 2,2-Liter-Sechszylinder mit Zweikreis-Scheibenbremsen und fünf Vorwärtsgängen heraus. Ab 1965 bot Fiat erfreuliche Coupé- und Spider-Versionen ihrer kleinen 850er-Limousine.

Das Mittelmotorprinzip mit seiner ausgezeichneten Gewichtsverteilung und guter Fahrcharakteristik stand Ende der sechziger Jahre erst am Beginn seiner Entwicklung. Als erster Vertreter stellte sich 1963 der kurzlebige italienische ATS vor, bei dem der 2,5-Liter-V-8-Motor mit doppelter obenliegender Nokkenwelle vor dem Getriebe saß. Zur Verwendung kam ein Rohrrahmen mit Schraubenfederung aller Räder. 1966 erschien der Lamborghini »Miura« mit querliegendem V-12-Motor. Der Quereinbau des Motors erfolgte auch beim ursprünglichen Ferrari »Dino« des Jahres 1968 sowie beim britischen Unipower, der interessanterweise einen Mini-Motor am »falschen« Ende verwendete. Andere kleinere Wagen, die dieses Prinzip in die Tat umsetzten, waren der Lotus »Europa« mit einem am Ende des Mittelträgerrahmens angebrachten Renault-Motor, der französische Matra mit einem Ford-V-4-Motor und der Ginetta G 15, bei dem ein Hillman-»Imp«-Motor mehr vor als über der Antriebsachse angebracht war.

Als Vorteil konnte man eine kurze Fronthaube, niedrige Schwerpunktlage und niedrige Frontpartie verzeichnen. Die Höhe des Ferrari mit 1,11 Meter ist bemerkenswert im Vergleich zu Fiats Frontantriebsmodell mit ähnlichem Motor und 1,32 Meter Höhe. Der kleine Unipower maß nur 1,03 Meter, und zusammen mit dem geringen Gewicht trug dies dazu bei, daß er sowohl schneller als auch sparsamer fuhr als der Mini-Cooper mit gleichem Motor. Die nach hinten schlechtere Sicht und ein höherer Geräuschpegel mußten als Nachteile verzeichnet werden.

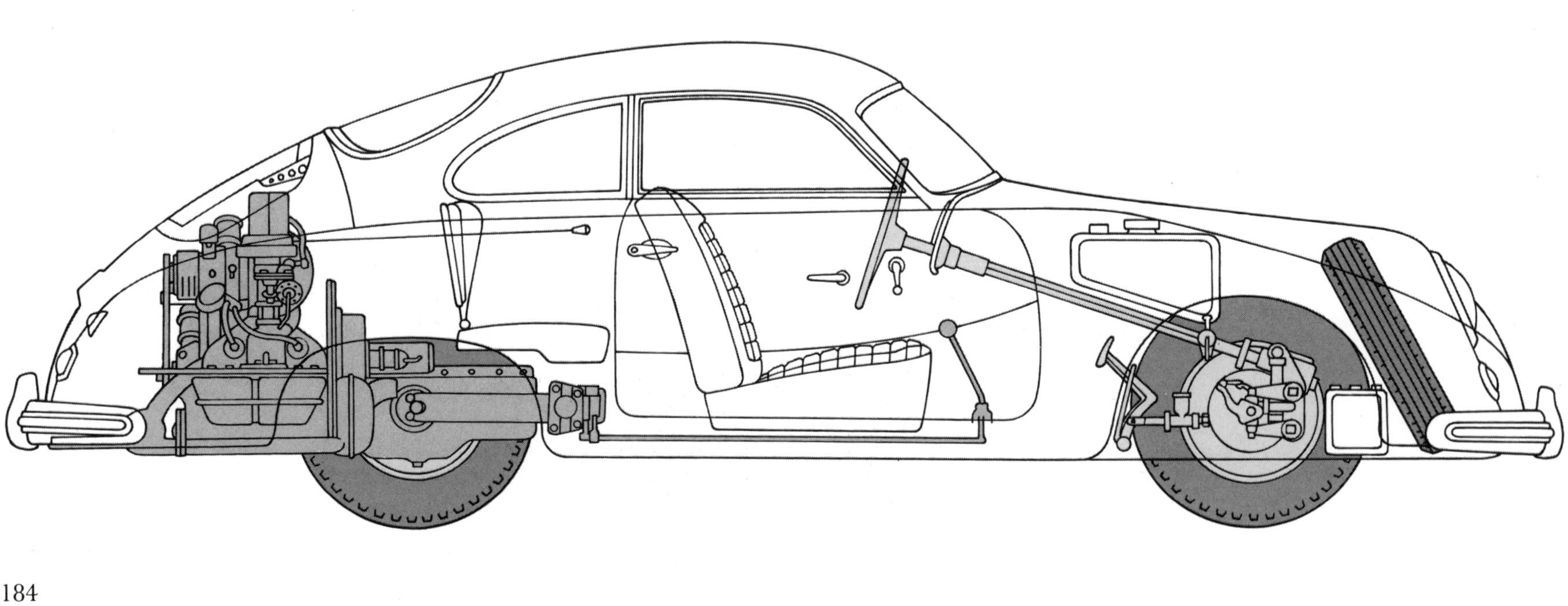

Man fühlte sich fast erleichtert, wenn man in die Niederungen des volkstümlicheren Sportwagens hinabstieg. Hier regierte – ausgenommen bei Fiat – das System »Panhard« noch ungeschmälert während der Jahre 1951 bis 1961. Motoren mit Stößelstangen lebten noch, wenn auch notgedrungen, da alles andere die Preise hochgetrieben hätte. Kunden konnten hier noch seitliche Einsteckscheiben statt Kurbelfenster erwerben.

In den dreißiger Jahren kamen billige Sportwagen aus Großbritannien. Dank der damaligen Steuergesetzgebung hatten sie kleinvolumige Motoren, und die Starrachsen waren mit Halbelliptik-Federn und Stoßdämpfern gefedert.

1951 hatte sich demgegenüber nicht viel geändert, wenngleich MG auch 1950 zu vorderen Schraubenfedern übergegangen war. Das Modell »Jupiter« von Jowett, beileibe kein Bestseller, hatte das Sportwagenpublikum mit Pontonkarosserien und Gitterrohrrahmen – leider allerdings auch der Lenkradschaltung – vertraut gemacht. Die liberalere Steuergesetzgebung führte dazu, daß Morgan den 2,1-Liter-Motor des Standard »Vanguard« anstelle des 1,3-Liter-Motors einbaute. MG blieb noch bei 1,25 Litern, aber es zeichnete sich eine Tendenz ab zu größeren Motoren, die besser den amerikanischen Straßenbedingungen entsprachen. Morgan erhielt in dem Triumph TR von 1952 einen ernsthaften Wettbewerber, der denselben Standardmotor (allerdings nur mit 2,0 Liter Hubraum) verwendete, sowie auch in dem Austin-Healey 100 (mit Austin »Atlantic« 2,7-Liter-Motor) und dem nicht ganz so erfolgreichen Allard »Palm Beach« mit Ford-Motor. Auf der Londoner Ausstellung von 1955 erschien der stromlinienförmige MG-A, 1957 adoptierte Triumph vordere Scheibenbremsen, und der MG-B erschien 1962 in selbsttragender Bauweise. Außerdem gab es Colin Chapman und seine Lotus-Sportwagen mit Gitterrohrrahmen, die den Weg bereiteten zur selbsttragenden Kunststoffkarosserie des »Elite«-Coupés. Das Modell »Seven« wurde während der ganzen Sechziger produziert. Mit dem 1,5-Liter-Ford-Motor erreichte er 160 km/h und bot ein Maximum an Unbequemlichkeit für die Besatzung. 1963 stand dann auch ein zivilisierter offener Wagen mit dem Modell »Elan« zur Verfügung, ausgestattet mit einem Motor mit doppelter obenliegender Nockenwelle, Mittelträgerrahmen, unabhängiger Radaufhängung und Scheibenbremsen an allen Rädern. Ein preiswerterer Zeitgenosse, der Triumph »Spitfire«, hatte ebenfalls eine unabhängige Radaufhängung. Von 1965 an erhielten auch die TR-Modelle unabhängige Hinterradaufhängung. Es gab auch einen Euroamerikaner in dieser Gruppe. 1964 wurde aus dem Sunbeam »Alpine« der »Tiger«, indem man ihm einen Ford-V-8-Motor verpaßte. So ergab es sich, daß die Briten ihrem Gebiet treu blieben, während sich die Deutschen um den Sektor der prestigeträchtigen Ausführungen kümmerten. MG baute in den zwanzig von uns abgehandelten Jahren 426 890 Sportwagen und Triumph mehr als 340 000, von denen nicht einmal 10 Prozent im Inland abgesetzt wurden. Lotus brachte es zwischen 1963 und 1969 immerhin auch auf 12 000 Exemplare des Typs »Elite«. Sonst hatte niemand auf diesem Sektor eine Chance. Ein französisches Angebot gab es praktisch nicht, und Porsche zeigte sich ungeeignet für Nichteingeweihte. Die kleinen Zweizylinder-Coupés von BMW und NSU sprachen international wenig an wie auch der spätere Versuch von Glas mit einem Vierzylindermotor mit zahnriemengetriebener obenliegender Nockenwelle. Alfa Romeo lag immer höher im Preis als seine britischen Wettbewerber, wenn auch das 1,3-Liter-Modell »Guiletta« ein wunderschönes Auto und dem MG um Längen voraus war. Fiat bot in allen Jahren sportliche Modelle an, aber die schnelleren 1100er konnten die Versprechungen früherer Jahre nicht halten, und die frühen Zweinockenwellen-Cabriolets schluckten unheimlich Öl. Es dauerte bis 1965, ehe sie auf britisches Territorium vordrangen, zuerst mit dem Heckmotor-Modell 850 und dann mit dem Doppelnockenwellen-Modell 124.

Die Japaner hatten vor 1964 nichts anzubieten und brachten dann den Datsun »Fairlady«. Der australische Werbespruch, daß es ein guter Ersatz für den MG-A sei, wenn auch MG den Nachfolgetyp B selbst vorher herausbrachte, war nicht so unrichtig, denn die technischen Daten ähnelten denen des MG-B, bis hin zum klar erkennbaren 1,6-Liter-Stößelstangenmotor mit zwei Vergasern. Den kleinen Honda mit Doppelnockenwellen-Motor konnte man als Spielzeug ansehen, aber Toyotas Doppelnockenwellen-Sechszylinder GT wie auch der Mazda »Cosmo« mit Zweischeiben-Wankelmotor zeigten sich als interessante Vorboten einer Zukunft, über die niemand etwas voraussagen konnte. Der bestverkaufte Sportwagen der Welt erschien 1969. Es war das Datsun-Coupé der Z-Serie mit unabhängiger Radaufhängung und Sechszylindermotor mit obenliegender Nockenwelle. Er kann als klarer Beweis dafür angesehen werden, daß die Japaner das Ende des Roadsters kommen sahen. Dreiviertelmillionen Produktionseinheiten später hatte es sich voll und ganz bestätigt.

Eine merkwürdige Renaissance des Sportwagens kündigte sich in Amerika an, obwohl der wahre Enthusiast, der schon 1950 »ausländisch« kaufte, auch noch 1969 aus Vorliebe so handelte. Von den Eigengewächsen kam nur der Chevrolet »Corvette« seinen Vorstellungen in etwa nahe. Alles andere waren »Personenwagen«, so die »Ponycars« – der »Mustang« und die anderen sportlichen Kompaktwagen – oder in der fortschrittlichsten Entwicklungsform die »Muskelwagen«, die Hochleistungswagen, wie Dodge »Charger RT« oder Pontiac GTO.

Die frühen Formen hätten Europäern einen Schreck eingejagt. Beim ersten »Corvette« von 1953 handelte es sich um die Kombination eines gekürzten Standardfahrgestells mit einem in der Leistung zwar gesteigerten, aber letztlich doch »Standard« belassenen Sechszylinders und einer Kunststoffkarosserie. Die Türabdichtung stellte ein Dauerproblem dar, und aus unverständlichen Gründen gab es nur das zweistufige »Powerglide«-Getriebe. Immerhin wurde die »Corvette« in Rennen gefahren, und man lernte dabei. Der neue kurzhubige V-8-Motor erschien 1955 etwas verspätet, 1956 gab es als Extraausstattung ein manuelles Getriebe, und ein Jahr später stand auch eine Benzineinspritzung zur Verfügung. Das Modell 1960 konnte mit manueller Viergangschaltung geliefert werden, und dem 1963 überarbeiteten Typ »Stingray« verpaßte man eine unabhängige Radaufhängung. 1965 gehörte die Ausstattung mit Scheibenbremsen an allen vier Rädern zur Standardausstattung. Damit war er dem Normalauto um Jahre voraus. Spätere »Corvette« mit dem größten V-8-Motor mit 7 Litern Hubraum brachten es auf 224 km/h. Dagegen stellte der erste »Thunderbird« einen Triumph des Styling über die Konstruktion dar, und zwar auf dem Wege über eine Verkürzung des Fahrgestells. Er verkaufte sich wegen dem »Continental«-Reserverad, dem »Thunderbird«-Spezialmotor (einem Exklusivmodell von Ford, den es aber auch bei einigen Mercury-Modellen gab) und dem abnehmbaren Hardtop mit

Das Modell 356 von Porsche war während 15 Jahren unseres Betrachtungszeitraumes lieferbar; 75 000 Wagen mit dem normalen Stoßstangenmotor wurden verkauft. Das Modell »Carrera« mit vier Nockenwellen wurde nur in sehr geringer Stückzahl seit 1955 hergestellt. Diese Seitenansicht zeigt sehr deutlich die Abstammung vom Volkswagen, und in der Tat waren die ersten Porsche in der Mechanik reine Volkswagen, wenn auch die Seilzug-Trommelbremsen von VW nicht übernommen wurden. Bei einem Wagen, der bereits in seiner Tourenausführung mit 1 100-ccm-Motor im Jahre 1951 bereits 140 km/h schnell war, waren sie absolut fehl am Platze. Der niedrige Schwerpunkt ist offensichtlich.

Der vorn angebrachte Benzintank konnte das Fahrverhalten negativ beeinflussen, wenn der Tankinhalt abnahm. Die Batterie ist hinter dem Reserverad untergebracht. Der Plattformrahmen hat hinter dem Benzintank eine stabile Querwand und kastenförmige Versteifungen. Vollkommen VW-identisch ist die Vorderradaufhängung an Torsionsstäben und Kurbellenkern, deren Verwandtschaft noch weiter zurückgeht, nämlich zu den 16-Zylinder-Auto-Union-Rennwagen der dreißiger Jahre, die ja auch eine Schöpfung Porsches waren. Die Rücksitze des Typs 356 waren praktisch Notsitze, wenn auch gut gepolstert. Die Rückenlehne ließ sich herunterklappen, wodurch ein großer Kofferraum entstand.

Amerikas Sportwagen, der Chevrolet »Corvette«, war in seiner ersten Ausführung 1953 äußerlich nicht gerade eine Offenbarung: ein Standardfahrgestell mit verkürztem Radstand, drei Vergaser für einen herkömmlichen Reihen-Sechszylinder-Motor mit 150 bis 160 PS. Eine zweistufige Automatik war bis 1955 die Standardausrüstung. So war der »Corvette« nicht gerade der große Wurf – bis er einen kurzhubigen V-8-Motor mit hängenden Ventilen erhielt. Danach kam die Sache in Bewegung. Wenn auch das 1959er Modell im wesentlichen noch wie das von 1953 aussah, so verliehen ihm doch 225 PS die Leistung eines Jaguars, ohne dessen Straßenlage allerdings.

(Gegenüber, oben) Der »Corvette« von 1961 hatte 11-Inch-Trommelbremsen (1), die trotz der Kühlschlitze in den Rädern nicht als ausreichend bezeichnet werden konnten, halbelliptische Hinterradfedern (2), einen Kastenrahmen (3) und einen sanft klingenden doppelten Auspuff (4). Die Standardausrüstung hatte ein dreistufiges vollsynchronisiertes Getriebe, vierstufig oder Automatik nur auf Wunsch. Der 4,6-Liter-V-8-Motor mit Benzineinspritzung leistete 315 PS, und der so ausgerüstete Wagen erreichte 200 km/h. 1963, wie am Beispiel dieses »Sting Ray« *(oben und gegenüber, unten)*, erlebte der »Corvette« eine Überarbeitung und erhielt ein »Haifisch«-Aussehen auf verkürztem Fahrgestell und endlich auch unabhängige Radaufhängung. 1965 kamen Scheibenbremsen an allen vier Rädern hinzu, und 1969 erreichte ein Standard-»Corvette« mit 5,7 Liter

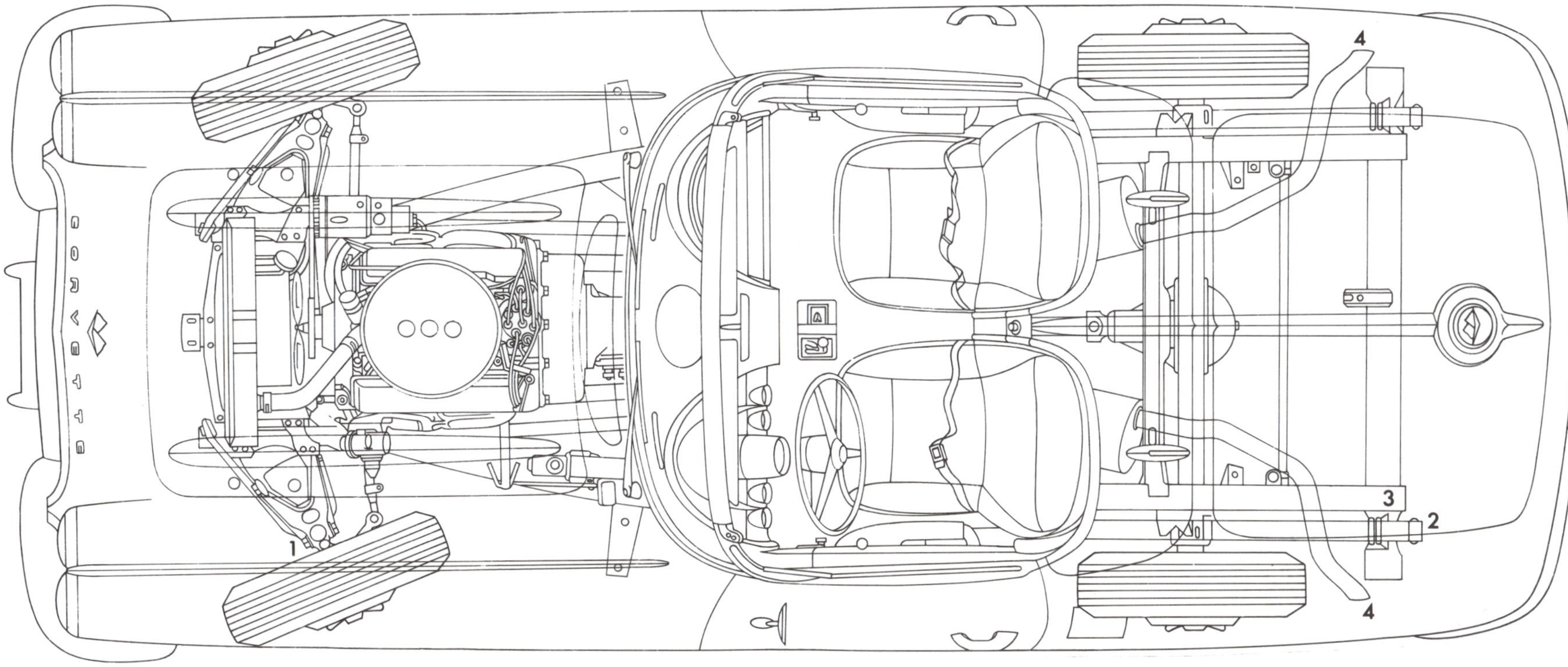

Hubraum und 300 PS eine Höchstgeschwindigkeit von 225 km, mit dem 7-Liter-Motor mit 435 PS sogar 257 km/h. Offene und geschlossene Versionen wurden angeboten, und im Jahr verkauften sich 38 762 Exemplare. Im Vergleich dazu: Porsche lieferte im gleichen Jahr 12 727 Wagen des Typs 911 aus. Jaguar stellte zwischen 1961 und 1970 insgesamt 57 240 Sechszylinder des E-Typs her. Was die »Corvettes« aller Jahrgänge gemeinsam hatten, war die Kunststoffkarosserie. Das ist der Produktionsrekord für diese Art der Karosserieherstellung. Nicht zu vergessen ist das immer wieder beeindruckende Interieur (siehe Seite 69).

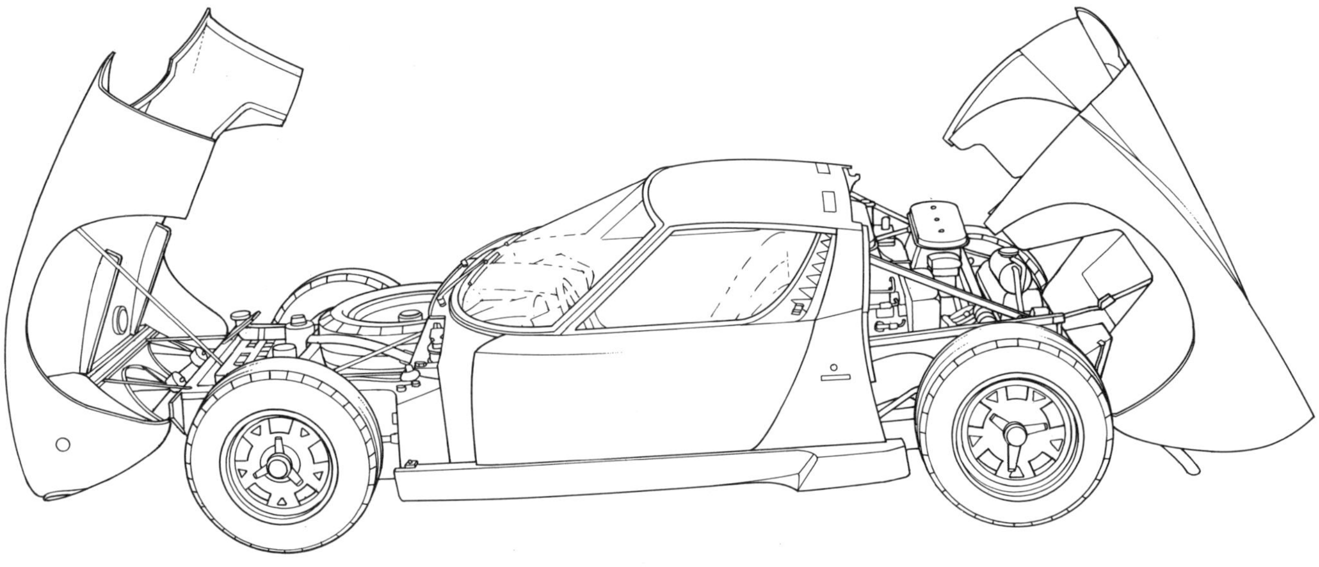

Wie beim Lamborghini »Miura P400«-Coupé von 1966 die Probleme mit der Mittelmotor-Anordnung umgangen wurden: Konstruktive Einzelheiten waren ein quer eingebauter 3,9-Liter-V-12-Motor mit vier Nockenwellen, ein vollsynchronisiertes Fünfgang-Transaxle-Getriebe, unabhängige Radaufhängung an Schraubenfedern und Zweikreis-Scheibenbremsen. Sicherlich war die angegebene Höchstgeschwindigkeit von 300 km/h etwas optimistisch, aber 270 bis 280 km/h waren möglich. Der Preis variierte von Land zu Land, aber die Schweiz bot die Möglichkeit zu einem Vergleich. Dort zahlte man für den Lamborghini soviel wie für 2¼ Jaguar E-Typ oder 1½ Cadillac-Limousinen. Durch Hochklappen der Vorderpartie hatte man Zugang zu Reserverad und Vorderradfederung, und wenn man die hintere Partie kippte, wurde man leicht an die Klappkabine eines schweren Lastwagens erinnert.

ovalen Bullaugen. Die ersten Ausführungen waren ziemlich schnell, wenn auch mit zu schwachen Bremsen. Aber ab 1957 wurde der Name einem schwerfälligen Sechssitzer mit selbsttragender Karosserie verliehen, der sich durch nichts von anderen Ford-Produkten unterschied, abgesehen von einem höheren Preis und einigen Zubehörteilen, die es sonst nur als Extras gab. Der Chrysler 300 von 1955 hatte seine Bedeutung als Vorläufer der »Muskelwagen«. Nach europäischer Vorstellung handelte es sich dabei nicht um einen echten Sportwagen, sondern mehr um ein tiefergelegtes Coupé vom Typ »New Yorker« mit eigenem Kühlergrill und der unerhörten Leistung von 300 PS. Automatisches Getriebe gehörte zur Standardausrüstung. 2 000 kg Gewicht und fünf Insassen bewegte der Wagen ohne weiteres mit 224 km/h. Bis 1965 wurde dieses Modell produziert, 1961 erreichte es die höchste Leistung. Studebaker brachte mit dem Typ »Avanti« mit Plastikkarosserie eine viersitzige Erweiterung des Themas »Corvette«. Es gab auch Hochleistungsversionen der normalen Limousinen. Typisch war Chevrolets »Impala SS«, dessen Spezifikation zwar ein manuelles Viergangetriebe, härtere Federung, stärkere Bremsbeläge, »schnellere« Lenkhilfe und größte V-8-Motoren umfaßte, es blieben doch äußerlich ganz normale US-Limousinen von 5,3 Meter Länge und ohne jeglichen sportlichen Appeal.

Die »Ponywagen« und »Muskelwagen« boten da schon etwas mehr Fahrfreude. Die Entwicklung begann 1964 mit Fords Bestseller-Modell »Mustang«. In seiner ursprünglichen Ausführung verfügte er über einen 3,3-Liter-Sechszylindermotor, aber die ebenfalls verfügbaren Achtzylinder reichten bis zu 4,7 Liter und 272 PS, die dem Wagen 190 km/h verliehen. Sie waren dabei beileibe nicht so handlich wie ein Triumph oder Jaguar, dafür aber kompakt; der Radstand betrug 2,74 Meter und die Gesamtlänge 4,61 Meter. Zur Verwendung kamen Ford-Standardteile, und somit konnte die Wartung von jedem Ford-Händler durchgeführt werden. 1966 betrug der Preis in den USA 2 522 Dollar für die V-8-Ausführung, das waren 100 Dollar mehr als für einen MG-B, aber weniger als für den Triumph TR mit 2 703 Dollar, und der »Mustang« bot vier Sitze. Der Jaguar E-Typ begann bei rund 5 400 Dollar und lag damit in einer anderen Welt.

Der »Mustang« war die Initialzündung für eine ganze Generation weiterer »Ponywagen«, wie dem Plymouth »Barracuda« und dem Chevrolet »Camaro«, und auch – höher angesiedelt – von »Muskelwagen«. Mercurys Beitrag, der »Cougar« von 1967, hatte einen um 8 cm größeren Radstand und versenkbare Scheinwerfer zur Unterscheidung. Der 200-PS-V-8-Motor stellte die Standardausführung dar, einen Sechszylinder gab es nicht. Oldsmobile steuerte das Modell »4-4-2« bei und Buick den GS (Gran Sport). Sogar die konservativen und auf Wirtschaftlichkeit bedachten American Motors stellten 1968 die Coupés »Javelin« und AMX vor, ausgerüstet mit V-8-Motor und 315 PS.

Pontiacs Beitrag bestand im prächtigen GTO »Muskelwagen«, ergänzt 1967 durch den kleineren »Firebird« – ein »Camaro« mit stilistischen Veränderungen und einer eigenen Modellreihe von Motoren. »Mustang«, »Camaro«, »Barracuda« und »Firebird« wurden 1967 in fast einer Million Exemplaren abgesetzt. 1969, als keine weiteren Leistungssteigerungen erfolgten, war ihre Verkaufskraft noch ungebrochen, und 750 000 Exemplare fanden einen Käufer. In jenem Jahr kam als letzte Entwicklung auf diesem Gebiet das Modell »Charger Daytona« von Dodge. Der 7-Liter-Motor leistete über 400 PS, die weit nach vorn ragende aerodynamische Nase enthielt einen Spoiler, und am Heck fand man Flossen und Ruder nach Flugzeugmanier. Man hat nie ernsthaft an Verkauf gedacht – ein Preisschild von 8 000 Dollar hatte abschreckende Wirkung genug –, aber das Modell erschien offiziell im Katalog, wenn auch wohl nur zu dem Zweck, ihm zur Homologation für Serienwagen zu verhelfen; es war aber durchaus ein taugliches Straßenfahrzeug.

Die meisten der »Muskelwagen« – mit Ausnahme des Dodge – gab es auch als Cabriolets, aber mit relativ niedrigen Verkaufszahlen. Das GT-Thema hatte sich auch hier durchgesetzt.

Bis jetzt stellten die »Replikas« noch keinen beachtenswerten Teil der Automobilszene dar, sollten aber im folgenden Jahrzehnt sehr modisch werden. Diese Wagen wiesen die Linienführung der zwanziger und dreißiger Jahre auf, und bei der Konstruktion konnte man unterschiedliches Geschick beobachten. Die gesamte Mechanik stammte von Produktionsmodellen. Hier konnte der Kunststoff seine Vorzüge unter Beweis stellen, aber das Verfahren gestaltete sich trotzdem außerordentlich kostspielig. Die Achillesferse des ganzen Konzepts lag in der Bereifung. 19-Zoll-Räder ließen sich herstellen, aber niemand fabrizierte Reifen nach moderner Technologie in dieser Größe. 1964 wurde durch Glenn Pray das Cord-Cabriolet von 1937 im Verhältnis 4 : 5 geschaffen, ein Chevrolet-»Corvair«-Sechszylinder-Boxermotor wurde als Frontantriebsaggregat benutzt. Drei Jahre später befaßte er sich mit der leichteren Aufgabe, einen 1935er Auburn-Speedster nachzubilden, der auf einem modernen Ford-Fahrgestell aufgebaut wurde. Brooks Stevens schuf den »Excalibur SS«, eine hinreißende Nachbildung des Kompressor-Mercedes-Benz von 1928, und zwar unter Verwendung der Mechanik von Studebaker, später Chevrolet. Auf Anhieb ließen nur die kleineren Räder und das Geräusch des V-8-Motors erkennen, daß es sich nicht um ein Original handelte. Bei näherer Inaugenscheinnahme fand man allerdings auch ein Automatikgetriebe und Lenkhilfe und manchmal auch eine Klimaanlage. In Italien brachte Zagato eine Anzahl von Replikas des Alfa Romeo »Gran Sport« von 1930 heraus, für die er die Mechanik des Alfa Romeo Giulia verwendete. Der nicht sehr erfolgreiche Studebaker »Avanti« erschien 18 Monate nach der Produktionseinstellung 1964 als Replika wieder.

Um einen »Nostalgiewagen« handelte es sich bei Vignales »Gamine« aus dem Jahre 1967. Der kleine Zweizylindermotor des Fiat 500 fand im abgerundeten Heck Platz. Jegliche Ähnlichkeit mit dem Fiat 508 C von 1935 war rein zufällig.

Bausatzautos wurden auf beiden Seiten des Atlantiks angeboten, blieben aber außerhalb der Vereinigten Staaten und Großbritanniens praktisch unbekannt. In Großbritannien stand die Kaufsteuer Pate, eine Einrichtung aus Kriegszeiten, die sich aber in Teilen bis zu Zeiten der EG-Mitgliedschaft hielt. Diese Steuer bewegte sich zwischen 30 und 66,7 Prozent, aber sie fand Anwendung nur auf neue, komplette Fahrzeuge. Dieser Umstand erklärt auch das Vorkommen von primitiven Kombiwagen-Aufbauten auf teureren Fahrgestellen, wie beispielsweise Allard und Alvis gegen Ende der Vierziger. Für diese Fahrgestelle entschied man sich, weil für diese Marken die Wartelisten nicht so lang waren. Auch schon nach deutlichen Anzeichen der Beendigung des Verkäufermarktes blieb die Kaufsteuer bestehen. Durch Kauf des Bausatzes und verschiedener Zubehörteile konnte die Steuer umgangen werden. Auch die Hersteller fuhren dabei gut, denn da sie keinen Zusammenbau vornahmen, benötigten sie auch keine entsprechenden Montagekapazitäten, ja nicht einmal eine konventionelle Fabrik.

Preisvergleiche sind außerordentlich interessant. Der Bausatz für den Elva »Courier« kostete 650 Pfund, ein kompletter Wagen gut 1 000 Pfund. Beim TVR-Coupé mit MG-Motor lag das Verhältnis bei 880 zu 1 299 Pfund, beim Lotus »Elite« betrug die Differenz rund 700 Pfund.

Amerikanische Bausatzautos entstanden als Erweiterung des »Hot Rod«- (»Heißer Ofen«-)Sports. »Phantastische Ausländer« kamen in Mode, aber sie waren teuer. Das betraf vor allem Kalifornien, wo noch hohe Frachtkosten zu den Importabgaben hinzukamen. Ein Austin-Healey stand mit 2 985 Dollar im Katalog, kostete aber 3 400 Dollar, bis er auf der Straße stand. So erhob sich die Frage, warum man sich nicht selbst einen Sportwagen bauen sollte, der auch so aussah. Man nehme ein Ford-V-8-Fahrgestell, verkürze es und baue eine nichtrostende Kunststoffkarosserie darauf. Diese Karosserien wurden zwischen 395 und 800 Dollar angeboten. So konnte ein geschickter Mechaniker für die Hälfte des Preises zu einem Fahrzeug kommen, und er hatte

Kleine Sportwagen mit Mittelmotor. Der französische Matra M530 *(unten)* erschien gegen Ende der hier betrachteten Periode und hatte eine auf einer geschweißten Stahlbodengruppe aufgebaute Plastikkarosserie. Unabhängige Radaufhängung, Zahnstangenlenkung und Scheibenbremsen waren bei einem solchen Wagen zu erwarten. Zwischen Matra und Chrysler-Simca bestanden damals noch keine Verbindungen, und man trennte sich auch von dem Renault-Motor, den die Vorgängerfirma René Bonnet verwendet hatte. Statt dessen übernahm man den V-4-Motor von Ford/Köln, der auch schon von Saab verwendet wurde. Er hatte einen Hubraum von 1,7 Liter und leistete 90 PS. Es gab sowohl eine Version mit festem Dach als auch eine »Targa«-Version. Mit 18 510 Francs war der Matra allerdings teurer als die Citroën-Limousine der D-Serie mit allen Finessen. Der Unipower *(links)* von 1965 war das Erzeugnis einer kleinen britischen Firma, die normalerweise Forsttraktoren baute. Ihr GT-Coupé wirkte allerdings gar nicht schwerfällig. Der zur Verwendung kommende Mini-Motor war im Heck eingebaut, und der Wagen verfügte über einen Gitterrohrrahmen; die Karosserie bestand aus Kunststoff. Die Höhe des Wagens betrug nur 1 Meter. Mit einem 1 275-ccm-Cooper-Motor erreichte der Unipower 192 km/h, Wettbewerbsversionen waren noch um 30 km schneller. Die Produktion wurde im Januar 1970 eingestellt, nachdem etwa 75 Fahrzeuge hergestellt worden waren.

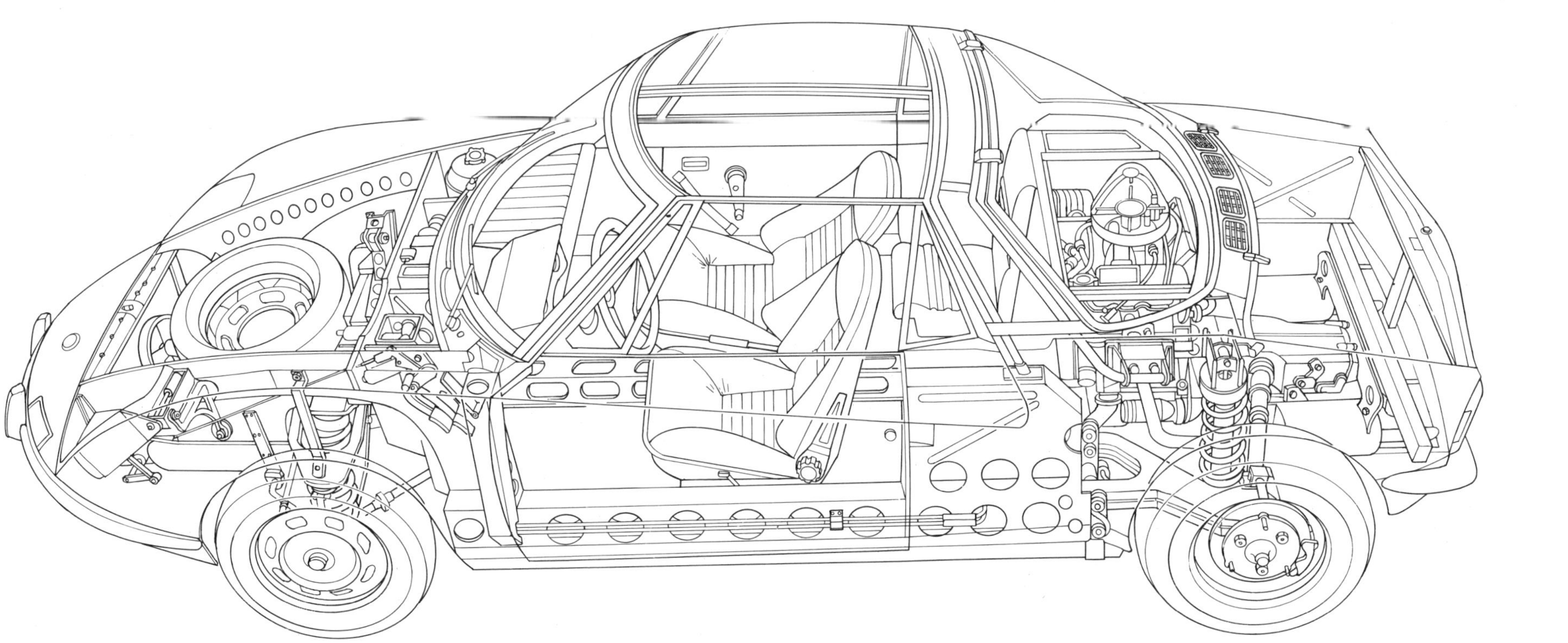

(Oben) Der Buick »Riviera« von 1963 war ein »Individualisten-Auto« in der Art, die von Ford mit dem Modell »Thunderbird« erstmals kreiert worden war. Aber er verfügte über eine Anmut, die den späteren sechssitzigen Ford-Versionen total abging, und Chromzierat wurde nur sehr sparsam verwendet. Die Proportionen waren so ausgewogen, daß man die Länge von 5,3 Meter und die Breite von 1,9 Meter in Kauf nahm. Bremsen und Lenkung erhielten Kraftunterstützung, und mit dem 6,6-Liter-Motor und 325 PS boten 190 km/h keine Probleme. Frühe Ausführungen waren noch mit dem unzureichenden »Dynaflow«-Automatikgetriebe ausgerüstet, und vordere Scheibenbremsen existierten noch nicht einmal als Extras.

(Links) Ford »Mustang« von 1965, das Erscheinen der »Pony-Wagen«. Ungefähr 700 000 Einheiten wurden in den ersten 10 Produktionsmonaten verkauft; über eine Million der Coupé-Version in weniger als zwei Jahren. Mit dem auf Wunsch erhältlichen V-8-Motor mit 4,7 l Hubraum erreichte der Wagen eine Höchstgeschwindigkeit von 184 km/h. Die Standardausführung mit Sechszylinder-Motor war dagegen recht müde, und auch das Fahrverhalten konnte nicht unbedingt befriedigen, aber der Name verkaufte sich gut. Dazu verhalfen auch das sportliche Aussehen und eine einfache Mechanik sowie die verfügbaren Extras, die eine Vielzahl von individuellen Ausstattungen ermöglichten.

Triumph der Nostalgie. Eines der ersten Replikas war im Jahre 1964 ursprünglich als Schaustück für Studebaker gedacht. Es stammte von Brooks Stevens und hörte auf den Namen »Excalibur SS«. Nach der Produktionseinstellung im Studebaker-Motorenwerk kam ein Motor von Chevrolet zum Einbau. Hier *(rechts)* wird die Roadster-Version des Jahres 1971 gezeigt, die sich sehr stark an das Mercedes-Benz-Modell »SS« von 1929 anlehnt. Servounterstützung gab es für die Scheibenbremsen und die Lenkung. Für den Wagen war sowohl ein Vierganggetriebe wie auch eine Automatik lieferbar. Diese Ansicht des Fahrgestells zeigt deutlich, daß der Excalibur länger und breiter ist als das Meisterstück aus Stuttgart. Auch gab es beim Original niemals Stoßstangen. Die Verkleidung der Federhände verbirgt die unabhängige Vorderradaufhängung.

(Unten) Ein Excalibur SS von 1976 als viersitziges Phaeton unterschied sich nicht sehr von der Version von 1969. Bei dieser Ansicht fallen auch die breiten Reifen nicht besonders auf. Aber die zu massigen Stoßstangen verraten, daß der Wagen nicht von 1929 stammt. Bei dem Heckkoffer mit Segeltuchüberzug handelte es sich um ein beliebtes Zubehörteil der klassischen Periode. Wie dem auch sei – der Autor hat sich in Kalifornien doch einmal täuschen lassen, bis er das charakteristische Auspuffgeräusch eines V-8-Motors hörte.

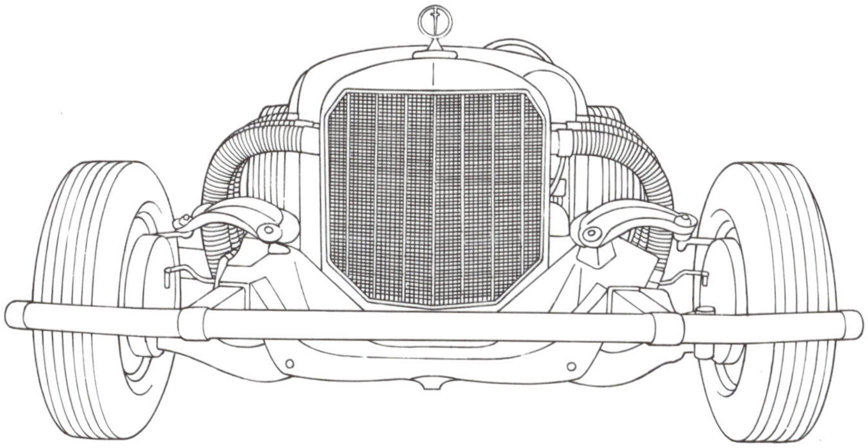

den Vorteil, die Ersatzteilfrage durch einen Besuch auf dem Schrottplatz günstig zu gestalten.

Die Industrie entwickelte sich zum Hersteller von Karosserie-Austauschteilen aus Kunststoff für Volkswagen, Austin-Healey und MG wie auch für eingeborene Produkte. Außerdem gab es Vorstöße auf das Gebiet der Fahrgestellentwicklung. Bocar, einer der bedeutenderen Hersteller, baute Gitterrohrrahmen zur Aufnahme von Einbaumotoren. Das Interesse der Firma Woodil lag mehr auf der Schaffung von Tourenwagen. Sie verbanden den kreuzförmigen Rahmen eigener Konstruktion mit Kunststoffkarosserien und altertümlichen Federelementen von Ford. Fibersport aus Illinois verwendete Motoren und Fahrgestelle von Crosley, gab aber einem Austin-Getriebe den Vorzug gegenüber dem von Crosley. Von Kellison bekam man Fahrgestelle oder Blaupausen, wenn man es sich zutraute, die Herstellung selbst durchzuführen. Die Karosserien waren in verschiedenen Stadien der Fertigstellung zu erhalten. Die Preise reichten von 380 Dollar für die Rohschale bis zu 600 Dollar in montagefertigem Zustand.

Die britische Bausatzindustrie arbeitete auf verschiedenen Ebenen. In den frühen Tagen des Bestehens bot Dellow »re-fabrizierte« Wagen an, die auf alten Ford »Ten« basierten und mit deren Papieren geliefert wurden. Die von Buckler gelieferten Bausätze folgten einem ähnlichen Konzept, lieferten jedoch einen Gitterrohrrahmen eigener Konstruktion, wie es auch Falcon tat. Rochdale folgte dem Vorbild von Lotus mit einer Monocoque-Kunststoff-Form, bot aber im Gegensatz zu Lotus vier Sitzplätze. Andere Unternehmen entwickelten stromlinienförmige Karosserien, die ohne Schwierigkeiten auf Fahrgestelle von Ford oder Vorkriegs-Austin aufgebaut werden konnten. Auch sie wurden überwiegend mit den Originalpapieren geliefert, und man fand sich in der Situation, etwas aufregend modern Aussehendes im Stil von 1959 zu besitzen, sich aber mit Bremsen und Fahrverhalten von gestern abfinden zu müssen. Einige dieser Karosserien waren sehr interessant. Die Firmen Conversion Car Bodies und Tornado Cars boten Sportkombis in Kunststoff-Bauweise an. Tornados »Sportbrake« der frühen sechziger Jahre war ein etwas einfacher Vorläufer des Reliant »Scimitar«, dessen Erscheinen gegen Ende unseres Betrachtungszeitraumes erfolgte.

Größere Firmen gaben sich nicht mit der Herstellung von Karosserien zufrieden. Sie lieferten ebenfalls Fahrgestell und Federung, teilweise auch den Motor, wenngleich der nicht aus eigener Produktion stammte. Hinter den Namen Elva, Fairthorpe, Ginetta, Tornado und Turner verbargen sich ernst zu nehmende Sportwagen. Lotus bot die Modelle »Elite« und »Elan« sowohl als Bausätze als auch als Komplettfahrzeuge an. Nach dem gleichen Rezept verfuhr TVR mit seinen Coupés unter Verwendung von Motoren von MG, Coventry-Climax oder Ford sowie auch die Walliser Firma Gilbern. Gegen Ende unserer Periode hatten sie sich zu kultivierten viersitzigen Sportlimousinen mit Ford-V-6-Motoren, Overdrive und Automatikgetriebe (auf Wunsch) entwickelt. Aber auch der Selbstbauer konnte sie bis zur Einführung der Mehrwertsteuer als Bausatz erhalten.

Wie lange die Herstellung eines Autos dauerte, hing von der Geschicklichkeit und Ausdauer des Bastlers ab – und vom Optimismus des Herstellers. Turner meinte, daß sein Sportwagen-Bausatz von 1961 in 25 Stunden zusammengebaut werden könne. Savage, ein kalifornischer Hersteller von Karosserien, hielt 600 Stunden für eine gute Leistung.

Weder luxuriös noch sportlich gaben sich die allradgetriebenen Geländewagen, eine Entwicklung, die im Zweiten Weltkrieg ihren Anfang nahm. Die Urform stellte der Jeep dar, der 1940 von Bantam (dem Nachfolger der amerikanischen Austin-Gesellschaft) geschaffen und von Ford und Willys in Großserien hergestellt wurde. Willys setzte die Produktion 1945 mit zivilen Versionen fort und wurde von dem Zwischenspiel der Kaiser-Willys-Fusion ebensowenig beeinflußt wie vom Ende der Marke Willys im Jahre 1963. Unter den ausländischen Lizenznehmern sind Hotchkiss in Frankreich zu nennen – wo die Jeep-Produktion noch 15 Jahre nach Einstellung der Personenwagenherstellung weiterlief – und Mitsubishi in Japan.

In seiner einfachsten Form war der Jeep ein geländegängiges Fahrzeug mit großer Bodenfreiheit und einem Aufbau, der auf alles Überflüssige verzichtete. Der Vorderradantrieb konnte ausgeschaltet werden, das Getriebe war vollsynchronisiert, die Bremsen arbeiteten nach dem hydraulischen Prinzip, sonst gab es aber keine Zugeständnisse. Für normale Straßenfahrten wurde Hinterradantrieb empfohlen, um die Abnutzung von Reifen und Getriebe gering zu halten. Der wesentliche Vorteil lag außer in der Geländegängigkeit in der Verwendung von Standardteilen in großem Umfang. Als Nachteile sind die Unbequemlichkeit, harte Federung und ein unheimlicher Benzindurst zu bezeichnen. 1951 waren verschiedene Jeep-Ableitungen auf dem Markt. Großbritannien steuerte den Landrover bei, Frankreich den Delahaye VLR und Italien den Fiat »Campagnola«. Japans Wettbewerb bestand aus dem Toyota »Land Cruiser« und dem Nissan »Patrol«, beide mit Sechszylinder-Lastwagenmotoren. Der Fiat und der Delahaye verfügten über unabhängige Radaufhängung, was ein Schritt in die richtige Richtung war. Der Delahaye aber erwies sich als zu kompliziert für die französische Armee und verschwand dann bald von der Bildfläche. Schon 1947 erschien ein Jeep-Kombiwagen (ursprünglich nur mit Hinterradantrieb), gefolgt von dem »Jeepster«, den es – wie auch spätere Jeeps – mit Sechszylindermotor gab und mit einer offenen, sportlichen Karosserie. Die Landrover erhielten vernünftige – wenn auch schlecht geräuschgedämpfte – Kastenaufbauten anstatt durchgehender Segeltuchdächer und bald auch eine dem Kombiwagen entsprechende Ausstattung. Seit 1958 ist auch ein Dieselmotor verfügbar, ein Schritt in Richtung Wirtschaftlichkeit. Ein Durchbruch erfolgte 1963 mit dem Jeep »Wagoneer«, einem Sechszylinder-Kombiwagen mit obenliegender Nockenwelle und einer Höchstgeschwindigkeit von 145 km/h, aber ohne die geringste Beeinträchtigung der Geländegängigkeit. Als Sonderaustattung standen Automatik und Lenkhilfe zur Verfügung. Während der sechziger Jahre gewann der leichte Geländewagen an Bedeutung. In den USA widmeten sich International Harvester, Ford und Chevrolet diesem Thema. Der britische Austin »Gipsy« von 1958, mit unabhängiger Radaufhängung, konnte den Erfolg des Landrover für sich nie erringen, hatte dieser doch 1966 die stolze Produktionszahl von einer halben Million Einheiten erreicht. Der Range Rover von 1970 mit 3,5-Liter-V-8-Motor stellte das Nonplusultra für Straße und Gelände dar. Er verfügte über Scheibenbremsen, ständigen Vierradantrieb mit zentraler Differentialsperre und einer Höchstgeschwindigkeit von 133 km/h, wenn auch ohne Lenkhilfe, von Anschlag bis Anschlag waren 4,4 Umdrehungen erforderlich. Der Range Rover wurde als der Welt erste 4 × 4-Limousine bezeichnet, sie war es jedoch nicht. Schon 1940 wurde die russische GAZ-11-73-Limousine – mit starken Anklängen an verschiedene amerikanische Konstruktionen – mit Vierradantrieb als Typ GAZ 61 hergestellt, war allerdings nie käuflich zu erwerben, wie auch die späteren geländegängigen Pobeda von 1946 und nachfolgende Moskwitsch-Limousinen. Citroën verkaufte 1958 einige Exemplare des Modells »Sahara«, auf Allradantrieb umgebaute 2 CV, bei denen man den Weg gegangen war, ebenfalls ins Heck einen kompletten Triebsatz mit Motor einzubauen.

Einen bedeutenderen Schritt vorwärts stellte der Jensen FF von 1965 dar, der auf dem Modell CV 8 basierte, einer sportlichen Limousine in der Klasse der Angloamerikaner. Gemeinsam war beiden das Fahrgestell, die Vorderradfederung, der Chrysler-V-8-Motor, Automatikgetriebe und Karosserie. Die Ferguson-Vierradanordnung bedingte die Versetzung des Motors und Getriebes nach rechts, die Kraftübertragung erfolgte über ein zentrales, vorn gelegenes selbstsperrendes Differential zur herkömmlichen Jensen-Hinterachse. Die Kraftverteilung zwischen den vier Rädern ermöglichte eine bessere Reifenhaftung, und Dunlops Maxaret-Antiblockier-Bremssystem trug zur Sicherheit bei nasser Witterung bei. Das Blockieren eines einzelnen Rades wurde durch ein magnetbetriebenes Vakuumventil im Servobremssystem verhindert. Leider wurde das Modell FF ein Opfer der amerikanischen Sicherheitsbestimmungen der frühen siebziger Jahre. Eine Anpassung erwies sich als unwirtschaftlich, und so wurde die Produktion 1971 eingestellt.

Die ehrfurchtgebietenden Statistiken der siebziger Jahre machen es nicht ohne weiteres deutlich, daß im Jahr 1969 der japanische Export absolut unbedeutend war. Der Datsun 240Z, der in jenem Jahr neu erschien, sollte sich in sieben Jahren in 450 000 Exemplaren verkaufen und war damit einer der bestverkauften Sportwagen aller Zeiten; die Zahlen seiner Vorfahren aber waren alles andere als beeindruckend. Das Beste, was 1952 von Nissan-Datsun erschien, war dieser Vierzylinder *(rechts)* mit 860 ccm Hubraum, stehenden Ventilen und Tauchschmierung, die an den Vorkriegs-Austin 7 erinnerte, wie übrigens auch das Fahrgestell. Der S 211 von 1959 *(Mitte)* ließ den britischen Singer Roadster in moderner Verkleidung vermuten, wobei Datsun eine Kunststoffkarosserie verwendete. Der Hubraum lag bei 1 Liter, und es gab vier Gänge statt drei. Am Ende unseres Betrachtungszeitraumes begann der Verkauf der Zweisitzer SPL 311 und SRL 311 *(unten)* in den Vereinigten Staaten, wobei die stoßstangengesteuerten Vierzylinder-Motoren mit 1,6 und 2,0 Liter Hubraum noch einen starken Einfluß der British Motor Corporation erkennen ließen. Ein zynischer Kommentar lautete damals, daß »es sich um eine gute Antwort auf den MG-A handeln würde, wenn nicht MG mit dem Typ B selbst die Antwort gegeben hätte«. Mit dem 2-Liter-Motor erhielt man eine fünffache Kurbelwellenlagerung und 135 PS, nicht zu vergessen das Fünfgang-getriebe, das MG nicht zu bieten hatte.

(Oben links) Ein Beispiel für ein »Freizeit-Fahrzeug«: der »Amphicar«, ein in Berlin zwischen 1962 und 1967 hergestellter Schwimmwagen. Er verfügte über den im Heck untergebrachten 1 177-ccm-Motor des Triumph »Herald«, der seine Kraft an die Hinterräder abgab. Für die Fortbewegung im Wasser waren zwei Schrauben vorhanden. Die Höchstgeschwindigkeit lag bei 115 km/h an Land und 12 km/h zu Wasser. Nach Verschärfung der amerikanischen Abgasgesetzgebung kam der Export in dieses Hauptabnehmerland praktisch zum Erliegen. Der Konstrukteur Hanns Trippel verfügte über eine dreißigjährige Erfahrung mit Schwimmwagen, hatte er doch während des Zweiten Weltkrieges größere Schwimmwagen mit Opel- und Tatra-Motoren im beschlagnahmten Bugatti-Werk in Molsheim gebaut.

(Unten links) Bei frühen Marcos handelte es sich um Rennsport-Coupés in Holz-Monocoque-Bauweise mit Flügeltüren. Mitte der sechziger Jahre verwendete man Sperrholz nur noch für das Fahrgestell, die Karosserien wurden aus Kunststoff hergestellt. Die Ausstattung war luxuriös, die Sichtmöglichkeiten durch die »Bauchlage« des Fahrers aber sehr beschränkt. 1965 kostete der Wagen in England 2 148 Pfund, ausgerüstet mit dem Volvo-Vierzylinder-Motor des Typs 1800. Spätere Modelle erhielten Ford-Motoren. Käufer, die sich den teilweisen Zusammenbau selbst zutrauten, konnten etwa 500 Pfund sparen. Dieses Modell von 1966 war mit De-Dion-Hinterachse ausgerüstet. 1969 lag die Höchstgeschwindigkeit eines Marcos mit Ford-V-6-Motor bei 200 km/h, und er beschleunigte innerhalb von 8 Sekunden auf 100 km/h.

(Oben) Das Bausatzauto, das erwachsen wurde. Bis 1970 hatte die britische Firma TVR vier verschiedene Geschäftsführungen überlebt sowie eine Vielfalt verschiedener Motoren von 997 bis 4 727 ccm Hubraum von Ford, Coventry Climax und BMC. Alle TVR-Modelle verfügten über Gitterrohrrahmen und unabhängige Radaufhängung. Alle Wagen waren zweisitzige Coupés mit ähnlicher Linienführung. Hier handelt es sich um das Modell »Vixen« von 1970, normalerweise mit einem 1,6-Liter-Ford-»Cortina«-Motor mit 86 PS ausgerüstet. Es schaffte 168 km/h. Als Bausatz – der nicht von Luxussteuer belastet wurde – kostete es 1 242 Pfund. Die Buchstaben TVR leiteten sich aus dem Vornamen des Schöpfers dieses ganzen Unternehmens, Trevor Wilkinson, ab.

Ein neues Phänomen stellten die in den fünfziger Jahren erscheinenden Motorcaravans dar. Vorher waren Camper auf den Wohnanhänger eingestellt. Motorcaravans gab es nur auf der Basis eines 2-Tonnen-Lastwagens mit 3,86 Meter Radstand, die schwer zu fahren und unhandlich waren und denen es auch an einer gewissen »Kultiviertheit« fehlte.

Der Durchbruch kam mit der Vorstellung des VW-Transporters zu Beginn unserer zwei Jahrzehnte, einem Wagen mit vorgezogenem Fahrersitz und dem niedrig im Heck placierten Motor, so daß ausreichend Platz für die Zuladung vorhanden war. Besonderer fahrerischer Geschicklichkeit bedurfte es nicht, denn alle mechanischen Teile stammten vom Käfer, und lediglich die Sitzposition vor der Vorderachse erforderte etwas Gewöhnung. Das dichte Wartungsnetz des Käfers bot ebenfalls einen entscheidenden Vorteil. Alles zusammengenommen machten ihn diese Argumente zum idealen Familien-Kombiwagen oder Motorcaravan. Die deutsche Firma Westfalia erschien 1952 als erste, die diese Nutzungsmöglichkeit entdeckte, Pitt und Devon in Großbritannien folgten. Die Fiat-Typen »Multipla« und 850 T sowie der amerikanische Chevrolet »Corvan« reizten ebenfalls zur Schaffung dieser neuen Wagengattung. Und auch Fahrzeuge mit konventioneller Mechanik wurden herangezogen, so die britischen Bedford, Commer und Ford wie auch der deutsche Ford »Transit« und die frontgetriebenen französischen Peugeot und Renault, die mit ihrer Antriebskonzeption die spätere Entwicklung ihrer Personenwagenmodelle vorwegnahmen. Was sie an Fahrverhalten und Geräuschdämpfung nicht bieten konnten, das machten sie durch kompakte Bauweise wieder wett.

In Amerika wurden größere Lieferwagen in der Eintonnenklasse mit Sechszylinder- oder V-8-Motor herangezogen und erfreuten sich stetig steigender Beliebtheit. Die Produktion stieg von 4 710 Stück im Jahre 1965 auf 23 100 Einheiten im Jahre 1969. Die meisten der Käufer gaben sich zwar mit einfacheren Ausführungen zufrieden, aber Dodge brachte 1962 ein Spezialfahrgestell auf den Markt, das sich für Aufbauten bis 8 Meter Länge eignete. Die Basis stellte der reguläre Schulbus dar, und mit dem 200-PS-V-8-Motor, Automatikgetriebe und Bremshilfe wurde es ein ausgesprochen »starkes Stück«. Chevrolet zeigte sich nicht müßig und brachte ebenfalls einen »Special« heraus, und 1972 waren schließlich 18 Anbieter auf dem Markt, deren Preise bis zu 30 000 Dollar reichten, also doppelt soviel wie für eine Cadillac-Limousine. Ende der Sechziger gab es sogar einen Motorcaravan unter Verwendung des Oldsmobile-»Toronado«-Frontantriebsaggregats.

»Kochen, spielen oder ein Nickerchen machen, alles bei Autobahntempo. Wo Du auch die Straße verläßt, bist Du zu Hause, wirklich zu Hause in Deinem geräumigen Heim auf Rädern« – so versuchte es Dodge seinen Kunden schmackhaft zu machen. In der Tat, das »wohnliche Auto« hatte seinen Höhepunkt erreicht.

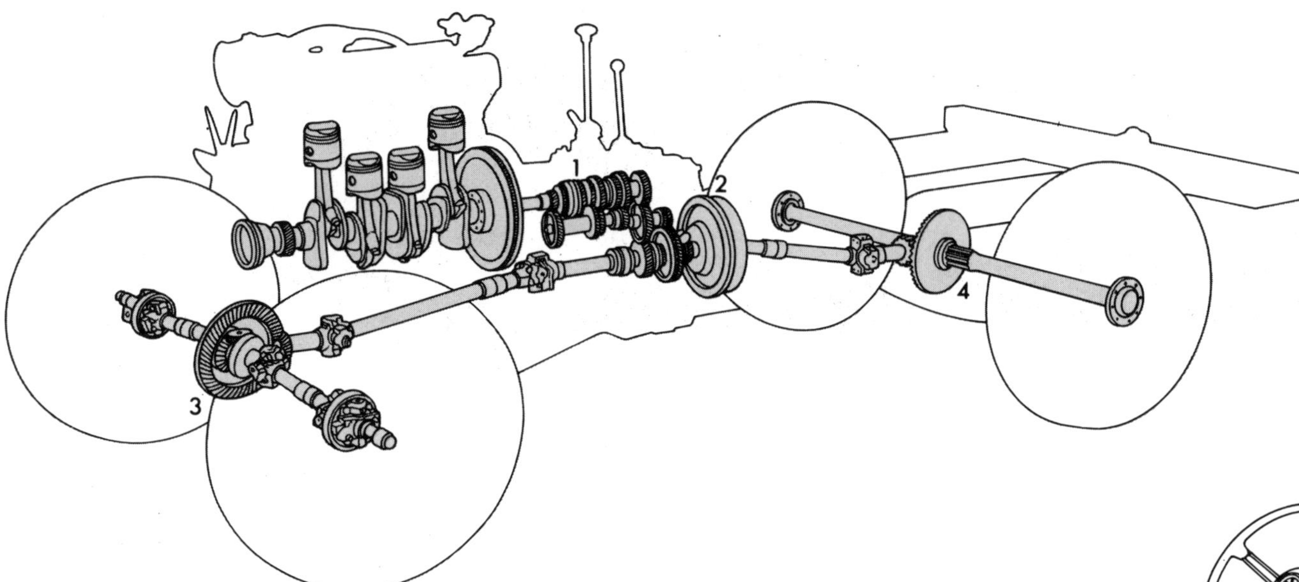

Die Welt des Vierradantriebes. Beim kurzlebigen Alfa Romeo 1900 M *(oben)*, der von 1951 bis 1953 hergestellt wurde, ist hier zu sehen, wie die Kraftübertragung vom Motor über das Getriebe (1) und ein zentrales Differential (2) und dann über zwei Wellen zur Vorder- und Hinterachse (3,4) erfolgt. Dieser Allradwagen verwendete einen in der Leistung herabgeminderten Vierzylinder-Motor mit doppelter obenliegender Nockenwelle des Modells 1900, der sich allerdings für diesen nüchternen Einsatzzweck als zu kompliziert und teuer erwies. Karosserien waren auf Zweckmäßigkeit zugeschnitten, wofür das Standardmodell des Jeeps von 1960, bei dem die türlose Ausführung beibehalten worden war, das beste Beispiel bot. Es folgte den 650 000 während des Zweiten Weltkrieges hergestellten Jeeps.

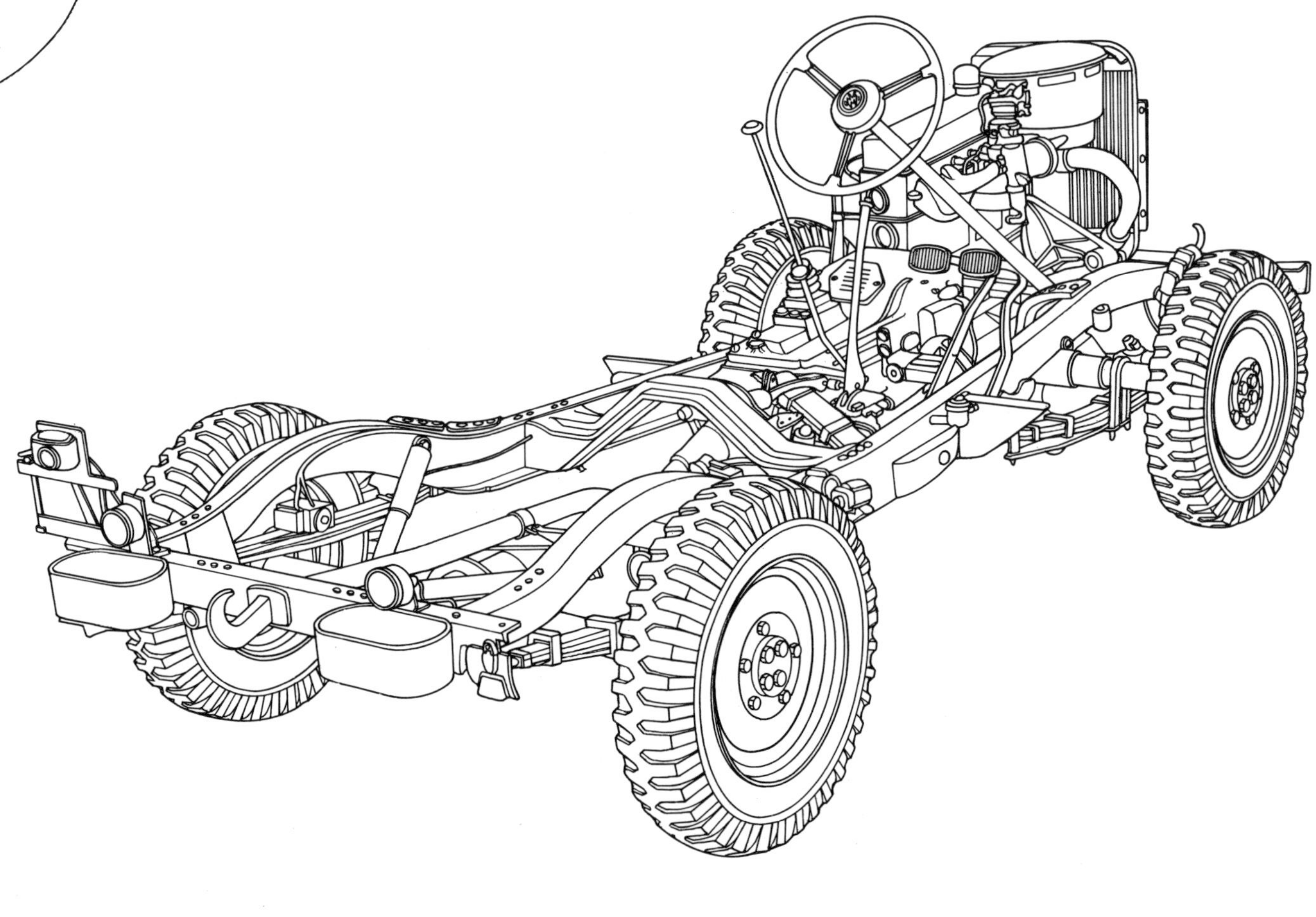

(Unten) Das Fahrgestell eines Wagens mit Vierradantrieb ruft Erinnerungen an die dreißiger Jahre hervor, als einfache, stabile Träger die Fahrgestelle bildeten, versehen mit Halbelliptikfedern. Der Motor ist hoch angebracht, um ein Überfluten zu verhindern. Hinter der Handbremse ist der Wählhebel für die Zuschaltung des Vorderradantriebs zu sehen. Sechszylinder-Motoren in Wagen mit Allradantrieb waren 1959 ungewöhnlich, dieses ist der japanische Nissan »Patrol«, dessen 3,9-Liter-Motor mit 125 PS Leistung wurde auch in die leichten Nutzfahrzeuge des Unternehmens eingebaut.

6. Kapitel

HAUPTTHEMA EXPORT

Die Saat zum Internationalismus in der Automobilindustrie wurde schon 1950 gelegt. Es waren nicht der Standard »Vanguard« oder seine Zeitgenossen – nicht der Holden, der für Australien das richtige Auto war, und nicht der Volkswagen, der »das Gesicht der Welt veränderte«, wie eine Anzeige behauptete. Es war ein kleines und gar nicht einmal sehr interessantes zweisitziges Cabriolet, das nicht einmal einen Motor eigener Produktion besaß.

Es hörte auf den Namen NXI, und der Name dahinter war Nash, der die Karosserie baute, Fiat lieferte den Motor, aber auch andere Lieferanten waren für den Fall der Produktionsaufnahme im Gespräch, von denen einer auch den Zuschlag erhielt. Als der NXI 1954 auf dem Markt vorgestellt wurde, fungierte Austin als Hersteller, unter Verwendung der mechanischen Teile des Modells A 40 mit 1,2-Liter-Motor. Der Wagen erhielt später nicht nur einen 1,5-Liter-Motor, sondern auch den Status einer eigenständigen Marke. Er existierte bis 1961 und brachte es auf eine Gesamtproduktionszahl von rund 100 000 Einheiten. Es gab viele bessere Wagen, und wenn im Nash-Werbespruch »Myladys guter Freund für Einkaufsfahrten« auch viel Wahres lag, so bevorzugte die Mehrheit amerikanischer Hausfrauen doch mehr als nur zwei Sitze und ließ sich von der Tatsache, daß ein Radio zur Standardausrüstung gehörte, nicht beeindrucken. Auf längere Sicht gesehen, hätten sie sicherlich auch gern ein automatisches Getriebe gehabt. Vom technischen Standpunkt aus gesehen, brachte der Metropolitan absolut nichts Neues. Die selbsttragende Bauweise gab es bei Nash schon seit 1941, und der Rambler, der erste der neuen Generation der amerikanischen Kompaktwagen, war schon lange der Öffentlichkeit bekannt, bevor der NXI-Prototyp gezeigt wurde. Was er aber deutlich machte, war die Vorahnung auf die internationalen Wagen, die in den siebziger und achtziger Jahren erscheinen sollten.

Es gab zwar keine Parallelen zu den kleinen frontgetriebenen Fords ab 1976, die mit nur geringen Unterschieden in den USA, Deutschland, Großbritannien, Spanien und Australien hergestellt und vertrieben wurden, und auch nicht zu General Motors' internationalen Angeboten, die mit dem T-Wagen (Chevette) in Brasilien begannen und sich dann in der ganzen Organisation ausbreiteten. Der Metropolitan wurde in England nach amerikanischen Angaben hergestellt, und ein Verkauf in anderen Ländern als den USA war nicht vorgesehen. In etwa kann aber ein Vergleich zu den siebziger Jahren mit der Tatsache gezogen werden, daß 1958 Fahrzeuge von Opel in den USA in das Buick-Verkaufsprogramm aufgenommen wurden; Pontiac erhielt dagegen den Vertrieb des wenig geliebten Vauxhall »Victor«. Ab 1970 lancierte man über die Lincoln-Mercury-Händlerkette den deutschen Ford »Capri« auf dem amerikanischen Markt. Und es dauerte nicht mehr lange, da erschien auf dem kanadischen Markt ein kleines Coupé unter dem Namen Pontiac »Firenze«, das weder aus Detroit noch aus Oshawa, sondern aus Luton in England kam, dem Sitz der englischen General-Motors-Tochter Vauxhall.

Die Lizenzproduktion über Grenzen hinweg war während unserer zwei Jahrzehnte weit verbreitet. So zeigt die Statistik von 1969, daß 329 000 Fiat-Wagen im Ausland hergestellt worden waren, und zwar durch Premier in Indien, Zastava in Jugoslawien, SEAT in Spanien und durch Staatsbetriebe in Polen und der UdSSR. Volkswagen produzierte allein in Brasilien 150 000 Wagen. 118 000 Renaults entstanden durch Lizenznehmer in Argentinien, Rumänien und Spanien. 128 000 Einheiten der verschiedenen British-Leyland-Marken wurden dem beträchtlichen Inlandsabsatz noch durch Werke in Australien, Indien, Italien und Spanien hinzugefügt.

Es war nicht selbstverständlich, daß all diese Wagen mit denen des heimatlichen Marktes oder denen für die Hauptexportmärkte identisch sein mußten. Fiat verlagerte die Werkzeuge für auslaufende Modelle nach Spanien zu SEAT, als der Platz in den Werken Mirafiori und Rivalta für das neue Modell 600 benötigt wurde. Der Polski-Fiat und der sowjetische VAZ waren Kreuzungen bestehender Modelle. Die spanische Fabrik kombinierte den 1400-Motor von 1950 mit der Karosserie des 1300/1500-Modells von 1961. Die indischen Lizenznehmer setzten die Produktion des alten Typs 1100-103 noch lange über den Zeitpunkt hinaus fort, zu dem er in Europa aus der Produktion genommen wurde. Steyr-Puch in Österreich baute seinen eigenen luftgekühlten Zweizylindermotor in den kleinen Fiat 500 ein. Nicht einmal ein reinrassiger Fiat mußte unbedingt aus Turin kommen. Mitte der sechziger Jahre wurden Großbritannien und mehrere andere westeuropäische Länder durch das belgische Montagewerk versorgt. Und nicht nur bei Fiat wurde nach diesem Muster verfahren.

Aber nach wie vor behielt ein Automobil, wie immer es auch konstruiert sein mochte, eine bestimmte Nationalität. Minis und 1 100er für den italienischen Markt waren tatsächlich Innocentis, aber sie trugen stets das Markenzeichen von Austin oder Morris. Innerhalb einer auf dem Prinzip der Rationalisierung aufgebauten Produktion – wie später bei Ford mit der Aufteilung der Kapazitäten auf Köln (»Capri« und »Granada«) und Dagenham und Halewood (»Cortina«) – gab es keine nationalen Märkte mehr. Hätte man einem Deutschen erzählt, daß er eines Tages fabrikneue Käfer aus brasilianischer oder mexikanischer Fertigung kaufen würde, er hätte es sicherlich nicht geglaubt.

Jeder Hersteller mit einem Gespür für ausländische Märkte produzierte oder montierte auch im Ausland. Auch extrem hohe Einfuhrzölle oder ein Einfuhrverbot für komplette Wagen konnten der Grund für solche Überlegungen sein. Südafrika und Irland erließen derartige Beschränkungen für teure Wagen. So kam es zu südafrikanischen BMWs, Jaguars und Volvos und zu Montagewerken in Argentinien von Auto Union, BMC, Citroën, Fiat, Peugeot, Renault und den amerikanischen »Großen Drei«. Aber auch der Markt selbst konnte nach lokalen Sonderausführungen verlangen. So konnte es, wie in Australien, zu merkwürdigen Ergebnissen kommen. BMC benutzte die

(Unten) Die rassigste Linienführung eines Sportwagens der sechziger Jahre. Der Jaguar E-Typ erschien 1961 und befand sich 14 Jahre lang in Produktion. Dieses Foto zeigt ein Coupé von 1963 mit 3,8-Liter-Motor und nur teilsynchronisiertem Getriebe. Nur die Linkslenkung deutet darauf hin, daß dieser Wagen in Amerika verkauft wurde, wo Sicherheits- und Abgasbestimmungen damals bevorstanden. Die Höchstgeschwindigkeit des Wagens von 232 km/h konnte bei den in den USA bestehenden Geschwindigkeitsbeschränkungen nur ausgenutzt werden, wenn es die zulässige Geschwindigkeit von 112 km/h in 8,5 Sekunden zu erreichen galt.
Gegen Ende des Jahrzehnts hatten einige Verbesserungen stattgefunden. Der 4,2-Liter-Sechszylinder mit doppelter obenliegender Nockenwelle verhalf zu einem höheren Drehmoment, und auch der untere Gang war nun synchronisiert. Aber erst 1971 erschien der V-12-Motor mit 5,3 Liter Hubraum, der in der Lage war, die vom ersten Modell erreichbare Geschwindigkeit ebenfalls zu erbringen. Wer experimentieren will, muß gültigen Vorschriften entsprechen, und das bedeutete in der Regel mehr, als nur das Lenkrad von rechts nach links zu setzen. Für den amerikanischen Markt bot der Jaguar E-Typ 1968 ein Automatikgetriebe, obwohl eine große Anzahl von Käufern das manuelle Getriebe vorzog. Beim zweisitzigen (im Gegensatz zum 2 + 2-sitzigen) Modell war die manuelle Ausführung ohnehin die einzige Wahl. Inzwischen verlangten die amerikanischen Sicherheitsbestimmungen auch Kippschalter (unterhalb der Zifferblattanzeigen), und man meinte es seinem Ruf schuldig zu sein, auch eine Klimaanlage als Extra anzubieten, deren Installation seitlich der Konsole sichtbar ist. Kunden in Australien oder anderen Ländern mit Rechtslenkung blieb dieses Extra allerdings vorenthalten, denn die Steuersäule hätte mit der Klimaanlage kollidiert.

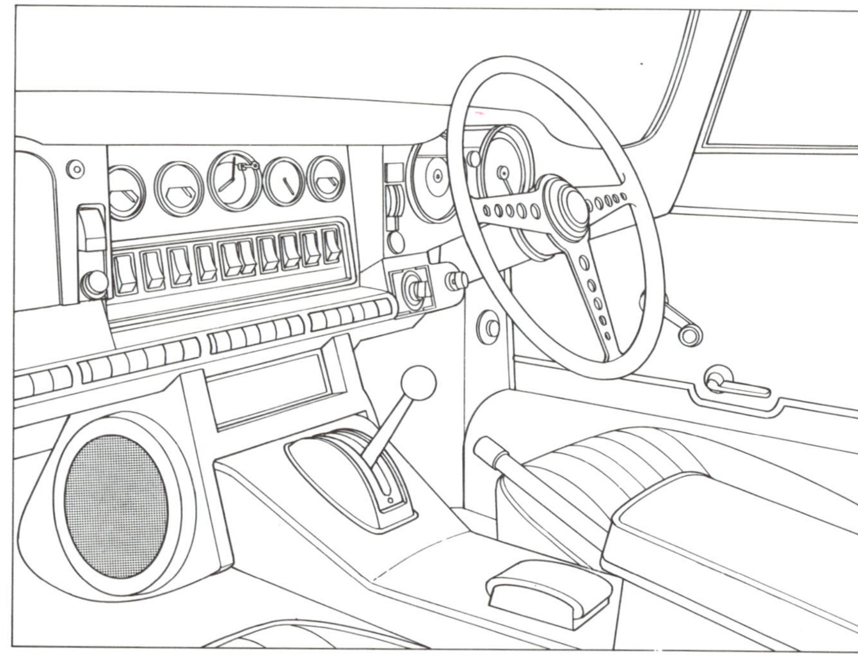

(*Oben*) Diese Seitenansicht läßt einen Austin A110 »Westminster« oder seinen üppigeren Vetter, den Vanden Plas 3-Liter vermuten. Nicht sichtbar sind der traditionelle Wolseley-Kühlergrill und das beleuchtete Kühleremblem. Auch die Holz- und Lederinnenausstattung wiesen dieses Modell als Wolseley 6/110 mit 2,9-Liter-Motor aus, das sich von 1961 bis 1968 in Produktion befand. Ein Vierganggetriebe und auf Wunsch auch Automatik standen anstatt des Dreiganggetriebes nun zur Verfügung. Vordere Scheibenbremsen gehörten zur Normausstattung, Lenkhilfe galt als Extra. Aber hiermit waren die Grenzen der BMC-Konfektionstypen noch nicht erschöpft. Genauso sah der australische Wolseley 24/80 aus, aber er hatte eine verlängerte Farina-Karosserie, nur ein Dreiganggetriebe und einen hausgemachten Sechszylinder-Motor.

(*Unten*) Man nehme das einfach Fahrgestell des Triumph »Herald«, unabhängige Radaufhängung, getunten Motor, füge vordere Scheibenbremsen und eine zweisitzige Karosserie hinzu, und man erhält einen anspruchslosen Sportwagen. Der Erfolg des Triumph »Spitfire« war beachtlich. In der 18 Jahre dauernden Produktionszeit wurden 300 000 Exemplare verkauft. Der Exportanteil betrug zwischen 65 und 75 %. Das hier gezeigte Modell Mark III von 1969 verfügte über einen stoßstangengesteuerten Vierzylinder-Motor mit zwei Vergasern, einem Hubraum von 1 296 ccm, 75 PS Leistung und hatte eine Höchstgeschwindigkeit von 153 km/h. Auch nach seiner Produktionseinstellung sollte dieses Modell als »Spenderfahrzeug« für Bausatzautos noch lange begehrt bleiben.

Markenzeichen von Austin und Morris für die Wolseley/Riley-1500-Typenreihe und brachte sie als Austin »Lancer« oder Morris »Major« auf den Markt. Auch erschien ein 2,4-Liter-Sechszylindermotor, der zu keinem der normalen Typen eine Verwandtschaft erkennen ließ. Er wurde dann in Austin- und Wolseley-Limousinen eingebaut, die sich zwischen den britischen »Farina«-1,5-Litern und dem großen »Westminster« einordnen ließen. Der australische Chrysler von 1961 verfügte über den neuesten V-8-Motor und automatisches Getriebe, aber Fahrwerk und Styling stammten unzweifelhaft von 1954.

Die Merkwürdigkeiten waren zahlreich. Am Anfang unserer Periode, als noch ein gewisses britisches Übergewicht zu erkennen war, konnte man in Belgien ein Standard-»Vanguard«-Cabriolet oder in Australien einen Vauxhall-»Velox«-Tourenwagen kaufen. Siebensitzige Plymouth gab es bis 1959 aus dem Montagewerk von Chrysler in Antwerpen, lange nachdem die Produktion in den USA beendet worden war. In den frühen sechziger Jahren mußte ein argentinischer Käufer erkennen, daß das, was wie ein Doppelnokkenwellen-Alfa-Romeo-1900 aussah (auch wenn das Styling auf 1953 deutete), einen seitengesteuerten Willys-Motor unter der Haube hatte. Ebenfalls in Argentinien gab es MG- und Riley-Pickups, was in englischsprechenden Ländern unmöglich gewesen wäre. Sparsame Schweizer Taxifahrer, die das Platzangebot eines Chevrolet zwar schätzten, den hohen Benzinverbrauch aber nicht, konnten auf Wunsch den 2,5-Liter-Motor des Opel »Kapitän« erhalten. In Belgien wurden russische und amerikanische Wagen auf Dieselantrieb umgerüstet, und in Südafrika stand ein Hillman mit Peugeot-Motor zur Verfügung. Während der letzten Jahren unseres Betrachtungszeitraumes hatte Toyota einen Brückenkopf in Brasilien errichtet und verkaufte ihr Allrad-Modell »Land Cruiser« mit einem Dieselmotor von Mercedes-Benz. Die Erklärung war, daß der Markt einen Dieselmotor verlangte, Toyota auf diesem Sektor nichts anzubieten hatte, es von der in Brasilien ansässigen Lastwagenfabrik von Mercedes-Benz aber bekommen konnte.

In Ländern, in denen ein direktes Engagement nicht möglich war, konnte man doch das Wissen zu Geld machen. Citroën war mit der Marke Tomos und Fiat mit Zastava in Jugoslawien vertreten, und Geist wie Geld von Fiat standen hinter der Automobilfabrik Togliattigrad, der sowjetischen Stadt mit dem Namen des italienischen Kommunistenführers. Renault baute Fabriken in Bulgarien und Rumänien.

Die britische Reliant Motor Company versuchte es auf andere Art. Mit ihren herkömmlichen Dreiradwagen – die von 1956 an mit Kunststoffkarosserien ausgerüstet waren – waren sie in dieser Mischung alter und neuer Technik gut bewandert. Es erwies sich als ideale Basis für die Schaffung von Familienlimousinen für emporstrebende Nationen. Dem israelischen Sabra von 1961 folgte fünf Jahre später der türkische Anadol. Motoren und Getriebe von Ford oder Triumph fanden Verwendung, und der Absatz von etwa 3 000 Einheiten je Jahr erhielt die Unternehmen lebensfähig, denn es waren keine kostspieligen Pressen erforderlich. Das Leben eines Exporteurs war ein schwieriges und eigenartiges Spiel, auch schon zu Zeiten vor dem Erlaß amerikanischer Sicherheits- und Umweltvorschriften in den Jahren 1966 bis 1970. Die Deutschen liebten zweitürige Limousinen, die Australier aber gar nicht. Die Hubraumsteuer beeinflußte die Entwicklung in Frankreich, was sich allerdings für die erste Hälfte unseres Betrachtungszeitraums nicht auswirkte, da vor 1959 praktisch kein Import erfolgte. Für alle Fahrzeuge mit einem Hubraum über 3 Liter – mit Ausnahme von Sportwagen – war in den USA ein automatisches Getriebe ein Muß. Eine betont einfache Innenausstattung war für einen Norweger akzeptabel, nicht jedoch für einen Briten, der in nostalgischer Erinnerung immer noch an Leder dachte. Linkslenkung war in Australien illegal und warf somit erhebliche Probleme für amerikanische Hersteller der teureren Modelle auf. In Belgien waren Kühlerfiguren jeglicher Art verboten. 1962 verfielen Flügelmutter-Radverschlüsse in Deutschland dem Verbot.

Die Hersteller eines breiten Modellspektrums empfanden es als unwirtschaftlich, alle Modelle auch für den Export anzubieten. Pontiac bot das Modell »Tempest« mit einer Auswahl von drei Vierzylinder- und einem V-8-Motor an, das Modell »Bonneville« mit fünf V-8-Motoren und das Modell »Grand Prix« mit vier V-8-Motoren. Alle waren mit manueller Schaltung oder Automatik zu haben. In der Schweiz beispielsweise gab es aber jedes Modell nur mit einem V-8-Motor und nur mit Automatikgetriebe. Die Hubraumsteuer zeigte hin und wieder noch ihre Existenz; damit ist zu erklären,

(Gegenüber) Nur Bewohnern der Benelux-Länder bot sich der Anblick dieses Standard-»Vanguard«-Cabriolets von 1951. Theoretisch hätte es auch anderswo entstehen können, denn die vor 1956 hergestellten »Vanguard« verfügten noch über Fahrgestelle. Bei diesem Fahrzeug handelte es sich um die Schöpfung der belgischen Lizenzfirma Imperia, die sich Standard zugewandt hatte, nachdem sie die Herstellung von Wagen mit Frontantrieb nach einer Adler-Lizenz aufgegeben hatte.
Reliants System für eine »Auto-Sofort-Industrie für Entwicklungsländer«. Diese Wagen wurden in Großbritannien konstruiert, tauchten aber auf britischen Straßen nie auf. Reliant fuhr zweigleisig. Man baute Dreiradwagen und eine Reihe von sportlichen Wagen mit Ford-Motoren für den heimischen Markt und konzipierte Fahrzeuge für Länder, in denen es bisher überhaupt keine Autoproduktion gab. Über einen Ford-Motor verfügte auch dieser »Anadol« *(rechts),* der erste türkische Wagen. Selbsttragende Bauweise war für ein Land ohne große Preßwerke nicht sinnvoll, so entwarf man ein klassisches Fahrgestell mit Mittelträger und Auslegern, mit herkömmlichen Bremsen und Federung. Motor und Getriebe stammten vom zeitgenössischen Ford »Cortina«, aber das fertige Produkt *(unten)* zeigte keinerlei Ähnlichkeit mit einem europäischen Ford. Dieses hier ist der Kombiwagen SV-1600; bei den ersten Anadol-Wagen aus dem Jahre 1966 handelte es sich um zweitürige Limousinen, und wie berichtet wurde, sollte der Anteil türkischer Teile sich auf etwa 50% belaufen.

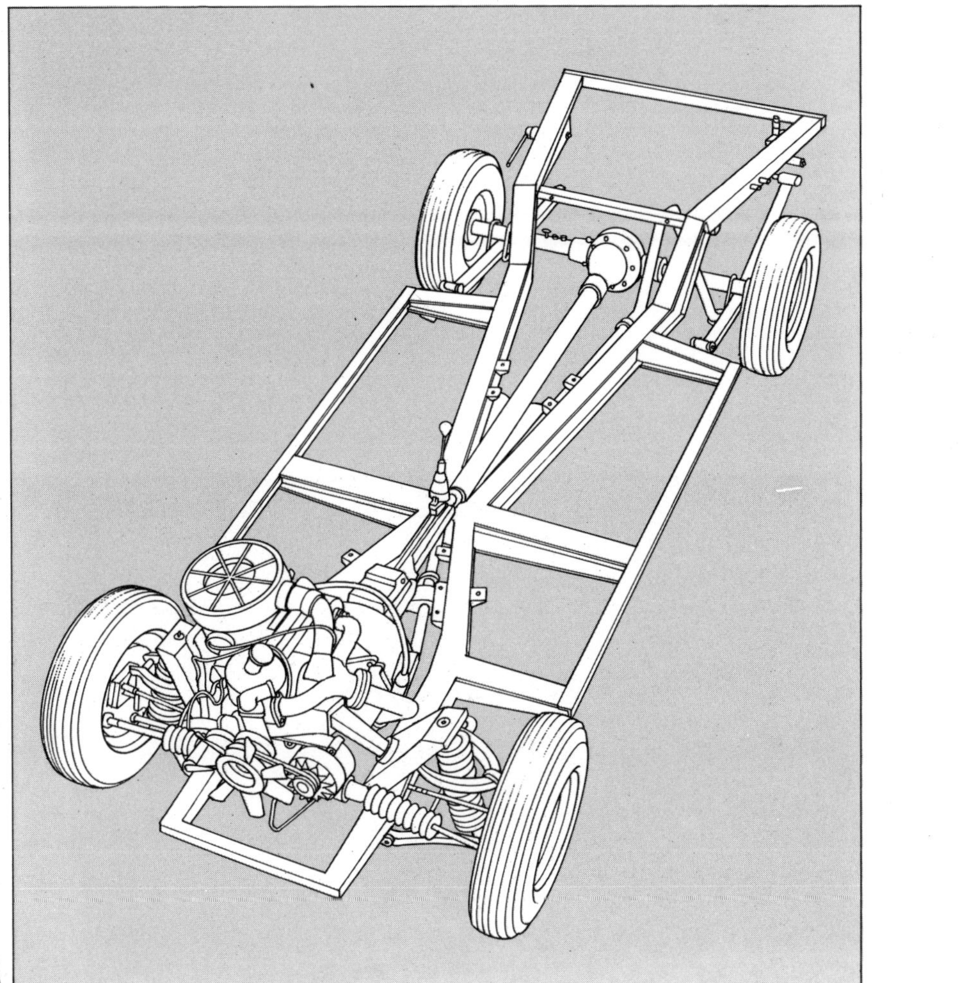

(Unten) Der erste MG in moderner Formgebung und der erste mit sechsstelligen Verkaufszahlen: Der MG-A in der 1600er Version, wie er von 1959 bis 1961 mit dem BMC-B-Motor mit 1 588 ccm Hubraum hergestellt wurde. Die Spitzengeschwindigkeit lag knapp über 160 km/h, und der Benzinverbrauch betrug 9,5–10 l/100 km. Unabhängige Vorderradaufhängung gab es bei MG schon seit dem Modell TD von 1950. Aber bei der T-Modellreihe war Aerodynamik ein unbekannter Begriff, und wenn man mehr als 125 km/h erreichen wollte, bedurfte es schon einiger Tuning-Fähigkeiten. Dieses Beispiel zeigt ein Exportmodell für die USA, weder Briten noch Kontinentaleuropäer hätten wohl Weißwandreifen aufgezogen.

(Gegenüber oben) Nach dem Zweiten Weltkrieg hatte Ford in Amerika den Plan für einen Kompaktwagen mit 2,5 m Radstand. Vorschläge zur Verwendung von Frontantrieb gediehen über das Versuchsstadium nicht hinaus, aber 1946 konnte man eine Limousine sehen, die mit dem V-8-Motor mit 2,2 Liter Hubraum ausgerüstet war. Man stellte aber fest, daß dieser Wagen fast so viel kostete, wie ein V-8 in »voller Größe«. Das Ende war, daß man das Modell bei Ford/Frankreich in Produktion schickte. 1949 erschien es als »Vedette« auf dem Markt. Dieses Bild zeigt die von Facel Metallon hergestellte Comete-Coupé-Version, eine gelungene und nur in geringer Stückzahl hergestellte Schöpfung. Der Ursprung des Facel-Vega von 1954 wurde hier schon zwei Jahre früher sichtbar. Den kleinenV-8-Motor mit 13 CV traf zwar die französische Steuergesetzgebung nicht in aller Schwere, aber der Wagen war auch untermotorisiert. Der Versuch, den 3,9-Liter-Lastwagen-Motor einzubauen, führte unweigerlich zur Einordnung in eine höhere Steuerklasse. Verkaufszahlen von rund 20 000 Einheiten waren für Ford nicht lukrativ; Ende 1954 wurden die französischen Ford-Werke an Simca verkauft.

(Gegenüber, unten) Fords Gedanke eines Individualautos konnte beim amerikanischen Modell »Thunderbird« gelingen: die Übertragung in europäische Dimensionen mit dem Modell »Capri« im Jahre 1962 lief weniger geglückt ab. Bei diesem 1969er Modell handelte es sich um eine britische Exklusivausführung. In Köln entstand ein eigenes attraktives V-6-Coupé. Der britische Capri basierte auf der ebenfalls glücklosen »Classic«-Limousine, mit der er die meisten amerikanischen Styling-Elemente gemeinsam hatte, wie die quadratischen Scheinwerfer und die Heckflossen. Zuerst kam ein 1 340-ccm-Vierzylinder-Motor zum Einbau. Der spätere fünffach gelagerte 1,5-Liter-Motor brachte mehr Leistung, aber niemand mochte den Wagen, und in zwei Jahren blieb der Verkauf unter 20 000 Einheiten. Dieser Umstand sowie das Erscheinen des neuen »Cortina GT« bedeutete für den Capri das Ende.

COMETE

daß Jaguars XJ 6-Limousine von 1968 mehrere Jahre hindurch mit dem nicht so erfolgreichen 2,8-Liter-Motor angeboten wurde.

Auch die Semantik konnte ihre Tücken haben. 1965 beabsichtigte Rolls-Royce, ihr neues Modell »Silver Mist« (Silbernebel) zu nennen, ließ aber durch die Bedeutung des englischen Namens in der deutschen Sprache davon ab und entschied sich für »Silver Shadow« (Silberschatten). Englische Zungen haben ihre Schwierigkeiten mit französischen Wörtern. So wurde vor dem Krieg aus Renaults populärem Modell »Primaquatre« auf dem Weg von Calais nach Dover ein »Speed Four«. Glücklicherweise war die Bezeichnung DS (»Déesse«) für Citroëns revolutionäres neues Modell von 1955 mehrsprachig anzuwenden, wie auch das ID für die billigere Schwester. Die Rootes-Gruppe hatte mit Erinnerungen an die Fusion von 1920 zu kämpfen. Ihr Modell Sunbeam-Talbot (die zweite Namenshälfte korrekt englisch ausgesprochen) hatte bis 1958 gegen die unabhängige französische Marke Talbot (mit französischer Betonung) zu kämpfen. So mußten die englischen Wagen in französischsprachigen Ländern ausschließlich auf den Namen »Sunbeam« hören, und ab 1955 hießen sie auch so in ihrer Heimat. Die Firma, die sie herstellte, hieß allerdings nach wie vor Sunbeam-Talbot Ltd. Um die Sache noch komplizierter zu machen, wurde Mitte der sechziger Jahre das Sunbeam-Markenzeichen für alle Fahrzeuge der Rootes-Gruppe verwendet, die auf dem Schweizer Markt angeboten wurden, während das Heckmotormodell »Imp« – in England ein Hillman, Singer oder Sunbeam – in den USA nur auf den Namen Sunbeam hörte und wo während der letzten zwei Jahre unserer Periode noch ein Modell »Sunbeam Arrow« hinzukam. Briten kannten es unter dem Namen Hillman »Hunter« und Westeuropäer als Sunbeam »Hunter«.

Die Gewohnheit der Chrysler Corporation, die Plymouth-Modelle für den Export als DeSoto (»Diplomat«) oder Dodge (»Kingsway«) zu bezeichnen, reichte bis 1960/61, obwohl auf dem amerikanischen Markt Anfang der fünfziger Jahre ein Dodge »Diplomat« angeboten wurde, der auch ein echter Dodge war, und zwar am oberen Ende des Verkaufsprogramms. Die britischen Standard von 1957 trugen in den USA den Namen Triumph. Zehn Jahre später war es dann so, daß in Indien gebaute Triumph dort den Namen Standard trugen. Die Registrierung von Namen wurde zur Spezialität, wie auch die von Nummernkombinationen. Porsches Heckmotormodell mit Sechszylinder-Boxer wurde als Typ 901 vorgestellt, dann aber mußte man feststellen, daß Peugeot sich alle of »01« endenden Nummernkombinationen hatte schützen lassen, und so wurde aus dem Typ 901 ein 911.

1967 wurden die »Federal Safety Standards« in den Vereinigten Staaten voll wirksam, und Exporteure hatten sich ihnen zu beugen oder schieden aus dem Wettbewerb aus. Kleine Hersteller mußten aufgeben. Amphicar aus West-Berlin gelang es nicht, ihren Schwimmwagen den Auflagen anzupassen, und die Fabrik mußte schließen. Jaguar mußte seinen E-Typ mit einem anderen Vergaser ausrüsten, mit Sicherheitsblinkleuchten, härteren Stoßdämpfern und einer energieabsorbierenden Lenksäule. Rover strich die Typenreihe 2000 bis auf ein Modell mit einem Vergaser und Automatik sowie eine mit zwei Vergasern und manueller Schaltung, sehr zum Ärger der amerikanischen Kunden, die den Wagen samt seiner Schaltung genauso schätzten wie den geringen Verbrauch von 9,4 l/100 km.

Das Karussell der Exportbemühungen drehte sich weiter. Zuerst galt Frankreich als der Lieferant der Welt, das dann etwa 1909 von den USA verdrängt wurde mit dem Fort-T und seinen Wettbewerbern, die nicht nur billige und zuverlässige, sondern auch weitgehend standardisierte Fahrzeuge anboten. Die amerikanische Vormachtstellung festigte sich in den Jahren 1914 bis 1918, als nämlich andere Automobilländer mit gewichtigeren Dingen beschäftigt waren. Und Detroit folgte seinem Weg bis 1939 gegen einen starken britischen Wettbewerb im Commonwealth und gegen die verstärkten Exportbestrebungen Deutschlands und Italiens ab 1932.

In den späten vierziger Jahren litt Deutschland noch unter Niederlage und Teilung. Die Amerikaner hatten sich aus dem Markt »herauskonstruiert« mit längeren und weniger »internationalen« Modellen und waren nun wegen des

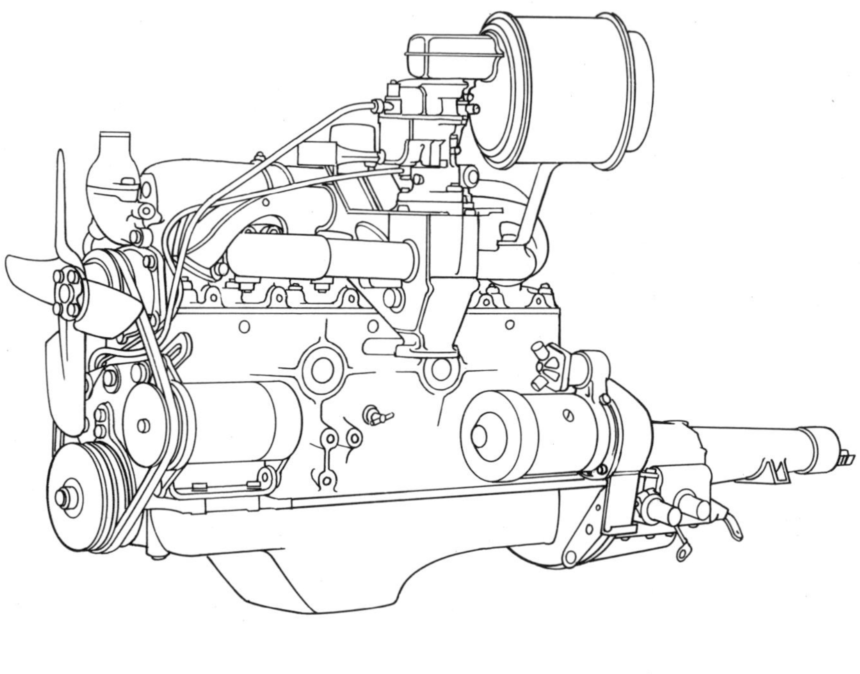

ungünstigen Dollarkurses auf den meisten Märkten nicht mehr wettbewerbsfähig. Mit Montagewerken konnten die USA ihre Position in Südamerika und Australien behaupten, ansonsten sah man aber außer in Belgien nicht sehr viele amerikanische Wagen. In der Schweiz, wo man sie sich leisten konnte, waren sie für die Straßen zu unhandlich. Vor 1955 konnte man sie auch in Großbritannien kaufen, aber es waren nur Fanatiker, die bereit waren, 2 071 Pfund für einen Rambler-Sechszylinder (und das war praktisch das einzige Modell, das man in Vor-Autobahn-Zeiten brauchen konnte) auszugeben, wo es einen 2,4-Liter-Jaguar für 1 431 Pfund gab und man die Freuden eines Automatikgetriebes für 1 156 Pfund zusammen mit einem Ford »Zodiac« genießen konnte.

Solange die Stärke des Dollar anhielt, war mit einer Änderung der Situation nicht zu rechnen. Aber es gab auch einen Trost für die Amerikaner. Anfang und Mitte der sechziger Jahre brachten sie vollausgerüstete und unsportliche Cabriolets auf den Markt, die es nirgendwo sonst gab. Die bemerkenswerte Individualität der »Ponywagen« und der »Muskelwagen«, besonders des Ford »Mustang« und des Pontiac GTO, hatten einen gewissen Erfolg, so wie die britischen Bentley und Lagonda in den dreißiger Jahren. Montagewerke erwiesen sich in solchen Ländern als besonders vorteilhaft, in die keine Importe möglich waren. Argentinien mit seinen enormen Entfernungen war ein natürliches Land für amerikanische Autos, und das um so mehr, wie der Zustand der Straßen verbessert wurde. 1966 lag der amerikanische Anteil noch bei 45 835 Einheiten an der argentinischen Gesamtproduktion von 119 686. Der größte Einzelhersteller war jedoch IKA-Renault mit 8 770 Wagen nach US-Vorbild sowie 21 606 Renault-Wagen. Fiat verkaufte 23 826 Wagen.

Das Bild des Exports war für die USA sehr traurig. Gut 280 000 Einheiten im Jahr 1949 und nur 285 000 Einheiten 21 Jahre später. Der französische Export stieg zwischen 1951 und 1970 von 88 585 auf über 300 000, der Italiens von 19 650 auf 612 128, der Westdeutschlands von 91 146 auf 1 700 000 und der Schwedens von 1 585 auf 188 084. Sogar Großbritannien, wo eine stark rückläufige Tendenz zu verzeichnen war, konnte seinen Anteil von 386 737 auf 690 338 steigern.

Der Rückgang der britischen Automobilindustrie vollzog sich allmählich und verlangsamte sich durch Erscheinungen wie seine Sportwagen, den genialen Alec Issigonis und auch so biedere und konventionelle Modelle wie den Ford »Cortina«, der so absolut gar nichts Außergewöhnliches aufzuweisen hatte, sich aber hervorragend verkaufte. Britanniens schlimmster Feind, von

Während der fünfziger Jahre realisierten die ausländischen Niederlassungen von General Motors verschiedene Entwürfe für verschiedene Märkte, wenn auch alle Familienwagen mit vierfach gelagerten Sechszylindern mit hängenden Ventilen ausgestattet waren sowie mit dreistufigen vollsynchronisierten Getrieben; für ein Automatikgetriebe reichten die Kraftreserven nicht aus. Die Schraubenfederung mit kurzen und langen Armen an den Vorderrädern und die hinteren Halbelliptikfedern boten ein etwas zweifelhaftes Federungsverhalten. Seit 1940 bauten General-Motors-Fabriken außerhalb der USA und Kanada keine Wagen mehr mit unabhängigem Fahrgestell. Es gab auch Ähnlichkeiten im Styling, wobei der Chevrolet von 1949 der Vorreiter war. Der britische Vauxhall »Velox« wurde in seiner ursprünglichen Form von 1952 bis 1957 gebaut, und der deutsche Opel »Kapitän« bot ein weiteres Beispiel, ebenso der Holden, »Australiens eigenes Auto«. Der Zylinderinhalt variierte: Der Holden FC von 1959 war der kleinste mit 2 170 ccm, der Vauxhall verfügte über 2 262 ccm und der Opel über 2 473 ccm, ein Wert, der seit der Vorstellung auf der Berliner Automobil-Ausstellung 1937 konstant geblieben war. Dieser Motor *(gegenüber)* stellte die modernisierte Ausführung des Opel »Kapitän« von 1954 dar, der 68 PS bei 3 700 U/min leistete. Derartige Wagen hatten eine Höchstgeschwindigkeit von 125 bis 130 km/h bei einem Benzinverbrauch von 12 bis 13 l/100 km.

den Streiks einmal abgesehen, war der gesunde Inlandsmarkt, der befriedigt sein wollte und der britische Erzeugnisse dem »Weltauto« vorzog. Kein britischer Konstrukteur hätte den Volkswagen konzipieren können, und falls doch, hätte ihm die Geschäftsleitung die Papiere zugestellt. So verblieb Westdeutschland als einziger Wettbewerber. Die Produktion erreichte die Großbritanniens erst im Jahre 1956. Aber 1950 stand bereits eine Palette von gut verkäuflichen Modellen bereit, besonders von Volkswagen und Opel. 1958 hatte Mercedes-Benz seinen alten Status als Europas führender Hersteller von Wagen der »oberen Mittelklasse« wieder zurückerlangt und war gleichzeitig die »Nummer eins« unter den Hersteller von Dieselwagen. So verfügten sie über einen sicheren Markt bei Taxen. Italien und Frankreich hatten ebenfalls eine beträchtliche Produktion. Die Franzosen benutzten dabei ihren gesunden heimischen Markt als Testgelände für neue Konstruktionen, bevor sie den Kreis dafür weiter zogen. Diese Politik sicherte zweifellos einem Typ wie dem Citroën DS das Weiterbestehen.

Der Markt für ausländische Wagen bestand 1951 aus Briten, Franzosen, Italienern und Deutschen, in einigen Fällen auch Amerikanern. In Skandinavien und den Niederlanden konnte man auch dem Volvo begegnen. Tschechische Skodas erschienen vereinzelt auf dem westlichen Markt; da sich aber die Gesamtproduktion an Personenwagen der ersten zehn Jahre nach Kriegsende auf lediglich 125 000 Einheiten belief, blieben sie immer nur Einzelstücke. In einem Land wie beispielsweise der Schweiz war auch der Kauf eines Fiat 1100 oder eines Simca »Aronde« ein weitaus besserer Kauf zu gleichem Preis.

Aber andere Länder erschienen auf der Szene, zuerst die UdSSR, die allerdings Tauschgeschäfte dem Bargeldverkehr vorzog. 1949 erschien sie in Finnland, ein Jahr später in Schweden und Belgien und 1953 in Norwegen und den Niederlanden. 1960 fand sie auch den Weg nach Großbritannien. Die USA und Australien blieben verschont. Ab 1954 wurde der australische Holden auch in Neuseeland angeboten, und gegen Ende der fünfziger Jahre exportierte Holden nach Malaysia, dem Nahen Osten und Südafrika. 1963 überschritt der Export erstmals die 10 000er Marke, und ab 1967 gab es australische Chrysler und Fords auch in Großbritannien. Die hohen Frachtkosten wurden durch die Ausstattung mit Rechtslenkung, Lederpolsterung, automatischem Getriebe und anderen kraftbetätigten Funktionen wettgemacht.

1958 wurde auch eine holländische Automobilfertigung wieder Realität, und zwar durch den kleinen 600-ccm-DAF mit Riemenantrieb: bis zum Sommer 1964 waren davon allein in Deutschland 7 000 Stück verkauft. 1969 erreichten die ersten Polski-Fiat den Westen. Die japanische Sonne begann allmählich aufzugehen, wenn auch der volle Umfang der Invasion aus dem Osten erst etwa 1972 sicht- und fühlbar wurde. Wir werden hierauf noch zurückkommen.

Die glänzendste Vorstellung gab zweifellos Schweden. Volvo hielt die Spitze, Saab errang internationale Beachtung durch seine Rallye-Erfolge mit Erik Carlsson während der frühen sechziger Jahre. Zwischen 1956 und 1967 multiplizierten sich Volvos Exportzahlen um das Sechsfache. Im März 1958 wurde der 100 000. Wagen exportiert, allein in die USA gingen 1965 ca. 17 000 Wagen. Kanada, ein für europäische Autos außerordentlich schwerer Markt, bezog im gleichen Jahr 3 545 Volvos.

Falls man damals schon von einem »Weltauto« sprechen konnte, so war dies ohne Zweifel der VW »Käfer«, der unbeirrt Jahr für Jahr »lief«, 1955 die Millionengrenze überschritt, 1961 die Fünfmillionenmarke, und im Dezember 1965 feierte man den zehnmillionsten Käfer. Er war genügsam und einfach, weitgehend standardisiert, und der luftgekühlte Motor blieb unbeeindruckt von der Hitze in Afrikas Wüsten wie auch vom eisigen Wetter am Polarkreis. Polarforscher nahmen ihn mit, und Exhibitionisten verpaßten ihm eine Schraube und fuhren über die Irische See. Die Tatsachen, daß er eng, laut, schwierig zu warten, seitenwindempfindlich und nie ein »Leistungspaket« war (noch 1969 schaffte die 1500er Limousine nur 130 km/h), taten ihm keinen Abbruch. Vergessen wir auch nicht, daß bei ihm Höchstgeschwindigkeit auch Dauergeschwindigkeit bedeutete, und das Zeichen »VW-Dienst« meinte genau das, was es sagte. Nicht einmal der Mini stellte eine ernst zu nehmende Konkurrenz dar. Dieses britische Meisterstück war noch enger, noch lauter und behaftet mit der Krankheit dauernder Lecks, mit Schiebefenstern und Türziehgriffen aus Wäscheleine.

Aber der Mini war eine Entwicklung, die andere Techniker an ihre Zeichenbretter trieb. Es war der Erztyp des kleinen Wagens – auch solcher aus Japan und den USA – der achtziger Jahre. Er entwickelte ein ausgezeichnetes Fahrverhalten, und Motor wie Getriebe waren in hohem Maße für ein »Tuning« geeignet.

Es entwickelte sich etwas Neues: Man baute Autos nach einem ausgeklügelten Konzept, nach einer Strategie. Es war vorbei damit, einfach ein Auto zu bauen und zu versuchen, es den Kunden zu verkaufen. Die großen multinationalen Gesellschaften – General Motors, Ford und Chrysler – hatten sich noch nicht bemüht, »grenzüberschreitende« Entwürfe zu realisieren. 1951 baute Ford außer in den USA Autos in Kanada, Frankreich, Großbritannien, Deutschland und Australien. Von diesen bauten die Fabriken in Kanada und Australien nach amerikanischen Entwürfen, wobei es in Kanada auch schwer zu durchschauende »Konfektionsware« gab. In Australien konzentrierte sich die Produktion ab 1960 hauptsächlich auf das Modell »Falcon«. Die französische Fabrik war nie sehr lohnend gewesen, und 1948 versuchte man es mit einem Kompaktwagen, den Amerika nicht wollte und dessen Herstellung dort unwirtschaftlich war. Sein einziger Vorzug war, daß er sich mit 13 Steuer-PS gut in das französische Steuersystem einpaßte. Aber eine Produktion von 21 000 Einheiten im Jahr konnte Ford nicht befriedigen, und 1955 verkaufte man sowohl Konstruktion als auch Fabrik an Simca. Das Modell »Vedette« lief noch bis 1961 und wurde dann noch bis 1967 in Brasilien unter Lizenz hergestellt.

Die Entwicklung in Großbritannien und Deutschland verlief parallel, aber nicht identisch. Die Deutschen mußten sich mit dem veralteten, seitengesteuerten Motor abgeben, und das noch, nachdem Dagenham schon den ersten Kurzhuber mit obenliegenden Ventilen eingeführt hatte. Auf der anderen Seite war es in Dagenham Brauch, unmoderne Konstruktionen noch möglichst lange bei den billigen Modellen für den heimischen Markt beizubehalten. Das bedeutete, daß die Briten 1959 noch eine Limousine im Stil von 1932 kaufen konnten, inklusive einer Federung nach Modell T. Kölns V-4-Motor erschien 1962, und ein V-6 folgte 1964. Dagenham dagegen führte bis 1965 keine V-Motoren und hielt sich an Reihenmotoren (vielleicht zu ihrem Vorteil), während sich die Deutschen voll und ganz dem V-Motor ergaben. Noch

(Links) Wenn der Dollarkurs schwächer gewesen wäre, hätte dieses dann 1955 das »Weltauto« sein können? Der Nash »Rambler« war die Sensation des Jahres 1950 und wurde als eigenständige Marke etabliert, und es war diese Marke, die das Unternehmen American Motors (Nash-Hudson) am Leben hielt. Ästhetische Gesichtspunkte darf man nicht zu hoch ansetzen, aber die zweitürige Limousine war mit 2,5 Meter Radstand äußerst kompakt, hatte einen Wendekreis von 5,5 Meter und wog nur etwa 1 120 kg. Der Sechszylinder-Motor hatte stehende Ventile und leistete 90 PS bei 3,2 Liter Hubraum. Mit Overdrive konnte man von einem Benzinverbrauch von 11 l/100 km ausgehen. Schlauchlose Reifen gehörten zur Standardausrüstung, Automatikgetriebe, Liegesitze und Klimaanlage waren Extras, und außerdem hatte man die Wahl zwischen 22 Farbkombinationen. Diejenigen, die auch einmal selbst Wartungsarbeiten aus-

führen, begrüßten dankbar, daß es jetzt Ausschnitte an den Radkästen gab. Bei früheren Nash-Modellen mit vollverkleideten Radkästen gestaltete sich das zur Qual.
Von reinem Sport zu mäßiger Sportlichkeit. Etwas abseits von unseren selbstgesetzten Grundsätzen liegt der ursprüngliche Vierzylinder-Austin-Healey 100 S *(rechts)*, von dem 1955 nur etwa 50 Exemplare hergestellt wurden. Beim Motor handelte es sich um den guten alten stoßstangengesteuerten Motor des Austin »Atlantic« (1949 bis 1952), ein besonderer Zylinderkopf und eine stabilere Kurbelwelle aber brachten die Leistung von 90 auf 133 PS. Weiter kamen eine verstärkte und niedrigere Federung hinzu, ein Vierganggetriebe ohne Overdrive und Scheibenbremsen an allen Rädern, was damals ungewöhnlich war.
Der Wagen war straßentauglich, aber normalerweise wurde er nur zu oder von Rennveranstaltungen gefahren. Das kurzhubige Apollo-GT-Coupé *(gegenüber, Mitte)* wurde von 1963 bis 1965 in Kalifornien hergestellt, bezog seine Karosserien jedoch aus Turin. Zur Verwendung kam der 5-Liter-V-8-Motor von Buick, dem man 240 km/h zugestand. Für Amerikaner war jedoch der Begriff »Sportwagen« nach wie vor identisch mit »Importwagen«, und dem Apollo ging es so wie den meisten Euro-Amerikanern von der amerikanischen Westküste: nur etwa 90 Exemplare wurden verkauft.

Im Gegensatz dazu bot der Chrysler 300 *(gegenüber, unten)* von 1965 zwar frische Luft, aber wenig Vergnügen und verkaufte sich hauptsächlich wegen seines guten Namens. Das Fehlen irgendwelcher Buchstabenzusätze in der Typenbezeichnung machte deutlich, daß man dem Motor keinerlei Behandlung hatte angedeihen lassen. So erhielt der Käufer einen 6,3-Liter-Motor mit 315 PS, der Erwerber eines normalen 300 G einen Motor mit 6,8 Liter Hubraum und 360 PS. 192 km/h wurden bei der Normalausführung als Höchstgeschwindigkeit gemessen.
Für billigere Fahrfreuden standen Ende der sechziger Jahre noch die Cabriolets europäischer Herkunft zur Verfügung, wie beispielsweise dieser Peugeot 204 *(rechts)* von 1967 mit einem quer eingebauten Vierzylinder-Motor mit 1 300 ccm Hubraum und einer Leistung von 58 PS. Die Vorderradaufhängung erfolgte an McPherson-Federbeinen, und außerdem hatte der Wagen vordere Scheibenbremsen. 136 km/h wurde als Höchstgeschwindigkeit angegeben. Jeder Peugeot-Händler konnte die Wartung durchführen, und die Versicherungsprämien lagen erfreulich niedrig. Aber der Markt wurde kleiner. Während der zwölfjährigen Produktionszeit des Typs 204 verkaufte Peugeot 1,4 Millionen Limousinen, Coupés und Kombiwagen, aber nur 18 000 Cabriolets

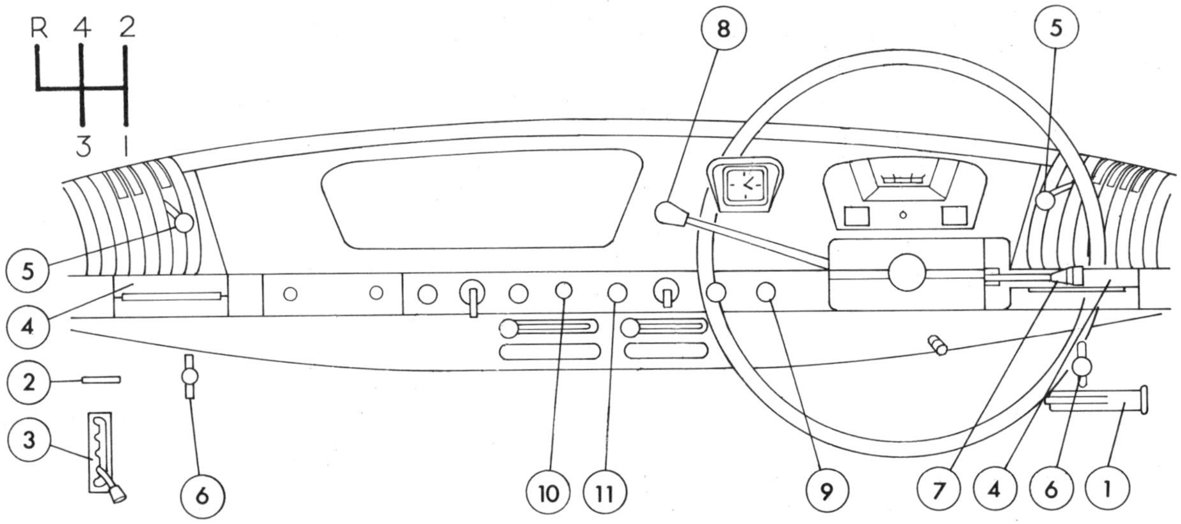

Citroën

Citroën verfügte bereits in den Jahren zwischen den Kriegen über einen ausgedehnten Export in andere europäische Länder. In Großbritannien, Deutschland und Italien bestanden Montagewerke, die in den beiden zuletzt genannten Ländern allerdings nicht sehr zufriedenstellend liefen. Die britische Fabrik in Slough bestand bis 1966, und über 17 000 Exemplare des Typs »Traction« verließen das Werk, bevor man 1955 den Typ D aufnahm. Hier gezeigt ist das einfachere Modell ID 19 von 1959, das sich von dem des französischen Marktes nur unwesentlich unterschied, nichtsdestoweniger aber ein durch Holz

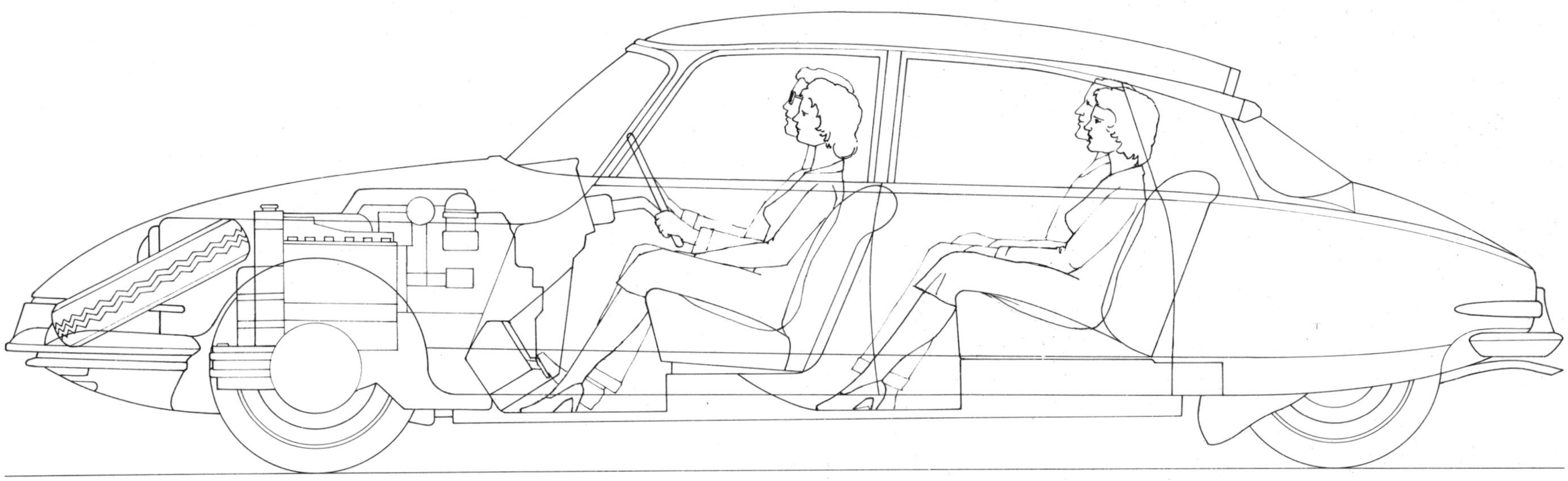

angereichertes Armaturenbrett und Lederpolsterung besaß. Die Fahrzeuge verkauften sich gut in Großbritannien, aber es gelang ihnen nicht, die anfangs der zwanziger Jahre mit den Modellen 5CV und 10CV erreichten Zahlen zu erreichen. Der Typ »Traction« war vor dem Kriege wegen seines unerreichten Fahrverhaltens begehrt und nach dem Kriege wegen seines »klassischen« Stils. Die anspruchsvolle D-Typenreihe bewegte sich jedoch in Preisregionen des Jaguars. Straßenlage und Design waren dem Jaguar Mark I um Längen voraus, und der einfache Motor mit stoßstangengesteuerten obenliegenden Ventilen war bedeutend anspruchsloser als der Jaguar-Sechszylinder mit doppelter obenliegender Nockenwelle. Die hydropneumatische Federung komplizierte allerdings die Wartungsarbeiten erheblich, und auf dem Gebrauchtwagenmarkt verlor er schnell an Wert. Der Typ ID mit normaler Schaltung und Kupplung wurde dem DS vorgezogen. Eine Seitenansicht des in Slough hergestellten ID 19 *(oben)* zeigt das niedrige Profil und den minimalen hinteren Überhang. Sowohl Beinfreiheit wie Sichtmöglichkeiten nach allen Seiten waren hervorragend. Die Unterbringung des Motors in Längsrichtung mit dem noch davor angeordneten Getriebe war eine Platzverschwendung und machte den Wagen bei Unfällen sehr verwundbar. Die Anbringung des Reserverades über dem Getriebe brachte allerdings zusätzlichen Platz im Kofferraum. Instrumente und Kontrollanzeigen *(gegenüber, oben)* sind mit denen der französischen Ausführung praktisch identisch, wogegen die Rechtslenkung aber doch Nachteile brachte. Die Handbremse (1) wurde verlegt, die Haubenentriegelung (2) brauchte allerdings nicht in Nähe des Fahrers zu sein. Die Höhenkontrolle der Hydropneumatic (3) befand sich außerhalb der Reichweite des Fahrers wie auch einige Hebel (4,5,6) für die Klimaanlage. Typisch französisch ist der gemeinsame Schalter (7) an der Lenksäule für Hupe, Beleuchtung und Abblendfunktion. Die Gangschaltung (8) befindet sich auf der anderen Seite der Lenksäule; man beachte auch das Diagramm mit dem Gangschema. Auf Kultiviertheit deutet der Dimmerschalter für die Armaturenbeleuchtung (9) hin sowie die kombinierte Funktion des Zünd-Start-Schlüssels (10) und der Knopf für die Scheibenwaschanlage (11). Die Lenkung in extremen Winkeln wurde durch ein doppeltes Kugelgelenk *(rechts)* ermöglicht, was auch die Befestigung des Rades mit nur einem einzigen Bolzen ermöglichte. Die Fülle der Überlegungen bei der Konstruktion rechtfertigen die Typenbezeichnung ID (Idee), und die Tatsache, daß bis April 1975 über 1,4 Millionen Einheiten des D-Typs hergestellt wurden, spricht für sich.

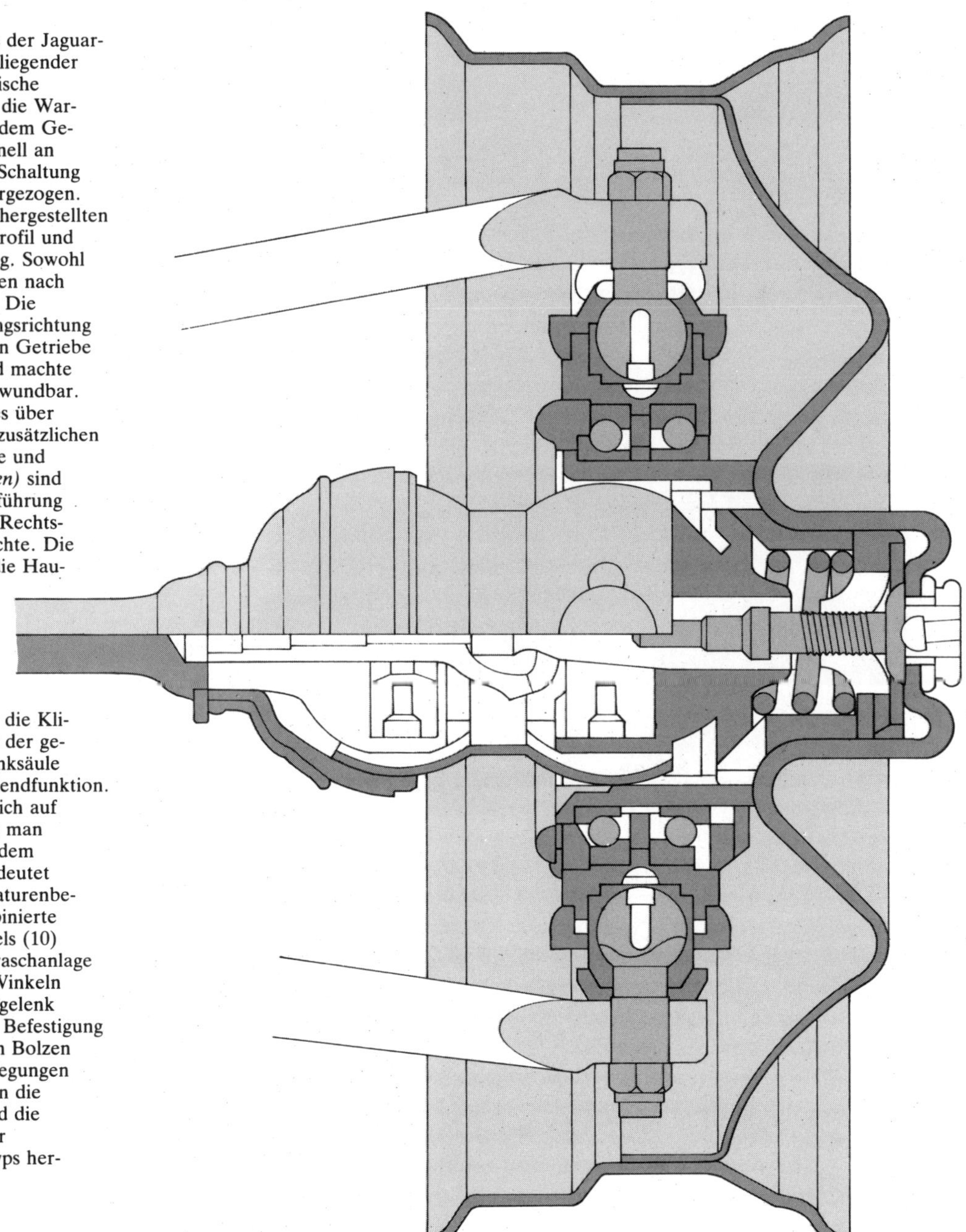

Wie sich ein Image ändern kann. Nur zehn Jahre liegen zwischen diesen beiden Pontiac-Coupés, dem »Catalina von 1954 *(oben)* und dem GTO von 1964 *(rechts)*. Das ältere Modell hatte einen seitengesteuerten Reihenachtzylinder, einen der letzten zum Einbau kommenden Aggregate dieser Bauart überhaupt. Wie alle Pontiacs seit 1934 schmücken es die Silberstreifen und die Kühlerfigur mit dem Indianerkopf. Auch ist es ein Beispiel für die erste Generation der Hardtops, die Buick bei seinem Modell »Riviera« 1949 zuerst einführte. 1964 wurde die Aufmerksamkeit auf das neue Fahrgestell mit großer Spurweite gelenkt. Das »O« (für »omologato«) in der Typenbezeichnung wies nicht auf ein Interesse an Wettbewerben hin, obwohl die Leistung es zweifellos ermöglicht hätte. Sie stand bis 360 PS aus einem V-8-Motor mit 6,4 Liter Hubraum zur Verfügung, dann allerdings in Verbindung mit einer härteren Federung. Ein manuelles Vierganggetriebe und eine Differentialsperre waren ebenfalls zu haben. Und Pontiac wies darauf hin, daß man fünf GTO mit allen Extras zum Preis eines Ferrari bekommen könne. Mehr als 32 000 Käufer ließen sich überzeugen, und für 1965 verdoppelte sich diese Zahl. Bemerkenswert ist, daß sich fast 75 % der Käufer für ein manuelles Getriebe entschieden.

Mittelklasse-Schicksale in den USA, 1959. DeSoto *(Mitte)*, »das Auto, das mit Gedanken an dich konstruiert wurde«, hatte seit 1928 eine sehr wechselhafte Karriere durchlaufen. Als 1934 nur das Modell »Airflow« im Programm war, hatte das Unternehmen eine ernste Krise zu überwinden. Katastrophale Auswirkungen spürte Ford mit dem Modell »Edsel« *(unten)*, mit dem er eine Lücke zwischen Ford und Mercury schließen wollte, die 1955 bestand, was aber nicht gelang. Die einem Pferdekummet ähnelnde Kühlerverkleidung, die »Teletouch«-Knöpfe des Automatikgetriebes (siehe Seite 69) und die schmalen horizontalen Heckleuchten sollten den Wagen »anders« erscheinen lassen. Den DeSoto sah man entweder als Super-Dodge an oder als billigen Chrysler. Die Produktion des Edsel wurde 1959 eingestellt, und dasselbe passierte DeSoto ein Jahr später. Dieses Cabriolet war das DeSoto-Topmodell »Adventurer« und hatte einen 6,3-Liter-V-8-Motor mit 350 PS, Druckknopf-Gangwahl für das automatische Getriebe sowie Lenk- und Bremshilfe als Standardausrüstung. Die Motorausrüstung des »Edsel« war etwas bescheidener – 4,8 Liter und 200 PS –, und Lenk- wie Bremshilfe zählten als Extras, der ganze Wagen kostete allerdings auch gute 2 000 Dollar weniger als der »Adventurer«. Diese viertürige Limousine wurde mit 12 814 Einheiten verkauft, das Cabriolet fand nur knapp 100 Käufer. Die Gesamtverkaufszahlen des Chrysler lagen bei 41 423 Einheiten, beim Edsel bei 29 667, worin auch die Erklärung zu sehen ist, daß DeSoto etwas länger auf dem Markt blieb.

(Unten) 1960 war das große Jahr für die amerikanischen Kompaktwagen, wobei Nash (American Motors) allerdings schon seit 1950 im Geschäft war, und Studebaker rangierte 1959 mit seinem Modell »Lark« noch vor den »Großen Drei«. Es hatte den Vorteil eines V-8-Motors, den man in Chevrolets nicht einbauen konnte und den auch Ford und Plymouth bis 1963 nicht anboten. Als 1964 das »Lark Daytona«-Cabriolet angeboten wurde, stand Studebaker vor dem Zusammenbruch, und man war dabei, die Produktion nach Kanada zu verlegen, wo sie eingestellt wurde. Von diesem Cabriolet entstanden nur 715 Stück. Der Käufer hatte die Wahl zwischen 4,2- und 4,7-Liter-V-8-Motoren, Drei- oder Vierganggetriebe (ersteres auf Wunsch mit Overdrive) und Automatik. Lenkunterstützung und vordere Scheibenbremsen mit Bremshilfe waren verfügbar.

(Rechts) Amerikas typischer Mittelklassewagen von 1966: Dier viertürige Dodge-»Monaco«-Limousine ohne alle Mätzchen. Das Fehlen von Chromzierat und die ausgezeichnete Rundumsicht fällt auf. Die Konstruktion war zweckmäßig und in selbsttragender Bauweise ausgeführt, die Vorderradaufhängung erfolgte an Torsionsstäben. Der Großteil der Kunden orderte Automatikgetriebe und Lenkunterstützung; ein vollsynchronisiertes manuelles Getriebe war allerdings ebenfalls lieferbar. Die Option für vordere Scheibenbremsen nahmen nur wenige Besteller wahr, denn man bekam ja ohnehin Servobremsen. Bei einem Wagengewicht von 1 780 kg und einer Höchstgeschwindigkeit von 175 km/h war das allerdings auch eine Notwendigkeit. Außer der 6,3-Liter-V-8-Maschine stand auch noch eine stärkere Ausführung mit 7,2 Liter zur Verfügung.

(Unten) So etwas konnte nur in Amerika entstehen – das Cadillac-»Eldorado«-Coupé von 1967, ein Wagen mit Frontantrieb, der vom Oldsmobile »Toronado« der vorigen Saison inspiriert worden war. Die Anbringung des Getriebes neben dem Motor sparte Platz, trotzdem wirkte dieser Wagen aber nur kompakt im Vergleich zur Limousine des Typs 75 aus dem gleichen Stall; die Längenmaße lagen bei 5,6 bzw. 6,2 Meter, aber das kleinere Coupé war 2 Meter breit. Interessant ist der Vergleich mit größeren europäischen Limousinen wie dem Citroën der D-Serie oder den Sechszylinder-Mercedes-Benz, deren Maße bei etwa 4,9 × 1,8 Meter lagen. Und während europäische Hersteller Scheibenbremsen zumindest an den Vorderrädern serienmäßig anboten, standen sie in Amerika immer noch auf der Liste der Extras. Europäer waren an einen relativ bescheidenen Benzinverbrauch gewöhnt, der bei Werten zwischen 11,2 und 13,5 l/100 km lag. Dagegen machten sich die 21 Liter eines »Eldorado« schon gewaltig aus.

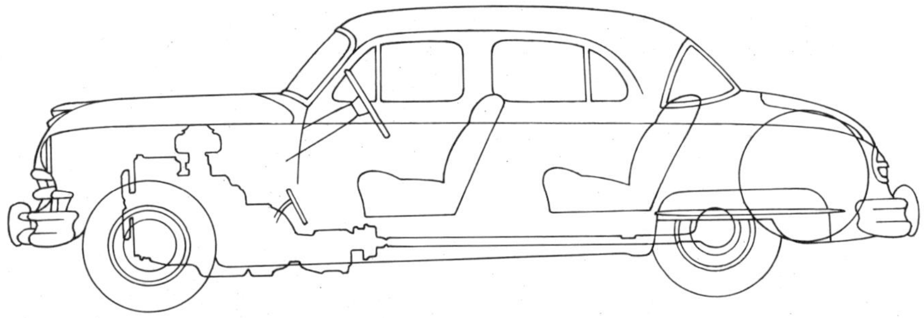

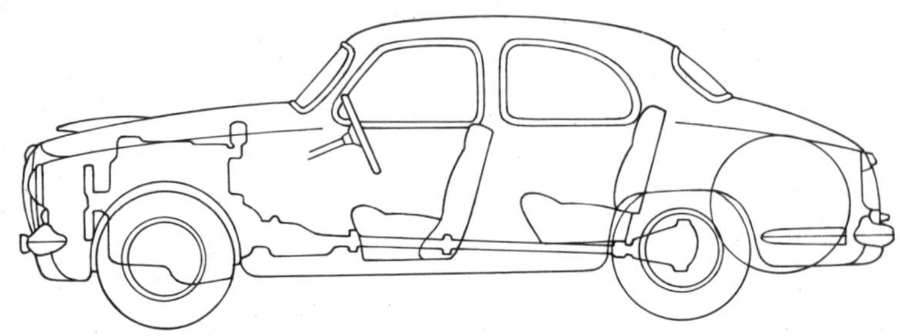

Der Kontaktverlust zum Weltmarkt oder wie der amerikanische Wagen zu groß geriet. 1951 war man von den Extremen der sechziger Jahre noch weit entfernt, und der Chrysler »Imperial« *(oben links)* fand wegen seines fortschrittlichen V-8-Motors mit hemisphärischen Brennräumen weitaus mehr Beachtung als wegen der Qualität seines Styling. Die Länge von 5,14 Meter und die Breite von 1,93 Meter erscheinen auf Papier nicht übermäßig, aber um etwas vergleichbar Umfangreiches in Europa zu finden, mußte man auf die aussterbende Gattung der Prestige-Limousinen zurückgreifen, von denen hier ein

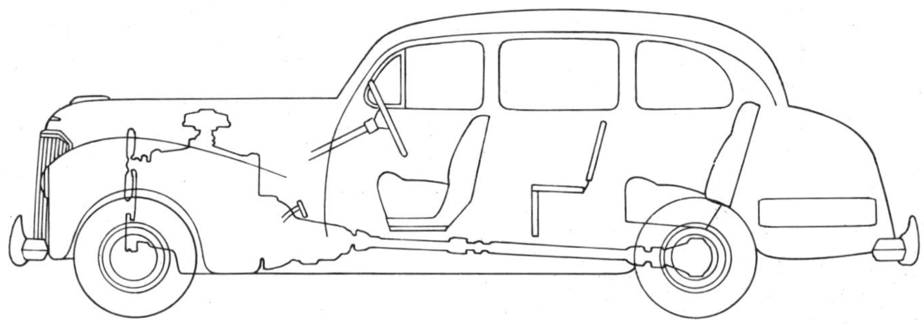

Zeitgenosse des Chrysler, die Humber-Pullman-Limousine *(unten)* gezeigt wird, ein Wagen mit 4,1-Liter-Sechszylinder-Motor, der bis 1953 hergestellt wurde. Der Radstand entsprach genau dem des Chrysler, und 9 Personen fanden im Inneren Platz – und der Humber war tatsächlich um 5 cm kürzer. In den Dimensionen, wenn auch nicht unbedingt technisch, repräsentierte der Alfa Romeo 1900 *(rechts)* die europäische Familienlimousine. Die Maße betrugen 4,4 Meter Länge, und die Breite von 1,5 Meter entsprach den Straßen der Alten Welt, denn damals gab es nur in Deutschland und Italien ausgebaute Autobahnnetze.

bemerkenswerter war, daß Ford/Deutschland 1962 als Testmarkt für den ersten Wagen mit Frontantrieb in der Ford-Geschichte, dem Modell 12 M, auserkoren wurde. Dieses Konzept fand sich innerhalb der Ford-Gruppe sonst nirgendwo, bis 1976 sollte das System »Panhard« bei Ford bestimmend bleiben.

1968 wurden die ersten Schritte in Richtung Rationalisierung unternommen, und das Modell »Escort« wurde von beiden Werken gleichermaßen hergestellt. In gewisser Beziehung galt das auch für die »Capri«-Modellreihe des Jahres 1969, aber die Motoren der beiden Herstellerwerke wiesen absolut keine Gemeinsamkeiten auf. Die deutsche 2-Liter-Maschine besaß den gleichen Zylinderinhalt wie ihr britisches Gegenstück, aber diese hatte vier Zylinder, jene sechs.

Bei General Motors ging man nach einem ähnlichen System vor. Es gab Gemeinsamkeiten und gelegentlichen Motortausch. So wurde 1964 der Chevrolet-V-8-Motor in den Opel »Diplomat« eingebaut wie auch in einige Holden. Es gab aber keine Übereinstimmungen in den Karosserien. Während der Sechziger bauten Vauxhall, Opel und Holden das zweistufige Powerglide-Automatikgetriebe ein, Holden brachte aber später ein eigenes Trimatic-Getriebe heraus. Vauxhall und Opel entwickelten in den sechziger Jahren Motoren mit obenliegenden Nockenwellen, Vauxhall aber verwendete Zahnriemen, während Opel Ketten treu blieb. 1963/64 machten sich Anzeichen einer Rationalisierung bemerkbar. Der Opel »Kadett« und der Vauxhall »Viva« waren trotz ihres unterschiedlichen Aussehens gleich, so in dem gleichen Vierzylindermotor mit vollsynchronisiertem Getriebe, der gleichen Federung und Steuerung und sogar dem gleichen Radstand. Ab 1969 gab es auch eine Holden-Ableitung, den »Torana«, der Vauxhalls Karosserie verwendete.

Eine andere interessante Entwicklung zeigte sich im Zweiwegeverkehr der Importe und Exporte, auch bei Ländern mit einer aktiven Autoindustrie. 1950 importierte Schweden etwa 50 000 Autos aus dem Ausland. Das erschien natürlich, denn das einzige einheimische Angebot bestand im Volvo PV 444, einer 1,4-Liter-Limousine, und die konnte nicht unbedingt alle Ansprüche befriedigen. In die Vereinigten Staaten gingen 20 000 Wagen, die meisten aus Großbritannien. Der Volkswagen hatte in den USA gerade sein Debüt, und sowohl Fiat wie Renault hatten noch nicht einmal begonnen, das Wasser auszuloten. Frankreich, Deutschland, Italien und Großbritannien hatten sich ausländischen Importen verschlossen. Ausnahmen bildeten nur der Citroën »Traction« und der Renault 4 CV, die in Großbritannien montiert wurden und einen großen Anteil einheimischen Materials aufwiesen.

In dem Ausmaße, wie sich die vom Kriege heimgesuchten Staaten wieder erholten, öffneten sich die Tore dem Import. Großbritannien gab ab 1953 den Weg frei für Importe aus Frankreich und Deutschland, aus Italien und den USA ein Jahr später. Das hieß allerdings nicht, daß für diese ein ausgesprochen guter Markt bestand, denn 14 Jahre lang hatte dieser Markt nicht gepflegt werden können, und ein Händlernetz bestand nicht mehr. Einige Unternehmen, so Borgward und Volkswagen, mußten total von vorn anfangen. Die Importe insgesamt beliefen sich bis 1960 nicht einmal auf 50 000 im Jahr. 1963 wurden nicht weniger als 191 000 neue französische Wagen importiert. VWs und Renaults wurden zum gewohnten Anblick, und unter den Taxen in Mailand traf man sogar einige Hillman. 1965 wurden von fünf der sechs Länder mit Automobilproduktion 199 000 Einheiten je Jahr exportiert, und die USA standen mit mehr als einer halben Million Einheiten an der Spitze.

Wenn es sich bei den Wagen, die hier ohne Hindernisse die Grenzen kreuzten, auch nicht um »Weltwagen« handelte, so verkauften sie sich doch in der ganzen Welt. Bisher waren Produktionsziffern von einer Million und mehr nur von den amerikanischen »Großen Drei« erreicht – und von Volkswagen. Die Lage änderte sich. Der Renault 4 CV von 1946 und der Morris »Minor« von 1948 erreichten ihre erste Million 1961, und der Renault »Dauphine« von 1956 überschritt die Zweimillionengrenze, noch bevor die Produktion 1968 eingestellt wurde. Zwei Peugeots aus dieser Zeit, die Modelle 403 und 404, erreichten siebenstellige Produktionszahlen, und 1970 konnte Fiat auf zwei Zweimillionen-Modelle verweisen, den Typ 1100-103 von 1953 und den Typ 600 von 1955. Um diese Zahlen im richtigen Licht zu sehen, muß man sie in Vergleich stellen zu den entsprechenden Modellen der Vorkriegszeit, die beide noch innerhalb unseres Betrachtungszeitraumes hergestellt wurden. Der legendäre 570-ccm-»Topolino« erreichte 519 746 Einheiten zwischen 1936 und 1955 und der ursprüngliche »Millecento«, der in Europa so Vielgeliebte zwischen 1937 und 1952, nur 205 348. Bisher wurde Japan zu den Betrachtungen nicht herangezogen, was daran liegt, daß die Bedeutung Japans sich erst in den letzten drei Jahren unserer Periode herauskristallisierte. Bis 1959 war niemand geneigt, die Japaner allzu ernst zu nehmen. Fotos der Automobilausstellung in Tokio zeigten eine kümmerliche kleine Limousine, die eine Mischung zweitrangiger europäischer Technik mit älterem amerikanischen Styling zu sein schien. Nur Besucher Japans hatten Autos aus der einheimischen Fertigung gesehen. 1957 war die Firma Prince Motors mit einem Stand auf dem Pariser Salon vertreten. Außerdem hatte es Handelsausstellungen in Los Angeles und San Franzisko im Laufe des Jahres 1959 gegeben. 1960 belief sich der japanische Export auf ganze 7 000 Einheiten, von denen 2 904 in asiatische Staaten gingen. 942 wurden in die USA geliefert, 116 nach Australien und 36 nach Europa. Datsuns erster Angriff war hier auf Norwegen gerichtet.

Fünf Jahre später war das Bild interessanter. Japan exportierte 100 716 Wagen, wovon 40 000 in die USA gingen, 36 000 nach Ozeanien und mehr als 16 000 nach Europa. 1969 nahmen vier europäische Länder – Belgien, Finnland, die Niederlande und die Schweiz – 15 000 Wagen im Jahr ab, die USA 323 671.

Toyota, der größte Hersteller, hatte einen Anteil von 25 Prozent an der nationalen Produktion und 41 Prozent am Export. Von 316 189 Wagen im Jahre 1966 stiegen die Lieferungen auf 659 189 im Jahre 1968 und 967 700 ein Jahr später. Die Addition dieser Zahl zu der von 105 000 der angeschlossenen Firma Daihatsu brachte die Gruppe auf Platz 6 der Weltproduktion nach den amerikanischen »Großen Drei«, Volkswagen und Fiat. Bei einem Export von 150 000 Wagen jährlich unterhielt Toyota Niederlassungen in Australien, Belgien, Kanada und den USA. Sie lieferten insgesamt in 90 Länder.

Und sie waren nicht allein. In der gleichen Vierjahresperiode hatte Nissan-Datsun seine Produktion verdreifacht, Daihatsu sogar vervierfacht, und die Verkäufe von Mazda und Mitsubishi hatten sich verdoppelt. Zwei Giganten aus der Motorrad-Welt, Honda und Suzuki, waren als Autoproduzenten neu hinzugekommen. 1966 lag ihre Produktion unter 7 000, aber 1969 betrug der Ausstoß von Honda allein 236 000 und wurde nur von Toyota und Nissan übertroffen.

Die nationalen Eigenschaften bildeten sich in den 20 Jahren, die wir hier betrachten, deutlich heraus. Die USA befanden sich in einem Zustand der Isolation und hatten Großbritannien abgelöst, das diese Rolle zwischen den Kriegen gespielt hatte. Hier war eine autoorientierte Nation mit einem erstklassigen Autostraßennetz, mit Autokinos und Auto-Bankschaltern, Motels und einem verkümmernden Netz öffentlicher Verkehrsmittel. Die Fortbewegung teilte sich auf zwischen Automobil und Flugzeug. Betriebsstoff war billig und reichlich vorhanden. 1969/70 belief sich der Straßenverkehr auf 98 Prozent aller Fahrten, von denen 54 Prozent unter 8 km Entfernung lagen. 4 von 5 Haushalten besaßen ein Auto, und von diesen hatten 4,8 Prozent drei oder mehr Autos. Insgesamt ergab das einen Bestand von 89 Millionen Wagen. Die Industrie hatte einen festgefügten Markt, genau wie in Großbritannien im Jahre 1939. Auch nach Inkrafttreten der Umweltschutz- und Sicherheitsvorschriften gab es noch ausreichend billigen Treibstoff, um die 7-Liter-V-8-Motoren zu füttern. Die Verkaufszahlen ausländischer Importwagen trugen das ihre dazu bei, die Gesamtzulassungszahlen noch zu vergrößern.

Amerika ging seinen eigenen Weg mit einer Flut von Pferdestärken, Chromzierat, schreienden Farben, Kraftunterstützung für alles mögliche und einem Übermaß an Länge und Breite. 1959 war das durchschnittliche Auto eines Amerikaners mit einem V-8-Motor ausgerüstet, erreichte ohne Anstrengung – wenn auch nicht mit größter Sicherheit – 160 km/h und war etwa 5,3 Meter lang. Der Benzinverbrauch lag bei etwa 21 l/100 km, und Lenkhilfe war genauso selbstverständlich wie ein automatisches Getriebe. Und es war billig: Für 2 700 Dollar bekam man einen ausgewachsenen Chevrolet und für 4 300 Dollar den Buick »Electra«, das Spitzenmodell mit allem Zubehör. In Großbritannien erhielt man für diesen Betrag einen Ford »Zodiac« oder Rover 110, die beide nicht diesen Grad von Vollkommenheit erreichten. Aber der Buick war für europäische Straßen zu groß – und für die Selbstwartung war er auch entschieden zu kompliziert. Die Dollarstärke ließ Amerika auf dem Weltmarkt ohne Chancen, so stellte die Industrie Wagen nur für Amerikaner her.

Bis 1969 vergrößerten sich die amerikanischen Wagen ständig, sowohl in Umfang wie in Leistung, auch unter Außerachtlassung der sportlichen Modelle, die schon behandelt wurden. Alle Limousinen verfügten über V-8-Motoren mit Hubräumen von 4,6 Litern, bei Chevrolet bis zu 7 Litern, bei Lincoln und Cadillac. Alle boten eine Höchstgeschwindigkeit von mindestens 168 km/h, und Buick, Cadillac und Oldsmobile brachten es auf 192 km. Die Abmessungen näherten sich dem Unmöglichen. Ein typischer europäischer Wagen der Oberklasse, der Mercedes 300 SE mit 3-Liter-Sechszylindermotor, hatte eine Länge von 4,88 Meter und war 1,8 Meter breit. Für einen Cadillac lagen diese Maße bei 5,68 Meter und 2,03 Meter. Das Gewicht des Mercedes mit 1 540 kg galt für Europa nicht eben als niedrig. Aber der einfache Chevrolet »Impala« brachte es schon auf 1 692 kg. Ein Lincoln brachte 2 385 kg auf die Waage. Ihre Nachfolger von 1969 waren noch gigantischer. Alle hatten sie beim Hubraum zugelegt, Buick ging von 6,6 auf 7,0 Liter, legte in der Breite um 5 cm und im Gewicht um 40 kg zu. Cadillacs V-8 in Standardausführung erreichte 7,7 Liter und 375 PS, der 365-PS-Lincoln brachte es auf 7 538 ccm. Auch bot ein amerikanischer Hersteller seinen Kunden alles an, was sie vielleicht erwarten könnten, und alles, was er nicht anbot – wie beispielsweise Limousinen mit verlängertem Radstand –, war mit Sicherheit auch nicht mehr gefragt. Als Ausnahmen sind nur die echten Kleinwagen und ihre sportlichen Weggenossen anzusehen. Aber vorbei waren die Tage des soliden und billigen Chevrolet-Sechszylinders.

Die Preisentwicklung fiel verständlicherweise etwas kräftiger aus. 1950 kostete der billigste Chevrolet 1 403 und der teuerste 1 904 Dollar. 1969 hatte man für einen Chevy II Nova 2 237 Dollar auf den Tisch zu legen und gut das Doppelte – 4 781 Dollar – für den Sportwagen »Corvette«.

Ähnliche Typen- und Preisstrukturen gab es bei Ford und Plymouth. Deutschland begann unsere Epoche mit drei guteingeführten Modellen, dem Volkswagen, dem Opel »Olympia« und dem 170 V-Mercedes-Benz. Alle waren modern genug, um noch einige Jahre auf dem Markt bestehen zu können. Mercedes-Benz hatte diesen Typen noch eine Dieselversion des 170 hinzugefügt. Den Rest besorgten unbeirrbare Zielstrebigkeit und harte Arbeit. Die Deutschen hatten Erfahrung. In der Fahrgestellentwicklung waren sie während der dreißiger Jahre führend, Konsolidierung war ihr Bestreben, Experimente überließen sie anderen. Abgesehen von Kleinwagen und dem einsamen DKW-»Monza«-Sportwagen von 1956 interessierten sie sich nicht für Kunststoffkarosserien. Trotz aller Versuche von Borgward mit automatischen Getrieben wurde die erste erfolgreiche Automatik in Deutschland von Mercedes-Benz auf den Markt gebracht, wenn auch erst 1958. Automatische Kupplungen waren anfangs populärer, und als Borgward 1960 einen neuen Versuch machte, mußte er auf das britische Hobbs-Getriebe zurückgreifen, denn es gab kein Einbauaggregat heimischer Fertigung. 1963 führte Mercedes-Benz Luftfederung ein, aber man war zurückhaltend und beobachtete die Fehler der anderen.

Merkwürdigerweise hielt sich die Lenkradschaltung in Deutschland länger als in anderen europäischen Ländern. Hier galten noch die alten Autobahnideale. Die alte Porsche-Philosophie basierte auf einer Dauergeschwindigkeit statt auf einer Höchstgeschwindigkeit. Deutschland blieb auch – dank Mercedes-Benz – ein aktiver Vertreter des Dieselmotors für Personenwagen. Auch Borgward versuchte sich in den Jahren 1952 bis 1954 auf diesem Gebiete. In den auf Wirtschaftlichkeit bedachten siebziger Jahren traten dann Audi, Ford, Opel und VW neu in diesen Kreis ein.

Die »deutsche Krankheit« war der Kleinstwagen. Nicht daß Deutschland allein auf diesem Sektor tätig war. Frankreich, Großbritannien, Italien, Japan und Spanien leisteten ihren Beitrag und sogar solche Länder wie Argentinien

Kleine Wagen aus beiden Teilen Deutschlands und Vertreter dreier Tendenzen. *(Links)* Der Opel »Kadett«, von dem zwischen 1962 und 1965 insgesamt 650 000 Stück hergestellt wurden, führte den Namen (und Gott sei Dank nicht die unbefriedigenden Fahreigenschaften) des Opel-Bestsellers von 1937 fort. Die Konstruktion folgte der herkömmlichen Schule: Ein längs eingebauter, stoßstangengesteuerter Vierzylinder-Motor trieb über ein vollsynchronisiertes Getriebe die Hypoid-Hinterachse. Die Hinterradaufhängung erfolgte über Halbelliptikfedern, die Karosserie war selbsttragend, und nur die Zahnstangenlenkung war für ihre Zeit ungewöhnlich. Bei Vauxhall, dem anderen europäischen General-Motors-Werk, entstand unter dem Namen »Viva« fast das gleiche. Das Heckmotor-Prinzip kam beim Goggomobil *(gegenüber oben)* zur Anwendung, einem Produkt der Landmaschinenfabrik Hans Glas. Im Laufe einer 15 Jahre währenden Produktionszeit (1955 bis 1969) wurden 200 000 Exemplare auf den Markt gebracht. Bei 75 % aller Fahrzeuge handelte es sich allerdings um Limousinen und nicht um Coupés, wie hier eines im Bild gezeigt wird. Mit der stärksten Motorausführung, einem 395-ccm-Zweizylinder-Zweitaktmotor mit Luftkühlung erreichte es 100 km/h und war sogar mit einem elektrisch gesteuerten Vorwählgetriebe lieferbar. Außerdem verfügte es über eine unabhängige hintere Radaufhängung. Bis 1966 lebte auch der gute alte DKW mit Frontantrieb noch, dessen Konzept 1931 entstand und der zu den beliebtesten Wagen der Vorkriegszeit

gehörte. Dieses Modell »Junior« des Jahres 1960 *(gegenüber, unten)* gehörte zu der Familie, von der zwischen 1959 und 1965 über 350 000 Stück abgesetzt wurden. Der wassergekühlte Dreizylindermotor war längs eingebaut und unterschied sich damit von der früheren Bauart mit quer eingebautem Zweizylinder-Motor. Das Vierganggetriebe war vollsynchronisiert. Wie bei der Vorkriegs-Modellreihe F8 war auch hier die hintere Radaufhängung nicht unabhängig. Die ersten Motoren hatten einen Hubraum von 741 ccm, der 1963 auf 792 ccm erhöht wurde. Die Umständlichkeit der Verwendung von Benzin-Öl-Gemisch als Treibstoff und die unbefriedigenden Abgaswerte führten zur Aufgabe des Zweitaktprinzips in der Bundesrepublik im Jahre 1968. In der DDR aber marschierte der »Trabant« *(rechts)* wacker weiter bis in die siebziger Jahre hinein, als letzter Zeuge des DKW-Prinzips – quer eingebauter Zweizylinder-Motor mit danebenliegendem Vierganggetriebe. Noch lange nachdem alle anderen schon Scheibenbremsen verwendeten, mußten es beim Trabant noch Trommelbremsen tun, und auch ein Fahrgestell gab es noch, auf dem – und das ist bemerkenswert – eine Kunststoff-Karosserie montiert wurde. Diese Ausführung von 1965, die auch als Kombiwagen lieferbar war, hatte einen 594-ccm-Motor mit 23 PS und schaffte 100 km/h. Abweichend vom alten DKW hatte er Luftkühlung. In der Bundesrepublik kostete er ungefähr 950 Mark mehr als ein Volkswagen, aber einen zufriedenstellenden Verkauf konnte man nur in solchen Ländern verbuchen, in denen die Interessenten keine Auswahlmöglichkeiten hatten. Ende der sechziger Jahre lag die Produktion bei etwa 100 000 Einheiten jährlich.

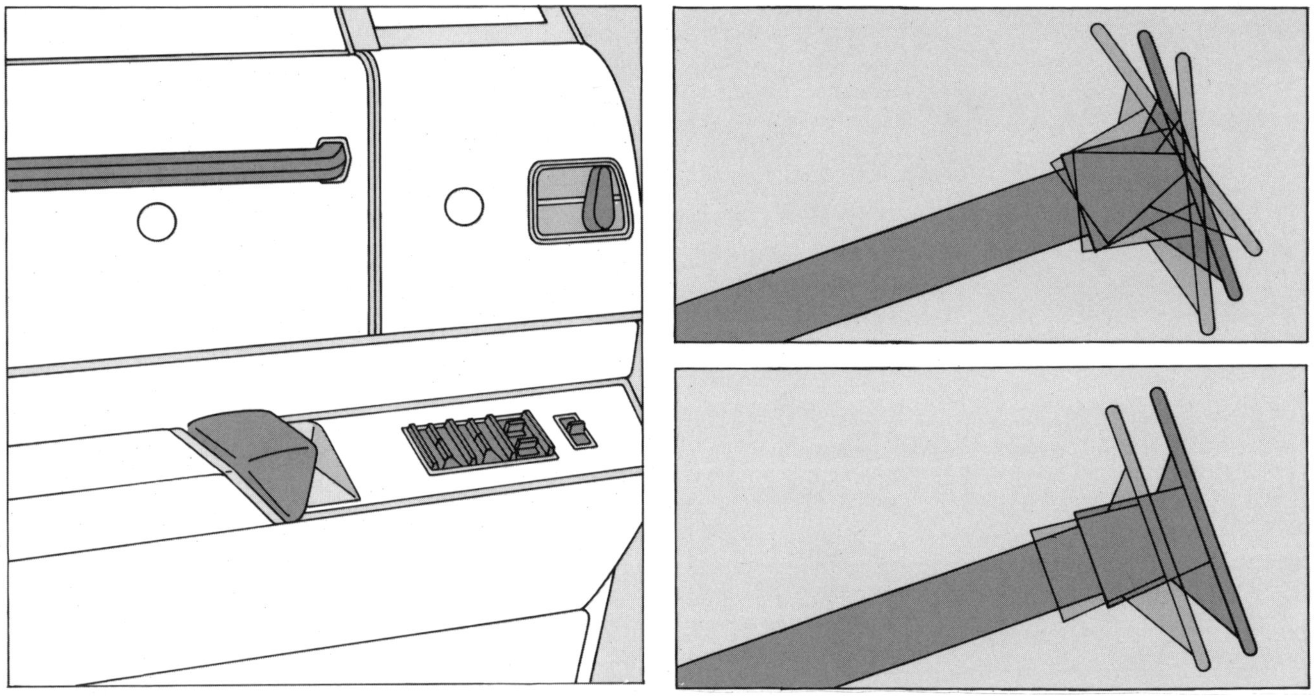

Amerikanische Spezialitäten. Wenn es um das Komfortbedürfnis der menschlichen Kreatur ging, sprach Cadillac ein gewichtiges Wort mit. Elektrisch betätigte Scheiben *(links außen)* gehörten in den Sechzigern zur Standardausrüstung der teureren Modelle. Eine Schalttafel an der Fahrertür diente als »Zentrale«. Ein Extra des Jahres 1968 war das verstellbare Lenkrad *(links)*. Außerdem gab es die lichtabhängige Betätigung der Scheinwerfer und eine auf 90 Sekunden eingestellte Zeitschaltuhr für die Scheinwerfer, gerade genug Zeit, um einem den Weg vom Auto zur Haustür zu beleuchten. Das alles mochte Ausländern nach Aladin und der Wunderlampe klingen, aber nicht nur Ölscheichs konnten sich derartige Extras leisten.

(Leeds, Dinarg), Holland (Hostaco), Griechenland (Alta), die USA (King Midget) und Australien mit dem kleinen Zeta. Typisch wurde der Kabinenroller »Isetta« mit der nach vorn zu öffnenden Tür und den dicht nebeneinander liegenden Heckrädern. BMW produzierte davon etwa 160 000 Einheiten. Aber der Ursprung lag in Italien, und zwar in derselben Fabrik, aus der später der euroamerikanische Sportlimousine Iso kam.

Kabinenroller waren ein Produkt der Nachkriegszeit mit Geldknappheit und Stahlmangel, nicht so sehr des Benzinmangels. Die Suezkrise verhalf ihnen zu einem Wiederaufblühen, aber ihre Hochblüte erlebten sie in den ersten Jahren wirtschaftlichen Wiederanstiegs. Später gehörten sie als Stadtwagen zum modischen Dabei der Reichen. Es war die Fortsetzung der Rollerwelle, und wie diese stellten sie eine Möglichkeit dar, solchen Firmen wieder zu Beschäftigung zu verhelfen, die vorher in der Kriegsproduktion tätig waren. Namen wie Heinkel und Messerschmitt stehen als Beispiele. In Frankreich betätigte sich das Staatsunternehmen S. N. de Constructions Aéronautiques du Sud-Ouest mit ihrem Typ »Inter« kurz auf dem Gebiet des Automobilbaus.

Die Kleinstwagen – wie die »Cyclecars« einer früheren Epoche – stellten den Versuch dar, ein autohungriges und gutgläubiges Publikum mit einem Mindestmaß an Fortbewegungsmöglichkeit zu versorgen. Ebenfalls wie bei den Cyclecars kamen die Hauptbestandteile aus der Motorradindustrie: kleine Zweitaktmotoren, Verschiebe-Gangschaltung, primitive Bremsen, Steuerung mit Motoradlenker (beim Messerschmitt) und entweder drei Räder oder differentialloser Antrieb (Isetta, Heinkel, Fuldamobil). Die meisten britischen Wettbewerber hatten drei Räder, und die Breite überschritt nicht 1,5 Meter. In Spanien, wo einen die Straßen an ein etwas runtergekommenes Automuseum erinnerten und wo die Wirtschaft noch unter drei Jahren Bürgerkrieg und fünf darauffolgenden Jahren der Isolation litt, gab es keine Automobilindustrie, aber eine blühende Motorradherstellung. So entstanden auch Kleinwagen, aber nur der »Biskuter« von Gabriel Voisin wurde in größerer Stückzahl hergestellt.

Auf nennenswerte Produktionszahlen brachten es all diese Kleinstwagen zuerst nicht. In Deutschland war das Goggomobil mit etwas über 370 000 Einheiten der Bestseller, gefolgt von der Isetta (160 000), Lloyd (132 000) und Messerschmitt (50 000). Heinkels einheimische Produktion von nur 6 400 Einheiten wurde durch ausländische Lizenzherstellung noch erheblich höher. Der französische Rovin verkaufte sich während der fünfziger Jahre in mäßigen Stückzahlen, und der Mochet mit 125-ccm-Motor erfreute sich gewisser Beliebtheit bei Mitmenschen, deren Liebe zum Alkohol sie den Führerschein gekostet hatte und denen die Höchstgeschwindigkeit von 50 km/h notgedrungen genügen mußte, da hierfür kein Führerschein vorgeschrieben war. Unter den acht oder neun britischen Wettbewerbern gab es eigentlich nur zwei, deren Produktion erwähnenswert ist. Das waren der Bond (1948 bis 1964) mit Einzylindermotor von Villiers und der Reliant, ein Dreiradfahrzeug der alten Schule mit angetriebenen Hinterrädern und einem aufgemöbelten Austin-Seven-Motor mit 747 ccm Hubraum, der später von einem eigenen Motor abgelöst wurde. Beide Unternehmen bauten noch 1969 Dreiradwagen, aber sie befanden sich nun unter einem gemeinsamen Unternehmensdach, und Bond hatte es zu diesem Zeitpunkt zu einer viersitzigen Limousine mit einem im Heck eingebauten Motor des Hillman »Imp« gebracht.

Heckmotoren waren nichts Ungewöhnliches, allerdings wurden beim »Biscuter« und dem britischen Berkeley die Vorderräder über Ketten angetrieben, während drei deutsche Hersteller (Gutbrod, Kleinschnittger und Lloyd) sich dem DKW-Prinzip in verkleinerter Form verschrieben. Beim Messerschmitt war die Sitzanordnung in Tandemform, und das Klappdach weckte Erinnerungen an die vom gleichen Unternehmen früher hergestellten Jagdflugzeuge. In der ursprünglichen Form besaß dieses Fahrzeug eine Handdrehgriff-Kupplung und eine fußbetätigte Gangschaltung, später wurden bei Personenwagen übliche Bedienungselemente übernommen. Der französische Reyonnah hatte einklappbare Vorderräder, um das Parken in den Eingangshallen großer Mietshäuser zu ermöglichen. Der viersitzige Zündapp »Janus« war kürzer als ein Mini, was dadurch erreicht wurde, daß sowohl vorn wie hinten Türen à la »Isetta« angebracht waren und Front- und Heckpassagiere mit den Rücken zueinander saßen. Das war sicherlich nicht jedermanns Sache, aber es fanden sich 7 000 Käufer. Beim britischen Gardon war der Motor seitlich in einem Kasten untergebracht. Der argentinische Leeds war ein schwimmfähiges Vehikel mit einem Hilfs-Schraubenantrieb.

Die höherwertigen Kleinstwagen (Galy, Heinkel, Isetta) verfügten über hydraulische Bremsen. Das »Goggomobil« war ein voller Viersitzer und erreichte mit seinem 300-ccm-Motor eine Geschwindigkeit von 80 km/h. Heinkel, Isetta, Rovin, Mazda und ein anderer japanischer Kleinwagen, der Aichi Cony, verwendeten Viertaktmotoren. Das kleinste auf dem Markt war sicher-

(Rechts) Beim Simca 6 handelte es sich um die französische Nachkriegsausgabe des Fiat »Topolino«; seit 1936 war er technisch praktisch identisch. Trotz der neuesten Überarbeitung im Styling und der Ausrüstung mit hängenden Ventilen im Jahre 1951 konnte er doch nicht gegen die modernen Kleinwagen Renault 4CV und Citroën 2CV bestehen, verfügten doch beide über vier Türen und vier Sitzplätze. In Italien hielt Fiat an dem nicht vollständig identischen Paralleltyp 500C noch bis Anfang 1955 fest, und während sechs Jahren verkauften sich 375 000 Stück. Das war für einen Vorkriegstyp eine erstaunliche Zahl.

lich der »Mopetta« von Brütsch, der 1957 erschien; 1,75 Meter lang und 65 cm breit, erinnerte er stark an einen Flugzeug-Abwurftank auf drei Rädern. Die Kraftübertragung vom 49-ccm-Mopedmotor erfolgte über Kette auf das linke Hinterrad. Der Kraftstoffverbrauch betrug 2,4 l/100 km. Die Höchstgeschwindigkeit von 35 km/h war mäßig, und der Fahrer dieses einsitzigen Wagens muß sich in der Nachbarschaft von Lastwagen nicht sehr wohl gefühlt haben.

Steigender Wohlstand war das Ende des Kleinstwagens wie auch des Motorrollers. Diese Fahrzeuge boten nicht viel und waren beileibe keine günstige Anschaffung. In Großbritannien kosteten 1956 ein Bond 319 Pfund, ein Messerschmitt 343 Pfund und ein Reliant 430 Pfund. Im Vergleich dazu: der Ford »Popular«, eine ausgewachsene Limousine, war für nur 414 Pfund zu haben. In Deutschland allerdings waren alle Kleinstwagen billiger als der Volkswagen, der in seiner »Standard«-Form 3 790 DM kostete. Aber nur das »Goggomobil« (3 097 DM) und der Lloyd (3 350 DM) waren Viersitzer. Das Goggomobil hielt bis in die sechziger Jahre durch und hatte harte Wettbewerber in den Zweizylinder-Typen BMW 700 und NSU »Prinz«. 1956 tat Lloyd den Schritt zu einem Modell mit 600-ccm-Viertakt-Zweizylinder.

In Frankreich bedeutete der Citroën 2 CV auf jeden Fall einen günstigeren Kauf, und in Großbritannien spielte diese Rolle ab 1959 der Mini. Ab 1957 gab es noch den Fiat 500 mit einem luftgekühlten 479-ccm-Zweizylindermotor und ohne jegliche Motorrad-Zutaten. Aber das unsynchronisierte Getriebe erforderte einige Übung, und in der ursprünglichen Ausführung war er erheblich untermotorisiert. Er erreichte nur 80 km/h und benötigte fast 16 Sekunden, um 50 km/h zu erreichen. Das war beinahe ein Rückschritt in die zwanziger Jahre, denn die Werte der kleineren Wagen der Jahre 1949 bis 1950 lagen bei 8,7 Sekunden für den Morris »Minor«, 9,7 Sekunden für den Renault 4 CV und 9,8 Sekunden für den Fiat »Topolino«. Aber die italienischen Techniker verpaßten ihm bald eine kräftige Spritze, und dieser Typ verkaufte sich 15 Jahre lang und beeinflußte den Motorroller-Markt erheblich.

Dieser Fiat, die letzte Ausführung des »Goggomobil« und der 600-ccm-NSU bildeten 1969 die letzten Überlebenden dieser einst stark besetzten Klasse. In Japan allerdings behaupteten sich noch die Marken Daihatsu und Honda, Mazda und Mitsubishi sowie Subaru und Suzuki.

In Großbritannien bildeten die Konzentration der Industrie und zu ehrgeizige Versuche bei einem großen Marktangebot die Gründe für den Rückgang des Geschäfts. 1968 kontrollierte Leyland sowohl Jaguar, Rover und Triumph wie auch die früheren Mitglieder der British Motor Corporation. Und, wie bereits erwähnt, der Mini – vielleicht die bemerkenswerteste technische Errungenschaft der ganzen 20 Jahre – war keineswegs zum »Weltauto« geworden.

Die Konzentration der Industrie zeigte sich hier besonders deutlich. Wenn man ein Produktionspotential von 1 000 Einheiten je Jahr für einen ernst zu nehmenden Produzenten annimmt, so verfügte Großbritannien 1951 über 14 solche Unternehmen. Es gab die Konzerne Nuffield (MG, Morris, Wolseley, Riley), Rootes (Hillman, Humber, Sunbeam-Talbot), BSA (Daimler, Lanchester) Rolls-Royce/Bentley, Standard-Triumph und die großen Unternehmen Austin, Ford und Vauxhall. Ende 1960 war die Zahl durch Gruppenverschiebungen und Produktionseinstellungen auf neun geschrumpft und zum Ende der von uns betrachteten zwei Jahrzehnte noch einmal auf sechs. Bei diesen Zahlen muß man noch bedenken, daß sich zwei Neulinge in diese Gruppe vorgeschoben hatten, Lotus und Reliant.

Das Angebot Großbritanniens zeichnete sich immer durch große Verschiedenheit aus. 1953 konnten Käufer unter 41 Modellen der großen einheimischen Hersteller wählen sowie unter 24 »Exoten«. Die Zahl für Frankreich, Deutschland und Italien betrugen 16, 10 und 7 für die erste Kategorie und 4, 10 und 22 für die zweite. Noch 1969 konnte die britische Industrie 38 populäre und 25 exotische Modelle aufweisen und war damit allen konkurrierenden Ländern voraus, und das war zwei nationalen Formen zu danken, einer alten und einer neuen: dem Sportwagen und dem Bausatzauto.

Großbritannien hielt auch eisern – und mit gutem Erfolg – fest an den »unteren Mittelklassewagen« gemäßigter Kapazität, wie sie in den dreißiger Jahren durch Riley und Triumph repräsentiert wurden und wie Salmson in Frankreich sie bis zu ihrem Ausscheiden aus dem Wettbewerb 1957 lieferte. Diese unterschieden sich von den sich gut verkaufenden Qualitätswagen Rover und Jaguar. Am charakteristischsten für die Kategorie sind die Sunbeam-Talbot und Sunbeam der Jahre 1951 bis 1966 anzusehen. Beim Originaltyp 90 von 1948 an konnten Standardteile von Rootes verwendet werden: Das Armaturenbrett war eine ästhetische und ergonomische Katastrophe und die Lenkradschaltung außerordentlich unglücklich. Die traditionelle »Sport-Limousine« stellte sich als zu beengt für vier Personen dar und ließ für Gepäck keinen Platz. Vom stilistischen Standpunkt aus war der Wagen ein

(Oben) Sportlicher deutscher Kleinstwagen – der Messerschmitt »Tiger« von 1958. Die Lenkung erfolgte auch hier durch einen Motorradlenker, und die Tandem-Sitzanordnung war ebenfalls beibehalten worden. Das nach der Seite klappbare Dach erinnerte stark an die Flugzeuge des gleichen Unternehmens. Aber es gab ein zusätzliches Hinterrad, Kardanantrieb und hydraulische Bremsen. Der Zweizylinder-Zweitaktmotor mit 493 ccm Hubraum leistete fast 20 PS, und die Höchstgeschwindigkeit lag bei 125 km/h. Die Tage des Kleinstwagens waren jedoch fast vorbei. Der »Tiger« war drei Jahre lang im Programm, aber es wurden nur etwa 250 Stück davon verkauft – im Gegensatz zu über 50 000 der dreirädrigen Version.

(Rechts) Während Saab und DKW dem Zweitaktmotor bis Mitte der sechziger Jahre treu blieben, löste sich der luftgekühlte Lloyd – Carl Borgwards »Leukoplast-Bomber« – nicht nur von seiner Holz-Kunstleder-Karosserie, sondern auch von dem 293-ccm-Zweitaktmotor. 1959 nannte er sich »Alexander« und hatte einen 593-ccm-Motor, der weiterhin quer eingebaut war und die Vorderräder antrieb, jetzt aber über eine obenliegende Nockenwelle verfügte und eine Leistung von 25 PS abgab. Die Produktionszahl von 176 000 »Alexander« entsprach gerade der Halbjahresproduktion des zeitgenössischen »Käfer«. Der Niedergang Borgwards war fast voraussehbar.

(Rechts) Ein Wohnwagenhersteller baute den Berkeley. Die Karosserie bestand aus drei Kunststoffschalen, dazu gab es ein Motorradgetriebe, und den Antrieb der Vorderräder erfolgte durch Ketten. Das Gewicht lag bei etwa 320 kg. Zwischen 1956 und 1960 wurden etwa 2 000 Stück verkauft; hinzu kamen noch 2 500 Dreiradversionen, denen das englische Steuersystem besser gesonnen war. Die Motorausrüstung bestand aus einem Zweizylinder mit 233 ccm oder einem Dreizylinder mit 492 ccm Hubraum, beide mit Luftkühlung und hergestellt von Excelsior. Der Typ B95/105 allerdings erhielt einen Motor von Royal Enfield, einen Zweizylinder mit hängenden Ventilen und einer Leistung von 50 PS. Das reichte für eine Höchstgeschwindigkeit von 160 km/h.

(Unten) Einen Kombiwagen konnte man aus praktisch jedem Wagen ableiten, sogar aus dem kleinen Bond-Dreiradwagen von 1961 mit dem kettengetriebenen Vorderrad. Dieses ist das Modell »Ranger«, ein Lieferwagen für 150 kg Nutzlast. Für einen Kleinstwagen konnte Bond auf eine ungewöhnlich lange Produktionsdauer verweisen, von 1948 bis 1965. In der Frühzeit gab es solche Primitivitäten wie mechanische Anlasser, Bremsen nur an den Hinterrädern, Lenkung über Kabel und Rolle. Hinterradfederung gab es nicht, man erachtete die Reifen als ausreichend. Die hier gezeigte Version hatte einen 246-ccm-Villiers-Zweitaktmotor, alle drei Räder wurden gebremst, und die Karosserie bestand größtenteils aus Kunststoff.

Erfolg, ließ sich gut fahren, schaffte ohne weiteres 120 km/h und gewann Rallyes. Niemand dachte bei diesem Wagen daran, daß es sich um eine Kombination von Teilen von Hillman und Humber handelte.

Vom Modell »Rapier« von 1956 kann man das nicht sagen, er war ein »Minx« im Partydreß. Bis es 1958 einen Talbot-Grill bekam, sah es von vorn auch wie ein »Minx« aus. Der Unterschied lag in der Ausrüstung, die man für die 986 Pfund bekam, das war bedeutend mehr als für einen Fiat oder Borgward. Dafür gab es Overdrive, teilweise Lederausstattung, einen kompletten Satz Instrumente mit schwarzen Zifferblättern, Schlüsselzündung (die bis dahin in Großbritannien ungewohnt war), zweistufige Scheibenwischer, Bodenteppiche und zwei Rückfahrtscheinwerfer. MGs Typ Y (1948 bis 1953) und der Originaltyp Z »Magnette« (1953 bis 1958) folgten dem gleichen Konzept, und andere in dieser Klasse – wenn auch äußerlich größer – waren der Armstrong-Siddeley, der frühe 3-Liter-Alvis, der klassische Riley RM (bis 1954 in Produktion), der »Rasiermesser«-Triumph »Renown« und die der alten Schule folgenden AC-Limousinen mit Starrachsen. AC, Riley und MG hatten einen sportlichen Touch, der Triumph nicht. Bis 1957 erhielten sich die Humber und Wolseley einen Teil ihres Charakters, verfielen dann aber der Dekadenz der Markenkonfektion. Während des gesamten Betrachtungszeitraumes verfügte Großbritannien über zahlreiche erfolgreiche Sportmodelle. Es verging fast kein Jahr ohne eine aufsehenerregende Neuheit. 1951 hatte man die Wahl zwischen dem alterslosen Morgan, dem altertümlichen HRG mit Starrachsen und mechanischen Bremsen, dem MG Typ TD, den Allards mit amerikanischem Motor, dem Jowett »Jupiter«, dem 2,5-Liter-Lea-Francis und dem Jaguar XK 120 mit dem Doppelnockenwellen-Sechszylindermotor und seiner Höchstgeschwindigkeit von 190 km/h. Der Produktionsbeginn des Aston Martin DB 2 stand unmittelbar bevor, wenngleich es sich hierbei mehr um einen Superwagen als um einen normalen Sportwagen handelte.

1952 erschien der Austin-Healey mit seinem großen und lahmen Vierzylindermotor. 1953 kam sein größter Rivale, der Triumph TR 2, und auch die Roadster-Ausgabe des 2,3-Liter-Sunbeam-Talbot, der Typ »Alpine«. 1954 folgte AC mit dem Modell »Ace« mit unabhängiger Radaufhängung und offener Karosserie à la Ferrari. MG wandte sich dem Moderneren zu und stellte auf der Londoner Ausstellung 1955 den aerodynamisch geformten Typ A vor. Triumph und Jaguar führten 1957 Scheibenbremsen ein, und Lotus brachte das »Elite«-Coupé in selbsttragender Kunststoff-Bauweise heraus. 1958 erschien ein Nachfolger für die frühen MG »Midget« in Form des Austin-Healey »Sprite«, der 1961 das MG-Markenzeichen erhielt, in dem gleichen Jahr, in dem auch der Jaguar E-Typ erschien, eine Monocoque-Konstruktion mit unabhängiger hinterer Radaufhängung.

Danach entwickelten sich die Dinge sprunghaft. 1962 wurde der große Triumph äußerlich überarbeitet und erhielt 1964 ebenfalls unabhängige Hinterradaufhängung. Dann installierte AC einen amerikanischen Ford-V-8-Motor in sein Modell »Ace« und schuf damit das wilde Modell »Cobra«. Die Triumph-Modellreihe wurde durch ein kleines Sportmodell mit unabhängiger Radaufhängung, den »Spitfire«, ergänzt, MG führte die B-Typenreihe in selbsttragender Bauweise ein, und der Lotus-»Elan«-Roadster mit Mittelträgerrahmen setzte neue Maßstäbe im Fahrverhalten. Drei britische Wagen entwickelten sich zu Bestsellern auf dem amerikanischen Markt, Jaguar, MG und Triumph, und läuteten damit die siebziger Jahre für die britische Automobilindustrie ein. Es dauerte bis 1973 und dem Erscheinen des Mittelmotor-Fiat XI/9, als die Amerikaner aufwachten und erkannten, daß der klassische britische Sportwagen hoffnungslos veraltet war. Es hielt sie aber nicht vom Kauf zurück, und der MG-B erfreute sich einer treuen Gefolgschaft bis zur Produktionseinstellung 1980.

Italien wurde, wie schon gesagt, zum Designer der Welt. Schon immer lag das Schwergewicht der Italiener auf der Herstellung von Wagen für Selbstfahrer. Der italienische Wagen verfügte über eine unmißverständliche Charakteristik. Die Übersetzungsverhältnisse waren dem heimischen bergigen Gelände angepaßt und erschienen Außenstehenden häufig unverständlich. Die frü-

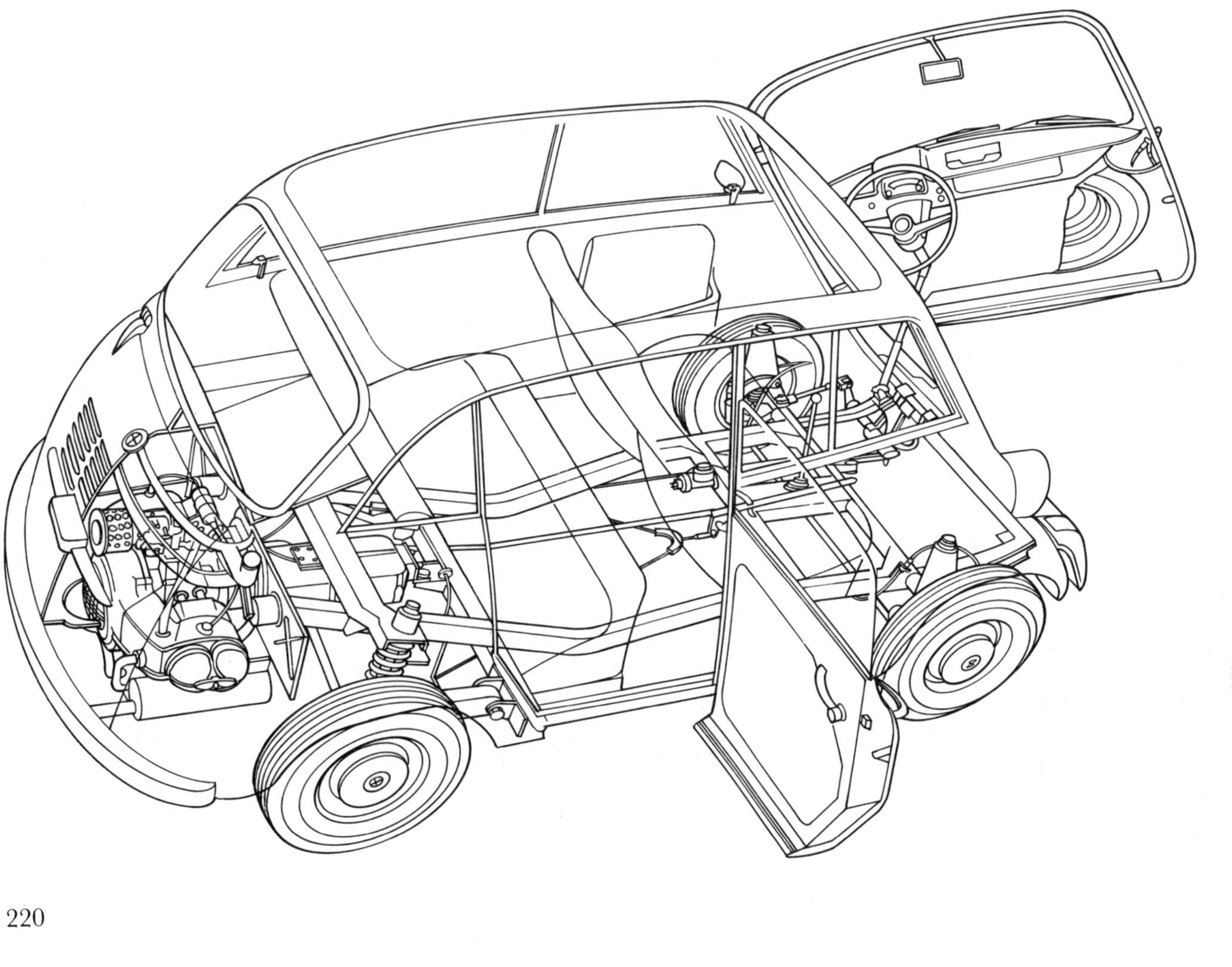

Kleinstwagen international. Die Isetta, in Italien geboren und in Deutschland aufgewachsen, hatte sich bis 1957 zu dieser vierrädrigen Version entwickelt, dem BMW 600. Die nach vorn zu öffnende Tür wurde beibehalten, und die ganze Frontpartie entsprach der kleineren Ausführung. Man hatte aber einen Viersitzer daraus gemacht, und so gab es eine zusätzliche, seitlich rechts angebrachte Tür. Der Motor war eine Weiterentwicklung des berühmten BMW-Motorrad-Boxermotors, der über 600 ccm Hubraum und eine Leistung von 19,5 PS verfügte. Das war alles ein wenig zu unkonventionell, und der Hersteller hatte mit dem späteren Typ 700 (1959 bis 1965), der konventionell gestaltet war und keine Kleinstwagen-Affinität aufkommen ließ, doch mehr Erfolg.

(Oben) Einer der besseren französischen Kleinwagen war der Vespa 400 von 1958, der von einem Zweigwerk des italienischen Motorrollerherstellers gebaut wurde. Äußerlich ähnelte diese kleine Cabriolimousine dem Fiat »Topolino«, aber der kleine Zweizylinder-Zweitakt-Motor von 400 ccm saß im Heck. Die »Motorhaube« war leer, abgesehen von der Batterie. Einen Gegensatz dazu stellte der Reyonnah *(links)* von 1951 dar, auch ein französisches Fabrikat, der wie der Messerschmitt über einen Tandemsitz verfügte. Er hatte vier Räder, von denen die beiden hinteren nahe zusammenstanden. Die beiden Vorderräder konnten mit ihren Auslegern eingeklappt werden; so sollte die Unterbringung erleichtert werden. Es gab Motoren mit 175 oder 200 ccm, und auch die seitwärts aufzuklappende Haube erinnerte an Messerschmitt.

he Anwendung von Fünfganggetrieben – Ferrari hatte sie seit Beginn unserer zwei Jahrzehnte und Fiat ab 1952 – führte dazu, die herkömmliche Lücke zwischen erstem und zweitem Gang zu eliminieren. Die Italiener liebten die Fahrposition mit ausgestreckten Armen. Der Geräuschpegel war oft vollkommen unannehmbar für andere Länder, und in einem Land mit geringen Niederschlägen schenkte man dem Rostschutz nur geringe Bedeutung. Automatikgetriebe waren unpopulär, noch 1970 gab es sie nur bei Maserati und Fiats neuem V-6-Luxuswagen, einem Mercedes-Benz-Konkurrenten. Italienische Wagen waren gewöhnungsbedürftig, aber wer sich gewöhnte, konnte ungeheuer viel Spaß mit ihnen haben.

Die Industrie litt unter einem armen Heimatmarkt. Vor 1953 lagen die Zulassungszahlen unter 100 000 jährlich, und 1956 noch entfiel nur ein Wagen auf 36 Einwohner. Fiat war allein in der Lage, den gesamten heimischen Markt zu versorgen, und Anfang der fünfziger Jahre entfielen 90 Prozent der Käufe auf diese Marke. Lancias Produktion lag bei etwa 5 000 Wagen im Jahr, und eine 1 750 ccm-»Aurelia«-Limousine zu 1 830 000 Lire war zu kostspielig im Vergleich zu einem Fiat »Millecento«, dem bevorzugten Familienwagen, mit 975 000 Lire. In Frankreich gab es nur wenig Konkurrenz im eigenen Land, in Italien praktisch gar keine. In der unteren Preisklasse bestand die Auswahl ohnehin nur zwischen Fiat und Verzicht. In der oberen Mittelklasse konkurrierte Lancia gegen den Staatsbetrieb Alfa Romeo, die sich mit einer neuen Serie in selbsttragender Bauweise befaßten. Das führte zur Annäherung Lancias an Fiat. 1958 bestand die Klasse über 2 Liter aus dem Lancia »Flaminia« und einigen Maserati und Ferrari und machte etwa 0,5 Prozent der Gesamtzulassungen aus. Darauf hatte auch die Verbesserung der Einkommensverhältnisse in den Jahren 1960 bis 1964 praktisch keinen Einfluß. Der Anteil von 4 Prozent sah zwar positiv aus, aber der Zuwachs ging ebenfalls auf das Konto von Fiat, und zwar deren neuen Sechszylinder-Limousinen. In effektiven Zahlen ausgedrückt, bedeutete das, daß selten mehr als 2 000 Wagen in dieser Klasse pro Jahr abgesetzt werden konnten. Fiat war noch aus einem anderen Grunde der Nutznießer des erhöhten Wohlstandes, denn von den Rollerfahrern stiegen viele zum Fiat 500 auf.

Was die Superwagen anbetrifft, so handelte es sich hier um mehr als einen bedeutenden Wirtschaftsfaktor. Der Autor, der die Behauptung aufstellte, man sähe mehr Ferraris in Sydney als in Mailand, hatte sicherlich übertrieben, aber man sah sie ganz generell nur sehr vereinzelt. Bis 1960 betrug die Produktion für Straßenversionen im Höchstfall 850 Einheiten und die von Maserati lag unter 500, wenn auch der 1958 herausgekommene Typ GT 3500 bis zur Produktionseinstellung 1964 auf 2 000 Einheiten kam. In diesem Jahr standen den Zahlen von 655 Ferrari, 390 Iso und 310 Maserati die Produktion von 583 000 Fiat, 56 000 Alfa Romeo, 32 000 Autobioanchi (einem früher selbständigen, jetzt aber zu Fiat gehörigen Unternehmen), 30 000 Lancia und 20 370 BMC-Typen (hergestellt von Innocenti) gegenüber. Die Steigerung der industriellen Produktion im Jahre 1960 erreichte beachtliche 20,3 Prozent, und das bedeutete einen steigenden Warenaustausch und damit einen Zustrom von VW, Opel und Simca, die damit die eintönige Diät italienischer Autofahrer etwas abwechslungsreicher gestalteten. Fiats Marktanteil sank auf 65 Prozent. Aber das italienische Auto blieb kompromißlos italienisch.

Frankreich hatte 1951 noch mit erheblichen wirtschaftlichen Schwierigkeiten zu kämpfen. Von den kleineren Herstellern waren 1955 nur noch Panhard, Rosengart und Talbot im Markt – die letzten beiden aber eigentlich nur noch theoretisch. Ford trennte sich von seiner Beteiligung an Simca, und zwei Jahre später übernahm Citroën die Kontrolle bei Panhard. Die Nachfrage nach deren Zweizylinder-Frontantriebsmodell genügte zwar, um noch geraume Zeit weiter produziert zu werden, aber bei Nachlassen des Interesses hörte die Marke auf zu bestehen.

(Oben links)
Ein traditionelles britisches Thema: die kleine luxuriöse, sportliche Limousine. Der Sunbeam-Talbot 90 (in den meisten Exportländern als Sunbeam bekannt) von 1952 hatte einen 2,3-Liter-Vierzylinder-Motor mit obenliegenden Ventilen, der sich direkt vom Humber Twelve von 1933 ableitete. Vollsynchronisiertes Vierganggetriebe und unabhängige Vorderradaufhängung mit Schraubenfedern gehörten ebenso dazu, wie die unzweifelhafte britische Form, die bis zu eingebauten Scheinwerfern und einer gewölbten, einteiligen Windschutzscheibe verfeinert war.

(Unten links) Wenn man einen einzigen Wagen wählen sollte, der das Image des italienischen Automobils der fünfziger und sechziger Jahre repräsentiert, müßte es dieser Ferrari 250 GTO von 1962 sein. Er war durchaus straßenfähig, wenn auch sicherlich nicht ausschließlich für die Straße konstruiert. Das »O« in der Typenbezeichnung bedeutete »omologato« (homologiert für GT-Rennen), und die Zahlenbezeichnung stand, wie immer, für den Hubraum eines einzelnen Zylinders, was sich bei einem V-12-Motor auf fast 3 Liter multipliziert. Noch gab sich Ferrari mit einer Nockenwelle je Zylinderreihe zufrieden, und ebenso mit hinteren Halbelliptikfedern. Aber mit sechs Weber-Doppelstromvergasern brachte es der GTO auf 295 bis 300 PS bei 7 400 U/min. Spätere Ausführungen hatten Fünfganggetriebe, aber davon gab es nur 39 Stück. Anfang der achtziger Jahre zahlten Sammler sechsstellige Beträge für diese Wagen.

(*Oben rechts*) Der Dyna-Panhard mit Zweizylinder-Boxermotor und Frontantrieb und mit ausgiebiger Verwendung von Aluminium war eine der Sensationen des Pariser Salons von 1946. Noch weitaus sensationeller war die Aluminium-Limousine von 1954, die sechs Personen mit 120 km/h bewegte, das bei einem Hubraum von nur 850 ccm. 1965 sah man den Wagen aber doch als etwas zu rauh und ruppig an, und Citroën – zu dem Panhard gehörte – nahm die Limousinen aus der Produktion, und es gab danach nur noch einige Sportcoupés eigenwilligen Stils. Dieser Typ 24BT war ein ausgewachsener Viersitzer, aber der Absatz war rückläufig, und während des Jahres 1967 kamen die letzten Panhards zur Auslieferung.

(*Unten rechts*) Man nimmt, was man bekommen kann. Gegen Ende der sechziger Jahre war das für die Bürger der Tschechoslowakei der Skoda 1000 MB. Das Modell »Octavia« lief aus, und der Tatra V-8 stand nur der Prominenz zur Verfügung. So brachte es diese geräumige, aber schwerfällige Limousine mit 1-Liter-Heckmotor auf über 2,5 Millionen verkaufte Einheiten zwischen 1964 und 1977. Im äußeren Bild änderte sich wenig während dieser Jahre; dieses Modell mit Rechtslenkung stammt von Mitte der siebziger Jahre. Der Wagen war robust und seine Exportpreise günstig. 1969 kostete der viertürige Skoda in der Standardausführung 4 900 Mark; der billigste Käfer, das Modell 1200, lag bei 4 526 Mark.

(Links) Traditionell britisch. Für traditionelle sportliche Wagen war der Markt in den fünfziger Jahren klein geworden. Die Marke Singer bestand noch bis 1955 und verkaufte ihren Roadster mit 1,5-Liter-Vierzylinder-Motor *(links)* mit obenliegender Nockenwelle in bescheidenen Stückzahlen. Der Wetterschutz bei diesem Modell war sehr gut, aber es konnten leicht Gefühle der Raumangst entstehen. Die klappbare Windschutzscheibe trug zum sportlichen Image bei. Das Innere spiegelte die dreißiger Jahre wider. Allerdings war man es zu jener Zeit gewohnt, daß die Instrumente über das ganze Armaturenbrett verstreut und nicht unbedingt im Blickfeld des Fahrers angeordnet waren. Der Kofferraum wurde fast gänzlich vom Reserverad beansprucht. In bester Tradition der Dreißiger brachte man sein Gespäck auf der heruntergelassenen Klappe unter.

Die großen Spezialisten waren dem Untergang geweiht. Delahaye-Delage, Hotchkiss, Salmson, Talbot und sogar Bugatti erschienen 1951 noch in den Produktionslisten, aber ihre Verkäufe im Heimatland wurden durch die Steuergesetzgebung sabotiert, die Wagen über 15 CV bzw. 2,9 Liter Hubraum keine Chance gab. Salmson war einigermaßen sicher, genauso der Citroën-Sechszylinder. Aber nicht so die »grandes routiéres«. Der Reihenachtzylinder-Bugatti wurde mit 17 CV eingestuft, der Hotchkiss mit 20 CV und der wunderschöne Talbot »Lago Gran Sport« (der leistungsstärkste Sportwagen der vierziger Jahre) mit 26 CV. Verkäufe im Heimatland waren praktisch nicht mehr möglich, kleine Serien führten zu Preisen, mit denen man auch im Export nicht mehr wettbewerbsfähig war. Zur Entwicklung neuer Modelle fehlte das Geld, und somit konnte man mit Jaguar oder Mercedes-Benz nicht konkurrieren. Hotchkiss wie auch Salmson hatten ein Modell in der »sicheren« 13-CV-Klasse, aber mit Konstruktionen aus dem Jahre 1933 hatten sie gegen den alterslosen Citroën 11 CV keine Aussicht, sich durchzusetzen, denn sein Konzept – wenn auch nicht das Aussehen – war modern, und er kostete nur die Hälfte. Ab 1950 war auch der 2-Liter-Grégoire lieferbar, ausgestattet mit Frontantrieb, Vierzylinder-Boxermotor und selbsttragender Karosserie, aber innerhalb von drei Jahren wurden nur 260 dieser Wagen verkauft. Talbot existierte noch länger und brachte 1955 noch ein 2,5-Liter-Sportcoupé mit V-8-Motoren von BMW heraus, aber der Listenpreis für die USA lag bei 6 995 Dollar und damit weit über dem von Jaguar. 1958 war es auch mit Talbot zu Ende. Hotchkiss und Delahaye hatten sich zusammengeschlossen und wechselten zum Nutzfahrzeugbau. So blieb der Facel Vega mit Chrysler-Motor der einzige Vertreter einer ruhmreichen Tradition. Hotchkiss' Frontantrieb und Delahayes Jeep-Ableitung litten unter technischen Mängeln und mangelndem Kapital, Facel beging mit dem Versuch Selbstmord, einen rein französischen 1,6-Liter-Sportwagen zu schaffen. Während die »Alte Garde« verschwand, um niemals zurückzukehren, erschienen die Großserienhersteller auf der Bühne. Frankreich profitierte von den restriktiven Bestimmungen seiner Herrscher. Man schloß nicht nur ausländischen Wettbewerb weitgehend aus, sondern brachte die einheimischen Hersteller auch sanft davon ab, sich gegenseitig das Leben schwerzumachen. Die Periode von 1954 bis 1956 war typisch. Auf der untersten Stufe fand sich der Citroën 2 CV. Eine Stufe darüber regierte Renault allein mit seinem Typ 4 CV und von 1956 an mit dem 845-ccm-»Dauphine«. In der 8-CV-Klasse gab es keine Überschneidung zwischen dem Simca »Aronde« und dem geräumigeren Peugeot 203, und der Typ 403 von 1955 war eine insgesamt größere Limousine, die zwischen den 203 und die Wagen der 2-Liter-Klasse mit den langsam alt werdenden Citroën »Traction«, den Renault »Frégate« und den Simca-Ford-V-8 paßte. Für den Prestigemarkt gab es den Sechszylinder-Citroën bis zum Erscheinen des Typs DS im Sommer des Jahres 1956.

Wohlstand allerdings beflügelte auch den Wettbewerb. 1961 trat Renault mit dem Modell R 4 mit Vorderradantrieb, Reihenvierzylinder und ebenfalls einer auf Zweckmäßigkeit ausgerichteten Karosserie gegen den Citroën 2 CV an. Citroëns bizarr aussehendes Modell »Ami« und der Heckmotor-Simca 1000 stießen 1961 in die gleiche Klasse vor. 1968 hatten die Interessenten für eine Limousine in der Klasse 1 100 bis 1 200 ccm die Wahl zwischen den Frontantriebsmodellen von Peugeot und Simca und dem Renault 10 mit Heckmotor. Simca maß sich in der 8/10-CV-Klasse mit Peugeot, und in der Gruppe über 1,5 Liter entspann sich ein Kampf zwischen Peugeot und Renault oder dem System »Panhard« und dem Frontantrieb. Die großen D-Typen von Citroën führten nach wie vor in der Prestigeklasse, und wenn einer der Hydropneumatic mißtraute, standen importierte Mercedes-Benz oder Jaguar zur Verfügung. 1969 entfielen alle in Frankreich hergestellten Wagen bis auf ganze 2 673 Stück auf die vier Großen Renault, Peugeot, Citroën und Simca – und zwar in dieser Reihenfolge. Rationalisierung führte zu ansehnlichen Produktionszeiträumen. Citroëns »Traction« lief 23 Jahre lang und die D-Serie 18 Jahre. Sowohl der Citroën »Ami« wie Simcas weniger erfolgreicher Typ 1000 mit Heckmotor liefen 17 Jahre, der kleine Renault 4 CV brachte es auf 15 Jahre und der Typ 16 aus den sechziger Jahren auf 14 Jahre. Der Citroën 2 CV wurde 1982 34 Jahre alt und zeigt keine Alterserscheinungen, und der Renault R 4 hatte die Volljährigkeitsgrenze ebenfalls überschritten. Es gab nur wenige Fehler: Das ungewöhnliche Fahrverhalten des Renault »Dauphine« wie auch seine Rostanfälligkeit standen dem Rekordabsatz von über 2 Millionen Einheiten nicht im Wege. Das Modell »Frégate« ließ Anzeichen einer späten »Vanguarditis« erkennen, aber in guten Jahren wurden 35 000 Einheiten im Jahr abgesetzt. Für Karosserieveränderungen nur des Wechsels wegen hatten die Franzosen nichts übrig. Der Standard »Vanguard« bot innerhalb von 16 Jahren drei verschiedene Formen – der Renault »Frégate« – wie auch die meisten französischen Zeitgenossen – sah am Ende so aus wie am Anfang.

Befremdlich mag die Umkehr in den Traditionen anmuten, die sich in Frankreich vollzog. Die traditionellen Konstruktionselemente des Automobils verdanken wir Panhard, während Kardanwelle und direkter oberer Gang Louis Renault zugeschrieben werden. Von 1952 an verschrieb sich Renault den Getrieben mit indirekten Übersetzungen, und Panhard gehörte zu den ersten, die ihr Antriebssystem über Bord warfen. Nach der Stagnation während der dreißiger Jahre schienen die Franzosen jetzt ernst zu machen mit der Abschaffung des Systems »Panhard« mit vornliegenden Motor und Antrieb

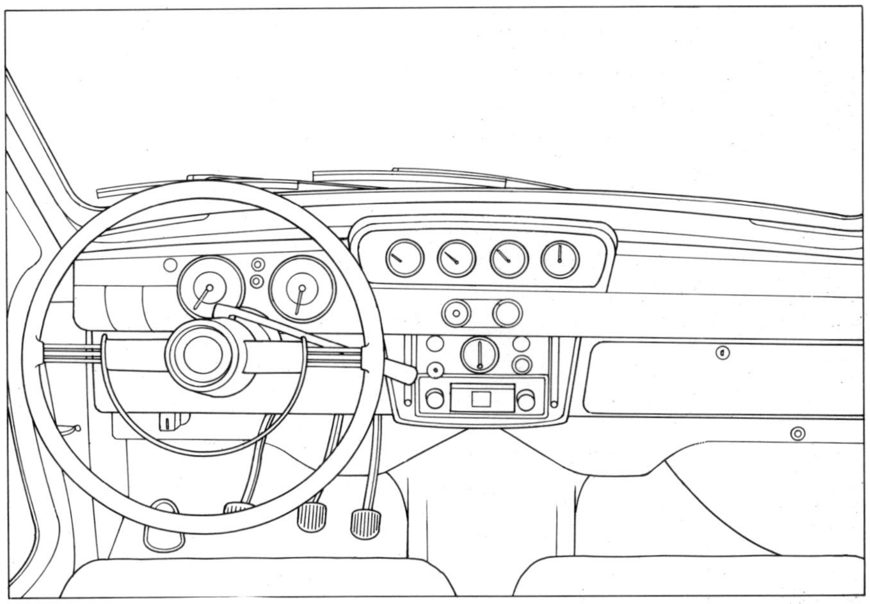

In Großbritannien entstanden nach wie vor kleine, gut ausgestattete sportliche Limousinen, wenn es auch eine rückläufige Tendenz gab. Zu den erfolgreichsten gehörte der Sunbeam »Rapier«, von dem 1956 bis 1957 etwa 7 000 Stück abgesetzt wurden. Das meiste der Karosserie und die grundlegende Mechanik stammten vom Hillman »Minx«, so beispielsweise auch das Armaturenbrett *(oben)*. Ab 1958 trennte man sich auch bei der Rootes-Gruppe von der unerfreulichen Lenkradschaltung. Das Innere gab sich traditionell britisch. Über mit Plastik statt mit Leder bezogene Sitze regte man sich nicht auf, erhielt man von dem 1,4-Liter-Motor doch 145 km/h, und das für knapp über 1 000 Pfund.
In Großbritannien konnten auch die Hersteller kleiner Individual-Autos noch bestehen, die eine Anzahl von Einzelteilen zu einem »anderen« Auto zusammenbauten. Der Paramount *(unten)* hatte zwischen 1950 und 1956 drei Geldgeber und brachte es auf etwa 100 produzierte Fahrzeuge. Es war ein sportlicher Viersitzer, für den eigentlich kein Bedarf bestand, aber in seiner endgültigen Form stellte er ein durchaus akzeptables Auto dar. Die Kühlerverkleidung war ursprünglich der von Sunbeam-Talbot nachempfunden und ähnelte 1953 mehr der von BMW. Der Motor hatte eine gewöhnliche Herkunft, er stammte vom Ford »Consul«, und seine 1 508 ccm gaben bescheidene 47 PS her. Interessant war die Anordnung der Benzintanks in den Seitenteilen des Wagens; ihr Fassungsvermögen von 63 Litern ermöglichte eine Fahrtstrecke von 640 km.

der Hinterräder. Citroën hatte dieses System endgültig 1938 aufgegeben, und Panhard folgte bald nach Kriegsende. Renault stellte auf dem Pariser Salon 1946 sein Heckmotormodell 4 CV vor, und ab 1961 teilte er seine Zuneigung zwischen diesem Prinzip und dem Frontantrieb auf. Simca erprobte den Heckantrieb 1960 und sieben Jahre später den Frontantrieb. Das konservative Unternehmen Peugeot wartete dagegen bis 1966 mit dem Wechsel, behielt das System »Panhard« allerdings für seine größeren Typen bei.

Wenn es einen klassischen französischen Stil gab, dann war es wie immer die »commerciale«, die Mehrzwecklimousine. Wir streiften diese Erscheinung bereits bei der Entwicklungsgeschichte des Kombiwagens. Es muß hier gesagt werden, daß Frankreich die besten Beispiele dieser Bauart während der behandelten zwei Jahrzehnte beisteuerte, nämlich den Citroën 2 CV und den fünftürigen Renault 16, den frühesten und besten Vertreter der Generation der Schräghecklimousinen und außerdem einer der wenigen »Kombiwagen«, die sich genau wie eine Limousine fahren ließen.

In kommunistischen Ländern hatten Privatfahrzeuge eine untergeordnete Bedeutung und wurden im wesentlichen für zwei Verwendungszwecke hergestellt, nämlich die Benutzung durch staatliche Stellen und für den Export zu Niedrigpreisen. Um den Unterschied klarzumachen, bedarf es lediglich eines Vergleiches zwischen den beiden deutschen Staaten. 1963 entfiel in der DDR ein Wagen auf 50 Einwohner, in der Bundesrepublik war das Verhältnis 1 : 7,2. Zehn Jahre später lauteten die Zahlen 1 : 10 und 1 : 3,7, und in der Bundesrepublik gab es vierzehnmal so viele Autos wie in der DDR.

Konstruktion und Design waren gleichermaßen zweckbetont. Die Wagen waren so konstruiert, daß sie sowohl mit schlechten Straßen wie auch ohne Service im westlichen Sinne auskommen konnten. So erklärt sich die hohe Bodenfreiheit – bei einem Moskwitsch von 1965 betrug sie etwa 3,8 cm mehr als bei einem Ford »Cortina« – und eine gründliche Ausstattung mit Bordwerkzeug. Bei Wolga und Moskwitsch bestand der Werkzeugsatz aus 30 Teilen, im Westen wurde die Ausstattung mit Wagenheber und Radschlüssel als ausreichend angesehen. In den USA zählten überhaupt alle Werkzeugteile als »Extras gegen Aufpreis«. Modelländerungen wurden nur selten vorgenommen. In der Tschechoslowakei brachte Skoda von 1950 bis 1970 vier Modelle heraus, und die ersten drei (1100, 1200 und 440) basierten noch auf einem Vorkriegsmodell mit Mittelträgerrahmen, auf dem vorn ein Vierzylindermotor mit obenliegenden Ventilen saß. In der Sowjetunion waren Autos den verschiedenen Stufen der Hierarchie zugeordnet. Der Moskwitsch war dem »gewöhnlichen« Verkehr vorbehalten, er hatte mit seinem Ursprungsmodell Opel »Kadett« nun nichts mehr gemein und verfügte ab 1968 über einen Motor mit obenliegender Nockenwelle. In der 2,0- bis 2,5-Liter-Klasse gab es den Pobeda und das Nachfolgemodell Wolga. Und am oberen Ende der Skala standen die großen Limousinen ZIS, ZIM, ZIL und Tschaika, die wie altmodische Amerikaner aussahen und Einflüsse von Packard und Pontiac widerspiegelten. Keine dieser teuren Versionen war frei käuflich, nur in Schweden und Finnland fanden einige ZIM den Weg auf den freien Markt. Ab 1960 wurde das Typenprogramm durch einen kleinen Wagen vervollständigt, den Saporoshez mit einem im Heck angebrachten luftgekühlten 887-ccm-V-4-Motor.

Die Produktion der DDR spiegelte deutlich die Abstammung der alten sächsischen und thüringischen Automobilproduktion wider. Die großen Typen EMW und Sachsenring waren direkte Nachfahren der Vorkriegs-BMW und Horch, alles andere basierte auf DKW, wobei der IFA 9 mit Dreizylindermotor drei Jahre vor dem westdeutschen Parallelmodell in Produktion ging. Auch sie erfuhren nur unwesentliche Änderungen: neue, quereingebaute Zweizylinder in den Jahren 1948, 1955 und 1958 und drei Dreizylindermodelle 1950, 1956 und 1966.

Karosserievariationen waren unnötiger Luxus. Skodas Mittelträgerrahmen ließ allerdings Cabriolets zu, und in der DDR wurde Ende der fünfziger Jahre ein Sportcoupé auf der Basis des Wartburg vorgestellt, und selten sah man auch einen Roadster. Kombiwagen allerdings gehörten zum normalen Pro-

Ungewöhnliche Skandinavier. Den langlebigen Volvo PV 444 sah man selten anders als mit zweitüriger Limousinen-Karosserie. Aber dieses Foto *(oben links)* zeigt das seltene, von Volvo hergestellte Cabriolet aus dem Jahre 1953. Das Modell PV 444 war außerhalb seines Heimatlandes nicht sehr bekannt, und seit seinem Debüt im Jahre 1944 blieb es praktisch unverändert mit seinem stoßstangengesteuerten 1,4-Liter-Motor mit 44 PS Leistung. Das 1800 Coupé *(gegenüber oben)* stellte dagegen einen Standardtyp dar, der es zwischen 1961 und 1972 auf 39 000 hergestellte Einheiten brachte. Das Styling stammte von Frua, und die ersten 6 000 Stück wurden von Jensen in Großbritannien hergestellt. Der fünffach gelagerte Vierzylinder-Motor mit 1 778 ccm Hubraum leistete 100 PS. Das vollsynchronisierte Vierganggetriebe war mit oder ohne Overdrive zu haben, die vorderen Scheibenbremsen waren mit Bremshilfe versehen. Die Höchstgeschwindigkeit lag bei 170 km/h, aber Volvos wurden mehr wegen ihrer erstaunlichen Langlebigkeit gekauft. Beim siebenstelligen Kilometerzähler handelte es sich nicht nur um einen billigen Gag. Skandinavische Verkaufspsychologie bedeutete in erster Linie, Wagen für den einheimischen Markt herzustellen und gleichzeitig auch zu exportieren. Die Typenreihe Volvo »Amazon« *(unten links)* und der Saab Kombiwagen *(gegenüber Mitte)* aus den frühen sechziger Jahren hatten nichts miteinander gemeinsam, außer ihrer schwedischen Herkunft, ihrem Heimatort Göteborg und schließlich noch ihrer Fähigkeit, Rallyes zu gewinnen. Beim Volvo trieb der vornliegende Motor die Hinterräder, und Aussehen wie Proportionen sind europäisch, mit einem noch erkennbaren Einschlag des Chrysler von 1955 im Styling. Beim Saab diente ein längs eingebauter Dreizylinder-Zweitakt-Motor mit erkennbarer DKW-Abkunft zum Antrieb der Vorderräder. Zu den Großen der Branche gehörten sie beide noch nicht, aber die Produktionszeiten waren lang. Bei Volvo lag die Produktion von viertürigen Limousinen zwischen 1956 und 1957 bei 234 208 Stück, hinzu kamen noch zweitürige Limousinen und Kombiwagen. Im gleichen Jahr endete die Produktion der Zweitaktmodelle bei Saab nach 18jähriger Laufzeit. Das bedeutete aber nicht das Ende der Fahrgestell-Karosserie-Einheit. Man baute dann einen 1,5-Liter-V-4-Motor von Ford/Köln ein, und unter der Typenbezeichnung 95 (und dem parallellaufenden Modell 96 mit zwei Türen) wurde die Produktion bis 1980 fortgeführt. Die Fortentwicklung des Styling war so allmählich, daß die meisten Menschen gar nicht merkten, daß die Modelle 95/96 mit dem Originaltyp 92 von 1949/50 absolut keine Ähnlichkeit mehr hatten. Kleine Fenster, schlechte Sichtverhältnisse nach hinten, kleine Kühlerverkleidung und verkleidete Radkästen (was für schwedische Winter gar nicht vorteilhaft war), waren allen Modellen gemein. Ein Riesenunterschied bestand zwischen dem Zweizylinder-Zweitakter mit 764 ccm und dem 65-PS-Ford-Motor. Der Typ 96, aber keine späteren Modelle mehr, hielt auch bis Produktionsschluß an der Lenkradschaltung fest.

Zweckmäßige Fortbewegung für lange russische Winter. Von den drei für den privaten Bedarf 1968 in Rußland verfügbaren Wagen war einer der Moskwitsch 408 *(unten links)*. Während der Jahre hatte er seine Opel-Form abgelegt. Die große Bodenfreiheit zeigt in hohem Schnee natürlich besonders deutlich ihre Vorteile. Vom degenerierten Westen hatte man die quadratischen Scheinwerfer übernommen, nicht jedoch vordere Scheibenbremsen. Etwas veraltet muteten die Lenkradschaltung und der nicht synchronisierte untere Gang an. Für ungewöhnliche Situationen erhielt man jedoch eine verstellbare Kühlerjalousie, einen großen Werkzeugkasten, eine Andrehkurbel und Zughaken vorn und hinten. Das Modell 408 verfügte über einen stoßstangengesteuerten Vierzylinder-Motor mit 1 357 ccm Hubraum, aber im Modell 412 wurde ein kräftigerer Motor mit obenliegender Nockenwelle eingebaut. Aus einer vergangenen Zeit und reif für den Ersatz war der Wolga-M22-Kombiwagen *(unten rechts)*, abgeleitet aus einem Modell von 1955. Das Aussehen erinnert an einen Amerikaner von 1946, und man kann sich vorstellen, daß so ein Willys-Modell unmittelbar nach dem Kriege hätte aussehen können, wenn man nicht mit der Herstellung von Jeeps noch ausgelastet gewesen wäre. Selbsttragende Bauweise unterschied ihn von Detroits Erzeugnissen, ansonsten gab es einen 2,4-Liter-Vierzylinder-Motor mit obenliegender Nockenwelle, Dreiganggetriebe, Lenkradschaltung, unabhängiger Vorderradaufhängung an Schrauben und hinteren Halbelliptikfedern. Die Bodenfreiheit betrug 19 cm, das Gewicht lag bei soliden 1 480 kg. Das Ersatzmodell M65 kam 1969 und sah aus, als stamme es aus dem Detroit der frühen Sechziger. Außer einem zusätzlichen Gang und Bremshilfe blieb alles beim alten.

gramm. Die Konstruktionen waren im allgemeinen bieder, wenn auch in der Tschechoslowakei, einem Land mit langer Tradition im Automobilbau, besondere Lösungen möglich waren. Aber noch 1969 gab es keine Automatikgetriebe, mit Ausnahme bei den großen russischen Limousinen. Auf diese beschränkt waren auch Scheibenbremsen sowie auch auf die russischen und polnischen Fiat-Versionen. Vollsynchronisierte Getriebe gehören zu den Errungenschaften der letzten Jahre.

Das Konzept, Motor und Antrieb an einem Ende des Wagens zusammenzufassen, wurde nur beim Saporoshez mit Heckmotor verwirklicht. Der große Tatra stammte direkt von einer Entwicklung aus dem Jahre 1934 ab, und wenn auch Skodas 1000 MB erst 1964 vorgestellt wurde, so hatte das Unternehmen doch bereits während der dreißiger Jahre mit Heckmotoren experimentiert. Die Wagen der DDR – und der Syrena aus Polen – verfügten über den Frontantrieb ihrer DKW-Ahnen. Fahreigenschaften waren nicht von großer Bedeutung, denn die Wagen sollten nicht dem Vergnügen dienen.

In den Niederlanden erschien der erfindungsreiche kleine DAF und belebte die nationale Automobilindustrie neu. Leichte Handhabung, einfache Technik und eine der flachen Landschaft des Landes angepaßte Antriebsmechanik – der Riemenantrieb des 600-ccm-Zweizylindermotors stellte eine absolut stufenlose Automatik dar – zeichneten das Fahrzeug aus.

In Schweden vollzog sich der Wandel von einem reinen Importland zu einem bedeutenden Hersteller- und Exportland nur sehr langsam. Es dauerte lange, bis Volvo VW von der schwedischen Bestsellerliste verdrängt hatte. In mancher Beziehung stellte Schweden die Antithesis zur Tschechoslowakei der Vorkriegszeit dar. Die Tschechen hatten hohe Mauern des Protektionismus um sich herum aufgerichtet und versuchten, sich unabhängig zu machen. Das Resultat waren zu viele Modelle; 1939 gab es von sechs verschiedenen Herstellern 18 Typen. Diese reichten von bescheidenen Zweitaktern (wieder einmal nach dem Thema DKW) bis zu siebensitzigen Limousinen, und alles zusammen ergab eine Jahresproduktion von 12 000 Einheiten. Schweden ging das Problem von der anderen Seite an. Saab widmete sich dem unteren Sektor, Volvo dem mittleren. So blieb Raum für reichliche Importe – 1962 brachte das Lastwagenunternehmen Scania-Vabis, die VW-Vertretung, etwa 40 000 Käfer auf den Markt. 1965 betrug der schwedische Autoimport knapp 200 000 Stück; und Anfang der Siebziger waren es immer noch 150 000 Stück, trotz einer Ausweitung des Typenprogramms der beiden schwedischen Hersteller. Die Tendenz bestand darin, sich von »nationalen Wagen« zu lösen und Modelle zu schaffen, die sich für den Export eignen. Zuerst trennte man sich vom amerikanischen Vorbild. Als die ersten Volvos 1927 erschienen, war der amerikanische Wagen mit großem, langsamem Motor und zäher Federung ideal für schwedische Straßen, und Volvo hielt sich bis 1944 an dieses Rezept. Die Mängelerscheinungen der Kriegsjahre änderten alles. Mit seinem ersten Nachkriegsmodell, dem PV 444, erzielte Volvo einen akzeptablen Kompromiß – amerikanisches Styling und ein Dreiganggetriebe nach amerikanischem Vorbild verbanden sich mit kompakten Abmessungen und einem Verbrauch von 10,1 l/100 km. Volvo ging also daran, amerikanische Ideen auf vernünftige Proportionen zu reduzieren, und Saab machte es sich zur Aufgabe, einen besseren DKW zu bauen, mit aerodynamischer Karosserie, wie man es von einem erfahrenen Flugzeughersteller erwarten konnte. Auch die Größe war den Verhältnissen angepaßt. 30 Prozent der Bevölkerung lebten zwar in den

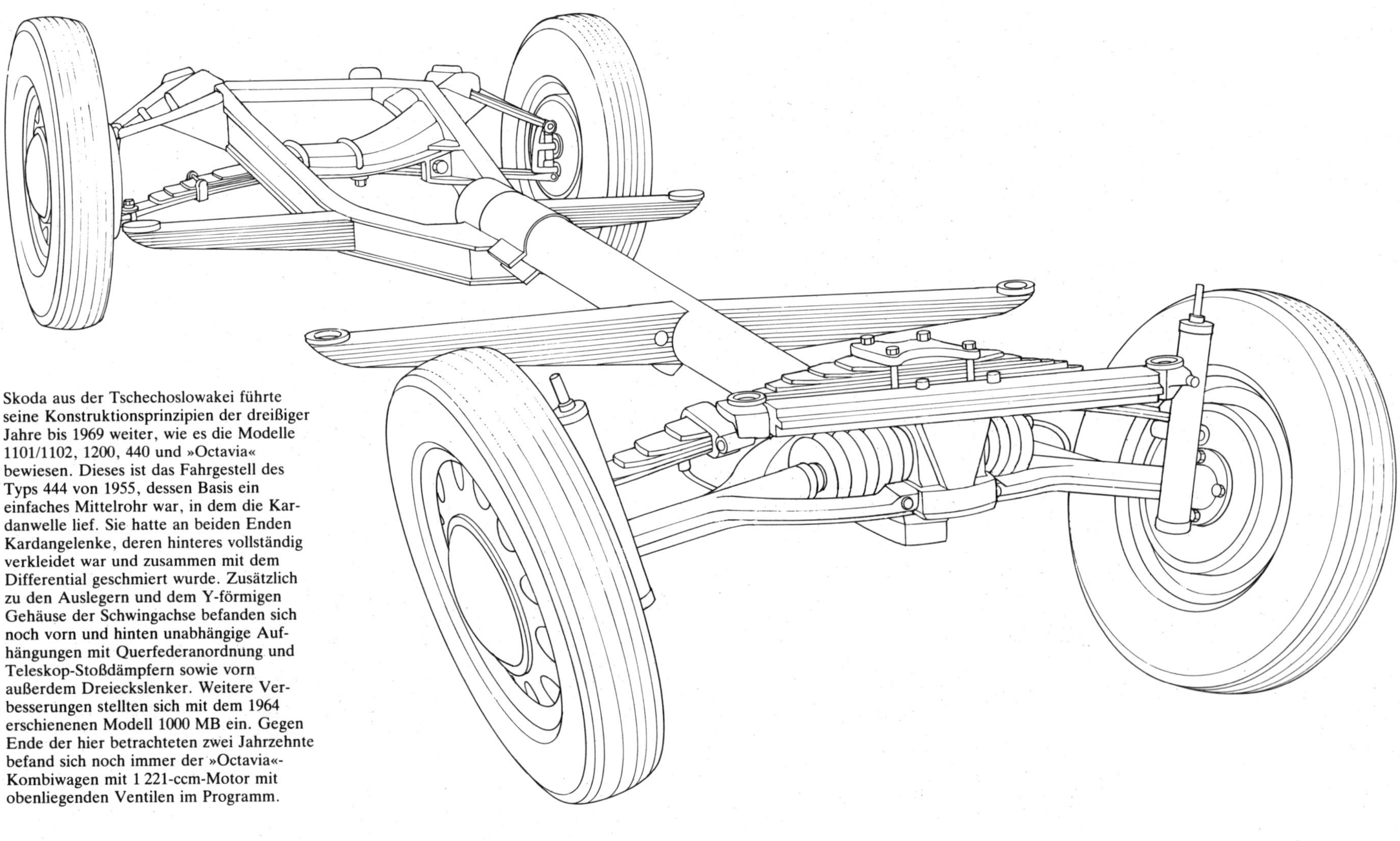

Skoda aus der Tschechoslowakei führte seine Konstruktionsprinzipien der dreißiger Jahre bis 1969 weiter, wie es die Modelle 1101/1102, 1200, 440 und »Octavia« bewiesen. Dieses ist das Fahrgestell des Typs 444 von 1955, dessen Basis ein einfaches Mittelrohr war, in dem die Kardanwelle lief. Sie hatte an beiden Enden Kardangelenke, deren hinteres vollständig verkleidet war und zusammen mit dem Differential geschmiert wurde. Zusätzlich zu den Auslegern und dem Y-förmigen Gehäuse der Schwingachse befanden sich noch vorn und hinten unabhängige Aufhängungen mit Querfederanordnung und Teleskop-Stoßdämpfern sowie vorn außerdem Dreieckslenker. Weitere Verbesserungen stellten sich mit dem 1964 erschienenen Modell 1000 MB ein. Gegen Ende der hier betrachteten zwei Jahrzehnte befand sich noch immer der »Octavia«-Kombiwagen mit 1 221-ccm-Motor mit obenliegenden Ventilen im Programm.

drei größten Städten, aber für lange, schneereiche Winter eigneten sich keine ausgesprochenen Kleinwagen.

In Südamerika tat sich nur wenig, was technisch interessant war, denn der Großteil der Produktion konzentrierte sich auf die Lizenzherstellung europäischer und amerikanischer Typen. Die Produktion Brasiliens wurde von VW angeführt sowie den »Großen Drei« Amerikas und Alfa Romeo. In Argentinien sah sich Detroit den Europäern Citroën, Fiat, Peugeot und Renault gegenüber; die Produktionsstätte der British Motor Corporation wurde 1967 aufgegeben. Ein anderes Opfer war die einst allgegenwärtige DKW, die Autos in Brasilien unter dem Namen Vemag verkaufte. In Argentinien gab es zwei Ströme: Das Modell »Graziela« wurde auf Basis des Wartburg in einer staatlichen Fabrik in Cordoba hergestellt und der Auto Union 1000 in Santa Fé.

Einheimische Entwicklungen waren die Ausnahme; das Unternehmen Autoar baute einige Wagen mit Motoren von Willys und Fiat, und der IKA »Torino« von 1966 war ein handliches Coupé mit einem 3,8-Liter-Sechszylinder mit obenliegender Nockenwelle. Brasilianische Eigenentwicklungen umfaßten das »Puma«-Sportcoupé auf VW-Basis und eine zusammengewürfelte Typenreihe aus Ford- und Willys-Bestandteilen. Von diesen war der »Galaxie« ein ausgelaufenes Modell aus Detroit und der Rural-Willys eine Kombiwagen-Ausführung des Jeep. Der »Itamaraty« war ein direkter Abkömmling der Aero-Willys-Limousine, deren Produktion 1955 in den USA ebenfalls aufgegeben worden war. Der nagelneue »Corcel« ist am besten als Renault 12 mit stilistischen Obertönen von Ford zu beschreiben, ein Ergebnis der lange bestehenden Verbindung zwischen Willys-Overland und dem französischen Unternehmen.

Auch wenn die fertigen Produkte häufig eine merkwürdige internationale Mixtur waren, so stellten sie doch einen bedeutsamen Faktor gegenüber 1950 dar, als absolut gar nichts exisierte und eine bescheidene Lastwagenproduktion sich erst zehn Jahre später etablierte. Die Produktion von Personenwagen steigerte sich von 142 877 Einheiten im Jahre 1966 auf über eine Viertelmillion 1969. Argentinien, mit weniger stabilen Verhältnissen und in einer galoppierenden Inflation begriffen, produzierte in jenem Jahr 153 665 neue Wagen.

Österreichs einzige Beiträge waren der Denzel – eine Art einheimischer Porsche, der von dem echten Produkt bald vom Markt verdrängt wurde – und die eigene Fiat-Version von Steyr-Puch. Belgien hatte nichts zu bieten, und einige dänische Versuche zur Schaffung eines einheimischen Autos wurden 1955 aufgegeben. Ab 1959 wurden in Ägypten Zweizylinder-NSU unter dem Namen »Ramses« gebaut, und in Indien entstanden eine Reihe von Modellen von Austin unter der Marke »Hindustan«, von Fiat als »Premier«, und einheimische Triumph erhielten den Namen »Standard«. Alles waren in den Heimatländern ausgelaufene Modelle, der »Hindustan« ein geringfügig modifizierer Morris »Oxford« von 1954.

Australien dagegen konnte sich sehen lassen. Es bestand auch ein Zwang zu eigenen Entwicklungen, denn die staatlichen Stellen verfolgten eine strikte Beschränkung des Imports, während auf der anderen Seite der Bedarf ständig wuchs. 1956 beschäftigte die Automobilindustrie 80 000 Kräfte, und sogar Reifen wurden im Land hergestellt. Die Holden-PE-Typenreihe von 1956 war die erste wesentliche Neuentwicklung dieser Marke und entstand praktisch aus eigener Kraft.

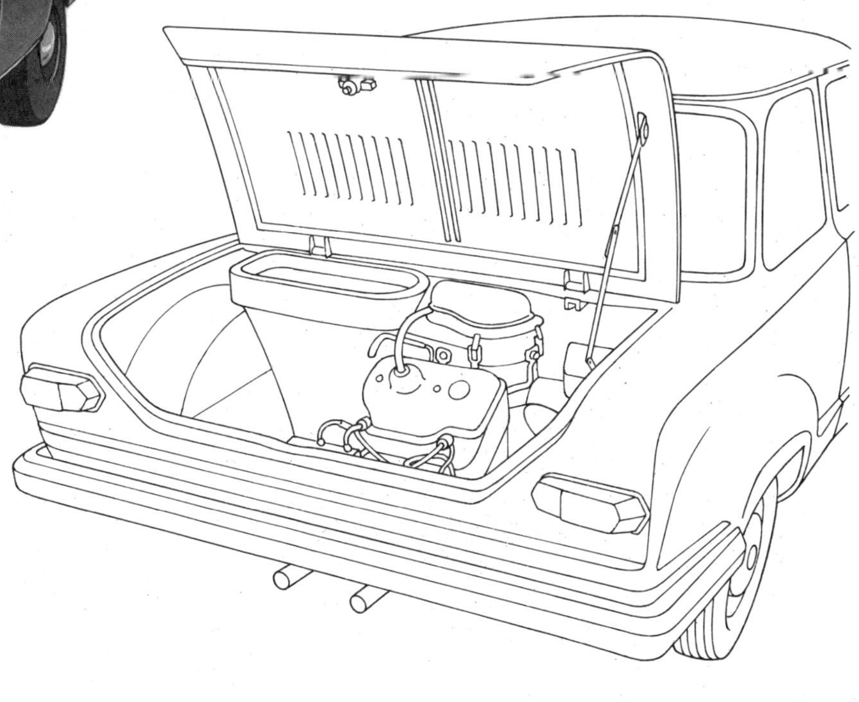

Der Mittlere Osten bildete keine Ausnahme im allgemeinen Bild, daß leichte »Pickups« ein Bestandteil im Produktionsprogramm solcher Unternehmen waren, die in sogenannten Entwicklungsländern Autos bauten. Den ägyptischen Ramses von 1966 *(oben und rechts)* gab es als zweitürige Limousine und als Cabriolet. Die Vorderansicht läßt eine Fiat-Abstammung vermuten, und Fiat verfügte auch über eine Fabrik in Helwan. Die Rückansicht aber enthüllt einen quer eingebauten Zweizylinder-Motor mit obenliegender Nockenwelle, und es handelt sich hier um den arabischen Vetter der NSU-»Prinz«-Familie aus Deutschland. 600 ccm Hubraum und eine Leistung von 36 PS ermöglichten eine Höchstgeschwindigkeit von 120 km/h bei einem Benzinverbrauch von 6,6 l/100 km. Hydraulische Bremsen, Zahnstangenlenkung, unabhängige Radaufhängung an Schraubenfedern und selbsttragende Karosserie sowie ein Gewicht von 680 kg waren weitere Einzelheiten. Ob der Scheibenwischer für gelegentlichen Regen oder Sandstürme vorgesehen war, ist nicht überliefert. Abgesehen von der Stockschaltung schien ein Element des Innenraumes von großem Nutzen, nämlich ein großer Handgriff für den Mitfahrer, der ihn an traditionelle Möglichkeiten der Fortbewegung erinnert haben mag.

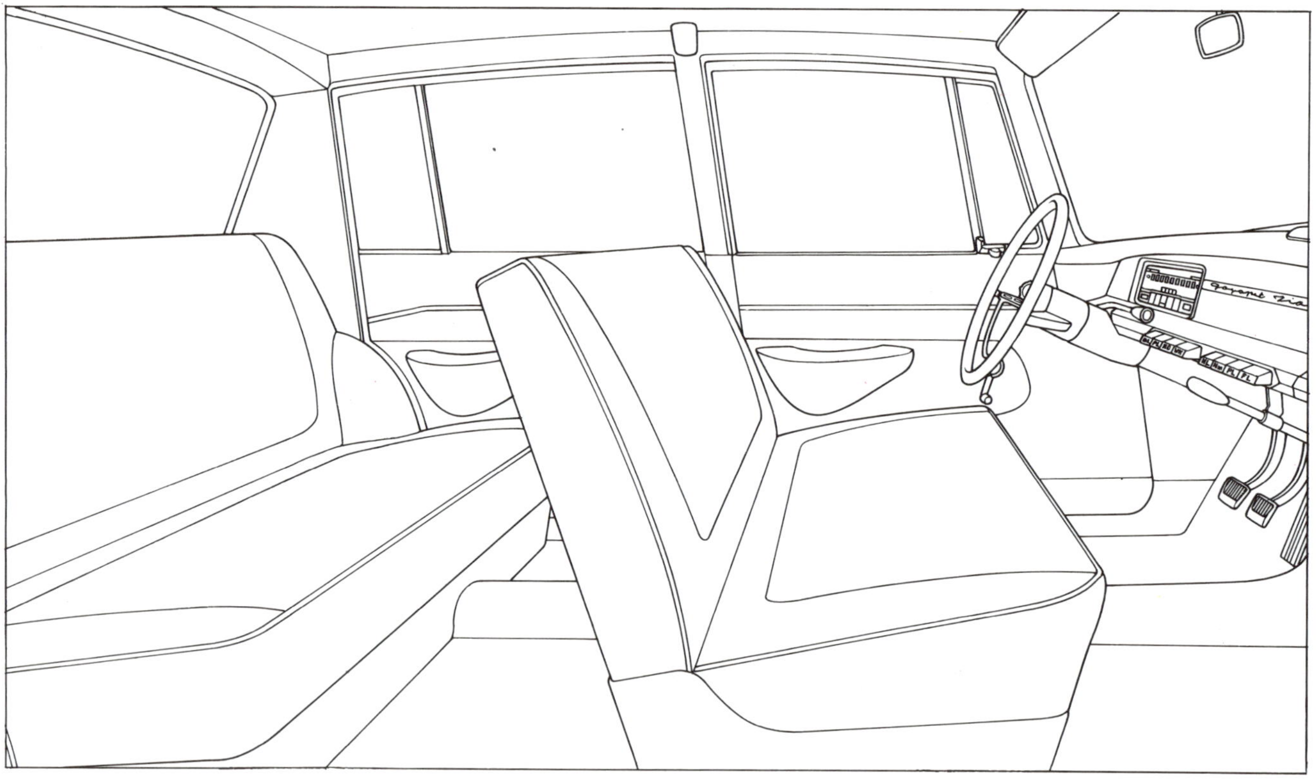

Anfang der sechziger Jahre begann Japan den Anschluß an die übrige Welt zu finden. Der Toyota »Tiara« von 1961 zeigte eine Ähnlichkeit der Kühlerverkleidung mit dem Simca, aber auch mit dem später im Export so erfolgreichen Typ »Corona« vom Ende der sechziger Jahre. Es handelte sich hierbei nicht um veraltete Styling-Elemente, und im Vergleich mit zeitgenössischen Modellen, wie dem Fiat 1300/1500 oder dem britischen Vauxhall »Victor«, mußte man ihm sogar eine gewisse Attraktivität bescheinigen. Mit zweifarbiger Lackierung des Innenraumes *(links)* konnte ebenfalls viel erreicht werden. Das, was bei den Sitzen nach Leder aussah, war es nicht allemal. Die kontrastierenden Farben

TIARA

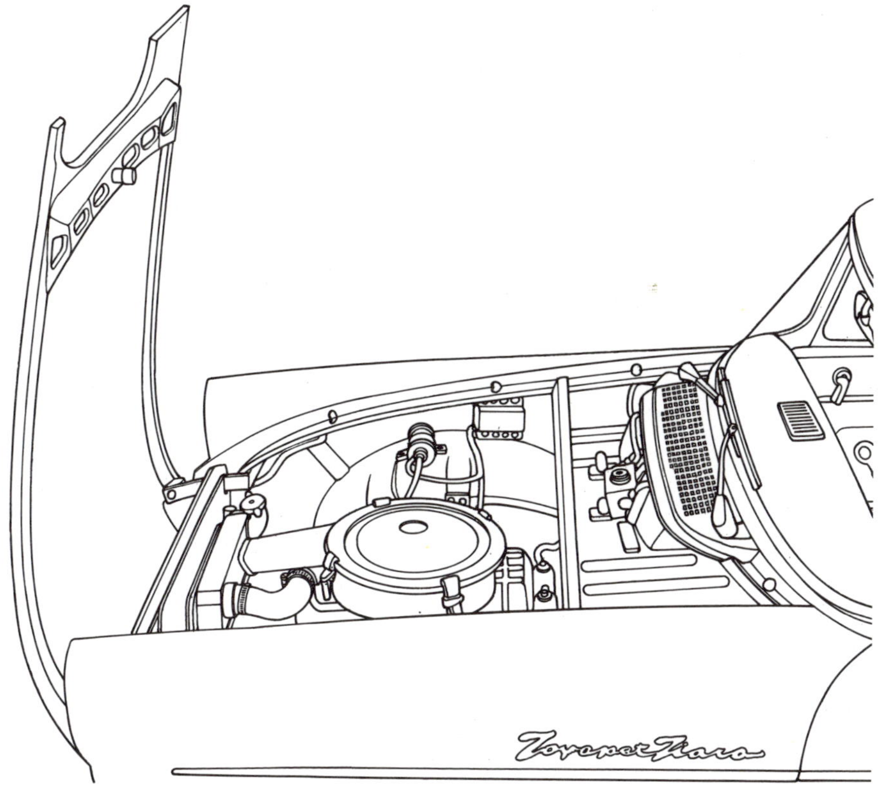

von Armaturenbrett und Türeinfassungen waren eine gelungene Abwechslung gegenüber der Kombination schwarz mit braunem Leder bei den Briten oder dunklen Tönen mit schmutziggrauem Tuch bei den Kontinentaleuropäern. Die »Verlängerer« waren wieder am Werk, wie einer der ersten japanischen Kataloge in einer europäischen Sprache zeigt. Die tatsächliche Innenlänge betrug 1,67 m. Unter der nach vorn klappbaren Haube *(rechts)* lag der 1453-ccm-Vierzylinder-Motor mit stoßstangengesteuerten obenliegenden Ventilen. Über ein Dreiganggetriebe erfolgte die Kraftübertragung auf die Hypoid-Hinterachse. Drei Gänge in Verbindung mit der für die Fünfziger typischen Lenkradschaltung fand man zu jener Zeit auch bei Ford, Opel und Vauxhall. Die Radaufhängung gab sich ebenfalls sehr orthodox *(unten)*, vorn war es die Verbindung von Kugelgelenk mit Dreieckslenker *(rechts, Mitte)* und hinten Halbelliptikfedern mit Unterstützung durch Schraubenfedern und Rollstabilisator *(unten)*. Ein gesondertes Fahrgestell hatte man beibehalten. Außer der Limousine war auch ein Kombiwagen im Programm. Die Höchstgeschwindigkeit wurde mit 135 km/h angegeben und der Benzinverbrauch mit 7 l/100 km. Letzterem Wert allerdings empfahl es sich mit gewisser Vorsicht anzuvertrauen.

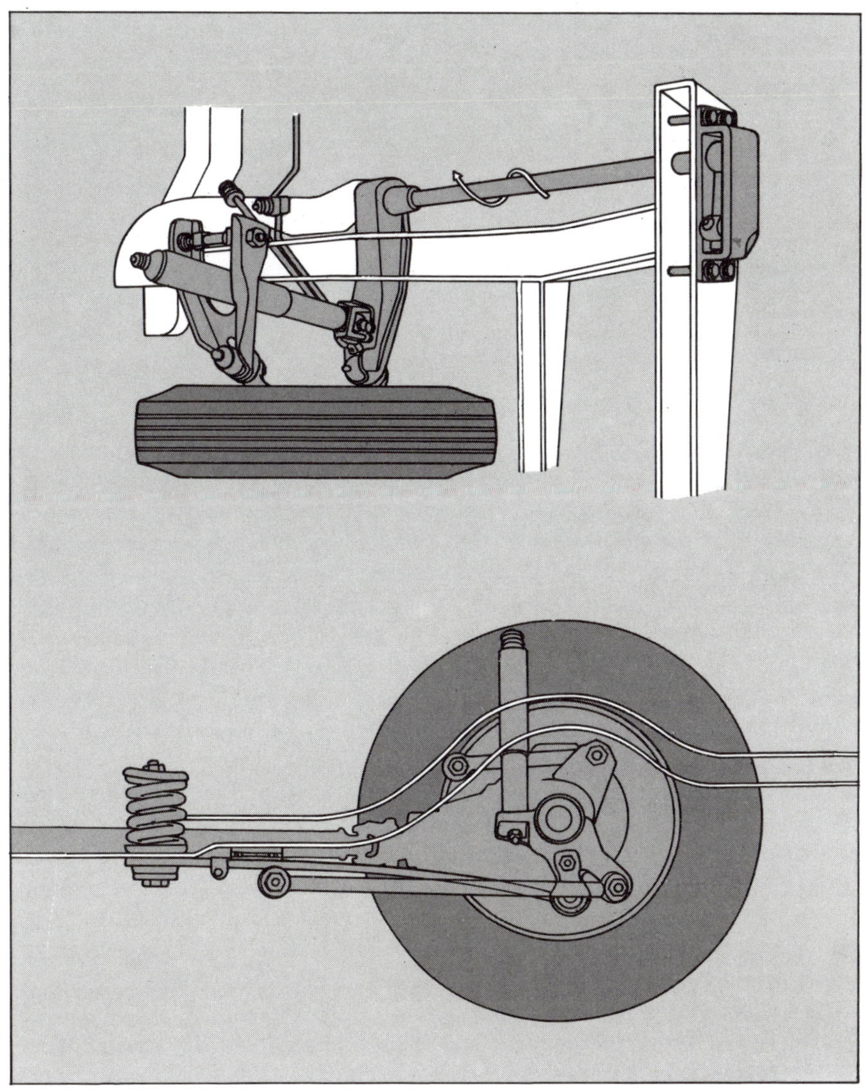

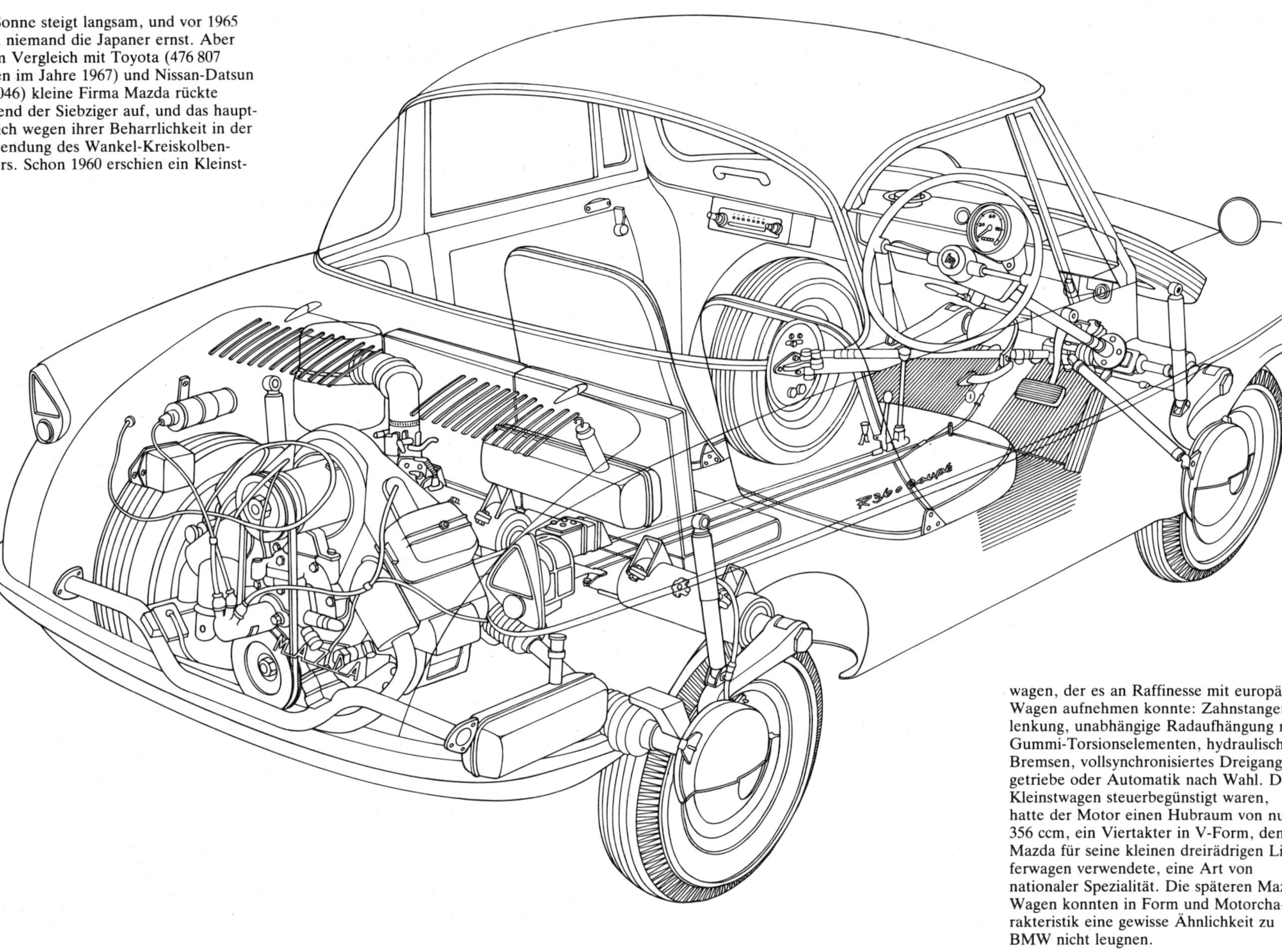

Die Sonne steigt langsam, und vor 1965 nahm niemand die Japaner ernst. Aber die im Vergleich mit Toyota (476 807 Wagen im Jahre 1967) und Nissan-Datsun (253 046) kleine Firma Mazda rückte während der Siebziger auf, und das hauptsächlich wegen ihrer Beharrlichkeit in der Verwendung des Wankel-Kreiskolben-Motors. Schon 1960 erschien ein Kleinstwagen, der es an Raffinesse mit europäischen Wagen aufnehmen konnte: Zahnstangenlenkung, unabhängige Radaufhängung mit Gummi-Torsionselementen, hydraulische Bremsen, vollsynchronisiertes Dreiganggetriebe oder Automatik nach Wahl. Da Kleinstwagen steuerbegünstigt waren, hatte der Motor einen Hubraum von nur 356 ccm, ein Viertakter in V-Form, den Mazda für seine kleinen dreirädrigen Lieferwagen verwendete, eine Art von nationaler Spezialität. Die späteren Mazda-Wagen konnten in Form und Motorcharakteristik eine gewisse Ähnlichkeit zu BMW nicht leugnen.

Während unserer gesamten zwei Jahrzehnte blieb der Holden ein »nationaler Wagen«. Das Konzept stellte einen einfachen, kompakten Amerikaner dar, eine gedankliche Rückkehr zum Ford-A von 1931 und dem Chevrolet-Sechszylinder von 1929, und so blieb es. Eine Bodenfreiheit von 24 cm und eine einfache elektrische Ausrüstung unterschied den Wagen von seinesgleichen. 1956 betrug die Produktion über 70 000 Einheiten, und die erste Viertelmillion war insgesamt ausgeliefert. Der Anteil der Marke am nationalen Markt stieg von 23 Prozent im Jahre 1951 auf 45 Prozent im Jahre 1960.

Ab 1957 erwuchs der GM-Tochter Holden eine Konkurrenz durch Ford und Chrysler. Auch die British Motor Corporation hatte eine eigene Produktion. Über Montagewerke verfügten VW und Standard-Triumph. Diese sechs Firmen teilten 91 Prozent des Marktes unter sich auf. Aber der Import von 60 000 japanischen Wagen deutete auf eine Änderung dieses Verhältnisses schon hin. Japan lag geographisch zu nah, und innerhalb eines Jahrzehnts waren die Briten vom Markt verdrängt. Australian Motor Industries baute Toyotas statt Triumphs, und am unteren Ende der Holden-Modellreihe entstanden nun Isuzus statt vauxhallähnliche Typen. Niemand hätte dies 1951 voraussagen können und noch nicht einmal 1959. Das Motto »Alle Kraft für den Export« traf auf Japan nicht zu, es gab ihn nicht. 1950 waren in Japan 42 588 Personenwagen zugelassen. Das waren ungefähr so viele wie in einer ländlichen Grafschaft Englands, Somerset zum Beispiel. Drei Hersteller brachten veraltete Wagen mit einem Hubraum unter einem Liter und mit stehenden Ventilen auf den Markt. Stahlwerke zur Herstellung breiter Blechbahnen gab es nicht, ebenso keine Werkzeugmaschinen und keine Devisen, sie zu kaufen. Alle Karosserien waren handgefertigt, und einige ungewöhnliche Formen waren das Resultat.

Auch gab es eine Unzahl von strengen Vorschriften, die bei der Konstruktion von Kraftfahrzeugen zu beachten waren. Außerdem existierte eine Kaufsteuer von 50 Prozent, die sich bei Wagen mit über 1 500 ccm Hubraum verdoppelte. Schmale und gewundene Straßen erzwangen äußerst kompakte Abmessungen. Das Vorkriegsmodell von Datsun hatte einen 772-ccm-Motor und war nur 3,12 Meter lang und 1,2 Meter breit. Das waren die Abmessungen eines Viersitzers mit den Maßen eines Fiat »Topolino«, Bremsen arbeiteten nach dem mechanischen Prinzip, ein synchronisiertes Getriebe gab es nicht, und die vordere querliegende Blattfeder erinnerte an den Austin »Seven«.

Noch 1955 waren japanische Wagen wenig beeindruckend. Der Kunde hatte die Wahl zwischen zwei Vorkriegskonstruktionen, dem 860-ccm-Datsun oder dem 903-ccm-Ohta; die seitengesteuerten Motoren leisteten 25 PS, und die Höchstgeschwindigkeit lag bei 64 km/h. In der 1,5-Liter-Klasse ging es etwas kultivierter zu. Obenliegende Ventile gab es bei Toyota und Prince, von denen aber nur letzterer keine Starrachsen hatte; drei Vorwärtsgänge erschienen ausreichend.

Es gab auch einen japanischen »Nationalwagen«. Das war allerdings mehr ein leichtes Nutzfahrzeug, hatte einen Motorradmotor und vom Motorrad stammende Bedienungselemente, wahrhaft eine außerordentlich ungewöhnliche Erscheinung, von der 1951 bereits 43 802 Einheiten verkauft wurden, eine Zahl, die sich 1960 auf 278 000 erhöht hatte. Zahlreiche Hersteller befaßten sich mit dieser Art Fahrzeug, besonders Daihatsu und Mazda. Nur Daihatsu übertrug dieses Prinzip auch auf Personenwagen, das kurzlebige Modell »Bee« von 1954 mit einem im Heck eingebauten V-2-Zylindermotor mit 540 ccm Hubraum.

Nach 1955 holte Japan auf. Obenliegende Ventile, unabhängige Vorderradaufhängung und schlauchlose Reifen hielten ihren Einzug, Mazda bot ein automatisches Getriebe, und Datsuns erster echter Sportwagen – der Typ S 211 – hatte eine häßliche Kunststoffkarosserie. Größere Motoren kamen, so eine 1,9-Liter-Maschine mit 80 PS beim Prince »Gloria«. Toyota und Nissan/Datsun beherrschten die Szene, Prince war eine scharfe Konkurrenz, wie auch eine Reihe von Kleinwagen von Mazda, Misubishi, Mikasa, Subaru und Suzuki. Außerdem wurde der Renault 4 CV von Hino, einem bedeutenden Hersteller von Nutzfahrzeugen, in Lizenz hergestellt. Ein anderer Nutzfahrzeug-Hersteller baute eine einheimische Version des Hillman »Minx«. Es gab 1962 Wagen mit 2 Liter Hubraum von Nissan, Toyota und Isuzu, und danach schaute Japan nie mehr zurück. 1967 produzierte die Industrie erstmals über eine Million Autos, im darauffolgenden Jahr waren es 2 Millionen, und 1971 verließen 10 Millionen Wagen die japanischen Fabriken.

Mit einem Blick auf die Märkte der Welt tendierten die Hersteller dazu, ihre Kleinwagen in die Ecke zu stellen, aber diese Erscheinungen wurden 1966 noch von Aichi, Daihatsu, Mazda, Mitsubishi, Subaru und Suzuki hergestellt. Toyota bot eine Limousine mit V-2-Motor und 880 ccm Hubraum an und Honda den kleinen S 600-Sportwagen, der bald einen 797-ccm-Motor erhielt. Isuzu, Nissan und Prince verfügten über Limousinen mit Dieselmotor und waren bereit, auf dem Markt für Taxen zu konkurrieren. Die größeren Modelle von Nissan und Isuzu boten vordere Scheibenbremsen, und die Liste der Extras bei Mitsubishis Sechszylinder »Debonair« umfaßte Liegesitze und Klimaanlage. Es gab unabhängig aufgehängte Hinterräder und Zahnstangenlenkung. Nissan, Prince, Toyota und Mazda verwendeten bei einigen Modellen Motoren mit obenliegender Nockenwelle, und Toyota bot ein automatisches Getriebe. 1967 erschien der erste japanische Wagen mit Wankelmotor, das Mazda-»Cosmo«-Coupé. Heckmotoren gab es nur noch in Kleinwagen und beim Modell »Contessa« von Hino. Frontantrieb schien bis zum Erscheinen von Hondas Kleinwagen 1968 unbekannt, wenn man den kleinen Mikasa-Roadster, der zehn Jahre früher erschienen war, außer acht läßt.

Faszinierend war der industrielle Hintergrund, vor dem die ganze Entwicklung ablief, und zwar wie bei einem mit doppelter Geschwindigkeit laufenden Filmprojektor. Ohta wurde von der Nutzfahrzeug-Firma Tokyu Kurugane übernommen, Aichi und Prince kamen unter die Kontrolle von Nissan, Daihatsu und Hino wurden Teile von Toyota. Bald erschienen die Japaner auch im internationalen Bild der Verflechtungen: Chrysler und Mitsubishi, General Motors und Isuzu, Ford und Mazda. 1981 gab es einen Handel zwischen British Leyland und Honda, das Ergebnis wird ein fast echter Japaner mit dem Namen »Triumph« sein. Auch 1969 ging die Sonne auf, aber sie hatte es noch vor sich, die westlichen Automobilhersteller zu verbrennen.

Der Puma, ein Erzeugnis Brasiliens, wurde in dieser Form 1967 vorgestellt; bei dem hier gezeigten Wagen handelte es sich um ein späteres Baujahr. Von anderen lokalen Erzeugnissen, wie beispielsweise dem Willys-Overland, unterschied er sich deutlich, was er seinem Schöpfer Gennaro Malzoni verdankte, der diese Kunststoff-Karosserie schuf. Die Mechanik konnte man »am Ort« kaufen: Volkswagen mit 1500- oder 1600-ccm-Motoren. Mit dem 1600er Motor und Doppelvergaser verfügte der Wagen über 90 PS und erreichte 180 km/h. Die Produktionszahlen waren bescheiden, 207 Einheiten im Jahre 1970, was einem Tausendstel von dem entsprach, was VW in Brasilien produzierte. Die Internationalität wurde noch dadurch unterstrichen, daß es einen Puma-Vertreter in der Schweiz gab, dessen Prospekte in französischer Sprache verfaßt und in Holland gedruckt waren.

(Oben) »Australiens eigener Wagen«, dieser Werbespruch galt 1963 genau noch so wie 1948, und das sehr erfolgreich. Über eine viertel Million Holden der EH-Typenreihe wurden in drei Jahren verkauft. Der gegen Holden antretende Wettbewerb war noch gering. Der Ford »Falcon« begann gerade Fuß zu fassen, Chrysler war nicht groß genug, um den Erfolg des »Valiant« voll auszuschöpfen, und die Japaner verkauften weniger als 35 000 Wagen in einem Jahr im ganzen Commonwealth. Es stand sowohl ein Dreiganggetriebe (mit Lenkradschaltung) wie auch Automatik zur Verfügung. Anders als Chrysler konnte General Motors/Holden jetzt einen im Lande hergestellten V-8-Motor anbieten. Außerdem standen zwei Sechszylinder mit hängenden Ventilen zur Wahl, entweder ein 2,4 Liter mit 100 PS oder ein 3 Liter mit 115 PS, der es immerhin auf 160 km/h brachte. Die weiche GM-Federung gewährleistete ein hohes Fahrvergnügen auf den schlechten Straßen, allerdings zum Preis nicht sehr zufriedenstellenden Fahrverhaltens bei höheren Geschwindigkeiten.

(Gegenüber) Orientalische Vielseitigkeit gegen Ende der sechziger Jahre: die Toyota-»Corona«-Limousine von 1966 *(oben)* und der Honda-S800-Roadster von 1967/68 *(unten)*. Einmal eine Familienlimousine ohne irgendwelche überkommenen Details und zum anderen ein Sportwagen, der für britische Hersteller eine Warnung hätte sein sollen, es aber nicht war. Der Toyota erschien in Europa zuerst mit einem 1,5-Liter-Motor mit 74 PS. In dieser Form erreichte er 135 km/h und hatte einen Verbrauch von 9 bis 10 l/100 km. Der Honda dagegen verfügte über einen kleinen Vierzylinder mit 791 ccm Hubraum und doppelter obenliegender Nockenwelle, der es bei 8 000 U/min auf 70 PS brachte. Der Antrieb erfolgte über Ketten auf die Hinterräder. Es war alles sehr kompliziert, aber Honda verkaufte in Großbritannien 1 500 Stück, und hier herrschte der strengste Wettbewerb. Den größten Erfolg erreichte Honda jedoch 1968 mit dem Modell N1300, der ersten vollwertigen Limousine des Unternehmens mit Frontantrieb. Toyota dehnte sich zu jener Zeit kräftig aus. Die Produktionszahl hatte sich zwischen 1959 und 1967 verachtfacht, und im letztgenannten Jahr bestritt es 41 % des japanischen Autoexports und hatte 24 % Anteil am heimischen Markt. Außerdem verfügte Toyota über acht Montagewerke im Ausland.

KJN 333E

LUA 578F

Bibliographie

Ein Buch wie das vorliegende stellt einen Strauß aus den Blumen anderer dar, und ich habe während der vergangenen fünfzehn Monate wohl rund 400 Bücher zur Bearbeitung des Stoffes herangezogen. Es war dabei festzustellen, daß Autoren praktisch ausschließlich über bestimmte Persönlichkeiten, Marken oder Länder schreiben, anstatt über einen gewissen Zeitabschnitt. Leser mit dem Wunsch nach Vertiefung ihres Wissens über die Entwicklung des Automobils mußten sich ebenso durch das hindurchlesen, was vorher wie auch später passierte.

Das gilt für John Days »Bosch Book of the Motor Car« (London, 1979), in dem das ganze Spektrum der bekannten Entwicklung in einleuchtender Sprache und anschaulichen Diagrammen dargestellt ist. Es lag ständig in Reichweite, um mir die Gewißheit zu geben, daß nicht wichtige Entwicklungen von mir ausgelassen wurden. Wem es aber um das komplette Fahrzeug geht, dem ist seit Graham Robsons »The Post-War Touring Car« (Yeovil, 1978) nichts Besseres zu empfehlen, wenn es sich auch in besonderem Maße den sportlichen Fahrzeugen zuwendet. Mein eigenes Buch »The Motor Car 1946–1956« (London, 1978) beweist die Tatsache, daß man ein Nachschlagewerk selbst schreiben muß, wenn man es benötigt. Es umfaßt eine breitere Typenauswahl als Robson, aber es beschreibt nur einen Abschnitt des Betrachtungszeitraumes dieses Buches. Nicht vergessen werden darf das Buch »Advertising and the Motor Car« von Frostick/Havinden (London, 1970) mit vielen geistreichen Kommentaren und hervorragenden Illustrationen, das sich in sehr umfassender Weise mit dem Thema beschäftigt.

Darstellungen nationaler Automobilgeschichte tritt man mit einiger Vorsicht entgegen, und sicherlich sind mangelnde Sprachkenntnisse – zumindest in meinem eigenen Falle – ein Hindernis zu ihrem Gebrauch. Ich mußte bemüht sein, bei der Beschreibung der Entwicklungen nicht zu spezifisch zu werden. In starkem Maße zog ich wieder David Culshaws »Motor Guide to Makes and Models« (London, 1959) heran, das Marken bis zum Jahre 1956 beinhaltet. Hinzuzuzählen ist Doug Nyes »British Cars of the Sixties« (London, 1970), ohne dessen Hilfe man den Dschungel der »Konfektionsware« von BMC und Rootes nicht durchdringen kann. Auf einem Spezialgebiet trifft das für Peter Filbys »Specialist Sports Cars« (Newton Abbott, 1974) zu, das die vielen Hersteller von Kleinserienfahrzeugen und Bausatzautos zum Inhalt hat.

Geht es um Detroit, so muß ich meinen besonderen Dank Richard Langworths »Encyclopedia of American Cars 1940–1970« (New York, 1980) widmen, einem aussagekräftigen Werk mit wertvollem Tabellenmaterial. Nicht unerwähnt lassen möchte ich auch die »Crestline«-Markenbiographien, die bereits alle Ford- und Chrysler-Marken sowie einige der General-Motors-Produkte umfassen. Wenn auch die Aussagen immer markenbezogen sind, so bilden sie doch ein nicht zu ersetzendes Nachschlagemittel.

Für alle Spanien betreffenden Fragen war Joaquim Ciuru Gabarros »Historia des Automovil en España« (Barcelona, 1970) der zuverlässige Wegweiser zu der weithin unbekannten Industrie dieses Landes. Pedro Davis' »Australians on the Road« (Adelaide, 1979) erschien früh genug, um mir bei diesem Buch wertvolle Unterstützung zu leisten.

Wieder einmal waren es die deutschen Autotypenbücher, die mir die Arbeit auf dem Gebiet der beiden deutschen Staaten erleichterten. Sie stammen von Werner Oswald und erschienen unter den Titeln »Deutsche Autos 1945–1975« und »Kraftfahrzeuge der DDR«. Wenn kommentierender Text auch knapp ist, so macht die konzentrierte Darbietung von Daten das allemal wett. Ein anderes wertvolles Buch stellt »Deutsche Kleinwagen« von H. P. Rosellen dar, und es ist nur zu bedauern, daß der Autor seine Fähigkeiten nur den deutschen Kleinstwagen zuteil werden ließ.

Eine wertvolle Entdeckung stellten die Jahrbücher der Japan Auto Trade Federation dar. Ihr Vorteil liegt auch besonders darin, daß sie in Englisch erschienen und nicht nur die verschiedenen Modellreihen beschreiben, sondern auch wertvolle Statistiken enthalten.

Man scheut sich etwas, internationale Jahrbücher zu empfehlen, denn es gibt genausoviel verschiedene, wie sie in Preis und Qualität unterschiedlich sind. »World Cars« und die »Katalognummern der Schweizerischen Automobil-Revue« verdienen jedoch unbedingt hervorgehoben zu werden.

Als Geschichte des Karosseriedesign empfehle ich nach wie vor John McLellans »Bodies Beautiful« (Newton Abbott, 1975) sowie für deutschsprachige Interessenten »Styling, automobiles Design« von H. U. von Mende (Stuttgart, 1979). Zwei Bücher von Michael Frostick, »Master Coachbuilder« und »Architect of Cars« (London), befassen sich mit dem großen italienischen Karosserieschöpfer Pininfarina (London).

Die Markengeschichten, die von mir herangezogen wurden, sind zu zahlreich, um hier im einzelnen genannt werden zu können, und den Liebhabern speziell dieser Marken sind sie sicherlich bekannt. Die meisten erfordern darüber hinaus die Kenntnis der englischen Sprache. In deutscher Sprache erschienen Markengeschichten über die Fabrikate Audi (Oswald, Alle Audi-Automobile 1910–1980), BMW (Oswald, Alle BMW-Automobile 1928–1978; Schrader, BMW-Automobile), Borgward (Michels, Vom Blitzkarren zum Großen Borgward), DKW (Rauch, Die Geschichte einer Weltmarke), Mercedes-Benz (Schrader, Vom 170 V zum 300 SL; Hofer, Vom 190 SL zum 300 SEL), Porsche (Boschen/Barth, Das große Buch der Porsche-Typen).

Zum Schluß wieder einmal der Hinweis auf die »Complete Encyclopedia of Motor Cars« von G. N. Georgano, die seit 1968 in 3. Auflage erschienen ist und ohne die kein Interessent an dem Gebiet der Automobilgeschichte auskommt. Die Information kann erklärlicherweise nicht bis ins Detail gehen, aber ohne einen Blick in dieses Standardwerk geht es meistens nicht. Mein Dank geht an Nick Georgano, daß er mir seine Unterlagen für manchen »tiefen Blick« zur Verfügung stellte.

Register

A

B

C

D

S

T

U

V

W

Y

Z